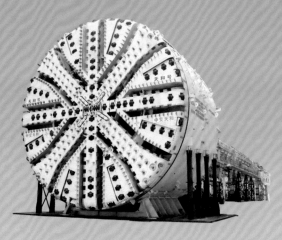

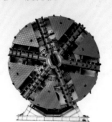

ZOOMLION
ZOOMLION

JX493G43

适用于1.5~3.5t叉车的匹配（满足国家第三阶段排放）

型式核准号：CN FC G3 0079 03 0001-00

技术参数

机型	JX493G43
柴油机型式	直列，水冷，四冲程
用途	叉车
全负荷最低燃油消耗率 [g/(kW·h)]	224
气缸数	4
最大功率 / 转速 [kW/(r/min)]	36.5/2500
燃烧型式	直喷式
最大转矩 / 转速 [N·m/(r/min)]	156/1800
缸径 × 活塞行程 (mm)	93×102
怠速 (r/min)	750
气缸工作容积 (L)	2.771
外形尺寸：长 × 宽 × 高 (mm)	737×611×681
空载最高转速 (r/min)	2750
质量 (kg)	224
压缩比	18.2:1
气缸工作顺序	1-3-4-2

国家高新
浙江长盛
Zhejiang Cha

CSB
承股份有限公司
iding Bearings Co., Ltd.

钢基系列高承载轴承
双金属复合轴承
金属塑料复合系列自润滑轴承
青铜基卷制边界润滑轴承

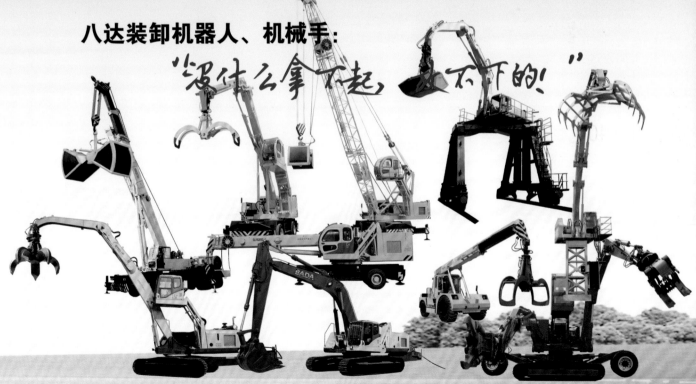

广告
SUMITOMO
住友工程机械
全新进化
大格局 更能干 省油省力 耐劳耐用
LEGEST
雷捷斯特
SH210-6
铲斗容量:0.85m³~1.0m³
最新型号
的产品阵容
SH240-6
SH260LC-6
SH360HD-6
SH380LHD-6
SH480HD-6

柳工，踏上世界的征程

LIUGONG: TAKING ON THE WORLD

8,000
Employees
员工

300+
Dealers
经销商

100+
Countries
覆盖国家

32
Product Lines
产品线

20

Manufacturing Facilities
生产基地

12
Regional Offices (outside of China)
海外子公司

9
Regional Part Depots (outside of China)
区域配件中心

10
R&D Centers Workstations
研发中心

19
Domestic Subsidiaries
国内子公司

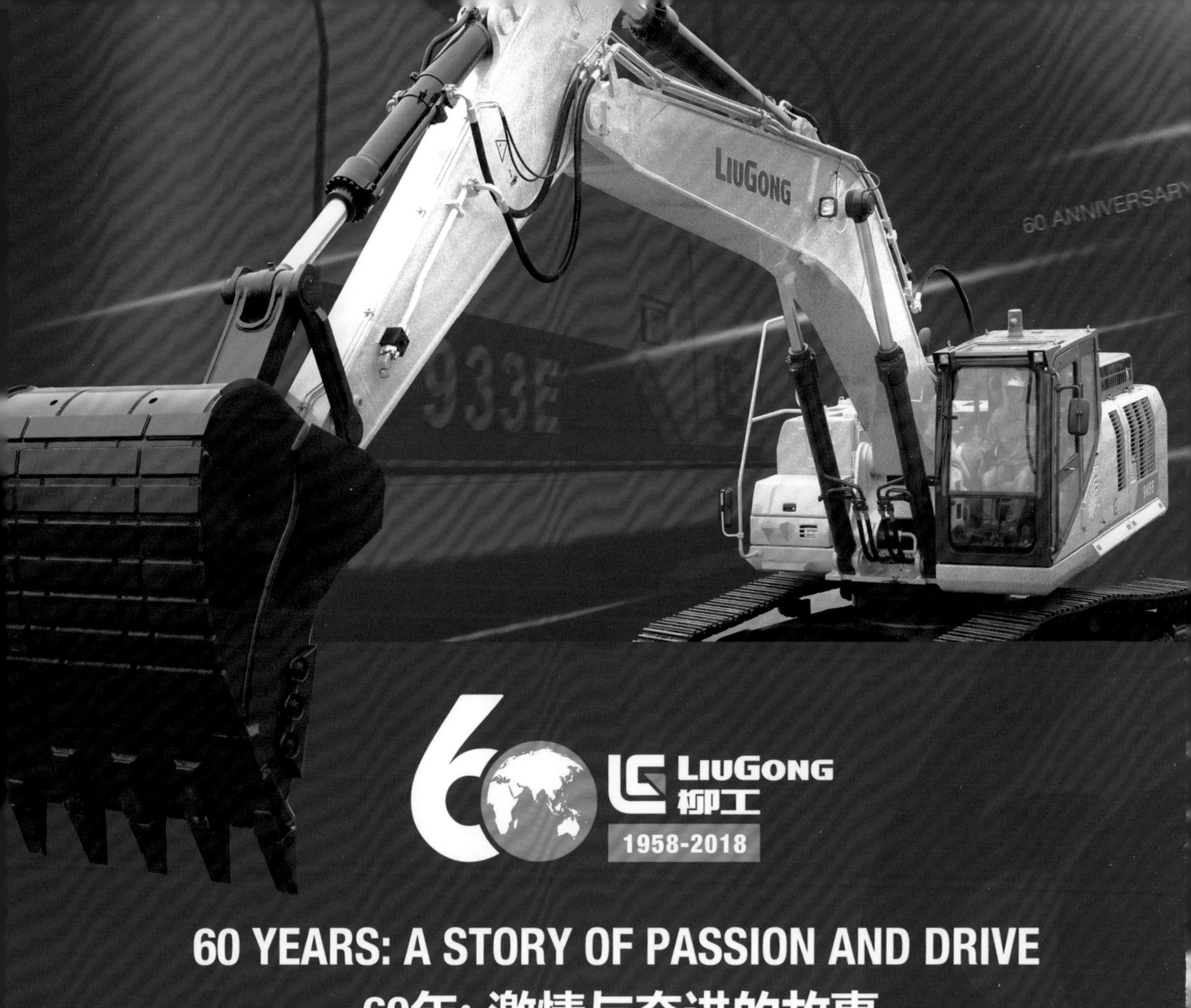
LIUGONG
60 ANNIVERSARY
LIUGONG
柳工
1958-2018
60 YEARS: A STORY OF PASSION AND DRIVE
60年: 激情与奋进的故事

60 ANNIVERSARY
LIUGONG

60 年：激情与奋进的故事

60 YEARS: A STORY OF PASSION AND DRIVE

中国机械工业年鉴系列

中国工程机械工业年鉴

2018

中国机械工业年鉴编辑委员会
中国工程机械工业协会
编

本书主要内容包括综述篇、大事记、行业篇、企业篇、市场篇、调研篇、统计资料和标准篇栏目，集中反映2017年工程机械行业的发展情况，详细记载了挖掘机械、铲土运输机械、工业车辆、压实机械、凿岩机械与气动工具、桩工机械、掘进机械、市政与环卫机械、装修与高空作业机械、观光车、混凝土机械、工程机械配套件等分行业的发展情况，提供了工程机械行业的经济指标。

本书主要发行对象为政府决策机构、机械工业相关企业决策者和从事市场分析、企业规划的中高层管理人员，以及国内外投资机构、贸易公司、银行、证券、咨询服务部门和科研单位的机电项目管理人员等。

图书在版编目（CIP）数据

中国工程机械工业年鉴. 2018/中国机械工业年鉴编辑委员会，中国工程机械工业协会编.—北京：机械工业出版社，2018.11
（中国机械工业年鉴系列）
ISBN 978-7-111-61348-0

Ⅰ. ①中… Ⅱ. ①中… ②中… Ⅲ. ①工程机械—机械工业—中国—2018—年鉴 Ⅳ. ①F426.4-54

中国版本图书馆CIP数据核字（2018）第252381号

机械工业出版社（北京市百万庄大街22号　邮政编码100037）
责任编辑：魏素芳
责任校对：李　伟
北京宝昌彩色印刷有限公司印制
2018年11月第1版第1次印制
210mm×285mm · 17印张 · 38插页 · 688千字
定价：400.00元

中国机械工业年鉴系列

作为『工业发展报告』

记录企业成长的每一阶段

中国机械工业年鉴

编辑委员会

中国工程机械工业年鉴

『鉴』证行业发展

挖掘企业亮点

中国工程机械工业年鉴
执行编辑委员会

中国工程机械工业年鉴
编辑出版工作人员

总编辑 石　勇
主　编 李卫玲
副主编 刘世博　曹　军
编辑总监 任智惠
市场总监 赵　敏
责任编辑 魏素芳
编　辑 陈美萍　曹春苗
地　址 北京市西城区百万庄大街22号（邮编100037）
编辑部 电话（010）68997962　传真（010）68997966
市场部 电话（010）88379812　传真（010）68320642
发行部 电话（010）68326643　传真（010）88379825
E-mail:cmiy@vip.163.com
http://www.cmiy.com

中国工程机械工业年鉴

『鉴』证行业发展
挖掘企业亮点

中国工程机械工业年鉴
特约顾问单位特约顾问

（按姓氏音序排序）

特约顾问单位	特约顾问
廊坊德基机械科技有限公司	蔡群力
江苏八达重工机械股份有限公司	陈利明
浙江高宇液压机电有限公司	池建伟
宁波如意股份有限公司	储　江
斗山工程机械（中国）有限公司	丁郁真
方圆集团有限公司	高　秀
山河智能装备股份有限公司	何清华
珠海仕高玛机械设备有限公司	黄志辉
北京华德液压工业集团有限责任公司	廖显胜
台励福机器设备（青岛）有限公司	林溪文
贵州詹阳动力重工有限公司	吕　黔
一汽解放汽车有限公司无锡柴油机厂	钱恒荣
浙江海宏液压科技股份有限公司	钱云冰
江铃汽车股份有限公司	邱天高
浙江长盛滑动轴承股份有限公司	孙志华
中国中铁工程装备集团有限公司	谭顺辉
合肥长源液压股份有限公司	唐祥先
厦门厦工机械股份有限公司	王功尤
雷沃工程机械集团	王桂民
山东临工工程机械有限公司	王志中
维特根（中国）机械有限公司	韦策图
内蒙古北方重型汽车股份有限公司	邬青峰
中国国机重工集团有限公司	吴培国
北京建科汇峰科技有限公司	徐　进
住重中骏（厦门）建机有限公司	杨泽湧
中铁隧道局集团有限公司	于保林
河北宣化工程机械股份有限公司	于根茂
山东八达国际工程机械有限公司	于瑞杰
杭州爱知工程车辆有限公司	俞　沉
广西柳工机械股份有限公司	曾光安
中联重科股份有限公司	詹纯新
中交天和机械设备制造有限公司	张伯阳
小松（中国）投资有限公司	张全旺
山推工程机械股份有限公司	伦学廷
杭叉集团股份有限公司	赵礼敏

中国工程机械工业年鉴

『鉴』证行业发展
挖掘企业亮点

中国工程机械工业年鉴 特约顾问单位特约编辑

（按姓氏音序排序）

特约顾问单位	特约编辑
江铃汽车股份有限公司	蔡　华
住重中骏（厦门）建机有限公司	陈　宁
中铁隧道局集团有限公司	程思铭
杭叉集团股份有限公司	傅小虹
合肥长源液压股份有限公司	高盼盼
厦门厦工机械股份有限公司	高万居
山东临工工程机械有限公司	郭少华
珠海仕高玛机械设备有限公司	吉同胜
贵州詹阳动力重工有限公司	李　阳
维特根（中国）机械有限公司	李　娇
杭州爱知工程车辆有限公司	梁永红
广西柳工机械股份有限公司	刘春菊
内蒙古北方重型汽车股份有限公司	刘　智
中联重科股份有限公司	屈　熠
台励福机器设备（青岛）有限公司	施正丰
江苏八达重工机械股份有限公司	孙丽娜
方圆集团有限公司	汪新军
中交天和机械设备制造有限公司	王　涛
中国中铁工程装备集团有限公司	王杜娟
斗山工程机械（中国）有限公司	王金山
浙江海宏液压科技股份有限公司	文小凤
小松（中国）投资有限公司	吴春雷
山河智能装备股份有限公司	吴文伟
北京华德液压工业集团有限责任公司	席成志
浙江高宇液压机电有限公司	项玲媛
山推工程机械股份有限公司	朱立官
河北宣化工程机械股份有限公司	薛占君
一汽解放汽车有限公司无锡柴油机厂	杨　洋
中国国机重工集团有限公司	杨　雪
北京建科汇峰科技有限公司	杨亚雄
宁波如意股份有限公司	叶国云
浙江长盛滑动轴承股份有限公司	郁建忠
山东八达国际工程机械有限公司	张　硕
廊坊德基机械科技有限公司	张　拯
雷沃工程机械集团	张也弛

前　言

工程机械作为装备制造业的重要组成部分，一直得到党中央、国务院的高度重视。2017 年 12 月，习近平总书记十九大后首次视察，来到了徐工集团。习总书记在考察中肯定了徐工集团的发展成绩和发展思路，对徐工集团也是对全行业作出指示：装备制造业是制造业的脊梁，要加大投入、加强研发、加快发展，努力占领世界制高点、掌控技术话语权，使我国成为现代装备制造业大国。创新是企业核心竞争力的源泉，很多核心技术是求不到、买不来的。落实党的十九大关于推动经济发展质量变革、效率变革、动力变革的重大决策，实现中国制造向中国创造转变、中国速度向中国质量转变、中国产品向中国品牌转变，必须有信心、有耐心、有定力地抓好自主创新。习近平勉励徐工集团着眼世界前沿，瞄准国际标准提高发展水平，努力探索创新发展的好模式、好经验，促进我国产业迈向全球价值链中高端。

我国工程机械行业在历经五年的行业发展低潮后，2017 年迎来了新的高速增长，全行业实现营业收入 5 403 亿元，同比增长 12.7%；主要产品销量同比增长 45.7%，出口额增长 18.5%；主要企业利润总额增长近 500%。工程机械行业实现了产出与效益双增长、国内外市场双增长，迎来了新一轮快速发展。

我国工程机械已经进入仅依靠增量需求和市场规模的扩大转到以市场存量调整和更新需求为主的市场结构。我国工程机械行业加快结构调整，培育发展新动能，实现新旧动能转换和增长方式转变已经迈出了第一步，为进一步推动工程机械实现高质量发展创造了条件。今后，工程机械行业将在前期高速增长的基础上，进入稳定发展时期，工程机械行业将由高速发展转为高质量发展。

《中国工程机械工业年鉴》记载了工程机械行业的发展变化，记载了工程机械行业从规模扩张到质量提升的重大历史转折过程。作为记录行业发展足迹的年度报告，《中国工程机械工业年鉴》将继续发挥其独特的作用，引导企业加快转型升级、实现高质量发展的转变，与广大企业、用户和关心我国工程机械行业的读者一起推动我国工程机械行业企业实现高质量发展。

中国工程机械工业协会会长：

2018 年 10 月

索

引

『鉴』证行业发展

挖掘企业亮点

中国工业年鉴出版基地

广告索引

对话工业品牌

HITACHI

Reliable solutions

ABOUT US

日立建机株式会社代表执行董事
执行董事社长
平野耕太郎

日立建机是一家世界领先的建筑设备生产商，总部位于日本东京。通过遍布全球的经销网络向全世界提供日立建机的产品。

VISION 日立建机企业理念

富饶的大地，繁荣的都市，美好的未来
日立建机贡献于创造舒适的生活空间

- 我们不断推动“机械”的进化，让建设舒适生活空间的“人”与“作业”更加舒适，更加先进，更加高效。
- 我们带给客户全新的价值体验，并持续开发与提供独创的技术•商品•服务。
- 我们在稳定维持利润的同时，寻求环境和谐、贡献社会、文化活动等与社会的广泛共生关系，致力成为＂有良心的企业市民＂。

ENVIRONMENT 日立建机与环境

日立建机对地球环境的责任

作为与地球环境共生的工程机械厂商，日立建机将持续推动各种环保活动。

日立集团“环境愿景2025”的目标是，到2025年为止，通过日立集团产品的年总计抑制1亿t的CO_2排放量，其中，日立建机集团的目标为抑制产品运转过程中所产生的CO_2排放量350万t。

■ 绿色罗盘

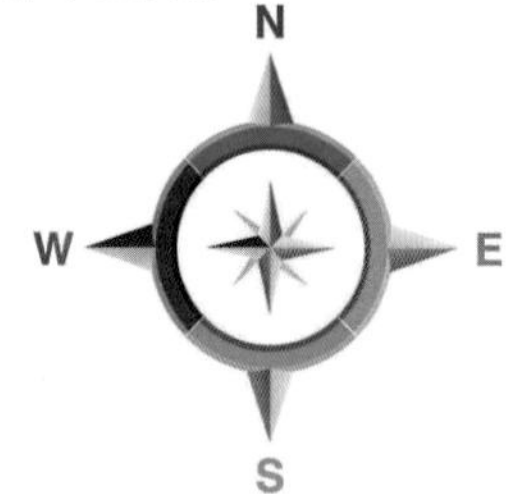

Eco-mind & Global Environmental Management
环保意识和环境经营的全球化

Next-generation Products & Services
提供下一代产品和服务

Super Eco-factories & Offices
高环保水准的工厂和办公室

Worldwide Environmental Partnerships
与利益相关者的环境配合工作

日立建机（上海）有限公司 企业社会责任活动

日立建机（上海）有限公司简介 Company Profile

1998年1月8日，日立建机（上海）有限公司在上海外高桥保税区成立，由日立建机株式会社、日立（中国）有限公司、三菱商事株式会社、香港永立建机有限公司共同出资800万美元组建。主要销售日立品牌的建筑机械产品，并且负责所售机器的相关服务和配件供应。

日立建机（上海）有限公司自成立以来，不断强化自身内部管理，为了让顾客得到最大程度的满意而不懈努力！

日立建机（中国）有限公司简介 Company Profile

优质产品的坚强后盾是位于合肥的日立建机（中国）有限公司。作为日立建机（上海）的产品生产基地，基于日立原创设计，结合中国多种施工环境，设计制造了系列齐全的液压挖掘机及特种工作装置。其产品和部件不仅满足了中国客户需求，还远销国外，享誉全球。

地址：上海浦东外高桥保税区泰谷路65号　邮编：200131　电话：(021)5866-8686　http://www.hitachicm.com.cn
日立建机(上海)有限公司

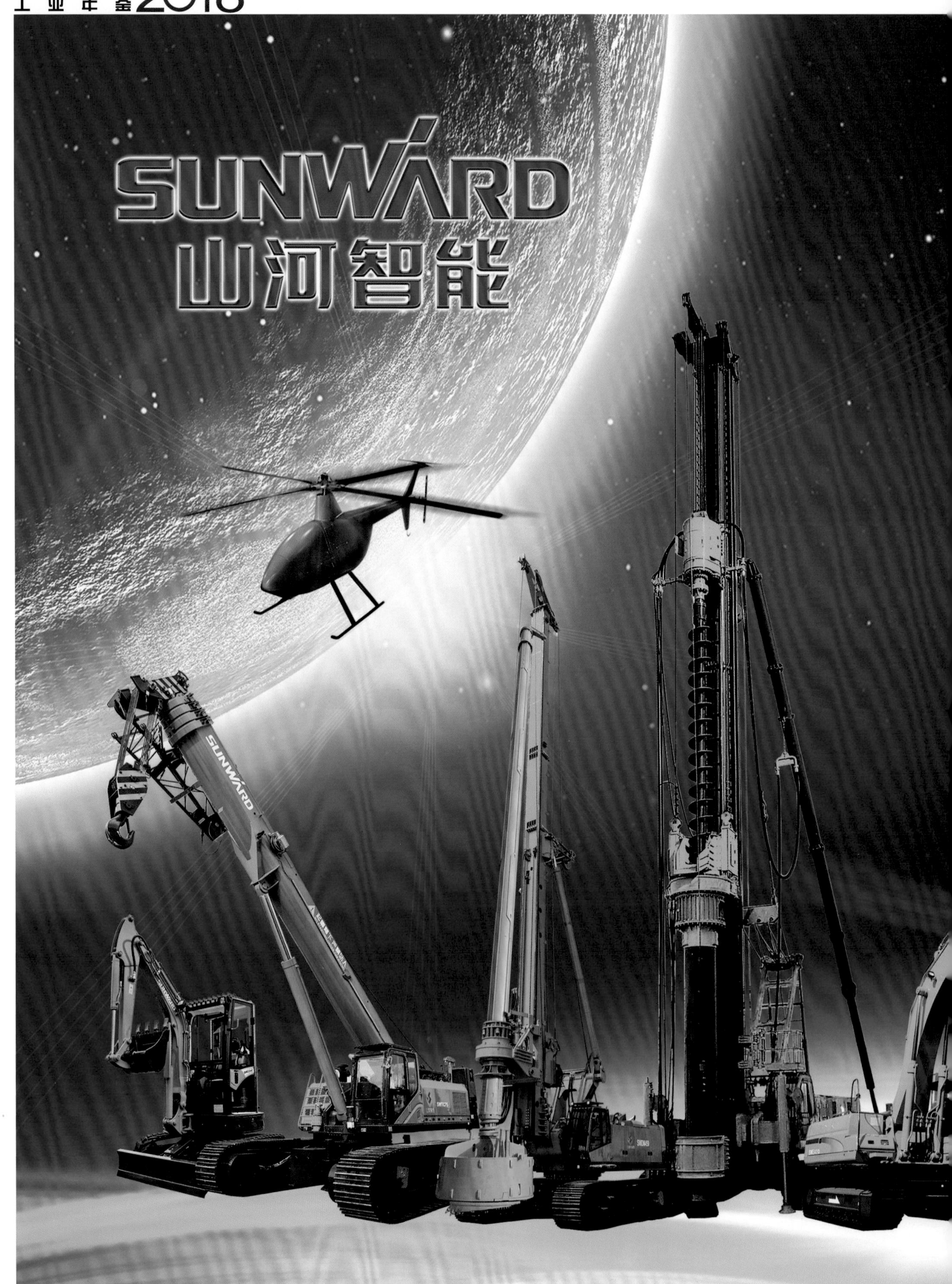
SUNWARD
山河智能

浙江高宇液压机电有限公司创建于2006年，是一家以提供液压零部件、系统集成及服务为主的国家高新技术企业。公司主要产品有多路阀、流量放大阀、先导阀、操纵阀等系列，主要配套应用于工程机械、矿山机械、船工机械、农业机械、工业车辆等领域，是国内少数具有完整液压系统研发生产能力的企业之一。公司被国家相关部门列入“工程机械高端液压件及液压系统产业化协同工作平台”成员单位。公司主导产品装载机多路换向阀连续七年位居行业前列。

公司技术力量雄厚，建立了开放高效的技术合作与技术创新体系，拥有浙江省企业技术中心和浙江省高新技术企业研究开发中心等创新平台，多次承担了国家技改和省级多项科研项目，取得国家专利近20项，参与制定或修订了6项行业标准，并多次获得科技创新等奖励。2016年，公司参与承担国家重点研究计划项目“丘陵山地拖拉机关键技术研究与整机开发”项目。

公司拥有先进的工艺装备、检测设备和完善的管理体系，保证了产品的性能和质量，客户满意度和市场占有率保持行业领先水平。公司与徐工集团、临工股份、卡特彼勒、福田雷沃、厦工股份、龙工股份等国内知名工程机械主机客户建立了长期稳定的合作伙伴关系，并连续多年被客户评为优秀供应商。

公司坚持技术创新和管理创新，全面推行卓越绩效管理和精益生产方式，大力实施精准营销和品牌战略，提高综合运营能力，高宇液压正以“成为国内领先的液压零部件、系统集成及服务供应商”为目标，集约发展、创新发展，努力成为工程机械行业值得信赖的品牌。

地址：浙江省临海市大洋街道柘溪路358号 邮编：317000
电话：0576-89367878 传真：0576-85128292
http://www.zjgaoyu.com

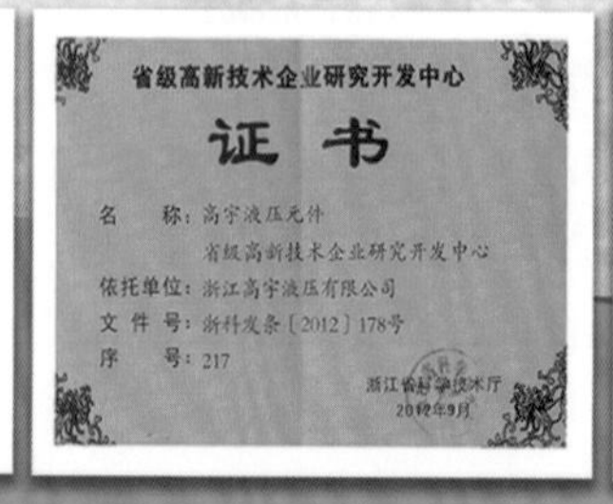

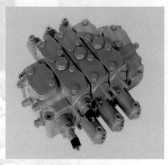

China
Construction Machinery Industry Yearbook

智能高效的
全球工程机械领先品牌
A LEADING IN TELLIGENT & EFFICIENT BRAND OF GLOBAL CONSTRUCTION EQUIPMENT INDUSTRY
LOVOL
FR
170E

广告

LOVOL

LOVOL
CONSTRUCTION

th
1998-2018
LOVOL
HEAVY INDUSTRY

河北宣工

河北宣化工程机械股份有限公司
XUANHUA CONSTRUCTION MACHINERY CO., LTD.

河北宣化工程机械股份有限公司（以下简称河北宣工）始建于1950年，是国有上市公司，是我国生产推土机的主要骨干企业。

目前公司主要产品覆盖推土机、装载机、压路机、挖掘机、吊管机等工程机械产品。推土机覆盖130～430马力（1马力=735W）全系列履带推土机及其变型产品，广泛应用于基础建设、沙漠治理、油田港口、水电工程、冶金矿山、环卫垃圾、农田改造等作业。通过结构调整、技术升级，目前形成T系列和SD系列推土机产品，为用户提供全系列、定制化、符合国家环保要求的产品。T系列作为高性价比推土机，以T140、T160、T165、TY230机型及变型产品为主，在国内外市场占有较高的市场份额。SD系列在消化吸收国际先进推土机技术基础上，自主研发的高技术含量、高性能产品，满足中高端用户需求。SD系列分为N系列液力机械型和K系列电控静液压型，以SD5K、SD6、SD7、SD8、SD9机型及变型产品为主，高驱动推土机代表国际推土机行业先进技术水平，公司是国内拥有高驱动推土机的核心技术且可实现规模化生产的制造厂家。合理的设计及布局决定了高驱动推土机具有高效率、高质量、高耐用性、维修方便的特性。

公司拥有国际尖端设备1200多套，形成年产推土机3300台以上的生产能力；拥有国内一流的热处理装备。铸造项目采用树脂自硬砂工艺、中频电炉熔炼技术，形成年产2万t铸件的能力，成为众多国际知名企业的铸件供应商。

公司按照整体规划、循序渐进、有序发展的原则，大力发展工程机械、矿山机械、冶金和环保机械、铸铁件及关键机械零部件、钢材深加工等五大产业，努力将宣工打造成为国内领先、国际一流的集工程、矿山机械、冶金和环保机械为一体的现代化装备制造企业。

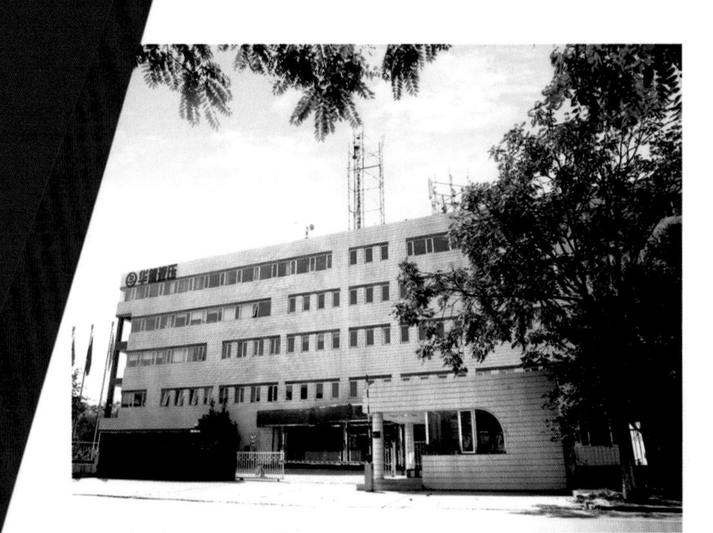

北京华德液压工业集团有限责任公司历经30多年发展，已成为技术创新引领的专业的液压基础元件及系统集成供应商，系中国液压气动密封件工业协会副理事长单位、中国液压行业骨干企业、北京市高新技术企业。经过技术引进及自主研发，华德液压已发展成为以高压工业液压阀、工程多路阀、高压柱塞液压泵/马达、液压成套设备四大支柱产业为核心，辅以液压铸件等产品，具有自主知识产权的液压基础件专业设计、制造、服务企业。主导产品液压阀、液压泵/马达规模和质量居行业前列，高端工程多路阀实现了进口替代，部分高端产品在国防等重大装备列装。华德液压构建了覆盖全国、走向国际的营销服务网络，产品遍及全国并远销欧洲、南美、北美、非洲、东南亚等“一带一路”国家和地区。

华德液压所属企业均通过国家质量管理、环境管理、职业健康安全管理三大体系认证。华德液压产品广泛用于工程机械、冶金、机床、军工、环保、船舶、航天、石油石化、轨道交通、新能源等领域，受到广大用户的赞誉与好评。企业主导产品通过德国莱茵公司CE认证、中国船级社CCS认证、美国FM认证、节能产品认证；先后荣获“北京名牌产品”“北京市著名商标”“中国液压行业具有影响力产品”“中国市场用户满意品牌”“中国机械工业质量奖”等多项荣誉称号；2014年，华德液压荣获“全国五一劳动奖状”。2015年设立院士工作站，携手院士专家，培养创新人才，增强企业主创新能力。

华德液压承担了国家8万吨液压压力机液压元件技术攻关、工程机械关注液压件产业化建设等国家重点项目的研究与应用，提升了我国工程机械领域液压产品的制造水平，加快我国高端液压件替代进口的步伐。

华德液压积极承担“强基工程”“数字液压”“智能制造”等国家“十三五”重点项目的实施，结合中

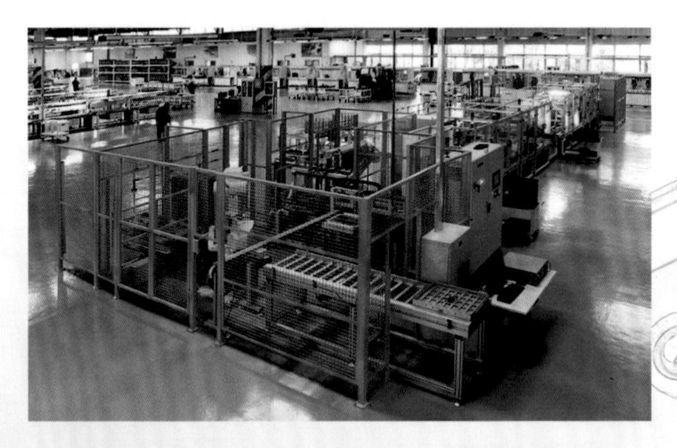

国制造2025、工业互联网等新战略、新技术要求，围绕高端产品、核心工序实施智能制造升级改造，率先在液压阀元件实现了智能制造应用，并全力推进工程多路阀、液压泵/马达智能制造。

华德液压坚持“团结、正直、开放、创新”的企业精神，坚持“创造顾客价值，谋求股东收益，促进员工成长，成为技术领先的液压产品和集成服务的专业化、国际化公司” 的企业使命，以“建设成为国际一流的液压品牌”为愿景，带领全体员工共同为中国民族液压产业的振兴而努力奋斗！

北京华德液压工业集团有限责任公司
Beijing Huade Hydraulic Industrial Group Co., Ltd.

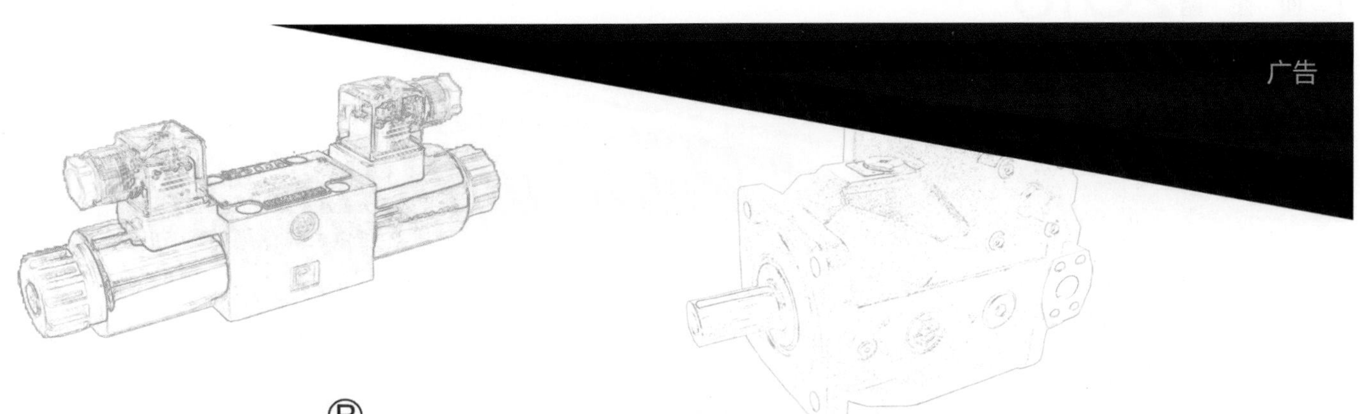

华德液压

铸世界品质　创国际品牌

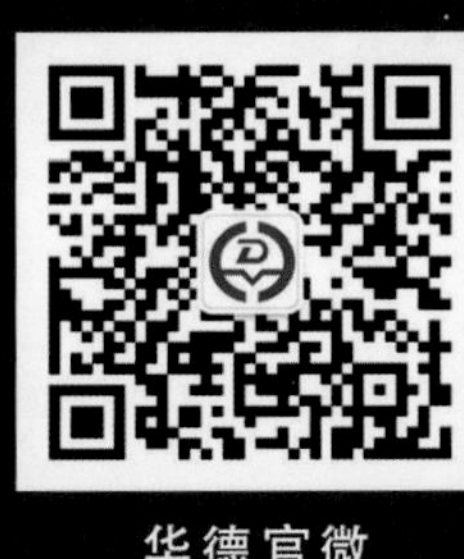

400-000-6987

www.huade-hyd.com.cn

同"芯"协力

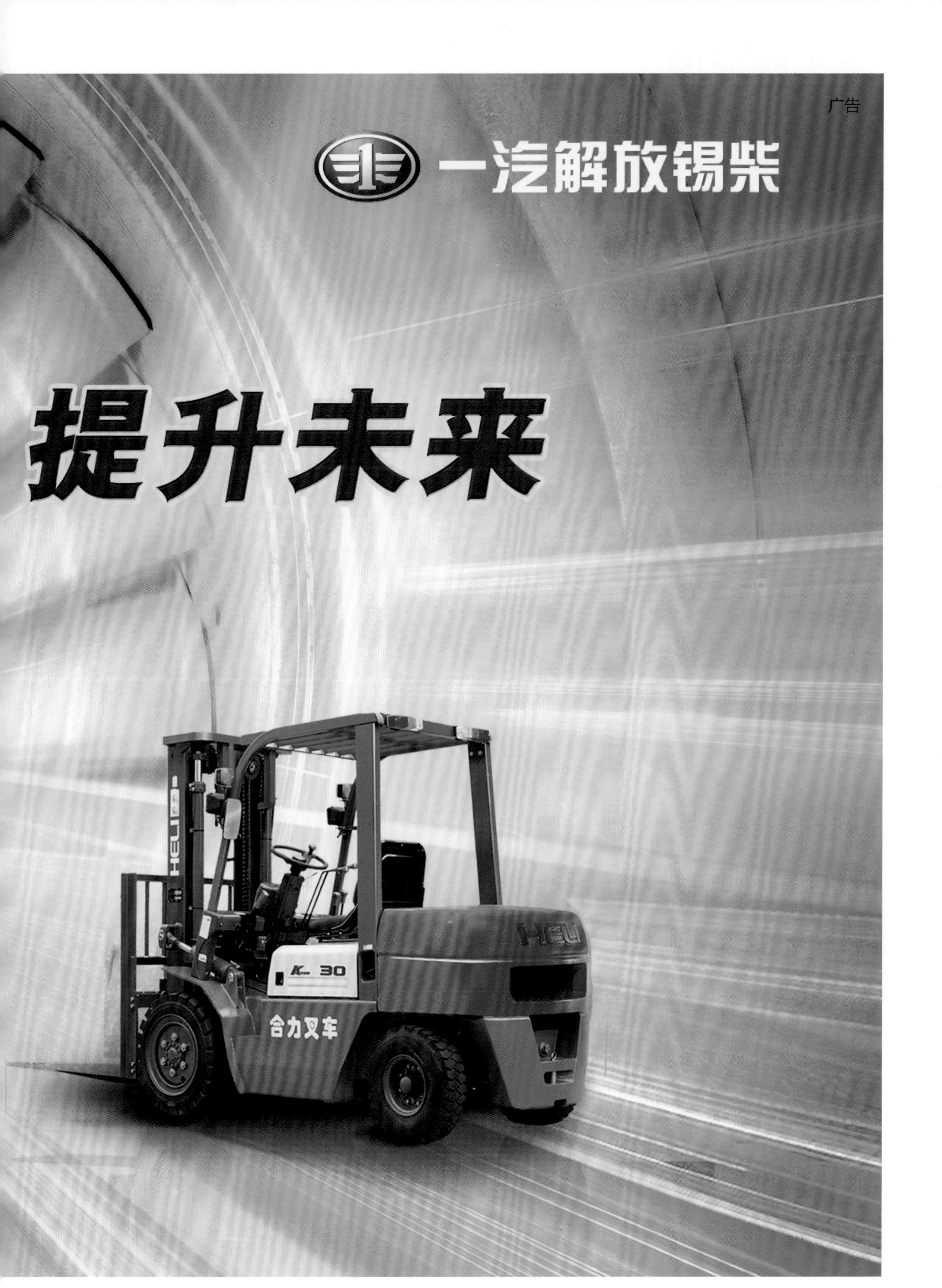
广告
一汽解放锡柴
提升未来
HELI
HELI
30
合力叉车

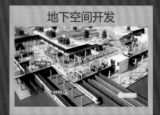

广告
CLOSE TO OUR CUSTOMERS
WIRTGEN GROUP
您的需求 一站解决
www.wirtgen-group.com/technologies

广告
德基机械
D&G MACHINERY
官方网站
微信 | 公众平台
资源循环利用
建设绿色家园
整体式环保再生沥青搅拌设备
廊坊德基机械科技有限公司
LANGFANG D&G MACHINERY TECHNOLOGY COMPANY LIMITED
德基科技控股有限公司全资子公司
香港联合交易所上市公司 1301.HK
东部 电话 021-5830-3082 • 上海市东方路710号汤臣金融大厦1003 • 邮编 200122
南部 电话 020-3887-0070 • 广州市天河区体育东路118号财富广场西塔2302 • 邮编 510620
西部 电话 028-6150-5837 • 四川省成都市高新区交子大道300号誉峰M3-1506 • 邮编 610041
北部 电话 010-8151-6910 • 北京市朝阳区塞隆国际文化创意园A4-119 • 邮编 100024
info@dgmachinery.com
dgmachinery.com
产品免费咨询热线
400-883-1881
800-810-1881

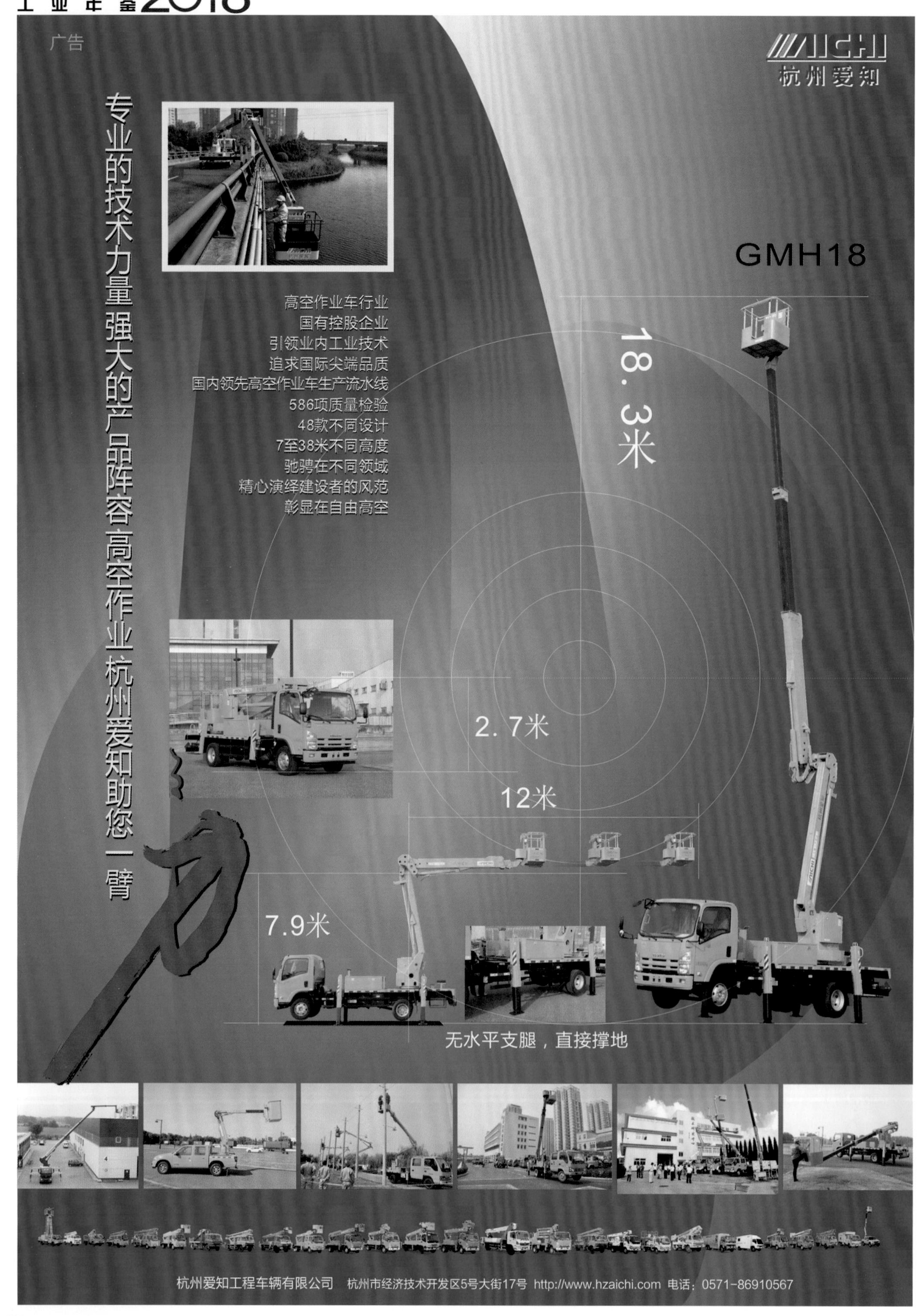
广告
AICHI
杭州爱知
专业的技术力量强大的产品阵容高空作业杭州爱知助您一臂
GMH18
高空作业车行业
国有控股企业
引领业内工业技术
追求国际尖端品质
国内领先高空作业车生产流水线
586项质量检验
48款不同设计
7至38米不同高度
驰骋在不同领域
精心演绎建设者的风范
彰显在自由高空
18.3米
2.7米
12米
7.9米
无水平支腿，直接撑地
杭州爱知工程车辆有限公司 杭州市经济技术开发区5号大街17号 http://www.hzaichi.com 电话：0571-86910567

广告

『值得您拥有的，不只是我们的设备，更有我们的团队。』

左侧机型：
KOMATSU Dump Truck 930E
右侧机型：
KOMATSU MINING Hybrid Shovel 2650CX

下了高速，就进入了一条一直延绵至地平线的公路。道路外广袤的土地上，除了高度超过两米的树形仙人掌和低矮的灌木丛之外，别无他物。天际边那一抹蓝色，看起来比平日在城里看到的浓了许多。连吹到脸上的风，也是干干的。这就是美国亚利桑那州图桑，世界著名的矿山聚集地。在其方圆400公里的范围内，就聚集着20多座铜矿山。

感觉简直就是两头大恐龙。只见那只巨大的钢手以其锐利的尖爪『咣』的一下就扎入矿壁，紧接着，粗壮的手腕『呼』的一下又向上抬了起来。只这一铲，就是60吨！这里的矿卡也够大，一车的装载量就相当于15台普通4吨卡车。靠着那块强健的后背，稳稳妥妥地装满后，一台台地绝尘而去。高度达20米的『挖掘机』，装载量达300吨的『矿卡』，一对谁也离不开谁的矿山作业好伙伴。

总部设在美国密尔沃基的久益环球和总部设在日本东京的小松，两家公司现已合二为一，新成立的小松矿山公司已开始运营，并作为一个完整的团队为广大矿山用户提供产品和服务。『成为一家公司之后，原来的不足之处得到了弥补，优势更得以增强了好几倍！』一位来自密尔沃基的女性高管对我们如是说。久益环球是一家长期专注于超大型装车用的挖掘机和地下横掘井工作业用的矿山机械的企业，正好跟擅长大型矿用卡车等矿山机械的小松构成优势互补，双方的联合也正是基于这一点而进行的。『现在，产品线更加完善，换句话说，现在我们已经能够参与到从挖掘、装车到运搬的矿山作业所有环节中去，我坚信，我们将有非常光明的前景。』说这些话时，女高管脸上洋溢着灿烂的微笑。

一辆矿用卡车装满后刚开走，另一辆紧接着就到位。事实上，该矿山通过运行中心对卫星和GPS定位信息的统一管理，向矿卡持续地发出行进位置指令。而在澳大利亚的矿山，小松矿卡已经完全实现了作业无人化。

这里的操作手大多是本地人。对常驻在矿山的小松服务工程师来说，能够与这些操作手保持良好的对话至关重要。这些来自于现场的第一手信息并不仅仅在日常的服务当中得到反映，还会被传递到总公司并在今后的研发中得到发挥。『我们提供给用户的，绝不仅仅是这些设备，而是还包括了我们这些服务工程师在内的整个小松团队！』一段掷地有声的话，着实令人印象深刻。

正好赶上换班的时间。操作手从位于10米高处的驾驶室下到了地面。操作手轻抚了一下相当于挖掘机大手的小手指的地方，好似在对这个好帮手说着：『伙计，辛苦了！』天空上，亚利桑那的太阳似乎也在会心地注视着这对矿山好伙伴。

KOMATSU | 小 松

小松(中国)投资有限公司

地址：上海市浦东新区金科路2889弄6号
长泰广场办公楼E座2F/3F 邮编：201203
电话：021-68414567
传真：021-68410250 68410251
http://www.komatsu.com.cn

对话工业品牌

聆听品牌的腾飞梦想，见证品牌的成长传奇

中国工程装备摇篮
开创国内多项先河

中国机械式轮式挖掘机诞生地

中国轮式液压挖掘机诞生地

中国混合动力液压挖掘机诞生地

中国液压抓钢、抓料机诞生地

中国“大国重器”全地形极地车诞生地

武器装备质量体系认证证书

编号：16JB2340

兹证明贵州詹阳动力重工有限公司——位于贵州省贵阳市小河经济开发区中曹路97号（550006），按国家军用标准GJB9001B-2009的要求，建立了武器装备质量管理体系，并通过了认证。该质量管理体系适用于：液压挖掘机、轮式多用工程车、JM8骏马全地形车、全地形履带式装备底盘的设计、开发、生产和服务。

证书有效期：2016年3月20日至2019年3月19日

主任：程旭祥　日期：2016年3月20日

国军标体系认证证书

DNV BUSINESS ASSURANCE

管理体系认证证书

证书号码：4958-1995-AQ-RGC-RvA

兹证明

贵州詹阳动力重工有限公司

中国贵州省贵阳市中曹路97号

管理体系符合：

ISO 9001：2008 标准

此证书对下列产品或服务范围有效：

建筑、工程和工业类机械及零部件的设计、生产和服务支持

1995年10月11日

上海，2013年10月9日

2016年10月11日

DNV CERTIFICATION B.V.，THE NETHERLANDS

MGMT. SYS. RvA C024

Zhang Jie Rong

Chen Yi

ISO管理体系认证证书

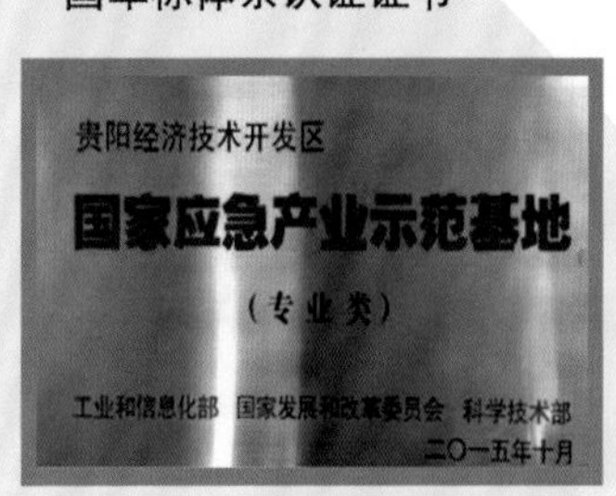

韩国斗山集团（DOOSAN）是一家享誉全球、颇具竞争力的跨国公司。斗山工程机械（Doosan Infracore）创立于1937年，隶属于斗山集团，是斗山集团基础设施建设（ISB）领域的核心部门。Doosan Infracore主要提供工程机械等设备，通过完善的服务体系和金融服务方案，针对客户需求，提供可定制化的整体解决方案，实现客户价值，向世界一流企业进军。

目前，Doosan Infracore生产基地遍布美洲、欧洲、亚洲，均与韩国总部以及在美国、印度、欧洲等地的全球化研究开发中心和工程技术网络紧密相连，结合全球1200多家经销商网络，为全球客户提供优质的产品、技术和服务。

自1994年进入中国市场以来，斗山工程机械（中国）有限公司坚持以品质赢市场，在中国挖掘机市场占有率累计8年领先，客户满意度累计14次获得领先，2013年12月率先实现了挖掘机累积生产销售量突破13万台，2016年全面推出9C系列新品以及电喷机的更新换代，2017年推出贴合中国矿山产业的标杆产品DX800LC-9C，荣获多项国内大奖。

2018年，斗山将凭借领先的技术和专业的团队，率先积极地应对中国市场变化，开启中国工程机械行业发展新的纪元。

建今日
DOOSAN
DOOSAN
DOOSAN
DX60
DOOSAN
DOOSAN
DOOSAN

对话工业品牌

广告
DOOSAN
见未来
DOOSAN
DOOSAN
DOOSAN
DOOSAN

综合索引

『鉴』证行业发展

挖掘企业亮点

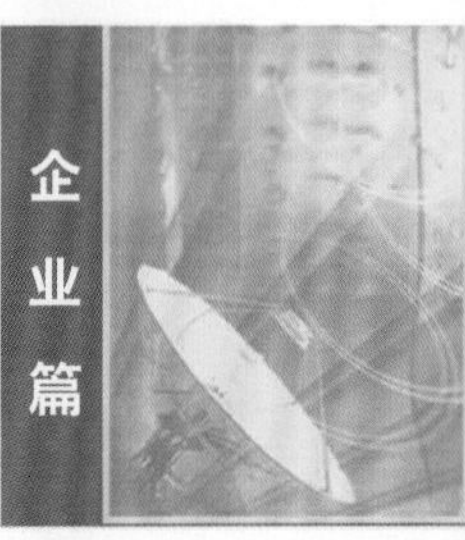

编辑说明

一、《中国机械工业年鉴》是由中国机械工业联合会主管、机械工业信息研究院主办、机械工业出版社出版的大型资料性、工具性年刊，创刊于 1984 年。

二、根据行业需要，中国机械工业年鉴编辑委员会于 1998 年开始出版分行业年鉴，逐步形成了“中国机械工业年鉴系列”。该系列现已出版了《中国电器工业年鉴》《中国工程机械工业年鉴》《中国机床工具工业年鉴》《中国通用机械工业年鉴》《中国机械通用零部件工业年鉴》《中国模具工业年鉴》《中国液压气动密封工业年鉴》《中国重型机械工业年鉴》《中国农业机械工业年鉴》《中国石油石化设备工业年鉴》《中国塑料机械工业年鉴》《中国齿轮工业年鉴》《中国磨料磨具工业年鉴》《中国机电产品市场年鉴》《中国热处理行业年鉴》和《中国机械工业集团年鉴》。

三、《中国工程机械工业年鉴》于 2000 年创刊。2002 年起，中国机械工业年鉴编辑委员会和中国工程机械工业协会开始合作编撰，2018 年为第 18 期。该年鉴记载了工程机械行业的运行情况、产品状况、产销情况，对市场情况、行业发展趋势进行了系统分析，全面系统地提供了工程机械行业的主要经济技术指标。2018 年版设置综述篇、大事记、行业篇、企业篇、市场篇、调研篇、统计资料和标准篇栏目。

四、统计资料中的数据由中国工程机械工业协会提供，数据截至 2017 年 12 月 31 日。因统计口径不同，有些数据难免出现不一致的情况。

五、在年鉴编撰过程中得到了中国工程机械工业协会及各分会、行业专家和企业的大力支持和帮助，在此深表感谢。

七、由于水平有限，难免出现错误及疏漏，敬请批评指正。

中国机械工业年鉴编辑部

2018 年 10 月

目　录

综 述 篇

大 事 记

行 业 篇

企 业 篇

市 场 篇

调 研 篇

统 计 资 料

标 准 篇

Contents

Overview

Chronicle of Events

Trades

Enterprises

Market

Research

Statistical Data

Standards

综述篇

分析总结2017年工程机械行业发展情况、工程机械质量检验情况，介绍工程机械行业最新成果，公布行业年度新闻事件

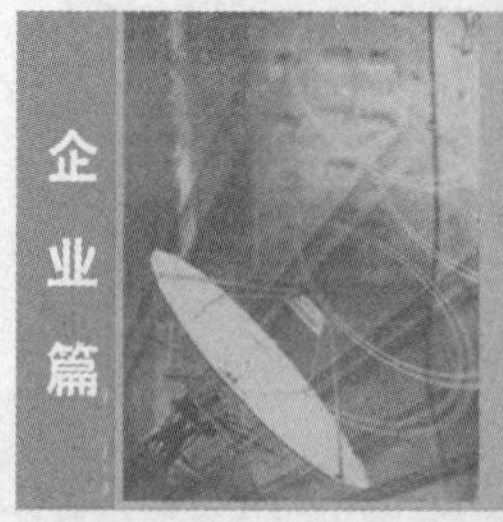

2017 年工程机械行业发展综述

工程机械作为装备制造业的重要组成部分，一直受到党中央、国务院的高度重视。2017 年 12 月，习近平总书记十九大后首次视察就来到了徐工集团。习总书记在考察中肯定了徐工集团作为装备制造业和工程机械行业的代表企业的发展成绩和发展思路，对徐工集团也是对全行业做出指示：装备制造业是制造业的脊梁，要加大投入、加强研发、加快发展，努力占领世界制高点、掌控技术话语权，使我国成为现代装备制造业大国。创新是企业核心竞争力的源泉，很多核心技术是求不到、买不来的。落实党的十九大关于推动经济发展质量变革、效率变革、动力变革的重大决策，实现中国制造向中国创造转变、中国速度向中国质量转变、中国产品向中国品牌转变，必须有信心、有耐心、有定力地抓好自主创新。习近平勉励徐工集团着眼世界前沿，瞄准国际标准提高发展水平，努力探索创新发展的好模式、好经验，促进我国产业迈向全球价值链中高端。

在党中央、国务院的正确领导下，经过全行业多年来的不断努力，在历经五年的行业发展低潮后，2017 年工程机械行业迎来了新的高速增长。主要产品销售量同比增长 45.7%，出口额增长 18.5%；主要企业经济效益实现大幅度提高：营业收入同比增长 22.2%，利润总额增长近 500%。工程机械行业实现了产出与效益双增长。国内外市场双增长，迎来了新一轮快速发展。

此外，全行业着力加快推进供给侧结构性改革，积极投身“一带一路”建设，在实现工程机械行业快速增长的同时，实现了发展质量的不断提高和增长方式的迅速转变。

一、2017 年工程机械行业经济运行情况

1. 主要产品销售出现大幅度增长

2017 年，工程机械行业承接 2016 年下半年走势，继续保持了快速增长的态势，主要产品销售量在挖掘机、汽车起重机等产品高速增长的同时呈快速增长，改变了多年销量连续下滑的态势。截至 12 月底，工程机械行业主要的 9 种产品销量增幅有所扩大，总体增幅为 45.7%。

2017 年工程机械主要产品销量及增长情况见表 1。

表 1　2017 年工程机械主要产品销量及增长情况

序号	产品名称	2017 年 1—3 月		2017 年 1—6 月		2017 年 1—9 月		2017 年 1—12 月	
		销量（台）	同比增长（%）	销量（台）	同比增长（%）	销量（台）	同比增长（%）	销量（台）	同比增长（%）
1	挖掘机	40 468	98.9	75 069	100.5	101 935	100.1	140 303	99.5
2	装载机	22 919	6.65	49 114	32.8	73 338	44.6	97 659	44.9
3	推土机	1 561	8.10	3 269	35.5	4 504	39.7	5 707	40.5
4	平地机	1 036	35.8	2 326	41.1	3 425	44.1	4 522	42.0
5	汽车起重机	3 814	101.7	9 531	100.5	14 776	114.9	20 434	113.9
6	随车起重机	2 571	51.5	5 717	47.5	8 459	47.0	10 867	38.0
7	工业车辆	118 979	34.9	242 907	34.2	368 743	34.9	496 738	34.2
8	压路机	3 874	34.0	9 625	50.6	13 967	49.9	17 421	45.7
9	摊铺机	557	38.9	1 398	24.0	2 002	23.8	2 390	21.3
合　计		195 779	40.7	398 956	44.8	591 149	46.3	796 041	45.7

除上述产品外，盾构机、高空作业机械、混凝土机械、塔式起重机等增长态势较好。

当前的情况也反映出企业在前几年销售低迷之后对市场变化准备不足的问题。经过前几年的低迷，企业在人员、原材料、制品和外购件库存、生产能力等方面的压缩和调整基本完成，在市场需求增加时，存货结构不能满足销售需要。另外，企业担心前几年市场滑坡的局面重演，所以在补充新的产能方面比较谨慎。

2. 主要企业经济效益情况明显好转

2017 年工程机械行业经济效益明显好转，各项主要经济指标大幅增长。据统计，2017 年全行业完成营业收入 5 403 亿元，同比增长 12.7%；利润总额 168.4 亿元，同比增长 428%；其他各项经济指标都明显改善，体现出行业经济运行质量大幅度提高，行业发展进入新一轮稳定发展周期。

2001—2017 年工程机械行业营业收入增长情况见图 1。

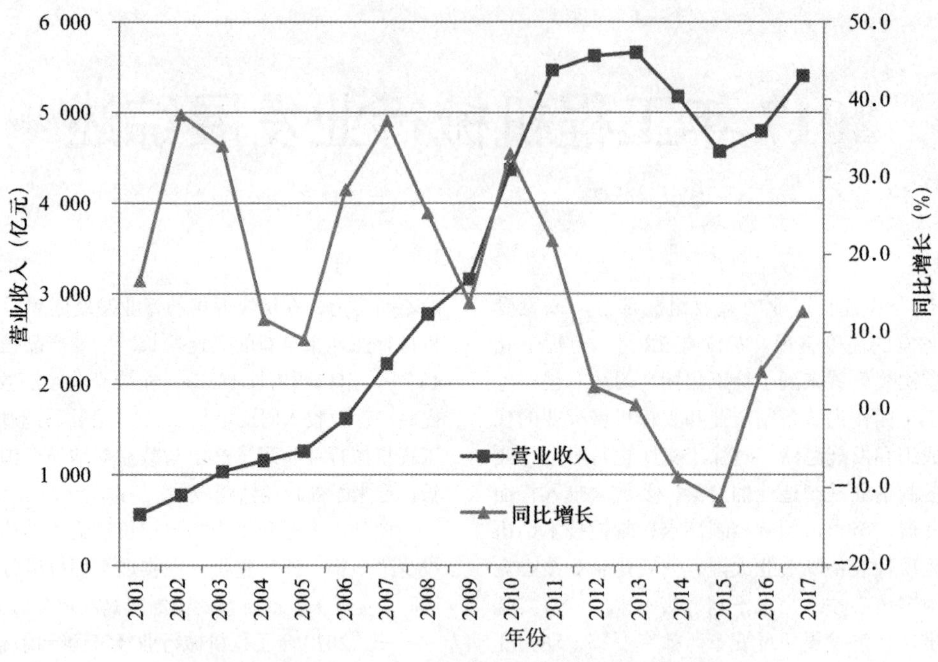

图 1　2001—2017 年工程机械行业营业收入增长情况

从重点企业经济效益完成情况看，1—12 月各项指标也充分体现了市场销售的情况。从利润情况看，企业普遍实现了盈利，与上年同期全面亏损情况出现反差。

营业收入上半年各月止同比增长均保持 20% 以上，上半年累计增长 20.5%；7、8 月累计增长 18% 以上；前三季度累计增长 20.5%，全年实现累计增长 22% 以上。

利润增长更是保持较高水平，在扭亏基础上，利润总额成倍增长。各企业的资金状况得到较大改善。

工程机械行业重点联系企业 2017 年经济效益完成汇总见表 2。

表 2　工程机械行业重点联系企业 2017 年经济效益完成汇总

序号	指标名称	完成额（万元）	同比增长（%）	序号	指标名称	完成额（万元）	同比增长（%）
1	营业收入	29 983 583	22.2	9	资产合计	38 613 851	2.8
2	营业成本	25 494 467	17.7	10	流动资产平均余额	25 381 503	0.3
3	营业税金及附加	147 922	49.9	11	其中：应收账款	10 270 980	-6.6
4	销售费用	1 344 185	40.7	12	存货	5 767 370	12.3
5	管理费用	1 272 806	18.0	13	其中：产成品	3 003 790	12.6
6	财务费用	582 165	33.7	14	应交增值税	482 346	36.7
7	其中：利息支出	512 833	-3.4	15	从业人数（人）	115 238	-0.4
8	利润总额	997 433	476.6	16	工资总额	676 326	27.1

3. 进出口增长明显，出口超过 200 亿美元

2017 年我国工程机械进出口贸易额为 241.91 亿美元，同比增长 19.3%。其中，进口金额 40.86 亿美元，同比增长 23.2%；出口金额 201.05 亿美元，同比增长 18.5%，贸易顺差 160.19 亿美元，同比增加 23.76 亿美元。

2017 年工程机械产品各月进出口情况见表 3。

表 3　2017 年工程机械产品各月进出口情况

月份	进口				出口				进出口合计	
	当月		累计		当月		累计			
	金额（万美元）	同比增长（%）	金额（万美元）	同比增长（%）	金额（万美元）	同比增长（%）	金额（万美元）	同比增长（%）	金额（万美元）	同比增长（%）
1	28 065	31.7			144 964	2.5			173 028	6.3
2	29 894	58.1	57 959	44.1	98 817	-13.9	243 781	-4.8	301 740	1.8
3	39 190	21.8	97 190	34.2	158 986	13.0	402 663	1.5	499 853	6.5
4	34 874	22.8	132 065	31.0	158 495	14.1	561 020	4.8	693 085	8.9

（续）

月份	进口				出口				进出口合计	
	当月		累计		当月		累计		金额（万美元）	同比增长（%）
	金额（万美元）	同比增长（%）	金额（万美元）	同比增长（%）	金额（万美元）	同比增长（%）	金额（万美元）	同比增长（%）		
5	36 351	14.0	168 401	26.9	175 991	18.9	736 797	7.8	905 199	10.9
6	36 457	29.0	205 153	27.5	171 031	19.1	908 088	10.4	1 113 241	13.2
7	30 508	11.5	235 774	25.2	178 448	30.0	1 084 610	13.1	1 320 385	15.1
8	33 339	35.0	269 072	26.3	180 169	14.5	1 263 482	13.2	1 532 554	15.3
9	34 543	−19.6	302 208	18.1	163 055	20.7	1 424 959	14.1	1 727 167	14.7
10	28 368	23.8	330 570	18.5	186 219	49.6	1 610 791	17.6	1 941 361	17.7
11	39 756	48.3	370 258	21.3	199 443	31.8	1 810 175	19.0	2 180 434	19.4
12	38 273	46.7	408 556	23.2	202 708	15.2	2 010 495	18.5	2 419 051	19.3

进口方面，2017 年工程机械零部件累计进口额 18.39 亿美元，同比增长 30.7%，零部件进口增幅大于整机。整机中，履带挖掘机进口额同比增长 78%，同比增量达 4.65 亿美元；零部件进口额同比增量达 4.32 亿美元。两者合计为工程机械进口额增量的 116.6%，成为工程机械进口总额增长的重要动力。其他进口增长较多的产品还有：轮胎式挖掘机、摊铺机、装载机、打桩机及工程钻机等。下降较多的产品主要有：其他起重机、隧道掘进机、混凝土搅拌机械等。

2013—2017 年工程机械产品各月进口额情况见图 2。

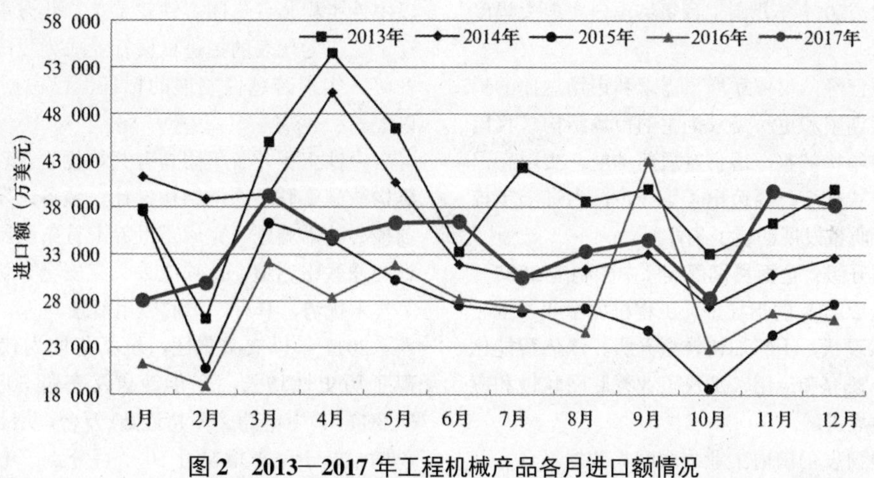

图 2　2013—2017 年工程机械产品各月进口额情况

出口方面，全年累计出口整机 127.37 亿美元，同比增长 16.9%，占出口总额的 63.4%；零部件出口 73.68 亿美元，同比增长 21.5%，占出口总额的 36.6%。2017 年全年出口增长较多的产品主要有：装载机、履带挖掘机、内燃叉车、非公路自卸车、电动叉车、其他推土机、压路机等。出口下降的产品主要有：其他起重机、其他工程车辆、混凝土泵车、堆垛机、履带起重机等。

2013—2017 年工程机械产品各月出口额情况见图 3。

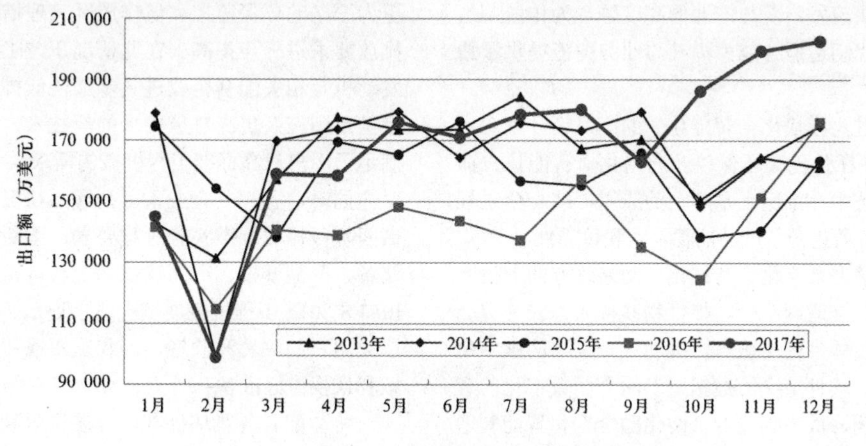

图 3　2013—2017 年工程机械产品各月出口额情况

二、努力推进供给侧结构性改革，培育发展新动能

2017 年，对工程机械行业来说是不平凡的一年。在 2012 年以来的五年行业发展低潮期，工程机械行业坚定发展信心，努力克服内外部原因带来的困难，砥砺前行，奋发作为，坚持创新发展、转型升级，着力推进供给侧结构性改革，在内外部因素的共同作用下迎来了新的需求高峰。

回顾近两年工程机械市场的发展变化，形成这一轮工程机械销售高峰主要有以下原因：一是多年来我国坚持稳中求进的保持经济稳定增长的政策和持续稳定的投资规模，为工程机械行业稳定增长创造了良好的条件；二是工程机械行业在国家相关政策的支持下，坚持创新发展和转型升级，不断推出更加优质、高效、环保、可靠、适用的工程机械，为赢得新的市场需求打下坚实基础；三是随着全社会对空气质量的要求不断提高，一些老旧工程机械面临退出市场的压力，助推了新型环保工程机械的旺销；四是 2010 年前后投入使用的一大批工程机械逐步进入更新周期，工程机械保有量出现滞涨和部分设备出现下降的情况；五是“一带一路”建设扎实推进，为我国工程机械迎来了新的市场空间，2017 年我国工程机械出口实现大幅度增长。

我国工程机械已经从仅依靠增量需求和市场规模的扩大转到以市场存量调整和更新需求为主的市场结构。我国工程机械行业加快结构调整，培育发展新动能，实现新旧动能转换和增长方式转变已经迈出了第一步，为进一步推动工程机械实现高质量发展创造了条件。

三、加快转型升级，全面贯彻落实《中国制造 2025》

在《中国制造 2025》的指导下，工程机械行业一批企业结合产品与技术现状，不断加快转型升级，深化智能化相关技术的探索、研究和应用，加快工业互联网建设和应用实践，并取得明显进展。

徐工集团自主研发的国内工业物联网大数据平台，利用根植于工程机械行业的基础与互联网技术的复合优势，可以快速、准确、便捷地预测宏观行情。该平台纳入了超过 40 万台设备，可以实时对远在巴西、缅甸、老挝等国家和地区的设备实现远程监控、工况展示、开工率统计、维保管理等诸多功能，真正做到拉近全球服务的距离。工业互联网平台的快速发展及与产业的高度融合为传统制造业转型升级、现代制造服务能力提升与业务覆盖提供了新技术支撑和保障。

中联重科通过“模块化 + 智能化”的产品设计理念，使新一代 4.0 产品在性能、环保以及通用化、智能化方面有质的提升。该技术在混凝土泵车上的应用，结合全过程三级故障诊断，有效提升了产品的稳定性和可靠性。

三一集团凭借在数字化、智能化、网络化方面的投入与积累，打造工业互联网平台，提供物联接入、云计算、工业大数据和在线软件应用服务，推动三一集团的数字化转型，打造出基于软件定义、数据驱动的全面数字化的智能制造新三一集团，成为制造业“两化融合”和智能制造的示范企业，为全面提升制造业智慧升级，实现中国制造 2025 贡献新动能。

四、坚持创新驱动，高端装备取得重大突破

加快建设工程机械强国，创新发展作为第一驱动力，成为 2017 年工程机械行业最受重视的工作领域，也产生了一批具有重要影响力的科技创新成果。

在 2017 年度工程机械行业科技奖评选中，贵州詹阳、杭叉集团、徐州重型等申报的 3 个项目获得中国机械工业科学技术奖一等奖；中铁工程装备集团、徐工基础等申报的 5 个项目获中国机械工业科学技术奖二等奖；柳工、中联重科等企业申报的 13 个项目获得中国机械工业科学技术奖三等奖。2017 年工程机械行业参与评选的项目具有创新点多、技术含量高、社会效益和经济效益显著等特点。

2017 年在国家知识产权局公布的第十九届中国专利奖获奖项目名单中，徐工集团、中联重科、三一重工、柳工、贵州詹阳、铁建重工等企业的十项专利获奖。

经过近十年的创新发展，我国已全面掌握隧道掘进机核心技术，在我国基础设施隧道施工规模快速增长的推动下，超大直径盾构机和硬岩掘进机近两年发展尤其迅猛，以中铁工程装备集团、铁建重工、北方重工、中交天和、辽宁三三为代表的掘进机械行业成为我国装备制造业转型升级，实现跨越性发展的标杆，已占据国内市场的 80% 以上。

中铁工程装备集团与有关单位联合攻关，解决了地铁盾构法施工联络通道结构设计、装备研发、施工工艺等多项核心技术难题，完成了世界上首条采用盾构法施工的轨道交通联络通道。此项成果具有安全、优质、高效、环保等技术优势，具有广阔的应用前景。

2017 年以安叉集团、杭叉集团为代表的叉车行业实现了历史性增长，全年销售叉车近 50 万台，同比增长 34.2%。其中电动叉车超过 20 万台，增长 43.9%，电动叉车增幅高于叉车增幅近 10 个百分点。电动叉车比重达到 41%。

五、坚持绿色发展，加快工程机械节能减排步伐，承担起建设美丽中国的历史重任

2017 年是工程机械环保排放转换升级的攻坚之年，环保部及各地方环保部门加大排放监管力度，部分地区实行更为严格的环保监控和低排放区管理措施，对工程机械的排放要求进一步提高。在此情况下，工程机械行业整机、发动机及相关配套企业进一步加快低排放设备的研发，一批满足国三及更高排放要求的新技术、新产品陆续推出，满足了用户对高标准工程机械的需求。

同时，各相关企业未雨绸缪，积极配合非道路工程机械四阶段排放标准实施进程要求，不断加快新技术应用和储备、产品开发、产品测试、资料审报等工作，并在北京 BICES 2017 工程机械展览会成功展示、推向市场，受到了广大用户的关注和欢迎，为我国实现非道路四阶段产品的顺利切换做好准备。

协会配合各级环保部门开展调研和政策研究，反映行业企业在标准切换中遇到的问题并提出改进措施和建议，得到了环保部门的重视和采纳。

六、坚持高标准，工程机械行业标准化进入新时代

2017年11月4日，《中华人民共和国标准化法》（修订）正式颁布，于2018年1月1日正式施行，明确了团体标准的正式法律地位，团体标准进入了发展的新时代。2017年12月15日，质检总局、国家标准委、民政部联合印发了《团体标准管理规定（试行）》。2017年12月19日，工业和信息化部发布《培育发展工业通信业团体标准的实施意见》。国家制定的一系列法规政策把团体标准推到了前所未有的战略高度。

工程机械行业企业积极开展团体标准的制定和宣贯工作，徐工集团、柳工股份、中联重科、山东临工、山河智能、南方路机、厦工股份、廊坊凯博等企业积极参与协会的团体标准工作，在填空白、上水平和宣贯等方面发挥了重要作用。

截至2017年年底，协会共计发布了54项团体标准。其中协会发布的T/CCMA 0025—2014《轮胎式装载机燃油消耗试验方法》等五项团体标准符合国家绿色环保发展方向，入选工业和信息化部2017年团体标准应用示范项目。

七、积极投身“一带一路”建设，扎实推进国际产能合作

2017年，在国家高层引领和相关部门的密切配合推动下，“一带一路”建设各项工作加快推进，国际产能合作范围和领域不断扩大，国内推进机制不断完善，重点方向及重点领域建设取得积极进展和显著成效，工程机械行业国际化步伐不断加快，“走出去”不断取得新成果。

在第十四届中国（北京）国际工程机械、建材机械及矿山机械展览与交流会（BICES）期间，中国工程机械工业协会（以下简称协会）联合机电进出口商会共同举办“一带一路”工程机械国际合作论坛。该论坛是自习近平主席提出“一带一路”倡议以来首次由工程机械行业发起的具有国际性专业水准的相关活动，利用BICES展会国内外知名品牌齐聚一堂的时机，大力推进中国与“一带一路”国家在工程机械领域的贸易与合作交流。会议邀请了“一带一路”沿线国家的驻华商务代表和相关机构代表出席，介绍其国家相关基础设施建设和大型项目规划以及对工程机械设备的需求，使中国工程机械行业企业近距离全面了解和掌握“一带一路”沿线国家的贸易状况和发展潜力。

展会期间，协会与中非友好经贸发展基金会共同举办了“中非工程机械合作发展论坛”。该论坛旨在加快推进习近平主席提出的中非“十大合作计划”，促进中非在工程机械领域的交流。非洲多国的使节、参赞、相关机构的代表参加论坛。论坛的召开促进了非洲国家与中国工程机械企业的沟通、交流，协助非洲各国寻找合适的中国合作伙伴，同时有助于中国企业更好地了解非洲国家贸易及投资政策，以及在工程机械领域的相关需求。

2017年“一带一路”建设取得丰硕成果，沿线国家铁路、港口、桥梁、住房等基础设施建设全面开花，为工程机械企业在国际市场上带来新机遇。

徐工集团在“一带一路”建设中秉持生产当地化、销售本地化的原则，坚持“本土化”融合，为“一带一路”沿线国家提供适销对路的产品，充分发挥经销商的本土化优势，依靠自主研发的国内工业物联网大数据平台，实时对远在巴西、缅甸、老挝等国家和地区的设备实现远程监控、工况展示、维保管理等诸多功能，真正做到拉近全球服务的距离。

三一集团的海外市场销售实现了快速增长，其中70%的收益来自于“一带一路”沿线国家和地区，印度、欧洲、南非、中东等区域实现快速增长。

中联重科在“一带一路”沿线扎实布局，推行“走出去、走进去”的海外布局思路，通过扎根当地市场，发挥协同效应，将完备的销售网络和服务体系覆盖到全球取得成效。当前，中联重科已在全球40多个国家建有子公司以及营销、科研机构，产品出口到“一带一路”沿线各个国家，出口额快速增长。

柳工积极加强在“一带一路”区域的深度营销和服务渠道网络布局，为客户提供产品解决方案和后市场支持；利用国家土石方机械工程技术研究中心、全球研发体系协同和海外制造基地为客户提供施工设备、服务支持和解决方案，努力成为当地的企业公民，成为受尊重的企业。

国机重工、山河智能、永茂建机、中交西筑等企业积极践行国家“一带一路”倡议，扎实推进“走出去”，不断探索和深化与“一带一路”沿线国家的合作模式，真正实现用中国制造造福“一带一路”沿线国家和人民。

徐工集团、山推、山东临工等积极开展境外用户维修操作人员的操作技能和管理培训，深化与各国用户的合作与交流，在各国用户中树立了良好的口碑，为今后的市场开发奠定了基础。

八、2018年发展预计

2018年是我国改革开放40周年，也是全面贯彻落实党的十九大精神的开局之年，是决胜全面建成小康社会、实施“十三五”规划承上启下的关键一年。40年来，我国工程机械行业在改革开放政策的引领和推动下，经过几代人的艰苦奋斗，通过引进技术消化吸收，工程机械行业快速发展壮大，已经成为世界工程机械行业的大国。我国工程机械行业由向国际先进水平学习、跟跑，到追赶、超越，如今，我们在较多领域实现了并跑，甚至在一些领域实现了领跑。但快速发展中还存在一些发展瓶颈，需要我们继续努力加以克服。

（一）2018年工程机械行业环境分析与发展目标

1.发展环境分析

（1）世界经济有望继续复苏但仍将波动徘徊，突发性风险始终存在。2017年，全球经济增速止跌回升，国际贸易实现恢复性增长，能源和大宗商品价格趋稳，失业率普遍降低，但结构性矛盾依然突出。美、日、欧等发达经济体恢复态势良好，新兴和发展中经济体在推动世界经济增长方面仍发挥突出作用，俄罗斯和巴西等国表现出较强的韧性和抗危机能力，经济走出衰退，开始复苏，进而影响独联体国家以及拉美和加勒比海地区经济增速回升。

2018 年，全球经济仍存在较多不确定性，前期发挥重要积极作用的传统产业对经济增长的贡献将弱化；高新技术贸易将面临诸多困难；全球货币政策正常化步伐加快，量化宽松政策陆续退出，这在一定程度上会抑制全球投资，对经济发展造成负面影响；能源和大宗商品价格上涨对全球贸易的积极效应降低。特别是美国特朗普政府挑起的贸易战带来的影响还有待于观察，我们应积极应对，减小负面影响，争取最好结果。

不过，2018 年推动全球经济向好的积极因素依然很多，国际金融市场抗风险能力进一步增强，巴西、俄罗斯等新兴市场国家结束衰退；各国采取的刺激实体经济发展的经济政策逐步发挥作用；全球经济发展不平衡不充分导致新兴市场和发展中国家潜在投资增速快于发达国家，使之继续成为全球经济增长的动力和源泉。

因此，2018 年全球经济将继续保持 2017 年的发展势头，经济增速将保持或接近 2017 年增速。

（2）我国经济持续发展具有许多有利条件，但也面临诸多困难和问题。

1）2018 年，我国固定资产投资将围绕“发挥投资对优化供给结构的关键性作用”的思路，着力扩大有效投资，激活民间投资，继续扩大、推广 PPP 投资模式，支持企业技术改造，健全房地产市场长效机制，促进固定资产投资提质增效。预计 2018 年固定资产投资增幅 7%，其中制造业投资增长 4.6%；基础设施投资增长 14%；房地产开发投资增长 5%；其他投资增长 3.6%。

2）2018 年，我国进出口贸易将在世界经济回暖、市场需求改善、国际贸易和投资日趋活跃、新兴经济体基础设施建设加快的背景下实现外贸结构优化升级，进出口分别保持平稳增长，预计出口和进口分别增长 5% 和 8.5%。

3）2018 年 GDP 预期目标增长 6.5%，显示出我国经济已由高速增长阶段转向高质量发展阶段，正处在转变发展方式、优化经济结构、转换增长动力的关键期。

（3）全面准确把握 2018 年工程机械行业的发展形势，必须认识到工程机械行业的内外环境发生新的变化。

一是我国国际影响力的逐步增强和我国工程机械行业国际地位的提高，会增加市场机会，相应地也会带来更加严峻的竞争和考验，发达国家“再工业化”和发展中国家工业化进程加快对我国形成了双重挤压。

二是面临生产成本不断上升、产业增速放缓、投资增长边际效应减弱等挑战。同时产业结构不合理、发展短板制约凸显、市场秩序矛盾突出等发展不平衡不充分的问题依然存在。

三是对投资规模的依赖未得到改善，周期性波动趋势将持续。工程机械行业新旧动能转换步伐缓慢，技术进步对行业的推动作用较弱，存量市场未得到充分挖掘和价值体现。

2. 发展目标

2018 年要按高质量发展的根本要求，着力解决工程机械行业发展不平衡不充分主要矛盾，持续推进供给侧结构性改革，不断提高工程机械整机、配套件质量水平和可靠性；提升智能化、数字化水平；积极稳妥推进“走出去”；转变发展方式，加快培育壮大新动能、改造提升传统动能，实现工程机械行业持续健康发展。

2018 年主要预期目标是：全行业营业收入在 2017 年实际完成的基础上增长 10% 左右，企业利润总额和研发投入比重保持稳定增长，出口额在 2017 年基础上力争增长 10%。

（二）2018 年工程机械行业要实现向高质量发展的转变

高质量发展不仅包括产品质量提高，还包括产业层次提升、产品结构优化、产业布局合理、资源配置优化、资本边际效率提高、经营环境良好，进而增强发展的可持续性。

从我国工程机械行业发展历程来看，过去一度高投入、大产出，以资源和市场扩张支撑的增长方式面临拐点，全球工程机械在世界新科技革命和产业变革的推动下，在智能化、工业互联网、新材料、新技术、新工法应用不断深化，面临需求层次不断提升，对多样化、个性化、多层次工程机械产品和服务的需求，对高度智能、高可靠性和更加环保、更加高效工程机械需求都不断增加的情况下，只有加快转型升级，加快传统产品与高新技术的融合，以自主创新发展为根本，加快新型工程机械的研发、制造及应用，才能不断适应科技的新变化、用户的新需要、人民的新要求。

2018 年，工程机械行业将在前期高速增长的基础上，进入稳定发展时期，工程机械行业将由高速发展转为高质量发展。

从发展规律来看，工程机械行业的周期性发展是一个由不平衡到平衡，由低水平平衡到高水平平衡的发展过程，发达国家的工程机械行业发展过程也是螺旋式上升的过程，量积累到一定阶段，必须转向质的提升。解决工程机械供需体系出现的新的不平衡、不充分，本身就是培育增长新动能、提高发展质量的过程。如果实现不了高质量发展，就会徘徊不前甚至倒退、掉队。

〔撰稿人：中国工程机械工业协会苏子孟、吕莹〕

2017 年中国工程机械主要设备保有量

截至 2017 年年底，中国工程机械主要产品保有量约为 690 万～ 747 万台。其中：液压挖掘机 155.7 万～ 168.6 万台，73.5kW（100hp）以上推土机 6.57 万～ 7.12 万台，装载机 149 万～ 161.4 万台，平地机 2.36 万～ 2.55 万台，摊铺机 2.12 万～ 2.30 万台，压路机 13.3 万～ 14.4 万台，轮式起重机 21.0 万～ 22.8 万台，塔式起重机 39.4 万～ 42.7 万台，叉车 244.6 万～ 265.0 万台，混凝土搅拌输送车 37.8 万～ 40.9 万台，混凝土泵车 6.23 万～ 6.76 万台，混凝土泵 5.58 万～ 6.05 万台，混凝土搅拌站 5.99 万～ 6.57 万台。2008—2017 年国内工程机械主要产品销量见表 1。2008—2017 年工程机械主要产品进出口量统计见表 2。2008—2017 年国内市场工程机械主要产品实际需求量见表 3。2008—2017 年工程机械国内产品销售额与固定资产投资额比例关系见表 4。2008—2017 年我国工程机械进出口贸易额见表 5。

表 1　2008—2017 年国内工程机械主要产品销量

产品类别		2008 年	2009 年	2010 年	2011 年	2012 年	2013 年	2014 年	2015 年	2016 年	2017 年
挖掘机	销量（台）	82 975	101 559	179 296	193 891	130 624	126 296	103 227	60 514	73 390	144 867
	同比增长（%）	16.5	22.4	76.5	8.1	-32.6	-3.3	-18.3	-41.4	21.3	97.4
装载机	销量（台）	162 335	149 355	228 219	258 901	181 522	188 405	156 272	73 581	75 445	99 063
	同比增长（%）	0.4	-8.0	52.8	13.4	-29.9	3.8	-17.1	-52.9	2.5	31.3
平地机	销量（台）	4 320	3 608	4 531	5 259	4 347	4 017	3 662	2 620	3 184	4 522
	同比增长（%）	11.0	-16.5	25.6	16.1	-17.3	-7.6	-8.8	-28.5	21.5	42.0
73.5kW（100hp）以上推土机	销量（台）	8 722	8 599	13 911	13 115	10 169	9 561	7 742	3 682	4 061	5 719
	同比增长（%）	21.8	-1.4	61.8	-5.7	-22.5	-6.0	-19.0	-52.4	10.3	40.8
压路机	销量（台）	10 885	19 852	26 281	22 217	13 782	15 726	14 270	10 388	11 959	17 421
	同比增长（%）	15.3	82.4	32.4	-15.5	-38.0	14.1	-9.3	-27.2	15.1	45.7
摊铺机	销量（台）	1 436	1 678	3 019	3 386	2 179	2 066	1 737	1 804	1 971	2 390
	同比增长（%）	6.6	16.9	79.9	12.1	-35.6	-5.2	-15.9	3.9	9.26	21.3
轮式起重机	销量（台）	21 419	28 494	35 143	35 455	23 073	17 889	14 096	9 327	9 568	20 434
	同比增长（%）	2.7	33.0	23.3	0.9	-34.9	-22.5	-21.2	-33.8	2.6	113.6
塔式起重机	销量（台）	27 918	29 300	43 400	53 000	49 804	63 684	50 657	20 000	7 000	11 000
	同比增长（%）	-10.0	5.0	48.1	22.1	-0.6	27.9	-20.5	-60.5	-65.0	57.1
叉车	销量（台）	168 119	138 908	232 389	313 847	291 333	328 764	359 622	327 626	370 067	496 738
	同比增长（%）	10.3	-17.4	67.3	35.1	-7.2	12.8	9.4	-8.9	13.0	34.2
混凝土泵	销量（台）	4 492	5 186	6 959	10 762	11 246	6 992	5 040	3 628	3 817	5 100
	同比增长（%）	6.0	15.4	34.2	54.6	4.5	-37.8	-27.9	-28.0	5.2	33.6
混凝土搅拌站	销量（台）	3 180	4 949	5 977	6 897	7 075	7 740	5 170	3 715	5 873	6 873
	同比增长（%）	6.0	55.6	20.8	15.4	2.6	9.4	-33.2	-28.1	58.1	17.0
混凝土搅拌车	销量（台）	12 352	23 539	35 386	46 370	44 646	45 799	44 329	32 067	24 442	35 656
	同比增长（%）	25.3	90.6	50.3	31.0	-3.7	2.6	-3.2	-27.7	-23.8	45.9
混凝土泵车	销量（台）	4 527	5 880	7 964	12 030	10 866	7 966	5 700	4 012	2 811	3 532
	同比增长（%）	6.0	29.9	35.4	51.1	-9.7	-26.7	-28.4	-29.6	-29.9	25.6

表 2　2008—2017 年工程机械主要产品进出口量统计　　（单位：台）

年份	分类	挖掘机	装载机	筑路机及平地机	73.5kW（100hp）以上推土机	压路机	摊铺机	叉车	轮式起重机	塔式起重机	混凝土泵	混凝土搅拌车	混凝土泵车
2008	进口	34 387	591	32	855	453	190	10 482	41	54	340	1	
	出口	8 653	27 303	6 015	4 492	7 031	584	60 086	6 088	4 265	2 149	3 263	
2009	进口	23 613	736	34	467	393	242	5 601	89	31	290	0	
	出口	3 527	15 388	2 509	2 281	5 577	824	27 397	2 540	1 586	2 677	1 667	
2010	进口	41 766	682	83	446	603	514	9 620	58	59	451	0	
	出口	5 166	24 996	3 125	3 081	9 800	464	46 851	2 505	1 980	2 983	1 884	
2011	进口	31 784	640	50	340	797	573	10 631	49	66	372	1	
	出口	8 474	38 489	5 424	4 150	12 816	804	83 705	3 604	2 295	2 621	2 980	
2012	进口	14 005	507	31	183	379	213	8 087	31	35	223	7	
	出口	14 939	44 942	4 655	4 544	3 560	894	97 042	5 409	2 375	2 716	4 724	
2013	进口	13 494	366	6	191	478	261	8 392	11	38	4 249	2	1
	出口	13 312	45 497	4 561	4 565	5 400	680	111 559	5 894	2 967	2 049	5 771	452
2014	进口	11 051	526	23	159	391	370	8 801	1	15	1 117	1	2
	出口	11 474	40 640	4 119	3 910	4 979	803	131 727	5 239	3 928	2 551	5 673	567
2015	进口	10 132	471	5	91	516	317	9 238	4	37	222	2	1
	出口	13 400	30 559	3 009	1 948	3 671	541	133 286	3 391	3 308	2 232	6 483	677
2016	进口	13 511	419	9	59	402	515	9 102	4	23	417	0	0
	出口	13 902	28 468	3 117	1 627	1 760	730	166 789	2 449	2 565	1 779	6 297	644
2017	进口	18 780	1 019	6	65	612	710	12 463	3	31	547	0	0
	出口	19 170	41 020	2 495	2 772	2 278	1 568	223 060	2 879	2 407	2 000	8 183	729

表 3　2008—2017 年国内市场工程机械主要产品实际需求量　　（单位：台）

年份	挖掘机	73.5kW（100hp）以上推土机	装载机	摊铺机	叉车	压路机	轮式起重机	塔式起重机	混凝土搅拌车	混凝土拖泵	混凝土泵车
2008	108 709	5 085	135 623	1 042	118 515	4 307	15 372	23 707	9 090	2 683	
2009	121 645	6 785	134 703	1 096	117 112	14 668	26 043	27 745	21 872	2 799	
2010	215 896	11 276	203 905	3 069	195 158	17 084	32 696	41 479	33 502	4 427	
2011	217 201	9 305	221 052	3 155	240 773	10 198	31 900	50 771	43 391	8 513	
2012	129 690	5 808	137 087	1 498	202 378	10 601	17 695	47 464	39 929	8 753	
2013	126 478	5 187	143 274	1 647	225 597	10 804	12 006	60 755	41 082	5 459	7 515
2014	102 804	3 991	116 158	1 304	236 696	9 682	8 858	46 744	38 657	3 606	5 135
2015	57 246	1 825	43 493	1 580	203 578	7 233	5 940	16 729	28 591	2 820	2 376
2016	72 999	2 493	47 396	1 756	212 380	10 601	7 123	4 458	24 442	3 817	2 811
2017	144 477	3 012	59 062	1 532	286 141	15 755	17 558	8 624	34 203	3 647	2 803
合计	1 297 145	54 767	1 241 753	17 679	2 038 328	110 933	175 191	328 476	314 759	46 524	63 543

表4　2008—2017年工程机械国内产品销售额与固定资产投资额比例关系

年份	销售收入（不含进出口）（亿元）	同比增长（%）	国内实际使用工程机械金额（亿元）	同比增长（%）	全社会固定资产投资额（亿元）	工程机械使用金额占全社会固定资产投资额比例（%）
2008	2 773	24.7	2 299	16.3	172 828	1.33
2009	3 157	13.8	3 070	33.5	224 599	1.41
2010	4 367	38.2	4 355	41.9	278 122	1.57
2011	5 465	21.8	5 176	18.6	311 485	1.66
2012	5 626	3.0	4 903	-5.3	374 694	1.31
2013	5 663	0.7	4 836	-1.4	447 074	1.08
2014	5 175	-8.6	4 247	-12.2	512 761	0.82
2015	4 570	-11.7	3 759	-11.5	562 000	0.66
2016	4 795	4.9	3 849	2.4	596 501	0.64
2017	5 403	12.7	4 362	13.3	631 684	0.69

表5　2008—2017年我国工程机械进出口贸易额

年份	进口		出口		进出口比（进口/出口）
	金额（亿美元）	同比增长（%）	金额（亿美元）	同比增长（%）	
2008	60.16	21.8	134.22	54.3	0.45∶1
2009	51.48	-14.4	77.05	-42.6	0.66∶1
2010	83.99	63.2	103.41	34.2	0.81∶1
2011	90.45	7.7	159.09	53.8	0.57∶1
2012	58.84	-34.9	191.62	20.1	0.31∶1
2013	47.34	-19.5	195.31	1.9	0.24∶1
2014	42.85	-9.5	197.91	1.3	0.22∶1
2015	33.67	-21.4	189.78	-4.1	0.18∶1
2016	33.17	-1.5	169.60	-10.6	0.20∶1
2017	40.86	23.2	201.05	18.5	0.20∶1

说明：

（1）统计的年份。经了解，工程机械使用期一般为10年。虽有些进口的先进设备，特别是大型设备使用年限超过10年，有的甚至使用了20多年，设备状况仍属正常，但考虑到大部分设备的使用状况，我们在统计中仍以10年为准。

（2）国内实际需求量的统计方法：境内企业当年销售量+同类产品当年进口量-同类产品当年出口量=当年国内市场实际需求量。

（3）将2008—2017年的当年国内实际需求量相加后，拟再增加20%即为全国保有量。因为在统计中有以下三个因素：统计数据的不完整；未进入海关统计范围的进口量；使用年限有超过10年等。所以拟增加20%～30%为宜。

（4）主要设备保有量自2005年以后取消了电梯与扶梯，主要原因是可与世界各国统计的范围相一致，更具有可比性。取消了铲运机，因自2000年以来其销售量逐年减少，至2015年仅几十台，与工程机械总量相比可忽略，故未计入。

（5）混凝土泵车在海关2013年才分列税号，而混凝土搅拌站至今没有单列税号，只能以国内销量进行估算。平地机与筑路机海关统计在同一税则号中，故无法准确统计平地机的实际进出口量，其保有量为估算值。塔式起重机每年约有数万台小型、简易的产品未统计在内。

（6）以上表格中混凝土泵的数量中含拖泵及车载泵。

（7）工程机械保有量的调查统计和测算，凝聚了中国工程机械工业协会老领导、老专家的经验与数据积累，协会各有关分支机构和企业也积极配合，在此一并致谢。

（8）以上调查统计测算因现有条件所限和数据口径变化等原因，不能保证其绝对准确，仅供参考。

〔撰稿人：中国工程机械工业协会吕莹〕

2017 年工程机械质量检验情况

一、技术质量发展概况

中国工程机械产品技术质量的发展大致经历了起步、初步发展、引进技术、自主研发与合资合作及国际化发展 5 个主要发展时期。

以摸索仿制为主的起步时期（20 世纪 50 年代初期到 60 年代末）。该时期在技术质量方面呈现出的主要特点：①解决有无问题。在产品技术方面以摸索、测绘、仿制为主，在产品质量方面以解决可用与不可用为主，能模仿、测绘、仿制成功，使客户感到产品基本能用就是当时的好产品。这些产品绝大多数为机械操纵、机械传动，技术水平比较落后，但在质量、性能方面基本上能满足当时市场的需求，为中国工程机械行业的发展奠定了基础。②研制成功了技术质量相对较好的中国第一台轮式装载机。

逐步进入自主研发的初步发展时期（1970—1979 年）。这段时期是中国工程机械技术质量初步发展时期。这个时期的产品研发仍以测绘仿制为主，但已逐步能进行部分产品自主研发。产品技术质量比起步时期有较大幅度提高，部分产品已基本能满足国内市场的需求，主导产品已逐步开始形成。该时期产品技术质量的发展呈现出两个主要特点：①各分行业纷纷形成，主导产品技术质量有了新的发展，大多数主导产品首次制定了行业标准；②研制成功了决定中国装载机命运的中国第一台铰接式轮胎式装载机。

引进技术和自主研发相结合的发展时期（1980—1989 年）。这个时期基本上是中国“六五”和“七五”两个五年国民经济计划建设时期，中国已经逐步加大了国民经济建设速度，逐步开始加快了基础设施建设力度。这个时期及“八五”和“九五”带动了中国工程机械最大发展的高速公路建设从此开始。不仅是高速公路建设，其他基础设施建设也已全面展开，对工程机械的使用性能、数量、质量及可靠性都提出了更高的要求。当时，中国国内工程机械设备无论是数量还是技术质量都远远满足不了高速发展的市场需求，中国改革开放政策也已日渐成熟，在这种情况下，中国工程机械各主要企业都纷纷加入了引进技术的行列。因此，这个时期中国工程机械行业掀起了引进技术的高潮。中国工程机械行业的技术引进绝大多数都是在这个时期实现的。这个时期，中国工程机械技术质量的发展呈现出的主要特点有：①行业掀起了引进技术的高潮；②这个时期引进技术比较成功的是推土机，其次是叉车和装载机，挖掘机效果不好；③行业进入了产品自主研发时期，且出现了行业第一个完全自主研发的第二代更新换代产品。

自主研发与合资合作的高速发展时期（1990—2000 年）。这个时期基本上是中国“八五”和“九五”两个国民经济计划建设时期。中国国民经济建设及以高速公路为龙头的基础设施建设等均已进入高潮，同时城市化建设也已逐步加快了速度，需要大量的工程机械。因此，在这个时期，工程机械制造企业像雨后春笋般迅速发展了起来。经过 20 世纪 80 年代消化吸收引进技术及独立自主的产品研发，中国国内市场所需的大多数一般工程机械产品，无论在数量方面或技术质量及可靠性方面都基本能满足要求，但在液压挖掘机等要求高技术和高可靠性及数量大的产品方面，国内制造企业无法满足市场需求，这就引来了以挖掘机制造企业为主的国外企业，纷纷在中国建立独资、合资企业。因此，这个时期，外资掀起了在中国建立独资、合资企业的高潮。同时，国内企业，特别是主要制造企业，为提高制造技术水平及产品的制造质量，纷纷从国外引进了大量先进制造设备。在国内外工程机械制造企业同台竞技的情况下，促进了中国工程机械的大发展。因此，这个时期的中国工程机械技术质量提升速度明显加快，行业进入了具有完全自主知识产权的产品研发期，制造技术得到了快速发展，特点更加显著。

超高速的国际化发展时期（2001 年至今）。21 世纪开局的头 10 年，基本上是“十五”“十一五”时期，这个时期中国国民经济建设正如火如荼地紧张进行，城市化建设速度也大大加快，需要大量的工程机械。在市场大量需求的驱动下，中国工程机械产品市场呈超高速发展之势。中国工程机械的产品技术、制造技术、产品质量及可靠性都得到了极大的提高。大多数主要工程机械制造企业都能独立自主进行具有完全自主知识产权的产品开发。如代替进口的高技术产品混凝土泵车、旋挖钻机、1 000t 以上履带式起重机，以及技术含量较高的液压挖掘机等都是在这个时期开发成功的。产品技术质量及可靠性的大大提高，极大地缩短了我国产品与世界先进水平的差距，产品已基本能满足第三世界及中等发达国家市场的需求。同时，许多企业都已完成了对欧盟的“CE”认证，产品已进入欧盟及北美市场。这个时期中国工程机械的产品出口也呈突飞猛进的超高速发展态势。因此，这个时期，中国工程机械行业技术质量的发展更加呈现出五彩缤纷的多样性特点。

中国工程机械经过 60 多年的发展，当前已成为世界上工程机械产品类别、产品品种最齐全的国家之一，完成了一轮产品的升级换代。混凝土泵车、上回转自升式塔式起重机、土压平衡盾构机已成为国际领先水平的代表；汽车起重机、全地面起重机、履带起重机、泥水平衡盾构机、大型非公路自卸车达到国际先进水平；履带推土机、装载机、压路机、叉车已接近了国际先进水平。智能化、信息化发展取得成效：数字化智能化设计、制造、管理初具规模。围绕精细化、数字化、智能化方向，企业产品研发设计手段先进，成果丰硕，智能化产品应用取得新的突破，产品的可靠性和环境适应性等明显改善。

当然，当前我国工程机械行业还存在不少问题：市场需求变化速率与幅值过大；结构性产能过剩；完善后市场秩序已成当务之急；创新机制和创新能力有待加强；产品可靠性、耐久性需要进一步提高；关键核心零部件应加快创新步伐；绿色化、宜人化、智能化产品相对缺乏；大型与超大型土方机械产品竞争力有所不足；城市生活和建筑垃圾资源化处理工程装备亟待创新等。

现阶段，虽然我国工程机械行业在品牌影响力、国际化程度、科技和创新能力、规模和总量、品质和质量、企业管理水平、价值链的综合能力以及承担社会责任等诸多方面取得了显著成效，但若想从工程机械制造大国向制造强国转变，急需在可靠性、耐久性、技术性能、安全性能、舒适性、外观质量及智能化技术等方面取得突破，在节能、环保、排放、振动、噪声等方面的研发与创新也亟待加强。只有如此，行业才能降低结构性产能过剩的风险，企业才能从日益严重的同质化竞争中脱颖而出。

在质量及可靠性方面，中国工程机械产品当前与世界先进水平方面的差距比技术水平的差距还大，特别是可靠性，大约只相当于世界中等稍偏上水平。一般技术产品与高技术产品又有一些差别。

以装载机为代表的一般技术产品。一般技术产品包括量大面广的装载机、叉车、压路机、平地机及推土机等，以装载机为例，中国装载机当前最好的平均失效间隔时间大约为 350 ～ 600h，平均使用寿命大约 6 000 ～ 12 000h。其他产品基本上都差不多，寿命及可靠性基本上都处于当前世界中等偏上水平。

装载机、叉车、压路机、平地机及推土机等整机方面大的质量及可靠性问题不多。大的质量问题主要出现在变矩器、变速器、驱动桥等传动部件方面，主要是个别内部零部件损坏，如装载机上用得最广的行星变速器超越离合器损坏及车桥的主传动齿轮打齿等，从而引起整机大拆等这样的事故，当前占到整机三包质量反馈的 6% ～ 7%。其次主要是液压元件，液压缸、液压泵的损坏占整机三包质量反馈的 2% ～ 3%。其他的大量问题是所谓的小可靠性问题，主要是松、脱、掉、三漏及电气系统不可靠等，这些问题占到整机三包质量反馈的 70% 以上。这些问题往往被认为是小问题，因此长期得不到解决。但是这些问题不但影响国内外市场，得不到解决还会引起大问题。大的质量及可靠性问题要得到彻底解决，必须从传动部件、液压元件等主要元部件入手。

据粗略统计，中国国内这些一般技术产品在 20 世纪 70 年代，在半年三包期内的平均反馈率为 70% ～ 80%，80 年代为 50% ～ 60%，90 年代为 40% ～ 50%。从 21 世纪初到当前，这些产品的质量及可靠性有了长足进步，三包期已从半年提升至一年，完全与国际接轨。在这一年的三包平均反馈率为 20% ～ 30%。但与国际先进水平相比差距还相当大，国际先进水平一年三包期内的反馈率在 5% 以内。

以挖掘机为代表的高技术产品。高技术产品包括量大面广的挖掘机及履带起重机、混凝土泵车等。最具代表性的是液压挖掘机。在 20 世纪 90 年代中期以前，国产液压挖掘机主要采用的是国产配套件，不但技术水平低，而且可靠性极差，用户只能勉强使用。因此，到 20 世纪 90 年代中期以后，国外先进技术液压挖掘机一进入中国，几乎取代了 90% 以上的国产液压挖掘机，老的国产挖掘机企业几乎全军覆没。后来逐步兴起了一批新兴国产挖掘机企业，打破了原来的老路，实行国际化配套、高水平产品开发，使产品技术质量及可靠性很快接近或赶上国际先进水平。当前，国内液压挖掘机产品的质量及可靠性已赶上或略高于韩国水平，略低于卡特、小松、日立等世界先进水平。我国一年内的三包平均反馈率大约在 10% 以内，国外先进水平大约在 3% 以内。

国家工程机械质量监督检验中心在多年的试验检验数据的基础上，开展了典型工程机械产品失效统计和分析工作，下文选取挖掘机、装载机、工程起重机、非公路自卸车、叉车、推土机、压路机、观光车等典型产品，针对其可靠性试验中发生的失效，按照平均失效间隔时间、失效类别、失效模式、失效所属系统等进行统计，给出分析建议，希望对行业产品的可靠性提高有所帮助。

二、典型工程机械产品质量状况分析

（一）挖掘机产品质量状况分析

1. 挖掘机行业质量的整体情况

任何产品质量是通过一致性、可靠性与耐久性来评价，挖掘机也不例外，其中提高可靠性的前提是产品具有一致性，而提高可靠性才能体现耐久性的价值。

国内规模化企业中外资品牌与本土品牌在数量上旗鼓相当，分别统计 20 家左右的外资企业和国内的一些主导企业的质量状况。虽然外资企业的发展历史比较悠久，产品的设计流程也比较完善，质量的保证体系更有效，但是依然可以把它们分为高端企业和中高端企业。从这些企业的统计结果来看，外资高端企业的优势比较明显。就 20t 的挖掘机为例，外资品牌的高端企业的耐久性不低于 10 000 h，中高端企业也不低于 8 000 h。多样本 MTBF 的数学估值不低于 900 h，故障的分布虽然离散，但相对集中。以同样的方式将国内企业也分为高端企业和中高端企业，虽然本土的高端企业已经赶超部分外资品牌，但是整体水平上依然存在较大的差异。同样以 20t 的挖掘机为例，耐久性时间不明确，多样本 MTBF 的数学估值不低于 600 h，故障的分布比较离散，一致性不高。这还是反映出国内产品在开发过程中的验证和设计部分的缺失。

挖掘机行业整体的故障很离散，集中度低，虽然耐久性较长，但是可靠性偏低，导致产品的耐久性体现不出真正的价值。

2. 液压挖掘机可靠性试验数据统计与分析

产品的可靠性是当前影响我国工程机械行业产品质量和赢利能力以及市场认可的主要因素，国内的挖掘机在可靠性方面与国际名牌产品有较大的差距。产品的可靠性是指产品在规定的条件下和规定的时间内完成规定功能的能力。也就是说它是用时间尺度来描述的质量指标，是一个产品到客户手里能够不出现失效的正常工作时间。所以，不论挖掘机将来是全电控还是智能化，可靠性始终是市场竞争力的重要指标。

通过采集 680 余台 6t 以上的液压挖掘机在 800h 现场跟踪可靠性试验数据，对它们的失效发生时间、发生部位和发生次数，按照失效类别、失效模式、失效所属系统等进行统计与分析。

按照失效部位可以把挖掘机划分为：动力系统、传动系统、执行系统（工作装置）、行走系统、回转系统、制动系统、控制系统、电气系统、其他主要零部件等九大系统，考察收集到的挖掘机数据。通过观察，失效频率发生最高的系统为主要的覆盖件或附属部件、执行系统、传动系统和动力系统四个系统。其中其他主要零部件失效占总失效的 26.8%，执行系统占总失效的 17.8%，传动系统占总失效的 12.8%，动力系统占总失效的 11.5%。

对 8 个典型的失效发生模式进行统计：①泄漏性；②堵塞性；③松脱性；④断裂性；⑤损伤性；⑥失调性；⑦退化性；⑧其他。其中松脱性失效占总失效的 27.9%；损伤性失效占总失效的 23.9%；泄漏性失效占总失效的 22.8%。统计数据显示损伤性、松脱性、泄漏性三种失效模式的失效次数最高。

MTBF 即平均失效间隔时间，是衡量一个产品的可靠性指标，反映了产品的时间质量，是体现产品在规定时间内保持功能的一种能力。如果只是对单台样机进行统计，其评价方法也只是 MTBF 的算术平均值。而且工况的不同，操作人员水平参差不齐，如果生产过程中产品一致性得不到保障，那么总体的可靠性水平就不能充分体现出来。针对这种情况，以样机实际作业现场为主，考虑不同工况、不同地域采集样本量为 15 台同型号试验样机进行 MTBF 的统计分析，应用统计方法求 MTBF 的数学期望值来评价总体样本的可靠性水平。根据统计结果，以定时截尾为 3 000 h，在不低于 95% 置信度水平的基础上计算批量样本的 MTBF 数学期望值为 797 h。

以同样方法统计多个企业的数据，分别得出各个企业的 MTBF 数学期望值，再根据这些值计算出整体的 MTBF 的数学期望值。由此可得出挖掘机行业当前的 MTBF 数学期望值为 751h。

由此可见，产品的开发验证，载荷谱的采集与再现的不普遍也不成熟，导致产品的一致性结果很离散，但是大致集中在以上统计的几大系统里，包括失效模式。但是，假如都集中在液压系统中，其中还包括液压缸、液压泵、液压阀、液压马达等，它们的失效模式也不同。所以产品的一致性不能保证，导致了可靠性偏低。

3. 挖掘机行业提高质量的建议与发展方向

中国挖掘机械行业质量的提高需要从以下几个方面来着手进行。

（1）一致性。产品的一致性是可靠性的保障，而制造装备则是实现产品一致性的基本保障。所以，挖掘机企业一方面要提高制造装备的精度以满足制造的要求，另一方面要最大限度地减少人为因素，要在整个生产过程中逐步实现数字化、智能化。虽然如此，但在此过程中仍然会存在人为因素的影响，这就有必要培养一支训练有素的团队，而且每个人都始终遵守统一的质量体系。这样才能从挖掘机的设计、配套件的生产采购、整车的装配，以及下线检查等环节的过程控制来提高产品一致性。

（2）可靠性。由于挖掘机是单系统作业，不是多系统保障，所以它的可靠性是通过提高零件、部件、总成、系统的可靠性来实现的，仅仅提高各零部件、总成系统的可靠性还不够，各系统之间的协调也很关键，但这个的前提是过程控制要保证，它们之间有着极强的逻辑关系，环环相扣。设计验证是产品开发的关键环节，贯穿于零部件、系统 / 总成、整机开发的全过程，这些需要不断的台架试验和场地试验来实现。挖掘机企业应建立失效模式诊断分析系统，以解决验证中出现的问题，并应再次进行验证。

我们现行的国家标准对整机可靠性的评价基于单一样本，这种方法并不能反映批量生产的真实情况，所以，2017 年协会制定了团体标准 T/CCMA 0056—2018《土方机械 液压挖掘机 多样本可靠性试验方法》。该标准通过统计多样本的可靠性数据，采用数理统计方法对可靠性水平进行重新定义，对提高液压挖掘机可靠性起到重要的作用。

（3）耐久性。耐久性是设计与验证的产物，它是建立在有限寿命设计的理论基础之上，加以大量的验证试验，从而得出结构件、发动机、液压系统以及电控系统的寿命系数。而这部分也是没有捷径可走，企业必须根据自身的产品进行统计，确定其分布规律，进而完成样本的寿命估计。

（二）轮胎装载机产品质量状况分析

1. 装载机行业质量整体情况

随着近年来工程机械的飞速发展，工程机械产品质量有了大跨步提升和改观。为了进一步稳固市场地位，广大装载机企业在加快新产品研发进度，大力提高产量的同时，对产品质量要求也越来越高。装载机不论是从产品的经济节能环保性能、安全舒适性，还是可靠性指标，普遍都有了较大的提升。

当前，国内装载机行业的技术质量现状及存在的问题主要表现在如下几个方面：

（1）节能环保性能。节能环保是当前各装载机企业主打的王牌，也是装载机市场相互竞争的一个着力点。2016年年初，土方机械国Ⅲ排放发动机切换工作顺利完成。相对于国Ⅱ发动机，当前配置国Ⅲ发动机的装载机产品燃油消耗率明显降低，备受国内市场客户的欢迎，而且低噪声、高性能的机械引擎，在没有影响产品动力性能的同时，明显改善和提高司机的操作环境。当前，主流的装载机主机生产企业，如临工、柳工、徐工、雷沃、成工等诸多企业都在着力研发推进节能环保的装载机产品，除了传统燃油发动机，新型的LNG型发动机很受市场和用户的关注。但由于当前国内LNG加气站仍然普及率不高，再加上柴油油价降低，致使LNG型装载机产品在市场的推广受到一定的制约。但同时受汽车市场影响，土方机械市场上已经有企业开始研发配置油气混合动力的装载机产品。还有静液压传动的装载机也在一些企业被作为研发对象。

（2）安全舒适性。随着近年来装载机产品质量的不断改进提升，以及GB 25684系列强制性标准的实施，市场和装载机企业对装载机产品的安全性及操作舒适性的认知有了很大提高。产品的安全性是指按照GB 25684系列标准，检测检查发现基本上都能达到标准规定的强制性条款的指标要求，比如强制性条款要求的机器安全标签，机器的稳定性，机器噪声、振动，机器制动性能，电气系统及电源开关，灭火器存放位置等。到当前为止，随着国Ⅲ发动机的强制推行，大转矩低转速发动机的运行，装载机产品的噪声问题得到了很好的解决，3t以上装载机产品的机外辐射噪声和司机位置噪声基本上都能满足国家标准要求，有的主机企业降噪甚至更低，能达到出口欧盟的标准要求。机器操作的舒适性在这几年的发展中也有了很大提升，在中高端装载机产品上表现得尤为明显。这也是与国际接轨，提升国内装载机产品市场竞争的软实力。

（3）产品的可靠性。装载机的可靠性水平是影响产品质量的重要因素，也是企业制造技术工艺水平、质量保证能力等综合实力的体现。国产装载机行业经过近几年的努力，产品质量尤其是可靠性水平有了显著提升，但与国外同类产品比较，国产装载机产品仍然存在使用寿命短、早期失效率高、配套件质量不稳定等问题。

2. 装载机产品可靠性数据统计与分析

装载机的可靠性水平是影响产品质量的重要因素，也是企业制造技术工艺水平、质量保证能力、基础元件（液压件、电气元件等）质量水平的综合体现。从近五年装载机行业型式试验（单样本）的可靠性统计数据来看，平均失效间隔时间基本保持在400 h左右。据统计，2017年大中型装载机企业的产品平均失效间隔时间已提升到平均600 h以上，说明我国装载机产品的可靠性指标已有了明显的飞跃。以下对2017年部分装载机可靠性试验数据的统计分析，反映出装载机行业整体可靠性水平现状及制约行业产品可靠性的关键因素，以帮助提高国产装载机可靠性水平。

对2017年38台装载机新产品型式试验中发生的143次失效情况统计结果表明：试验中未发生致命失效和严重失效，一般失效占总失效次数比例为33.6%（2016年30.5%，2015年63.6%，2014年50.5%），轻微失效占总失效次数比例为66.4%（2016年69.5%，2015年36.4%，2014年49.5%）。

按失效模式统计，2014年：泄漏性失效29.9%、失调性失效26.8%、松脱性失效14.4%、断裂性失效10.3%、损伤性失效7.9%。2015年：泄漏性失效40.9%、退化性失效25.0%、松脱性失效15.9%、损伤性失效11.4%、失调性失效4.5%。2016年：泄漏性失效37.1%、松脱性失效23.8%、损伤性失效16.2%、退化性失效9.5%、失调性失效5.7%、断裂性失效4.8%。2017年：松脱性失效43.5%、损伤性失效21.8%、泄漏性失效21.0%、退化性失效5.6%、断裂性失效4.8%、失调性失效和堵塞性失效分别为1.6%。

按失效所属系统统计，2014年：液压系统28.3%、电器系统18.3%、发动机8.2%、传动系统8.2%。2015年：电器系统31.8%、液压系统15.9%、传动系统13.6%、转向系统和制动系统均为9.1%、发动机4.5%、其他13.6%。2016年：电器系统19.0%、液压系统17.1%、传动系统11.4%、发动机和制动系统均为6.7%、转向系统3.8%、其他30.5%。2017年：电器系统26.4%、液压系统23.6%、转向系统5.7%、发动机和制动系统均为4.7%、传动系统3.8%、其他26.4%。

按失效时间统计，2014—2017年，渐变失效71.5%、偶然失效25.6%、损耗失效2.4%、突发失效0.5%。

从统计结果看到：失效所属系统中来自液压系统及其他系统失效占有较大比重，而失效现象主要是泄漏性、松脱性、磨损、退化性失效，这说明装载机配套件在材质、制造装配工艺、质量保证能力尤其是保证产品一致性上仍存在问题。当前装载机上的发动机、液压元件、电器元件主要来自配套企业，而国产液压元件、电器元件产品的制造工艺水平、质量保证能力仍然不足，装载机主机生产企业仍须加强对诸如外协液压元件、电器元件、结构件、薄板件等配套件的质量控制。另外，从失效所属系统及失效现象来看，影响装载机早期失效率甚至影响装载机寿命的因素在使用环节，这也是常常容易被忽视的环节。装载机的工作环境比较恶劣，正确的操作、定期维护保养对提高装载机作业可靠性有着重要意义，很多大的失效都源于平时错误的操作习惯及对装载机的维护、保养不及时，这一点从失效时间统计中明显看得出来，渐变性失效占总失效的71.5%。国外装载机在国内主要面向高端市场，这类用户管理规范，操作人员素质相对较高，而国产装载机主要面对的是中低端市场，这类用户管理水平参差不齐，操作人员多数素质较低，技术不熟练，企业本应对这类客户加强培训指导，可事实却是：国外装载机企业在售后服务中对装载机操作、维护、保养的培训占有相当的比重，而国内装载机企业的售后服务主要精力用在产品维修和解决质量纠纷上，疏于对用户的培训和指导，使得国产装载机使用维护不当，造成早期失效频发，导致装载机产品使用寿命大幅缩短，这进一步拉大了国产装载机与国外装载机的可靠性水平差距。

总之，国产装载机正不断拉近与国际先进水平之间的距离，但应该看到在产品可靠性、安全性等方面差距依然存在。装载机行业要赶超世界先进水平，应在基础材料、技术工艺、质保能力、发动机、桥箱、液压元件、电气元件等关键零部件，以及产品测试验证能力等多方面不断改进，在国家、行业层面建立研究平台，重点攻关解决制约行业发展的共性问题，如基础材料（橡胶制品、特种钢材、油料）、高端发动机、桥箱、液压件（液压泵、液压马达、液压阀）等。

3. 装载机行业发展方向

国内装载机企业需要抓住新的发展形势。在产品研发上体现差异化战略和成本领先战略，继续加强行业以企业国家级技术中心和高校及科研院所为主体的科研开发体系建设，提高产品技术含量；注重产品质量及售后服务；打造价值链营销；加强品牌建设，提升品牌价值；内部管理方面要优化流程，提高效率。只有这样才能在新形势下立于不败之地。

面对市场增速下滑、行业产能过剩，安全、环保刚性约束加大等诸多挑战，装载机行业企业很难再通过简单的规模化生产和低价格取得长期的竞争优势，企业必须在专注于对品质、品牌、服务、市场持续提升的同时，顺应未来工程机械技术发展的趋势，逐步实现从规模扩张的粗放式增长向质量效益的可持续发展方式转变，从传统要素主导向创新要素主导发展转变，从价值链中低端向价值链中高端发展定位转变，从注重短期利益向坚持可持续发展理念转变，加强节能环保产品、技术的开发与推广运用，以创新驱动引领工程机械行业转型升级。为促进中国装载机行业结构调整，传统工程机械企业可以通过信息技术与工程机械装备和施工作业流程的深度融合，推动装载机产品向数字化、网络化、智能化方向转变，以摆脱传统需求下降、行业产能过剩的困境。

正视行业存在的客观问题，不盲目追求数量增长，把握智能化、绿色化、宜人化的行业发展趋势，提高产品的可靠性和耐久性，进一步提升产品的国际竞争力，在“一带一路”倡议下积极推动国际产能合作，并将需求管理与供给侧结构性改革相结合，增加有效需求，全面夯实行业发展基础。

（三）工程起重机产品质量状况分析

1. 工程起重机行业发展情况

工程起重机行业在历经五年的行业发展低谷后，在实施了加快推进供给侧结构性改革、积极投身“一带一路”建设等重大国策后，2017 年迎来了新的高速增长，同时具有发展增速较快和增长方式多样的特点，主要企业经济效益实现大幅度提高，实现了产出与效益双增长、国内外市场双增长，行业整体新一轮快速发展，迎来了转向高质量发展阶段。

工程起重机行业具有高技术、重资产、高投入、高回报等行业特点，行业管理部门和行业准入法规较多，行业入门门槛较其他行业较高。经过 5 年充分激烈的市场竞争，逐步淘汰了一些技术水平较弱、产品质量较差的制造企业，其中汽车起重机和全地面起重机制造商数量基本稳定在 30 余家，履带起重机和轮胎起重机制造商当前不足十家，随车起重机制造商有 50 余家。工程起重机行业逐步形成了以徐工、三一、中联为行业龙头的市场格局，三家企业的市场占有率在 80% 以上，规模化效益进一步体现。三家企业都有完整的产品种类和产品系列，例如，徐工的工程起重机产品有汽车起重机、全地面起重机、履带起重机、随车起重机，其中汽车起重机型谱最大到 220t，全地面起重机型谱最大到 1 600t，履带起重机型谱最大到 3 600t，型谱涵盖了所有细分吨位的产品。虽然我国工程起重机行业整体与欧、美、日等发达国家的工程起重机行业还有一定差距，但是徐工、三一、中联三家企业已经具备了与国外一流企业竞争的实力。英国 KHL 推出 2018 年全球工程机械制造商 50 强排行榜（Yellow Table2018）。此次全球工程机械 50 强榜单前十强中有两家中国工程机械企业上榜，徐工集团位于第六位、三一重工位于第八位。

2. 工程起重机产品质量状况及可靠性数据统计与分析

质量是一组固有特性满足要求的程度，产品质量控制的要素主要包括设计、原材料、工艺和设备、质量体系、检验等。随着我国产品设计水平、原材料、产品制造工艺水平、制造设备能力、质量管理体系水平的逐步提升，并且广泛应用了新技术、新材料、新结构、新工艺，采用了设计计算、分析和仿真、试验验证等多种验证方式，使得我国工程起重机产品质量逐步提升，国产化率持续提高，尤其是中小吨位的汽车起重机，国产化率已经达到 85% 以上。

外观、作业性能、可靠性等是工程起重机产品质量的主要表征，其中可靠性是产品质量表征的重要因素。起重机械的可靠性是指起重机械的综合质量特性，也是指表征起重机械作业能力的各项参数保持在预定范围内的可能性。

工程起重机行业经过十余年的高速发展，产品已经形成了较为全面的系列型谱，近期的新产品主要是满足新排放等标准、法规的升级换代产品，起重机的基本的结构、其他关键部件变化较少，因此试验数量较少。国家工程机械质量监督检验中心随机选取了 2017 年 52 台工程起重机可靠性试验样本，其中汽车起重机和全地面起重机 45 台，履带起重机、轮胎起重机、随车起重机共 7 台。依据 JB/T 4030.1—2013《汽车起重机和轮胎起重机试验规范　第 1 部分：作业可靠性试验》、JB/T 4030.2—2013《汽车起重机和轮胎起重机试验规范 第 2 部分：行驶可靠性试验》、JB/T 4030.3—2013《汽车起重机和轮胎起重机试验规范 第 3 部分：液压系统试验》、GB/T 27996—2011《全地面起重机》、JB/T 12577—2015《随车起重机》等标准对试验结果进行统计，52 个样本共发生 101 次失效，未发生致命失效和严重失效，失效主要为一般失效和轻微失效，其中一般失效占总失效次数比例为75.2%，轻微失效占总失效次数比例为24.8%。从失效分类分析，其中液压系统失效比例为40.7%，电子、电器系统失效比例为30.5%，发动机及传动系统失效20.2%，结构失效比例为5.4%，其他系统及部件失效3.2%。从统计的数据上看，工程起重机整体质量较2016年略有提高，致命失效、严重失效均未发生，一般失效发生频率有所下降，但轻微失效发生比例升高。从失效分类统计结果看，液压系统失效仍是起重机主要发生的失效。工程起重机液压系统复杂，液压元器件较多，作业工况环境条件比较恶劣，基于以上因素容易造成液压系统失效，占失效总数的近半。从统计的失效内容分析，泄漏性失效仍为主要失效，主要有液压元件失效、液压元件密封件失效、液压元件装配工艺不达标等问题引发的失效。随着起重机智能化水平大幅提高，配备的电子部件较多，因此，电子、电气系统失效率有逐年上升的趋势，主要有板卡损坏、传感器失效、GPS失灵、电器元件老化、接触不良等失效。随着排放标准的日益提高，车辆的排放系统更加复杂，故而，发动机、后处理系统的失效增长较快。

3.工程起重机行业发展趋势

工程起重机行业具有高技术、重资产、高投入、高回报等行业特点，随着“中国制造2025”“一带一路”倡议等的实施，近年来外部资本持续投入，也产生了10余家新制造商，但是并没有改变徐工、三一、中联三足鼎立的行业态势，这些都是三家制造商长期深耕于工程起重机行业的结果。这三家企业都具有较大的规模，而分工更加明确、新技术的应用、柔性生产、绿色制造等促使了规模化效应进一步加强，使得制造商品牌价值日益提高。纵观全球，工程起重机行业优势企业，例如利勃海尔、德马格、马尼托马克等均是长期深耕行业后以规模化立足于国际市场。近年来由于专业化的吊装需求日益增多，同时随着大数据和人工智能的技术水平日益提高，差异化产品也拥有较多的市场。未来工程起重机行业将出现两大趋势：一种是规模化发展，一种是差异化发展。这两种趋势将长期并存，并且两种模式都应是以追求产品单台利润率为最大目的的发展方式。

当前我国经济发展进入了新时代，其基本特征是由高速增长阶段转向高质量发展阶段，高质量发展是高效率、高附加值和更具可持续性、包容性的结合。工程起重机行业更需要结合供给侧改革等契机，梳理供给和需求的维度，以交通、能源、石化等基础设施的市场需求为主线，以智能、绿色、网联为行业发展的重要方向，以技术引领、绿色制造、产品全生命周期服务为创新驱动力，建立政、产、学、研等深度融合的体系，积极推进关键零部件和整机产品质量的持续提高。不断创造经济发展新动力，激发高质量发展新动能，创新引领我国工程机械行业高质量发展。

改革开放以来中国取得的引人注目的成就正是中国积极融入经济全球化进程的结果，随着世界经济格局转型，中国已经成为全球贸易格局中可以发挥关键作用、扮演贡献角色的大国，将推动全球化走向新型发展之路。“一带一路”为工程起重机行业走出去提供了良好的发展契机，未来合作、共赢将是工程起重机行业的主旋律，高端化和全球化将是工程起重机行业共同的目标，通过技术、制造、销售和服务的全球一体化标准，通过智能化、数字化、精益化提升产品性能和可靠性，实现国产品牌国际化战略，提升中国品牌的世界竞争力。

（四）非公路自卸车产品质量状况分析

1.非公路自卸车产品质量发展情况

我国的非公路自卸车生产曾长时间处于空白期，用公路自卸车辆或购置国外产品为矿区作业。非公路自卸车起源于20世纪60年代，企业开始按照国外车型设计制造自己的电传动和液力传动自卸车。改革开放后，部分企业直接引进国外技术，有些企业采用设计委托国外，或聘请国际设计人员指导设计，产品的设计水平得到了大幅度提升，随着重要零部件的国际化采购，产品质量也得到迅速改善。这种类型的自卸车的主要配置同国际著名品牌的配置相似，均是国际著名品牌。企业对产品的质量要求也是国际水准，虽然现在尚未真正达到国际著名品牌的水平要求，但也得到了相当国内外使用者的认可。

随着我国经济迅速发展，特别是能源及矿产的大幅度的开发带动了采掘、运输等行业的迅猛发展，非公路自卸车的需求量持续快速增长，而电传动和液力传动自卸车产品虽然可靠性较高，但售价较高，如承载能力为50t的自卸车，其售价高达200万元，而同等容积公路自卸车售价才30余万元。在我国，公路自卸车一直作为一种矿山机械在广泛使用。公路自卸车因其车体较窄，满载时重心位置较高，以及各档车速设计偏高等设计缺陷，在矿山作业时，不但故障率高，而且容易发生事故，适应矿山作业工况能力差，无法满足国内新兴中小矿山企业的需求。进入21世纪后，有企业发现这一市场需求，开发出独具特色的非公路宽体自卸车。它是在公路自卸车的基础上，加强结构强度，加宽轮距，使机械能更好地适应矿山作业环境。

非公路宽体自卸车自从问世后，以比较适宜的性价比迅速推广到了市场上，也被市场所接受。高峰时，其年产销量近两万台，是传统非公路自卸车产量的十倍。但是，由于宽体自卸车多采用柔性车架、钢板弹簧隔振，主要零部件最早是从汽车行业进行采购，而大部分矿山的作业工况恶劣程度远远超过公路运输工况，这也导致最初的非公路宽体自卸车的可靠性和使用寿命远低于传统的自卸车。近年来，随着零部件质量的提高和制造工艺的改进，以及量体定制产品的推出，非公路宽体自卸车的质量和可靠性有了相当的提升。

非公路自卸车行业2018年继续2017年的态势，市场需求总体回升，整个行业结束了持续数年的下滑期，部分停产、限产的企业已重新恢复生产，在观望中谨慎投入人力和物力资源。近年来，随着“一带一路”倡议的推进，市场面不断扩大，非公路自卸车行业企业发展势头良好，推出的产品整体技术水平持续提升，产品质量不断提高，部分产品已经接近或齐步于国际水平。到当前为止，经国家工程机械质量监督检验中心检测的最大吨位自卸车载重量已达到300t级，矿区实际作业的表现良好，逐步打破国外公司独霸大型矿区的局面。随着国内外市场的不断推进，相信通过业内专业人员的共同努力，更高技术水平、更高质量水平，多型号、大规格、低耗、环保的非公路自卸车产品将推向市场。

2. 非公路自卸车可靠性数据统计与分析

近几年，国内开发的一些新产品的技术性能可以和国外先进产品媲美。但产品的可靠性仍是当前影响我国工程机械行业产品质量和国内外市场认可的主要因素，特别是非公路宽体自卸车，可靠性指标普遍偏低，用户反映也很强烈。企业对产品可靠性试验验证工作的忽视或验证不充分，造成了产品早期失效率高，给用户和企业自身都带来了较大的经济损失。

对近两年非公路自卸车行业可靠性试验中发生的失效，按照失效类别、失效模式、失效所属系统等进行统计，给出分析建议，希望对行业产品的可靠性提高有所帮助。因为每个型号每个企业都是单样本量，所以数据有局限性，只能反映大体的趋势。

本次统计40台试验样机，共发生245次失效，平均故障间隔里程为6 221km。其中，非公路电传动矿车1台，非公路矿用自卸车2台，其余均为非公路宽体自卸车。

按失效类别统计，试验中未发生致命失效和严重失效，一般失效占总失效次数比例为74.7%，轻微失效占总失效次数比例为25.3%。当前非公路自卸车技术已经基本成熟，机械测试期间未发生危及驾驶人员和机械安全的严重失效，但故障偏多，较国际水平仍有较大差距。

按失效模式统计，主要失效模式为断裂性失效（22.4%）、泄漏性失效（20.2%）、退化性失效（17.1%）、损伤性失效（15.5%）。

按失效所属系统统计，失效主要集中在动力系统（26.5%）和行走系统（22.4%）。

非公路自卸车行业同其他工程机械行业在失效统计时有一定区别，有些部件被业内认为是易损件，不计入统计。如轮胎，在业内多认为是消耗品，甚至在恶劣的作业环境中，轮胎的寿命仅仅几个月，许多企业在其司机操作手册中，给出了轮胎调整方法和要求。

通过对非公路自卸车失效情况的统计，可以看出其动力系统和行走系统失效较多。自卸车在重载时，隔振系统效能下降，机械振动加剧，出现了许多设计人员不曾预料的失效，如发动机、变速器隔振垫损坏，甚至一些是由于隔振损坏未及时发现，导致其他部件损坏的情况。长期重载作业还导致如钢板弹簧折断及推力杆损坏等故障发生。

非公路自卸车可靠性指标偏低，其中虽然有矿山企业以短期利益为导向，随意增加斗容；使用者认识片面和追求效率，忽略保养等因素，但更主要的是我国非公路自卸车整体设计、工艺、关键部件水平较国际著名的企业仍有较大差距。今后，提高产品的可靠性，仍将是企业设计研发工作的重点。

3. 非公路自卸车未来发展趋势

（1）出口型自卸车。非公路自卸车行业经过多年的发展，特别是近五年的萧条后，下一步如何发展已经成为企业家们的战略思考问题。矿山行业本不是一个特别稳定的行业，国内市场开放后，企业已置身于全球竞争中，受市场和政府影响较大；而国内的非公路自卸车市场有限，产能过剩。为了避免同行间展开价格战，保持行业企业稳步健康发展，出口将成为理想的路径。但企业也要充分认识到各国对自卸车的要求不同，国外对售后服务的要求同国内差别很大，因此，研发适宜的出口型产品将是许多企业今后的一个重点。

（2）核心零部件的发展。非公路自卸车行业能如此迅速发展起来，离不开主要零部件的国际化采购。非公路自卸车行业在工程机械行业里是一个小行业，国内配套体系尚不完善，现在主要零部件要么国际化采购，要么采购其他行业的部件。但是，进口零部件价格过高，使得产品要进一步拓展国际市场时，失去了以前无往不利的价格优势，而且出现故障后，维修时间长，也制约了行业企业的发展。借助其他行业的部件是发展阶段的无奈之举，这些部件许多只是能用，但未必好用。今后，核心零部件的水平将决定非公路自卸车的水平。

（3）非公路宽体自卸车探索新技术。非公路宽体自卸车要逐渐摆脱公路自卸车的窠臼，因为众多企业已经认识到宽体自卸车结构上的局限性。一些应用在其他机型或成熟产品中的技术逐渐进入宽体自卸车设计领域，如油气悬挂、自动挡变矩器等，但是，因为相应配套尚未完全成熟，受成本影响，产品尚未得到广泛应用。但这已经在非公路自卸车行业达成了共识，各企业均在探索这些领域，零部件厂家也逐渐开发适用于非公路宽体自卸车的配件。部分企业突破传动的4×2驱动模式，利用现有的资源，开发出6×4驱动模式的刚性车架自卸车。这些探索将决定非公路自卸车将来的发展方向。

（4）新能源。非公路自卸车长期处于低速、重载工况，燃料消耗巨大。能耗也是非公路自卸车考核的重要指标。且其作业场地有限，车辆集中，适宜一些新能源动力的应用，如天然气动力、纯电动力的非公路自卸车。虽然现在有些技术尚未成熟，或是制造成本过高，未得到广泛应用，但随着科技的进步，它们可能成为非公路自卸车行业新的增长点。

（五）叉车产品质量状况分析

1. 叉车行业的整体情况

根据《中华人民共和国大气污染防治法》的规定，自2017年7月1日起，非道路移动机械环保信息公开的工作开始强制执行，禁止大气污染物排放超过标准的叉车的生产、进口或者销售。北京是排放标准升级的先行地区，将划定禁止高排放非道路移动机械的使用区域，包括城六区、北京经济技术开发区、通州区，划定区域实施低排放区域管控。除北京外，长三角区域、珠三角区域等都将实行严格的排放标准要求。可见，环保法规的监管力度不断加大，对叉车企业制造内燃车辆的适应性提出了更高的要求，也使得电动叉车的需求有进一步放大的趋势。在此背景下，自动化、智能化产品以及一些细分市场成为叉车企业眼中的热点，与此同时，国内叉车企业在仓储叉车、智能叉车等领域投入热情高涨，同时根据市场需求，也开始涉足 AGV 叉车、锂电池叉车等前沿流行产品。

AGV 叉车近年销量增速加快，前景备受看好。同时，为应对人工成本上涨，企业对自动化物流设备的需求明显增加，不仅国际巨头永恒力、林德等企业在研发自动化物流设备，安徽合力、杭叉集团、浙江诺力等国内主流企业也纷纷加入。安徽合力与科尔摩根举行战略联盟合作签约仪式，在 AGV 等领域形成战略合作。科尔摩根将向安徽合力提供完整的硬件和软件解决方案，为其现有的车辆设计添加自动指导，并且在新设计中结合先进的自动化功能；杭叉集团与全球领先的运动控制系统和配件供应商 Kollmorgen 在杭叉集团临安工业园签订了 AGV 技术的战略合作协议，加速了杭叉集团 AGV 产品新技术的融入与发展。此外，诺力、宁波如意等也推出了各自的 AGV 产品。锂离子电池作为一种能量密度高、循环寿命长、倍率性能好、对环境友好无污染的新型绿色动力，具有免维护、高安全及适应高低温工作环境等优势，在叉车行业得到越来越多的应用，比亚迪、安徽合力、杭叉集团、柳工、海迈克等都推出了锂电池叉车。

物料搬运设备向轻量化细分。前些年，我们说的是物料搬运设备向轻量化发展，2017 年是推出轻量化物料搬运设备较多的一年，其代表产品就有中力的微金刚、如意的小锂、诺力的蓝狐 1 号、宝骊的小蚁等产品。轻量化搬运设备及服务理念已融入整个行业，这让多样性的轻量化物料搬运变得简单而有效。为了多元发展，凯傲与浙江中力达成战略合作，海斯特收购浙江美科斯，可以看出叉车企业正在强强联合重组。工业车辆行业竞争格局也发生新的变化，叉车企业普遍意识到，技术和产品创新已成为增加企业市场竞争力的重要因素。

2. 叉车产品可靠性数据统计与分析

叉车行业经过几十年的发展，经历了引进消化、仿造、自主研发阶段，取得了长足的进步。但与国外的技术相比，在可靠性、零部件等方面还有一定差距。

在 2017 年随机抽取的 40 本检测报告中，可靠性方面与上年相比有所提高。当前，主机配套件还存在质量不稳定。可靠性差、工艺制造和检测手段薄弱、技术研发能力不强等问题。配套件质量和可靠性差，往往是造成主机整体质量及可靠性水平不过关的主要原因。我国叉车行业与国际品牌叉车可靠性差距还表现为：早期故障率高，小毛病多，渗漏问题严重。平均失效时间内燃叉车 352h，蓄电池叉车 181h。

对 2017 年 40 台叉车（内燃、蓄电池）型式试验中所发生的 68 次失效情况统计结果表明：一般失效占总失效次数比例为 36.8%（2016 年 28.2%，2015 年 29.0%，2014 年 31.4%），轻微失效占总失效次数比例为 63.2%（2016 年 72.8%，2015 年 71.0%，2014 年 68.6%）。

按失效模式统计，排在首位的还是泄漏性失效，占 36.8%；配套件和装配原因排在二、三位，分别为 22.1%、16.2%。

按失效所属系统统计，排在前两位的是液压系统和电器系统，分别占总失效次数的比例如下：2014 年液压系统 55.7%、电器系统 17.1%，2015 年液压系统 52.2%、电器系统 18.9%，2016 年液压系统 54.2%、电器系统 16.7%，2017 年液压系统 51.5%、电器系统 16.2%。

另外，液压系统中出现失效较多的是管路及接头、密封件，分别占液压系统总失效次数的比例为：2014 年管路及接头 51.3%、密封件 35.9%，2015 年管路及接头 50.0%、密封件 33.3%，2016 年管路及接头 51.3%、密封件 35.9%，2017 年管路及接头 45.7%、密封件 31.4%。失效主要表现为液压件、密封件安装不当和损坏、管路的破损等。

总之，从检测机构的检测数据及从港口、仓库和工厂三类用户中采集的维修保养数据均可看出，对于国产内燃叉车，液压系统、电气系统为其前两大故障系统，占故障总数的比例近 75%。零部件损伤、堵塞、泄漏等问题突出；一般失效和轻微失效占近 75%，小病不断是叉车行业的重大问题。

当前，我国叉车行业已经做大，但还没有做强。虽然叉车产品的技术水平已经与国外先进水平接近，但产品质量进步缓慢，因此，叉车企业的产品质量控制必须向国外先进企业看齐。

（六）推土机产品质量状况分析

1. 推土机行业质量整体状况

产品的可靠性、一致性和耐久性是评价推土机产品质量的主要要素。

从可靠性方面说，对 2009—2011 年、2012—2014 年、2015—2017 年的国内推土机产品可靠性试验（定时截尾 1 000h）进行综合统计分析，对比可见，国内推土机产品的整体可靠性水平逐年提高，2015—2017 年统计的推土机多样本 MTBF 观测值为 726 h。但是，国内各品牌推土机之间的可靠性水平差距在逐渐扩大。

从产品一致性来说，国内推土机产品故障分布离散，故障类型多样，产品一致性水平偏低。从耐久性方面来说，据统计国内推土机产品的大修期寿命一般在 4 000 ～ 5 000h，而国际达到 8 000 ～ 10 000 h，基本是国外产品的一半。

推土机作为典型的工程机械产品，在我国经过几十年的发展，经历了修造、仿造、引进消化等阶段之后，取得了长足的进步，尤其是近几年推土机产品技术水平不断提升。但产品质量进步缓慢，在产品一致性、可靠性、耐久性方面的关注和投入不够。相比于产品技术的提升而言，我国推土机产品质量与国外差距更加明显，提升的空间和迫切性更大。

2. 推土机产品可靠性数据统计与分析

通过采集 18 台推土机在 1 000 h 现场跟踪可靠性试验数据，其中 90 ～ 160 马力（1 马力 =735.5W，下同）推土机选用 6 台，160 ～ 320 马力推土机选用 12 台，具有广泛的代表性。对它们的失效发生时间、发生部位和发生次数，按照失效类别、失效模式、失效所属系统等进行统计与分析。

统计结果表明：推土机在可靠性试验 1 000h 内，一般失效、轻微失效是故障发生的主要类型，一般失效占总失效次数的比例为 36%，轻微失效占总失效次数的比例为 64%。

按失效模式统计，泄漏性失效 45%，松脱性失效 33%，断裂性失效 14%，其他失效 8%。泄漏性失效、松脱性失效是故障的集中区。

按失效所属系统统计，液压系统 31%，电气系统为 20%，动力系统和传动系统均为 11%，其他 19%。液压系统的质量问题依然突出。

3. 提高质量的建议与发展方向

提高产品质量是一个系统性的工程，需要从产品的一致性、可靠性和耐久性方面考虑。每一个方面的影响因素也众多，任何一个环节出现问题都有可能影响到产品的最终质量。就国内推土机而言，提高推土机产品质量需要解决以下问题：

（1）提高管理水平，保证产品一致性。推土机的离散性故障分布为我国推土机产品质量提升带来很大难度，而导致这一结果的主要原因是国内推土机生产企业的产品一致性得不到保障。对国内企业来说，企业需要在“正确、完整、齐全、统一”的技术文件支撑的基础上，提高生产管理水平，严格按照质量体系运行。就推土机而言，需要完善严密的生产过程控制、严谨的在线检测工序和严格的外协件检验程序，充分保证产品生产的一致性。

（2）健全评价—验证方法，提高产品可靠性。通过分析，我国推土机产品可靠性水平近几年提升缓慢，产品质量提升进入相对停滞期。其主要原因在于配套件质量不高，如液压管路、接头、泵、阀及齿轮轴承等可靠性不足制约着推土机可靠性的提升，核心部件仍然依赖于进口。

提高整机可靠性是通过提高零部件和系统的可靠性实现的。推土机的桥箱、液压系统等一直是需要重点关注的区域。需建立如齿轮副啮合可靠性试验台，液压缸、液压泵、液压阀可靠性试验台，发动机—变速器匹配性能试验台，健全产品零件、部件、系统、整机的可靠性验证手段及各系统间的协调性验证手段，建立如多样本整机可靠性评价方法，促进推土机可靠性的提升。

（3）增加基础研究和数据积累，延长产品耐久性。耐久性问题涉及从产品设计、寿命预算到寿命验证的每个环节，我国推土机缺失寿命设计手段和理论支撑，缺少全寿命设计理念。延长产品的耐久性需要企业投入充分的研发精力，增加基础理论研究，建立产品失效数据库，积累如载荷寿命系数、材料寿命系数等，逐步建立延长产品耐久性的手段。

（七）压路机产品质量状况分析

1. 压路机行业质量发展情况

我国的压路机从 20 世纪 60 年代开始起步，经历了仿制、研制开发、技术引进等几个阶段。经过五十多年的努力，压路机企业已经有了相当的基础和实力。我国的振动压路机发展速度很快，已形成系列。应用最广的是 14 ～ 20t 的单钢轮振动压路机和 8 ～ 12t 串联式振动压路机。前者主要有静压传动和机械传动两种形式，而后者均为静压传动。由于配套件的国际化选购，压路机的可靠性水平增长很快。

压路机规格型号较多，国家工程机械质检中心针对主导机型、销量较大、用途较广的单钢轮机械振动压路机、全液压振动压路机、光轮压路机和轮胎压路机进行统计分析研究。分别统计了 2009—2011 年、2012—2014 年、2015—2017 年压路机产品 400 h 平均故障间隔时间可靠性试验数据，结果表明国内压路机产品的可靠性水平在逐步提高。

国内压路机单纯从产品的配置、参数的选择上与国外著名的压实机械生产厂家的产品相比毫不逊色，但新技术、新理念应用较少，部分国内配套件质量较差，装配水平参差不齐，最终导致压路机性能不稳定、可靠性指标较低，噪声、驾驶室密封性和操纵舒适性等方面与国外著名厂家的产品相比仍然存在较大的差距。

产品质量是在产品具有一致性的前提下通过可靠性指标和寿命来评价的。但是我们企业往往不能够有效保证产品的一致性。企业内部对于生产制造工艺一致性的工作又涉及精准的制造装备，完整、正确、统一的技术文件，运行有效的质量保证体系，一支训练有素的团队，和谐的企业文化等各个方面，而这些方面并不是一朝一夕能完善的，需要企业结合自身实际、市场反馈等信息不断地改进和提高。针对设计的每一个环节、每一个系统、每一个零部件、每一种功能、每一个性能指标、废弃物的减排以及零部件的回收和再利用做到精细化，从而最大限度地减少维修环节，降低使用成本，提高工效。

2. 压路机产品可靠性数据统计

通过采集 50 台压路机在 400 h 现场跟踪可靠性试验数据，其中 3 ～ 14t 振动压路机 17 台，16 ～ 28t 振动压路机 28 台，光轮压路机 3 台，轮胎压路机 2 台，具有广泛的代表性。对它们的失效发生时间、发生部位和发生次数，按照失效类别、失效模式、失效所属系统等进行统计。

结果表明：一般失效和轻微失效分别占总失效的 50%。

按失效模式统计：泄漏性失效 33.3%，松脱性失效 27.8%，失调性失效 22.2%，损伤性失效 5.6%，堵塞性失效、断裂性失效和退化性失效均为 2.8%。

按失效所属系统统计：动力系统和传动系统均为 16.7%，行走系统 11.1%，电气系统、液压系统和操纵系统均为 8.3%、制动系统 5.6%。

3. 提高压路机产品质量的建议

（1）提高压路机施工质量。根据压实材料的力学特性、压路机的性能参数，通过试验路段确定最优的压实工艺，以求取得最佳的压实效果和最高的压实效率。

（2）提高压路机本质质量

1）一致性。引进数字化、智能化制造装备，提高压路机车架、钢轮等部件的焊接质量，提高制造装配安装精度，减少人为因素的影响。完善压路机产品设计、生产制造、试验验证等技术文件，丰富质量体系内容，严格依据质量体系运行，加强压路机产品设计生产制造过程控制，保证产品一致性水平。推进人才培养模式改革，不断优化人才培养，培养压路机专业人才，建立压路机产品专业团队。建立良好的企业文化，促进团队的凝聚力，激励员工不断进取。

2）可靠性。压路机配套件的可靠性水平直接影响压路机整机的可靠性，企业应通过试验验证的方式，包括台架试验、装机试验，提高配套件可靠性水平，从而提高压路机整机可靠性水平。

3）耐久性。进行车架有限元分析、焊缝疲劳寿命预测、振动轴承寿命评估等研究，通过试验验证和经验积累建立压路机产品寿命评估系统，通过评估计算压路机各部件、系统的寿命，进行合理匹配，通过整机验证以达到期望寿命，并逐步提高压路机产品的耐久性以达到节省资源、可持续发展的目的。

（八）观光车产品质量状况分析

1. 观光车可靠性数据统计与分析

根据 2017 年 41 台观光车（其中内燃 9 台，蓄电池 32 台）型式试验（单样本）的可靠性统计数据来看，内燃观光车平均失效间隔时间约为 143 h，蓄电池观光车平均失效间隔时间约为 132h。

对 41 台观光车（内燃、蓄电池）型式试验中所发生的 53 次失效情况统计结果表明：一般失效 16 次，占总失效次数比例为 30.2%；轻微失效 37 次，占总失效次数比例为 69.8%。

按失效模式统计，松脱性失效占总失效次数的 62.3%，退化性失效占总失效数的 18.9%，损伤性失效占总失效次数的 7.5%，其他失效占总失效次数的 11.3%。松脱性失效和退化性失效分别排在一、二位。

按失效所属系统统计，车体、电器原因失效占总失效数的比例分别为 50.9% 和 32.1%，排在一、二位。

总体看来，观光车产品整体质量略有提高，存在的主要问题依然是外形美观性较差、结构形式单调、可靠性性能较差及整车设计缺少人性化等。

2. 观光车产品质量发展情况

通过 2017 年的质量数据及行业调查分析看，观光车产品质量水平有所提升，但轻微失效仍然较多。分析有以下原因：观光车行业的优胜劣汰，使技术落后、产品质量差的生产企业逐步退出市场，几家龙头企业的产品所占比例越来越高。这些企业规模较大，专业化水平较高，注重生产过程中的来料检验、过程检验及出厂检验，把关能力强，有些企业采用了先进的检测仪器设备，修建了专业化的车辆试验场地，出厂车辆进行了路试测试，许多质量问题被及时发现。另一方面《特种设备使用管理规则》于 2017 年 8 月 1 日实施，观光车在使用过程中维护保养越来越规范也降低了观光车的故障发生频率。

2017 年观光车行业的发展出现了一些新变化：①观光车生产过程中采用新工艺、新技术。例如，越来越多的企业车架采用电泳处理，有的企业车架采用铝合金材料、检验过程采用汽车检测线、修建下坡制停测试坡道等。②观光车外观设计多样化。为适应市场需求，观光车越来越注重外观的设计，产品外观设计与景区环境、主体相一致，受到客户欢迎。③观光车的衍生产品快速发展。电动消防车、电动巡逻车、电动餐饮车、移动警务室等观光车衍生产品的种类及数量快速发展，这些产品体现了企业的创新能力，新产品不仅满足了市场需求，也为企业带来了良好的经济效益。

随着观光车行业的进一步发展，观光车行业标准体系将逐步完善，观光车企业的技术不断进步，加之用户对观光车的安全性、可靠性、舒适性的要求不断提高，国内观光车质量水平必将持续提高。

三、质量与试验方面存在的问题

（一）产品质量存在的问题

当前，市场上工程机械产品质量存在的问题如下：

1）大小企业产品质量相近、可靠性相近。

2）管理水平难以提高，质量长期徘徊不前，没有形成完整的质量控制闭环，产品质量提高缺少长远规划。

3）可靠性水平增长缓慢。

4）可靠性管理仅限于三包期（1 000h/2 000h/2 500h/3 000h）。

5）没有建立可靠性研究和管理体系。

6）没有建立完整科学的故障数据库。

7）零部件缺少试验验证手段和遴选评价体系。

8）没有设立可靠性工程师岗位。

9）可靠性指标水平较低。三包期内，如：轮式装载机（3 ～ 8t）为 300 ～ 600 h；内燃平衡重式叉车（3 ～ 5t）为 200 ～ 400h。

（二）国内企业存在的问题

从质量角度讲，试验、检验是产品设计、试制、生产和装配中的重要一环，设计、制造的好坏最终还需要试验和检验获得验证。试验、检验不充分，漏缺试验、检验，最终会体现在产品质量方面。

（三）新产品试验方面存在的问题

1）没有试验规划。

2）缺少部分核心零部件试验验证手段。如，工作装置、车架结构件应力测试试验台；变速器、驱动桥的齿轮和轴的应力测试试验台；齿轮副啮合可靠性试验台；液压缸、液压泵、液压阀可靠性试验台；发动机变速器匹配性能试验台。

3）有试验设备但不能有效使用。

4）缺少试验验证和可靠性工程师。

5）没有建立完整科学的故障数据库。

6）产品质量可靠性管理水平低，控制时段局限于三包期；可靠性考核和管理难度大、周期长、成本高，可靠性试验手段有限，很难获取；国外企业产品质量控制目标是全寿命可靠性增长，国内企业产品质量控制目标是三包期内可靠性增长；没有寿命设计概念，没有全寿命周期可靠性指标的要求；大部分企业不知道产品的寿命数据，产品没有进行等寿命方面的设计。

7）缺少试验规程与试验方法。

（四）定型产品检验方面存在的问题

1）没有长远产品质量规划。

2）定型产品检验项目如材料理化检验和屈服极限检验、无损探伤检验、扭矩检验、焊接质量检验（熔深）、供应商过程及能力管控、重量检验、尺寸检验、硬度检验很少，质量检验标准几乎没有，这些问题构成质量控制链条上的多个断点，不能形成质量控制封闭链。

3）可靠性管理局限于三包期时段。

4）产品质量一致性难以保证，可靠性水平难以提高。

5）没有建立供应商定期审核及淘汰机制。

6）没有建立零件质量风险管控机制（以便及时采取遏制措施）。

四、如何进行产品试验与检验

产品试验是为了解某物的性能或某事的结果而进行的尝试性活动。一般是指产品的研发和定型过程中所进行的相关尝试性工作。

产品检验是检查并验证，为保证产品持续符合相关要求的检查验证工作。

（一）产品试验的核心工作

产品试验是为了探知所设计产品的功能与预期是否相符，为改进提供依据。

试验工作主要包括：零部件试验、比对试验、整机试验、工艺性试验、可靠性试验、工业性试验等。

其核心内容主要有：试验规划、产品发展规划、可靠性增长计划、试验验证／可靠性工程师培养、外部开放试验室利用与合作关系建立、竞争对手试验能力情况、检验设施需求、载荷谱采集、外部专家使用、焊接工艺试验遴选、试验台建设、预算编制、试验规程与标准制定。

（二）产品检验的核心工作

产品检验是为了确保产品的性能与质量持续一致，符合设计要求。

检验工作主要包括：原材料、零部件入厂检验、工艺性检验、过程检验、出厂检验等。

其核心内容主要有：钢材理化检验和屈服极限试验、重量检验、尺寸检验、硬度检验、焊接质量检验、无损探伤检验、扭矩检验、运行检验、外观检验、漏缺检验、出厂运行检验和性能检验、编制检验方法和质量标准。

试验与检验二者的关系是探知与遵从的关系，如履带行走模式一样，形成闭环才能不断提高质量。

五、控制产品质量的建议和提升路径

（1）新产品研制的要求

1）设计开发阶段的质量规划（APQP：先期产品质量规划）。

2）体现等寿命设计思想。

3）可靠性试验验证计划。

4）建立力所能及的可靠性试验台，或者制定利用外部试验台方案。

5）进行焊接工艺参数试验优选，确定焊接工艺参数。

6）探索试验工艺参数，制定试验规程。

7）充分利用外部试验资源。

（2）定型产品的质量控制

定型产品的质量控制要全面覆盖、一环不少。包括：钢材理化检验、屈服极限检验、重量检验、尺寸检验、硬度检验、焊接质量检验（熔深）、运行检验、外观检验、无损探伤检验、扭矩检验、漏缺检验、出厂运行检验、出厂性能检验、供应商过程及能力管控等。

（3）探索制定主要环节质量标准

（4）建立基于可靠性数据管理软件系统，建立科学可行的零部件遴选评价体系，利用供应商的试验台进行检验试验，使用优秀企业的供应商队伍

（5）可靠性管理时段应不断扩大

第一阶段：从三包期延伸到 5 000 h；第二阶段：进行全寿命期管理。当前已有企业将三包期延伸到 3 000 h，加价延长三包期服务。

（6）为满足以上要求，企业需要合理配置资源

实施“制造强国”战略，加快从制造大国向制造强国转变的步伐。为实现这个目标，工程机械行业需要调整质量与产量关系，需要从重视销量调整为重视利润率。改变企业命运的应该是产品的品质，这需要构建完整的可靠性试验评价体系，需要核心的试验手段和试验人才，掌控产品品质应从三包期延伸到全寿命周期。企业需要塑造品牌，而塑造品牌需要构建一流的质量管理水平。当工程机械的产品具备国际竞争力时，我国工程机械行业整体技术水平就会走入国际先进行列。

〔撰稿人：国家工程机械质量监督检验中心罗慧英、田志成、席学斌、张益民、郑海宁、贾佳奇、孙林伟、赵亮、黄海潮、范晓兰、李洪波〕

2017中国工程机械行业十大新闻

由中国工程机械工业协会主办、今日工程机械杂志社承办的“2017中国工程机械十大新闻”评审活动在北京举行。该活动至今已成功举办22届（1996—2017年），成为业内人士梳理和总结过去一年产业和市场发展脉络的重要渠道，是中国工程机械行业最为重要的年度事件之一。

1. 习近平总书记十九大后首次调研考察徐工集团，为行业发展指明方向

2017年10月18—24日，中国共产党第十九次全国代表大会圆满召开。十九大报告明确提出了加快建设制造强国，加快发展先进制造业，推动互联网、大数据、人工智能和实体经济深度融合的发展战略。12月12日，习总书记就学习贯彻十九大精神和当前经济社会发展情况到徐州进行考察调研时到工程机械行业企业——徐工集团进行了视察。考察期间习总书记就装备制造业的发展做出重要指示。他认为“必须始终高度重视发展壮大实体经济，抓实体经济一定要抓好制造业，装备制造业是制造业的脊梁，要加大投入、加强研发、加快发展”。他同时指出“我国经济正由高速增长转向高质量发展，这是必须迈过的坎，每个产业、每个企业都要朝着这个方向坚定往前走。企业要以创新作为核心竞争力，努力占领世界制高点、掌控技术话语权，使我国成为现代装备制造业大国”。习总书记在详细了解徐工集团发展情况后，充分肯定了徐工集团在落实“三个转变”（实现中国制造向中国创造转变、中国速度向中国质量转变、中国产品向中国品牌转变）方面所取得的成绩，勉励徐工集团着眼世界前沿，努力探索创新发展的好模式、好经验。习总书记的重要讲话，不仅是对徐工集团的肯定和勉励，也是对全行业的鼓舞和激励，他关于装备制造业发展的重要指示为工程机械行业未来的发展指明了方向。

2.“一带一路”建设进入新阶段，工程机械企业海外市场硕果累累

2017年5月14—15日，“一带一路”国际合作高峰论坛在北京成功举行。该论坛是“一带一路”倡议提出3年多来最高规格的主场外交活动，为推动国际合作，实现合作共赢注入了新能量。同年6月16—18日，作为“一带一路”重要活动之一的亚投行第二届年会召开，会议为进一步提升亚洲乃至全球基础设施建设和互联互通水平，促进经济复苏和可持续发展起到了重要作用。“一带一路”倡议的加速推进带来了广阔的海外市场，中国工程机械企业依托“一带一路”积极拓展国际业务，进一步展开沿线海外布局，收效显著。2017年中国工程机械出口额创出历史新高，截至11月底，进出口贸易额达到218亿美元，同比增长19.4%。其中对“一带一路”沿线国家和地区出口额达78.6亿美元，同比增长17.2%，占出口总额的43.4%。

3. 环保政策持续加码，排放标准升级对行业影响进一步显现

2017年被称为“史上最严环保年”。环保部《关于开展机动车和非道路移动机械环保信息公开工作的公告》规定：自7月1日起，非道路移动机械生产、进口企业应将新生产、进口非道路机械的环保信息予以公开，非道路移动机械生产、进口企业在产品出厂或货物入境前，在机身明显位置粘贴环保信息标签，公开主要环保信息，包括排放检验信息和污染控制技术信息，并对信息公开的真实性、准确性、及时性、完整性负责。

8月21日，国家环保部联合国家发改委、工信部等近十个部委及北京、河北等六省人民政府发布关于印发《京津冀及周边地区2017—2018年秋冬季大气污染综合治理攻坚行动方案》的通知。通知要求采取更有针对性的措施，扎实做好秋冬季大气污染防治工作，动员全民共同打好“蓝天保卫战”。对此，中国工程机械工业协会积极组织行业企业主动做好准备，适应要求。并联合环保部机动车排污监控中心组织行业主要整机制造企业召开了非道路移动工程机械“污染物排放信息公开”座谈讨论会；就落实北京市环境保护局委托开展的“非道路用工程机械”普查登记工作，组织了第三次集中培训会议，对八家工程机械整机企业在北京的销售公司或代理商数十人进行挖掘机、装载机等11类工程机械设备的登记、统计、建立台账、发放并张贴标识工作进行培训；6月30日，协会组织了100多家工程机械主机企业、发动机企业和经销商的代表召开了北京市非道路移动工程机械四阶段排放宣贯会，宣贯排放法律法规和达到北京市第四阶段排放标准的非道路机械申报程序，布置北京市非道路移动工程机械信息登记汇总工作要求；9月21日，在协会主办的BICES2017展览会上开设非道路四阶段工程机械展示专区，大力推介符合北京地区排放标准和雄安新区建设所需的技术和产品；展会同期还举办了“工程机械四阶段排放技术论坛”。通过一系列活动的组织，借政策“东风”促进工程机械行业自律建设，加快营造绿色文明的生态环境。

环保政策的持续加码、新的排放标准的实施，一方面给行业带来了产品制造和技术升级新机遇；另一方面，环保要求提升对工程机械销售和施工带来了一定的影响。

2018 年，随着国家对环保要求更加严格，行业产品的制造和应用将面临新的挑战。

4.BICES 2017 成功举办，行业信心重新提振

2017 年 9 月 20—23 日，为期 4 天的第十四届中国（北京）国际工程机械、建材机械及矿山机械展览与技术交流会（BICES 2017）在中国国际展览中心新馆隆重举行。

本届展会特设了非道路移动机械四阶段排放、盾构机、高空作业机械、停车设备等 12 个展区，吸引了来自全球 30 多个国家和地区的 1 000 多家企事业单位参展，共有来自世界 70 多个国家和地区的政府机构、驻华使节、重点用户、行业组织、专家学者和 200 多家海内外新闻媒体前来参观、洽谈、报道和参加各类活动。观众超过 12 万人次。展会充分展示了工程机械、建材机械、矿山机械、专用车辆和应急抢险救援装备等全产业链各相关行业真抓实干、砥砺前行、创新发展所取得的新技术、新产品、新成果，展示出了海内外各先进企业在数字化、信息化、智能化、舒适化、成套化和节能环保、安全可靠等方面所实现的新突破、新进步，展示出了以湖北随州、山东济宁、河北宣化、福建泉州等为代表的重点区域在地方政府领导下其装备制造业转型升级、提质增效所取得的新业绩、新发展，展示出了各参展单位服务“一带一路”和首都北京、雄安新区等国内外各高端市场的能力和水平。本届展会通过产需交流、深入合作，促进了全行业经济、技术、产品和服务实力的进一步增强，助推各参展单位品牌、市场及国际影响力的大幅度提升。

作为工程机械行业的风向标和全球工程机械展示的大舞台，BICES 2017 的圆满收官印证了行业的企稳回升，也充分展现出砥砺奋进的行业同仁在新时期、新形势下的发展信心与决心。

5. 工程机械行业团标获明确法律地位，行业标准化工作取得多项突破

2017 年 11 月 4 日，《中华人民共和国标准化法》（修订）正式颁布，正式明确了团体标准的法律地位，团体标准进入发展的新时代。2017 年中国工程机械行业的标准化工作取得了阶段性成果，截至当前，中国工程机械工业协会共发布了 54 项工程机械团体标准，其中 T/CCMA 0025—2014《轮胎式装载机燃油消耗试验方法》、T/CCMA 0026—2014《液压挖掘机燃油消耗试验方法》、T/CCMA 0032—2015《液压挖掘机用双联轴向柱塞泵 试验室耐久性试验》、T/CCMA 0045—2016《沥青混合料厂拌热再生设备》、T/CCMA 0046—2016《垂直振动压路机》五项团体标准荣获工信部 2017 年团体标准应用示范项目，均符合绿色环保发展方向和国家提倡的绿色发展理念。同时，8 月出版发行的 ISO 10987-2:2017《土方机械 可持续性 第 2 部分：再制造》和 ISO 10987-3:2017《土方机械 可持续性 第 3 部分：二手机器》两项国际标准填补了中国承担土方机械国际标准制定的空白。

6. 践行社会责任，工程机械企业驰援九寨沟地震抢险救援

2017 年 8 月 8 日，四川省阿坝州九寨沟县发生 7.0 级地震。灾害发生后，徐工集团、中联重科、三一重工、柳工集团、厦工、山推、国机集团等一批行业企业积极组织，纷纷利用各自的人员、设备渠道优势，第一时间就近调度灾区附近适用于救援的工程机械产品及相关服务人员，进入灾区协助地方政府、武警部队开展救援工作，并根据灾区救灾工作进展需要，陆续加派设备及专业人员驰援灾区。获悉灾情后，中国工程机械工业协会也迅速行动起来，在协会内成立了应急领导小组，统筹指挥协会相关人员快速与行业相关企业取得联系，询问救援设备及人员调集情况，并与有关部门主管应急救援工作的领导取得联系，就协会及行业企业针对救灾所做的准备进行汇报。工程机械行业驰援九寨沟地震灾区，集中体现了生产大型抢险救灾设备的工程机械企业以及相关行业组织，在国家和人民需要的时候冲在抢险救灾第一线的光荣传统和强烈的社会责任感。

7. 大型掘进机械产品密集下线应用，我国工程机械重大技术装备取得丰硕成果

2017 年，我国全断面隧道掘进机的排头兵企业加大研发投入，新产品开发速度加快，技术创新水平明显提高。自主研制的各类大型掘进机械产品密集下线，并成功应用于国内外施工项目，成为我国制造业发展的一个亮点。

8 月 20 日，铁建重工自主研制的国产首台大直径硬岩隧道掘进机“长春号”成功应用于国家重大工程吉林引松供水工程中，攻克“长距离、大埋深、大变形、大断层、高硬度”等世界级工程地质难题，提前 14 个月完成贯穿，使得该项目入选“十二五”国家科技创新重大成就展。

10 月 26 日，中铁装备公司研制的当前我国最大直径 15.03m 泥水平衡盾构机正式下线，并应用于汕头海湾隧道项目。

中交天和公司研制的 12.12m 泥水气压平衡盾构机投入“孟中印缅经济走廊”的孟加拉吉大港隧道施工，成为中国出口的首台套超大直径盾构机。

辽宁三三工业有限公司多台盾构机出口伊朗、土耳其、美国等地。

这些现代化隧道装备和施工技术成果，标志着我国大型设备的设计制造正在迈向高端化，全面抢占世界技术制高点。在 11 月 14 日揭晓的年度行业科学技术奖中，就有 21 项行业高端产品及关键技术项目获奖。其中，由贵州詹阳动力重工有限公司、杭叉集团股份有限公司、徐州重型机械有限公司报送的项目荣获中国机械工业科技进步奖一等奖。

在后市场领域，11 月，工信部印发《高端智能再制造行动计划》 引领高端再制造产业加速发展。高端化、智能化的再制造产品在提升能源和资源利用水平的同时，将反哺新品设计制造，加快尖端装备技术突破。

同时，互联网、大数据、人工智能与工程机械行业深化融合、加速创新。智能装备和施工解决方案、工业云平台和新型管理服务网络平台不断涌现，标志着行业正努力突破制造业发展的瓶颈和短板，创造产业竞争优势，在技术、

管理、商业模式等方面实现全面转型升级，抢占全球产业制高点，朝着产业高端、智能、绿色、服务的方向加速发展。

8.铁路“十三五”规划和雄安新区建设等重大利好出台，行业受益于建设投资的增长

2017年4月1日，中共中央、国务院公布决定在河北雄安设立国家级新区。这一规划的确立，为工程机械行业带来了包括公路建设、铁路建设、地下管廊建设、地热开发建设、机场建设、轨道交通建设等方面庞大而持久的基础设施建设需求。11月，国家发改委印发的《铁路“十三五”发展规划》表明铁路投资总量将每年增加8 000亿元投资规模。同时国家统计局公布的数据显示，国家在水利、保障房、新农村建设等方面的投资也持续保持在高位，施工项目计划总投资为1 265 100亿元，同比增长18.7%；新开工项目计划总投资478 557亿元，增长6.2%。

2017年1—11月，我国基础设施累计完成投资126 720亿元，同比增长20.1%。作为工程项目开工建设的主力军，大宗、密集的基建投资以及PPP项目的落地，为工程机械行业的持续高增长起到了“压舱石”的作用，行业发展直接受益于基建项目的投资增长。

9.行业集中度进一步提升，行业整合深化加速

2017年5月21日，中联重科发布公告，宣布出售其下属环境产业公司80%的股权，并表示“这是公司为迎接自2016年三季度以来工程机械行业的强势回归备好充足的资本弹药”。这传递出了行业骨干企业抢抓市场机遇，积极调整战略、优化结构、强化、加码工程机械业务的强烈信号。

根据协会统计数据：2017年，行业前十家主机企业的营业收入在行业前50家企业的份额比上年同期显著提升。同时，年内行业企业合作经营和并购重组现象频发，表明工程机械行业在经历了深度调整期之后，呈现出销售额和品牌集中度逐步提升、整合深化加速的鲜明特征。

10.工程机械市场强势回暖，行业重回增长轨道

2017年，在国家调结构、促转型、增效益战略的指导下，在国家加大基础设施建设投资及环保排放升级等政策措施的推动下，工程机械市场持续升温，老旧设备更新换代需求强劲，产品销量大幅增加，行业重回增长轨道。据协会统计，2017年1—11月，行业主要企业营业收入同比增长19.8%，其中9种主要工程机械产品销量同比增长46.4%，叉车更是创造了历史最高销售量纪录。

行业企业普遍认为：在经历长达5年的市场深度调整后，工程机械行业终于重回增长轨道。行业企业应珍惜眼前来之不易的大好局面，保持理性，不忘前鉴，客观审慎解读市场需求变化，放眼未来，持续推进供给侧改革，借行业回暖之东风，加快技术创新和结构调整，实现企业全面转型升级，优化布局，提质增效，为后续发展积蓄力量。

〔供稿人：中国工程机械工业协会吕莹〕

2017年工程机械行业“中国机械工业科学技术奖”获奖情况介绍

2017年，工程机械行业共有20家行业企业独立或与相关高校联合报送了40项评审项目，涉及起重机械、掘进机械、环卫机械、土方机械、路面机械、混凝土及制品机械、抢险救援机械、工业车辆、配套件等多类产品及关键技术的应用和产业化，申报项目呈现出创新点多、技术含量高、社会效益和经济效益显著等特点。初审共推荐获奖项目21项，其中：特等奖项目1个，一等奖项目2个，二等奖项目5个，三等奖项目13个。

一、获奖情况

2017年9月26—27日，中国机械工业科学技术奖管理委员会组织了项目终审会，对包括工程机械在内的14个专业评审组推荐的一等奖以上获奖项目进行了终审。最终确定工程机械行业一等奖获奖项目为3项，其中由贵州詹阳动力重工有限公司与中国极地研究中心、株洲时代新材料科技股份有限公司联合报送的“履带式全地形车关键技术及装备”项目以88.65分的高分在机械工业50项终审项目中位列一等奖项目第3名、总体第6名。取得了通过机械工业科学技术奖渠道推荐申报国家科技奖的资格。

2017年度工程机械行业“中国机械工业科学技术奖”获奖项目见表1。

表1　2017年度工程机械行业“中国机械工业科学技术奖”获奖项目

序号	项目编号	项目名称	申报单位	获奖等级
1	1710033	履带式全地形车关键技术及装备	贵州詹阳动力重工有限公司、中国极地研究中心、株洲时代新材料科技股份有限公司	一等奖
2	1710020	大举力密度高效率叉车设计制造关键技术研究及应用	浙江大学、杭叉集团股份有限公司	一等奖

（续）

序号	项目编号	项目名称	申报单位	获奖等级
3	1710006	超大型全地面起重机关键技术研发与工程应用	徐州重型机械有限公司	一等奖
4	1710009	异形全断面隧道掘进机关键技术研究及应用	中铁工程装备集团有限公司、浙江大学、郑州轻工业学院、盾构及掘进技术国家重点实验室	二等奖
5	1710040	地下连续墙抓铣成槽设备研发及产业化	徐州徐工基础工程机械有限公司	二等奖
6	1710022	砂浆干法生产及机械化施工设备关键技术与应用	中联重科股份有限公司	二等奖
7	1710024	基于露天矿重载高效施工的系列大挖关键技术研究及可靠性提升	徐州徐工挖掘机械有限公司	二等奖
8	1710010	装载机转向负荷敏感流量放大阀关键技术研究及应用	广西柳工机械股份有限公司	二等奖
9	1710007	工程机械工作装置耐久性关键技术研究与推广应用	广西柳工机械股份有限公司	三等奖
10	1710021	环保高效多功能抑尘车关键技术及产业化	中联重科股份有限公司	三等奖
11	1710029	基于超大参数的桁架式桥梁检测车产业化	徐州徐工随车起重机有限公司	三等奖
12	1710038	6 ～ 18 米级系列高空作业平台关键技术突破及产业化	徐工消防安全装备有限公司	三等奖
13	1710019	面向多工况需求的 STR20-5 智能型推耙机研发	山推工程机械股份有限公司、浙江大学	三等奖
14	1710037	GR1803 平地机（军品）研发及产业化	徐工筑路机械有限公司	三等奖
15	1710036	标准地铁区间隧道机械暗挖关键技术及产业化	徐州徐工铁路装备有限公司	三等奖
16	1710017	L955F 长轴距节能型装载机关键技术研发及应用	山东临工工程机械有限公司	三等奖
17	1710025	5.5 ～ 40t D 系列液压挖掘机自主化技术研究与应用	徐州徐工挖掘机械有限公司	三等奖
18	1710003	H3 系列 2 ～ 3.5t 内燃平衡重式叉车	安徽合力股份有限公司	三等奖
19	1710014	折线、螺旋线双复合高强度耐磨铸造球铁卷筒	山东汇丰铸造科技股份有限公司	三等奖
20	1710035	高铁、防护墙等混凝土构造物滑模摊铺机关键技术及应用	江苏四明工程机械有限公司、东南大学	三等奖
21	1710039	RP803 摊铺机研发及产业化	徐工集团工程机械股份有限公司道路机械分公司	三等奖

二、一等奖项目介绍

1. 履带式全地形车关键技术及装备

主要完成单位：贵州詹阳动力重工有限公司、中国极地研究中心、株洲时代新材料科技股份有限公司。

该项目基于“特种、专业、精品”三大理念，面向“救援、国防、科考”三大需求，自主研发的履带式全地形车是一款全地形、全天候的多功能车，具有极强的越野通过性能，适用于雪地、沙漠、水域等复杂地形，是军队建设、应急救援和极地科考的理想装备。

主要关键技术包括：

（1）双车体多自由度铰接技术。提出了履带式全地形车的关键部件——多自由度铰接装置，基于液压控制实现前、后车体柔性和刚性连接，使得前、后车体可左右、上下偏摆，且在前后方向上车体可相对转动，提高了整车在各种复杂地域和水域的通过能力。

（2）抗交变载荷减振底盘技术。提出了履带式全地形车底盘行走系统特殊支承轮系的减振、履带张紧与防脱技术，解决了车辆在复杂地形行驶工况下的振动大、履带易脱的难题，达到了整车在全地形条件下高速行驶的良好减振效果。

（3）双车体双泵四马达闭式全液压驱动技术。提出了双车体双泵四马达闭式全液压驱动技术，实现双泵四马达同步协调控制，解决了前、后车功率循环导致功率损失、液压差速、防马达超速等难题，提高了整车的动力性。

（4）整体式高速橡胶履带材料及成形技术。提出了高速橡胶履带材料配方及生产工艺，解决了履带鼓包、断齿、材料不耐磨等难题，研制出橡胶履带、橡胶扭力轴套、翻转复合支撑轴套、复合橡胶减振器等组成的四级减振系统，实现了行驶速度高、寿命长的目标。

2009 年以来，本项目逐步形成具有自主产权的履带式全地形车关键技术，成功开发了多种全地形车，形成了 200 台 / 年的产能，促进了区域经济和配套行业的发展。该项目一直受到广大新闻媒体的关注报道，产生了巨大的社会效益。

该项目通过中国机械工业联合会科技成果鉴定，评价为：“该项目对解决国家应急保障体系建设和国防现代化建设中大型应急保障装备和国防运输、极端地域装备的需求具有关键性作用，总体技术达到国际先进水平，其中双车体双泵四马达闭式全液压驱动技术达到国际领先水平”。

2. 大举力密度高效率叉车设计制造关键技术研究及应用

主要完成单位：浙江大学、杭叉集团股份有限公司。

该项目实施前，国内高端叉车技术被国外垄断，长期依赖进口，严重制约我国物流业的快速发展。实现自主设计的主要技术问题有：能耗高，振动噪声大，非标件设计制造周期长。该项目围绕高效率节能叉车的机电液集成、效率、创新设计等进行攻关，取得如下创新成果：

（1）提出基于负载敏感的叉车动力系统机电液自适应集成方法，突破举重力反馈液压自适应控制技术难题。解决动态转向、动力动态匹配、怠速熄火、能量回收控制等技术难点，典型产品能耗降低 10%，起升速度提升 20%。

（2）提出基于需求拓展的智能设计技术，突破新产品研发制造效率低的难题。通过建立客户需求参数与叉车产品功能族谱的动态关联模型，提出基于变型设计的多谱型多系列叉车智能设计方法。该技术的应用使研发周期缩短 1/3。

（3）提出部件—整体等强度保持建模分析及试验技术。提出部件级等强度保持结构分析及逆向递推热分布修正方法，结合整车振动、噪声、热平衡试验技术，实现叉车性能、效率和舒适性的整体提升，典型产品轻量化 10% 以上，门架起升高度提升 30%，工效提高 3 倍，噪声降低 3 ～ 5dB。

（4）高效率智能制造技术。建立焊接、对孔、拧紧、涂装等多工序自动化流水线工艺，应用多自动度机器人协同制造装配过程，形成自动化机器人制造装配体系，提高性能和效率。

中国机械工业联合会组织的由中国科学院院士等专家组成的鉴定委员会一致认定：“该项目技术难度大、特色鲜明，达到国际先进水平。”

该项目获发明专利 13 项，制定国家标准 22 项、行业标准 13 项，发表论文 50 篇。近三年其直接销售收入 81.67 亿元、新增利润 8.99 亿元，研发完成 368 个规格产品，应用于航天材料与工艺、宝钢、玉柴、中国重汽、朝阳轮胎等单位，远销海外 186 个国家和地区，近三年实现出口额 2.56 亿美元，出口量保持本行业全国第一，为我国经济建设做出重大贡献。

3. 超大型全地面起重机关键技术研发与工程应用

主要完成单位：徐州重型机械有限公司。

该项目研发了全球最大的 XCA5000 型全地面起重机，16m 幅度最大吊重 500t，主臂长 105m，9 轴底盘实现行驶总载荷 230t，关键技术指标均显著提升。该项目实现三大技术创新：

（1）整机轻量化设计技术。项目开发了高性能柔性组合臂架结构安全设计技术；参数化多柔体动力学整机优化匹配技术；发明了 L 型臂架结构。各不同工况性能较 1 200t 起重机提升 30% ～ 50% 情况下，重载转场时可携带全部起重臂、超起等部件，总重控制为 230t，底盘为 9 轴，保证了行驶转场的机动性。

（2）快速组装与转运技术。项目发明了机液耦合双动力分时驱动技术，把上车动力引入底盘行驶，底盘总载荷达到 230t，爬坡能力达到 18%，可携带更多部件，减少拆装时间；起重机从一个机位转移到另一机位时，需要拆装平衡重、支腿、吊钩，其中平衡重拆装难度最大、时间最长，因此，发明了快速平衡重挂接技术，与 1 200t 起重机相比，平衡重安装时间从 60min 缩短到 30min，并提高了拆装安全性。

（3）超长臂架大载荷吊载精准控制技术。项目开发了变幅速度自适应控制技术、具有“工况感知”功能的吊载控制技术、工况自适应吊钩防摆技术。吊载物最低稳定速度控制在 15mm/s 以内，最大偏摆角小于 ±3°，显著改善了大型吊装的安全性。

项目获专利 30 项，其中发明专利 18 项。产品获得首届中国好设计奖，被评为中国工业新纪录，被认定为中国工业首台（套）重大技术装备示范项目。

XCA5000 全地面起重机的成功研制，实现了超大型全地面起重机关键技术突破，我国也因此成为当前全球唯一研制出 2 000 吨级全地面起重机的国家，促进了高端装备制造业的技术进步，提升了我国在大型施工装备领域内的全球竞争力。

〔撰稿人：中国工程机械工业协会尹晓荔〕

（本栏目编辑：任智惠）

中国工程机械工业年鉴2018

大事记

记载2017年工程机械行业的重大事件

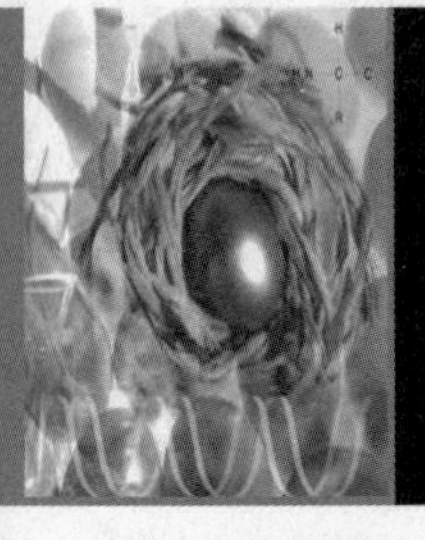

2017年中国工程机械行业大事记

2017年中国工程机械行业大事记

1月

10日 中国工程机械工业协会会长祁俊与中非友好经贸发展基金会张仪理事长在“2017中非友好之夜”活动上共同签署了战略合作协议。双方表示，今后将本着“务实合作、发展共赢”的原则，发挥各自优势，实现优势互补、资源共享，为工程机械行业企业搭建起贸易信息交流的平台，为中国工程机械行业企业开拓非洲市场提供更好的服务，帮助提升企业价值。

14日 国产首台最小直径敞开式硬岩隧道掘进机（TBM）在长沙中国铁建重工集团下线。该掘进机的下线，标志着我国高端地下装备制造自主创新能力完全升级，极大地拓展了掘进机在水利工程建设中的应用，提升了“中国制造”的整体竞争力。

20日 烟台艾迪精密机械股份有限公司在上交所挂牌上市，成为中国工程机械属具行业第一家上市公司。

20日 全球知名建筑及道路设备制造商法国法亚集团议定收购阿特拉斯·科普柯集团旗下的道路设备事业部，包括其全系用于建造沥青路面及路基所用的压实设备、摊铺设备及铣刨设备产品，通过收购进一步增强集团道路建设及养护设备的整体战略地位。

月内 作为中国工程机械跨境电子商务首创第一大单的徐工集团首批5台越野轮胎起重机起运中美洲加勒比地区，这是大型工业品跨境电商的尝试与创新，既减少了沟通成本，又拓展了销售渠道，高效实现了备件与整机的实际出口业务，为工程机械出口开拓了一种新型商务模式。

2月

17日 原国家工业机械部直属的一类综合性研究院所——天津工程机械研究院经过近两年时间的筹备，全面完成改制各项准备工作，整体转制为公司制企业，并正式更名为天津工程机械研究院有限公司。

3月

7日 为贯彻国家“走出去”战略，推进“一带一路”建设和国际产能合作，落实《国务院关于加快培育外贸竞争新优势的若干意见》和《国务院关于促进外贸回稳向好的若干意见》，加强外贸品牌建设，扩大自主品牌出口，提升自主品牌海外形象，促进贸易强国进程，受中国商务部委托，中国机电产品进出口商会和中国工程机械工业协会在中国驻旧金山总领馆的支持和协助下，以CONEXPO-CON/AGG 2017为平台，首次开展“中国工程机械品牌国际推广活动”。通过联合举办的一系列活动，促进我国工程机械自主品牌国际影响力的提升。

4月

1日 中共中央、国务院决定设立雄安国家级新区。该新区的设立为工程机械行业带来宝贵机遇。庞大的基础设施建设，包括公路、铁路、地下管廊、地热开发、机场和轨道交通等建设将给工程机械行业带来千亿元市场，给相关企业带来重大发展机遇。

5日 全球第二大工程机械制造商小松集团宣布以37亿美元收购世界最大的独立采矿装备制造商美国久益环球，以增强其井下采矿设备的核心竞争力。

6日 工业和信息化部部长苗圩一行5人到徐工欧洲公司参观考察。对徐工在国际化、智能制造、技术创新和中德合作方面取得的一系列成绩给予了充分肯定，希望在今后的合作中，进一步加强两国之间、两个企业之间的文化交流，为两国新的发展奠定一个文化的基础和底蕴。

18日 由中国工程机械工业协会组织制定的“二手工程机械评估师（编号：T/CCMA 0048-2017）社团标准”颁布实施。

月内 方圆集团自主研制开发的HZS120D型混凝土搅拌站成功实现无线控制，这是世界上首台混凝土搅拌站全功能无线控制系统。在搅拌站行业掀起了一轮新的技术革命，必将成为新的亮点，创造出更加可观的经济效益。

月内 由中国工程机械工业协会英文全称（China Construction Machinery Association）首字母“CCMA”组成的LOGO图形及字母组合经国家工商行政管理总局商标局核准成为“注册商标”。申请商标注册对于保护协会 30 多年来在工程机械行业树立的行业服务品牌形象和良好社会声誉，规范协会所属各分支机构及会员企业、相关从业者在开展行业相关服务及产品销售时的行为，防止滥用、冒用和不正当使用“CCMA”标志，以维护中国工程机械行业的品牌、形象，建立行业与企业的市场诚信，促进中国工程机械行业健康、有序的发展起到积极的作用。

5月

8日 中共中央政治局常委、国务院总理李克强一行到中联重科开封工业园考察。在农机装备制造基地，李克强参观企业自主研发生产的 PL2304 大马力拖拉机时说，农业现代化需要大马力拖拉机，“中国制造 2025”更需要大马力发动机。在考察服务信息中心时，李克强总理表示企业开发的工程机械物联网云平台生成的数据对国家宏观决策很有帮助。

11日 由厦门易工科技有限公司搭建的产业互联网平台——“易工工程机械云平台”宣布上线。这是一个专注服务于工程机械车主与维修人才的综合性行业服务平台。该平台立足行业痛点，联合行业上中下游优质资源建立行业合伙人制，通过云计算和物联网技术，整合全行业优质资源，涵盖工程、车辆、司机、配件等，为车主实现快速报修，帮助技师提高收入，帮助整个行业提升效率、降低成本，让全产业链互利共赢，让工程机械服务更简单。

16日 在英国伦敦举行的沃尔沃集团创新峰会上，沃尔沃建筑设备推出一款小型纯电动挖掘机 EX2。该机不仅生产成本低，而且能够实现零排放。相比传统机型，其效率提高了 10 倍，噪声水平降低 10 倍，总体成本也有所下降。该机被认为是世界上第一台小型全电动挖掘机的概念机。当前该机型还处在样机制作阶段，暂未列入批量生产计划。

21日 中联重科发布公告，宣布拟以 116 亿元人民币向盈峰控股、弘创（深圳）投资中心、广州粤民投和上海绿联君和出售中联环境产业公司 80% 的股权，创下了中国环境产业最大交易案。此轮交易，让中联重科抢抓机遇，为迎接自 2016 年三季度以来工程机械行业的强势回归备好资金。

25日 全球最大扭矩步履式旋挖钻机 SWDM600W 发布仪式在长沙山河智能工业城举行，标志着山河智能在地下工程装备领域技术创新和产品研发方面又取得了新的突破，再次彰显“地下工程装备专家”的实力。

27日 国内首台再制造 TBM（全断面隧道掘进机）在重庆下线。该产品的下线为中铁隧道局集团下一步盾构再制造产业集约化发展、建设国内大型盾构再制造基地打下了基础。此类价值高、附加值大的大型设备再制造，不仅节约成本，更能减少资源浪费和环境污染，符合国家“绿色环保、循环经济”的要求，有极高的经济效益和社会效益。

月内 全球最大起重能力履带式起重机徐工 XGC88000 获欧盟 CE 证书，标志着中国最高端的履带式起重机成功拿到打开欧洲高端工程施工市场的金钥匙。

6月

1日 全球领先的美国工程机械制造商约翰迪尔以 4.357 亿欧元的价格完成对全球道路施工机械设备领域的领先制造商德国 Wirtgen（维特根）集团的收购。这是自卡特彼勒收购比塞洛斯以来工程机械行业发生的最大并购案。

13日 国际高空作业协会（IPAF）第六次亚太峰会在长沙召开。这是 IPAF 亚太峰会首次在中国举办。本次会议以安全为导向，深入探讨协同创新，共同推进高空作业行业向专业化、规模化的方向发展。会议的成功召开对高空作业平台在亚太特别是在中国的发展产生深远而积极的影响。

15日 中国机械工业百强企业信息发布会在天津召开。会上发布了 2016 年度中国机械工业百强企业名单，工程机械行业有 15 家企业入围，行业排名第二，由此可见工程机械作为机械行业的支柱地位不可动摇。

17日 《单钢轮振动压路机能效评估方法》社团标准由中国工程机械工业协会路面与压实机械分会提出立项。

26日 中国铁建重工集团有限公司研制的国产首台双护盾硬岩掘进机（TBM）在兰州市水源地建设工程项目以单班安装管片 19 环、最高日进尺 54.16m、最高周进尺 277.623m、最高月进尺 988.969m 的成绩打破了 2016 年 12 月保持的 906m/ 月施工纪录，刷新国产双护盾 TBM 施工纪录。

26日 中国铁建重工集团有限公司自主研制的首台出口俄罗斯盾构机 DZ397 顺利完成验收，设备将应用于莫斯科地铁隧道施工，是国产盾构机进入发达国家市场的又一创举。

29日 经报国务院批准，中国恒天整体并入国机集团，成为其全资子企业。中国恒天与国机集团重组方案的确定，使央企数量降至 101 家，这离此前国资委定下的“将央企数量降至 100 家”的目标更进一步。

月内 由中车齐齐哈尔公司研制的高铁救援起重机通过由中国铁路总公司组织的试用评审。这种救援起重机填补了我国高铁救援起重机研究的空白，具有完全自主知识产权和多项技术创新。

月内 由英国KHL集团主导发布的ACCESS行业全球制造商2016年销售额排行榜中，浙江鼎力机械股份有限公司年增长幅度最大，达到44.98%，跻身世界前20强，在细分的自行走高空作业平台领域是唯一一家挺进世界前十强的中国企业。

月内 中国工程机械工业协会公布中国工程机械行业年度统计数据。数据显示，工程机械行业克服多年市场需求持续下降、企业经营难度较大、行业发展面临考验的困难，坚定不移地实施优化结构、转型升级、强化管理、提升效益等举措，在国家一系列调结构、促转型、增效益政策影响下，行业发展状况出现了积极的变化，2016年下半年工程机械企业经济效益和主要产品产销情况获得了极大改善。经协会统计汇总，在扣除不可比因素、重复数据和非工程机械产业营业收入之后，2016年全行业实现营业收入4 795亿元，比2015年增长4.93%。

7月

7日 中国工程机械工业协会发布第23号标准公告，确定土方机械冷却风扇声功率级的测定半消声室试验方法（编号：T/CCMA 0049-2017）和土方机械动力总成悬置系统振动试验方法（编号：T/CCMA 0051-2017）社团标准颁布实施。

7日 世界上最长的跨海大桥工程，也是中国建设史上里程最长、投资最多、施工难度最大的跨海桥梁项目，被誉为“现代世界七大奇迹”之一的港珠澳大桥海底隧道正式贯通，这也意味着大桥实现了主体工程全线贯通。从该项目建设伊始，工程机械设备制造商——中联重科的拖泵、船用布料机、泵车、塔式起重机、全地面起重机等20余台高端设备即深度助建大桥建设，为工程的顺利施工提供了可靠的装备保障。

12日 以“共享关怀·共创未来”为主题的山东临工“中国好司机”年度公益活动在甘肃酒泉启航，标志着这项工程机械行业规模最大、最具国际影响的公益活动进入第五年。

14日 约翰迪尔中国地区的首款10吨级产品——E140LC挖掘机在天津工厂正式下线。E140LC挖掘机采用约翰迪尔PowerTech4045四缸4.5L柴油发动机，功率高达84kW，采用湿式缸套，具有一键增压、自动怠速、降低油耗的优势。

22日 徐工以“新外观、新形象、新品质”为主题发布中国龙三新系列铣刨机，XM353、XM503、XM503K、XM1003、XM1003K、XM200K 6款铣刨机产品外观采用“中国龙”工业造型设计，大、中、小型6款铣刨机技术处于国际领先水平，荣获发明专利10余项。同时，精确找平、智能温控、径向液压离合控制和机械链传动驱动铣刨鼓等为徐工独创，开行业之先河。

24日 徐工集团成立哈萨克斯坦公司，为中哈产能合作提供了一个新平台，为哈萨克斯坦基础设施建设提供全方位支持。

30日 中联重科4台ZTC起重机在内蒙古朱日和助力中国人民解放军建军90周年阅兵直播，彰显了国家装备制造自主创新的实力和大国重器的魅力，是中国装备制造走向强大的缩影。

月内 由中联重科主导编制的国际标准ISO19720-1《建筑施工机械与设备 混凝土及灰浆制备机械与设备 第1部分：术语和商业规格》获得ISO国际标准化组织认可，正式出版发行。该标准历时3年完成，是ISO/TC195中第一次由来自中国的技术专家牵头组织制定的标准。标志着我国工程机械企业主导参与国际标准化工作取得历史性突破，实现了从输出产品、技术，到输出标准的跨越。

月内 在《财富》杂志发布的2017年世界500强排行榜中，全球第一大工程机械制造商卡特彼勒以385.37亿美元收入排名第264位，再次领跑行业。

月内 全球首创徐工交流电传动技术XDA60E铰接式自卸车正式下线。该产品的下线，填补了全球在露天电传动铰接式自卸车领域的空白，助推中国矿山开采向“智能化、安全化、清洁化、效益化”转型升级。

月内 由徐工集团研制的全球首台八轴1 200t全地面起重机——徐工XCA1200完成交付。

8月

1日 由中铁工程装备集团自主研制的我国最大直径敞开式TBM“彩云号”在昆明下线。该设备标志着我国硬岩掘进机技术达到国际领先水平，填补了国内9m以上大直径硬岩掘进机的空白，改写我国铁路长大隧道项目的机械化施工长期受制于人的历史。

1日 由中铁装备集团自主研发设计的国内首台具有完全自主知识产权的电脑导向三臂凿岩台车在新乡成功下线，标志着中铁装备三臂凿岩台车产品逐步实现系列化。

4日 徐工高空作业平台批量出口欧洲高端市场交付仪式隆重举行。这是徐工高空作业平台首次实现欧洲市场批量出口，标志着徐工高空作业平台进军国际高端市场迈出了新的步伐。

7 日 由中铁隧道局集团研制的直径 15.01m 的国内最大直径海底隧道盾构机在广州下线。该设备具备超声波地质探测功能，标志着中国跨海隧道盾构施工技术进入了新阶段。

8 日 四川省阿坝州九寨沟县发生 7.0 级地震。获悉灾情后，中国工程机械工业协会迅速行动起来，成立了应急领导小组，统筹指挥协会相关人员快速与行业相关企业取得联系，询问救援设备及人员调集情况，并与有关部门主管应急救援工作的领导取得联系，就协会及行业企业针对救灾所做的准备进行汇报。徐工集团、中联重科、三一重工、柳工集团、厦工、山推及国机集团等一批行业企业也积极行动起来，纷纷利用各自的人员、设备渠道优势，第一时间就近调度灾区附近适用于救援的工程机械产品及相关服务人员，进入灾区协助地方政府、武警部队开展救援工作，并根据灾区救灾工作进展需要，陆续加派设备及专业人员驰援灾区。

8 日 以“创势与共进”为主题的第十一届中国品牌节在北京举行，三一重工荣获最高荣誉——“华谱奖”，成为工程装备制造业唯一获此殊荣的企业。

10 日 徐工百台环卫成套设备出口乌兹别克斯坦发车仪式在徐工环境产业基地盛大举办。该项目涵盖三大类、7 种环卫产品，价值数千万元，刷新了中国环卫机械单笔合同额出口纪录。

10 日 由山推承担的国家“863”项目“面向工程机械动力总成全生命周期设计关键技术”在潍坊通过了科技部高技术研究发展中心及专家组技术验收。其中，司机耳旁及整机机外辐射噪声均低于当前现行国家二阶段噪声限值 5dB，得到了验收专家组的赞许。该项目的顺利实施，也为山推后续面向市场的国四排放整机开发积累了丰富的经验。

14 日 经工程机械专业评审组专家评审推荐，工程机械行业共有 21 项科技项目和新产品获年度机械工业科学技术奖。其中：由贵州詹阳动力重工有限公司申报的“履带式全地形车关键技术及装备”等 3 个项目获一等奖，5 个项目获二等奖，13 个项目获三等奖。

15 日 中共中央政治局常委、全国人大常委会委员长张德江在湖南开展执法检查期间，到三一重工视察，对三一重工取得的成就给予了高度肯定，称赞三一重工是中国的一张名片希望三一重工越办越好。

22 日 卡特彼勒在中国东北、华北地区的唯一指定总代理商——威斯特中国的母公司澳柴控股集团宣布正式同利星行达成并购协议，交易价格为 5.4 亿澳元（约合 28.45 亿元人民币）。

24 日 由三一重工与江苏省公安消防总队联合研发的 38m 重型粉剂多功能灭火举高消防车在长沙三一产业园下线。该款消防车主要针对金属火灾研制，在国内尚属首创，填补了国内金属火灾救援设备的空白。

24 日 全国工商联发布“2017 中国民营企业 500 强”榜单，三一集团以 637.5 亿元的营销收入位列第 55 位。这是三一集团连续 11 年入围中国民营企业前 100 强。在同期发布的“中国民营企业制造业 500 强”名单中，三一集团位列第 25 位，蝉联湘企首位。

25 日 中共中央政治局常委、国务院总理李克强主持召开推动制造强国建设、持续推进经济结构转型升级座谈会，柳工集团董事长曾光安围绕提升制造业竞争力作了汇报。

月内 由国机重工天津工程机械研究院有限公司组织并负责起草的两项国际标准 ISO 10987-2:2017《土方机械 可持续性 第 2 部分：再制造》和 ISO 10987-3:2017《土方机械 可持续性 第 3 部分：二手机器》正式出版发行。它填补了中国承担土方机械国际标准制定的空白，对中国在土方机械国际标准领域工作的深入开展，促进中国乃至世界土方机械再制造、二手机器等领域的发展起到积极的促进和推动作用。

月内 JCB 发布全球第一款伸缩臂式滑移装载机。这是一种革命性的新产品，比市面上任何一款滑移装载机有着多达 60% 的前伸作业距离。这是业内第一款能挖掘低于车架位置 1m 深度的滑移装载机，而且可以比市面上滑移装载机的最大作业高度高出 8%。

9月

7 日 “中联杯”全国工程建设行业吊装职业技能竞赛在中联重科灌溪工业园拉开帷幕，来自全国各地的 140 余名吊装高手，在本次比赛上切磋技艺，加强交流。获本次大赛最高奖项获的可由人力资源和社会保障部授予“全国技术能手”称号。

8 日 国内首台矿用全断面硬岩快速掘进机“神盾重庆一号”在铁法能源通用重机公司下线。该设备的下线，拉开了我国煤矿高瓦斯矿井岩石巷道快速掘进施工工艺革命的序幕，推动了信息化和工业化在煤机装备上的深度融合，为我国煤矿企业早日实现“机械化换人、自动化减人”和科技强安目标提供了可靠的工艺理论基础和强大的装备技术保障。

20—23 日 为满足北京率先实施的非道路移动机械四阶段排放要求和雄安新区建设需求，在以中国工程机械工业协会为主主办的第十四届中国（北京）国际工程机械、建材机械及矿山机械展览与技术交流会（BICES2017）上，首次设立非道路移动机械四阶段排放设备展示专区。集中展示工程机械行业新型传动、节能控制、减排和环保等技术及产品，突出行业未来发展趋势和亮点，凸显未来工程机械向绿色环保和智能化方向发展，展现出中国工程机械行业人致力于倡导“造福子孙后代 共建绿水蓝天”的坚定理念和不懈努力。

全球领先的工程机械制造商日立建机携最新5A系列的两款油电混合动力挖掘机产品参加第十四届中国（北京）国际工程机械、建材机械及矿山机械展览与技术交流会（BICES2017），这是作为代表日立建机尖端技术和环境理念的产品首次进入中国市场，带来新国标政策下的新一轮绿色革命。

22日 中国工程机械工业协会联合中国机电产品进出口商会在BICES 2017展会期间共同举办“一带一路”工程机械国际合作论坛。本次论坛以“一带一路”建设为重要契机，以促进“一带一路”沿线国家与企业交流深化合作为主要目标，推进中国与“一带一路”国家在工程机械领域的贸易与合作交流，使工程机械行业企业能够充分利用国家鼓励国际产能合作的政策措施并结合自身优势，乘着“一带一路”东风进一步拓展海外市场。

《中国停车设施投资建设与运营管理发展论坛暨中国工程机械工业协会停车设备分会成立大会》在北京隆重召开。会议宣布：经中国工程机械工业协会五届四次常务理事会审议通过，中国工程机械工业协会停车设备分会设立。中国建筑科学研究院北京建筑机械化研究院党委书记兼副院长田广范研究员当选为首任会长，刘慧彬高工当选为首任秘书长。分会秘书处挂靠设立在中国建筑科学研究院北京建筑机械化研究院。

由中国工程机械工业协会用户工作委员会主办的“首都新机场建设钢结构施工技术与设备应用交流会”在北京新国展举办。通过此次交流活动，对我国大型钢结构施工技术促进、增进施工方法、借鉴施工经验起到积极的推动作用，使得用户工作委员会能够为用户做到更加满意的服务，共同提高施工设备应用技术水平。

由中国工程机械工业协会和中非友好经贸发展基金会在第十四届中国（北京）国际工程机械、建材机械及矿山机械展览与技术交流会期间共同举办了首届“中非工程机械合作发展论坛”。此次论坛为非洲驻华使馆和中国工程机械企业搭建了交流平台，促进中非企业务实合作，实现双赢。

24日 由铁建重工、中铁十四局联合研制的国产首台常压换刀式超大直径泥水平衡盾构机“沅安号”在长沙顺利验收下线。该设备具有完全自主知识产权，填补了我国国产盾构机常压换刀技术领域的空白。

26日 由江苏八达重工机械股份有限公司承担并完成的国家“十二五”科技支撑计划项目“双臂手轮履复合式救援机器人”通过国家科技成果鉴定。其中，液压重载多自由度结构与控制技术、轮履复合救援设备底盘设计与应用、双动力救援设备驱动技术、长臂重载多自由度控制与规划技术达到国际领先水平。该产品填补了国内、国际空白。

27日 柳工宣布其位于波兰华沙的全球首个区域总部成立，位于波兰斯塔洛瓦沃拉的全新生产线正式投入运行。

月内 首台拥有完全自主知识产权的国产电力驱动大型盾构机在天津东丽区重机园内中国一重天津重工有限公司下线，填补了我国隧道施工高端装备制造产业的一项空白。

10月

3日 全球道路设备的领导者法国法亚集团确认正式完成对瑞典全系列筑路机械供应商戴纳派克的全部收购，进一步加强其在道路建设和维护设备领域的战略地位。

9日 中国工程机械工业协会发布第24号标准公告，确定《塔式起重机固定基础设计规范》（编号：T/CCMA 0052-2017）和《建筑起重机械多功能转角式行程限位器》（编号：T/CCMA 0053-2017）社团标准发布实施。

10日 卡特彼勒全球最大的挖掘机生产基地卡特彼勒（徐州）有限公司第10万台挖掘机成功下线。这是卡特彼勒（徐州）有限公司的重要里程碑，更是卡特彼勒在中国发展进程中的成功典范。

12日 由中国铁建重工集团自主研制的全球首台煤矿护盾式快速掘锚装备成功交付。该装备在世界上首次实现掘进、锚护同步作业，解决了同类装备掘进、锚护不能同步作业的世界性难题，有力地推动了我国煤矿行业加快向智能化、数字化、绿色化转型。

24日 47台总价达2 000万元的柳工重型设备被中国政府作为支持菲律宾开展战后重建的援助物质。这是马拉维反恐战争胜利后菲方收到的首批重建工程机械。

26日 直径达15.03m的泥水平衡盾构在中铁装备集团下线。这台设备集合了超高承压能力系统集成设计、常压换刀刀盘技术、伸缩摆动式主驱动技术、双气路压力控制技术、智能化程度高五大创新点，填补了国内关于超大直径泥水平衡盾构研制的空白，打破了国外品牌多年来一统全球超大直径盾构的局面，标志着中国盾构的设计制造迈向高端化，正在全面抢占世界掘进机技术制高点。

27 日 《全断面隧道掘进机术语和商业规格》等 5 项国家标准发布会在中铁装备国家 TBM 产业化中心举行。5 项国家标准的发布为我国掘进机系列产品涉及的术语、定义、基本参数与型号等技术层面要素，以及掘进机产品设计、制造、运输、拆装、调试等安全要求提供了规范和说明，大幅提高了国产掘进机产品质量安全，推动了产业转型升级和经济提质增效。

28—29 日 由中国工程机械工业协会与机械工业职业技能鉴定指导中心联合组织的 2017 年中国技能大赛“柳工杯”全国第三届工程机械维修工职业技能竞赛在柳工国际工业园举行。本届技能竞赛设挖掘机、装载机、高空作业车 3 个竞赛组，来自全国 14 家企业集团的 67 名选手参加了比赛。此竞赛属于国家级二类竞赛项目，在预、决赛中考核合格的选手可获中、高级国家职业资格证书，并按照参赛人员数量比例晋升技师或高级技师。竞赛还分设了“全国技术能手”“全国青年岗位能手”“全国操作技术能手”等多个奖项；获得决赛第一名的选手可获“全国五一劳动奖章”。通过维修技能竞赛展现企业技术工人操作、调试和维修技能水平，营造重视技能、岗位成才的氛围，交流并推广先进的操作技法，构筑高技能人才成长的绿色通道，不断激发全行业技术工人爱岗敬业、提升技能的热情。

30 日 在国务院常务会议前，李克强总理等国务院领导参观了一个小型“工业互联网”展览。在三一集团投资孵化的“树根互联”大屏幕前，李克强总理向其他国务院领导介绍了“树根互联”工业互联网平台，并称赞它是产业革命的“风向标”。

31 日 中国工程机械工业协会装修与高空作业机械分会在无锡召开全国擦窗机行业发展工作座谈会。针对行业发展方向和具体举措提出了“三个必须”的总体解决思路，即：必须加强会员团结，依托会员集体力量，通过为社会提供更有价值的服务，提升行业新形象，打造行业话语权；必须倡导“以服务价值求发展”的市场理念，自觉抵制低价低值，鼓励优质优价；必须提高规范市场秩序的自觉性，通过行业协商制订形成本行业统一规则。

月内 全球首台自行式全回转全套管钻机 —— 山河智能 SWRC170 自行式全回转全套管钻机首钻成功，为解决复杂地质情况施工提供了有力武器。

月内 国内最大的悬臂式纵轴掘进机 —— 徐工 XTR7/360 悬臂式隧道掘进机下线，标志着徐工隧道掘进机技术跻身世界前列，引领隧道掘进机行业的发展。

月内 工业和信息化部公布了 2017 年国家智能制造试点示范项目名单，中联重科凭借“工程机械远程运维服务试点示范”成功入围，并同时入选国家工业互联网应用试点示范项目。

月内 国机重工（洛阳）有限公司通过校企联合，成功研制国内首台智能遥控环卫压实机。

月内 安徽合力股份有限公司成功研发出重装轻型 12t 三层堆高机，并通过公司 TR4 评审。该机的成功研制，进一步规划和细分了堆高机搬运市场，填补了国内行业在该车型上的空白。

11 月

2 日 由中国工程机械工业协会工业车辆分会主办的“中国工业车辆行业新技术研讨会”在上海召开。此次研讨会是中国工业车辆行业处在转型升级中，以林德、科朗、合力、杭叉为主的工业车辆行业的技术高管们之间，从新能源和智能叉车等新技术之间的交流及合作的典范，是正确引导企业迎接新技术到来的指路明灯，对于引领和推动我国新能源和智能叉车的发展具有重要的意义。

4 日 《中华人民共和国标准化法》（修订）正式颁布，正式确立了团体标准的法律地位，团体标准进入发展的新时代。这对于促进中国工程机械行业标准化工作的开展起到了极大的促进作用。截至 11 月，中国工程机械工业协会共发布了 54 项工程机械团体标准。

9 日 柳工与控股股东柳工集团签订股权转让协议，协议约定公司现金出资 54 604.54 万元购买柳工集团所持上海金泰工程机械有限公司 51% 的股权。

11 日 中国工程机械工业协会筑路机械分会组织举办主题为“团结、共识、立信、引领”的中国沥青搅拌设备行业高峰论坛，13 家主流沥青搅拌设备企业共同发出“关于促进全国沥青搅拌设备行业良性发展的倡议书”。

12 日 中国非公路用车行业领先专业生产企业 —— 陕西同力重工与鄂尔多斯市锦锴源科技能源发展有限责任公司签署非公路运输设备买卖合同。该合同总价款达 3.265 亿元。为此，陕西同力重工发布了重大合同公告。

19 日 由中国工程机械工业协会标准化工作委员会组织、徐工集团江苏徐州工程机械研究院主编的《土方机械驾驶室台架振动试验方法》《土方机械动力总成悬置系统减缓性能试验方法》《土方机械冷却风扇声功率级的测定消声室和半消声室试验方法》和厦工机械股份有限公司主编的《履带式液压挖掘机控制系统通信协议》等4项土方机械团体标准审查会召开。这4项团体标准的制定符合国家标准化管理委员会对团体标准“上水平、补短板、填空白”的定位要求，发布实施后，对行业向中高端转型升级将起到积极促进作用。

月内　国内最大悬臂式纵轴掘进机XTR7/360在徐工下线。该设备是结合国际先进技术及多年隧道施工经验研制的具有自主知识产权的新产品，主要针对中大断面隧道施工需求设计，适用于地铁、公路、铁路等中大断面隧道工程。

月内　北方股份矿车驾驶室防落物防滚翻（FOPS/ROPS）试验台项目通过吉林大学工程装备实验中心专家鉴定。标志着北方股份拥有了国内最大的FOPS/ROPS试验台，有效解决了国内无法进行100吨级以上矿用车FOPS/ROPS试验的问题。

月内　徐工集团等联合申报的“公路建设与养护技术、材料及装备交通运输行业研发中心”项目通过了交通运输部2017年度交通运输行业研发中心认定。

月内　三一集团成功在三一SY215挖掘机上完成了数字化施工系统（Digital Construction System）的研发。这套系统是新一代数字化施工技术在国内的首次成功开发应用，达到国际先进水平。

月内　在杭州望江隧道工程现场，徐工自主研发的国内大吨位盾构机吊装设备采用全新的施工工法，在满足基本盾构吊装需求的基础上，副钩配合主钩同时变幅，完美解决刀盘吊装过程中翻身难的问题，完成重达280t的“钱江号”盾构机刀盘的吊装。该吊装工法为全球首创。

12月

3日　浙江鼎力机械股份有限公司以2 000万美元购买美国高空作业平台制造商CMEC发行的A类别股份62.5万份，交易完成后将持有其25%的股权。此次投资旨在完善海外市场尤其是全球最大的高空作业平台市场——美国市场的布局。

4日　中国铁建重工集团签订台北捷运万大线CQ850、CQ850A标四台盾构机供货合同。这是国产盾构机首次进入中国台湾地区市场，打破日本企业在中国台湾地区30多年的市场垄断。

11日　国家知识产权局公布第十九届中国专利奖获奖项目名单，工程机械行业10项专利获得中国专利优秀奖。其中，由中国工程机械工业协会推荐参评的徐州徐工基础工程机械有限公司的“一种旋挖钻机整机数据分析与试验装置”（专利号：ZL201210174200.X）和贵州詹阳动力重工有限公司的“五自由方向铰接转向装置”（专利号：ZL201120270352.0）获得中国专利优秀奖。

12日　习近平总书记就学习贯彻十九大精神和当前经济社会发展情况到徐州进行考察调研时，到徐工集团进行了视察。考察期间，习近平总书记就装备制造业的发展作出重要指示。他指出，必须始终高度重视发展壮大实体经济，抓实体经济一定要抓好制造业，装备制造业是制造业的脊梁，要加大投入、加强研发、加快发展。他同时指出，我国经济正由高速增长转向高质量发展，这是必须迈过的坎，每个产业、每个企业都要朝着这个方向坚定往前走。企业要以创新作为核心竞争力，努力占领世界制高点、掌控技术话语权，使我国成为现代装备制造业大国。习近平总书记在详细了解徐工集团发展情况后，充分肯定了徐工在落实“三个转变”（实现中国制造向中国创造转变、中国速度向中国质量转变、中国产品向中国品牌转变）方面所取得的成绩，勉励徐工集团着眼世界前沿，努力探索创新发展的好模式、好经验。习近平总书记的重要讲话，不仅是对徐工集团的肯定和勉励，也是对全行业的鼓舞和激励，他关于装备制造业发展的重要指示为工程机械行业未来的发展指明了方向。

19日　中国工程机械工业协会发布第25号标准公告，确定《工程机械动力换挡变速器可靠性台架试验方法》（编号：T/CCMA 0054-2017）社团标准发布实施。

21日　中国工程机械工业协会受工业和信息化部委托开展的“‘一带一路’沿线重点出口目标国产业政策研究”课题结题评审会在北京召开。专家组一致认为：该项研究思路清晰、方法得当；研究报告结构合理、论证充分、数据资料翔实；针对每个国家提出的建议，具有一定的指导意义和参考价值；该课题的研究成果能够为我国企业“走出去”提供信息支持，助力企业对目标国出口并加强国际产能合作。此外，也有助于我国政府了解目标国产业政策等相关情况，为支持企业“走出去”制定相关政策提供参考。该课题符合项目合同书的要求，取得了预期研究成果，同意该项研究结题。

21—22日　中国工程机械工业协会掘进机械分会召开换届大会。会议审议并通过《关于修订掘进机械分会工作条例的议案》《关于调整会员单位和理事单位的议案》等。会议选举上海市隧道工程轨道交通设计研究院、中铁工程装备集团有限公司、中国铁建重工集团有限公司、北方重工集团有限公司、上海隧道工程有限公司机械制造分公司、中交天和机械设备制造有限公司6家为副会长单位。选举由上海市隧道工程轨道交通设计研究院副院长曹文宏出任首任轮值会长，并按各副会长单位顺序依次出任轮值会长。选举江琳担任分会执行副会长，宋振华担任分会秘书长。

22日 在国家标准化管理委员会组织召开的“2017年度制造业重点领域标准体系建设研究项目验收”会议上，由中国工程机械工业协会承担的“工程机械绿色发展标准需求研究”项目通过验收。该项目的研究，对于中国工程机械绿色制造、再制造标准需求和体系建设、节能减排降噪标准需求和体系建设、绿色制造标准工作国际交流机制，推动中国标准国际化进程具有重要指导意义。

28日 在工业和信息化标准工作推进会上发布了2017年团体标准应用示范项目。由中国工程机械工业协会发布的T/CCMA0025—2014《轮胎式装载机燃油消耗试验方法》、T/CCMA0026—2014《液压挖掘机燃油消耗试验方法》、T/CCMA0032—2015《液压挖掘机用双联轴向柱塞泵试验室耐久性试验》、T/CCMA0045—2016《沥青混合料厂拌热再生设备》、T/CCMA0046—2016《垂直振动压路机》五项团体标准入选示范项目，均符合绿色环保发展方向和国家提倡的绿色发展理念。

29日 中国工程机械工业协会T/CCMA0055—2017《工程机械液压管路布局规范》社团标准发布实施。

月内 国际标准化组织建筑施工机械与设备标准化技术委员会（ISO/TC195）在美国德克萨斯州奥斯汀召开第26届年会，中联重科主导承担的ISO19720-1《建筑施工机械与设备混凝土及砂浆制备设备术语及商业规格》国际标准获得通过，并且中联重科再次被指定主导承担一项新的标准——ISO19720-2《建筑施工机械与设备混凝土及砂浆搅拌站安全要求》预研阶段的工作。这标志着我国工程机械企业主导参与国际标准化工作取得历史性突破，在国际标准领域完成了从“学习者”到“参与者”“重要参与者”，再到现在的“主导者”的角色演进，在推动行业技术进步的同时，有效提升了中国装备制造的国际标准话语权。

月内 徐工XCS45纯电动正面起重机获得国家相关部门颁发的特种设备制造许可证和型式试验合格证，这标志着世界首台纯电动正面起重机正式获准上市。

〔撰稿人：中国工程机械工业协会尹晓荔〕

中国工程机械工业年鉴2018

行业篇

从生产发展、市场及销售、产品进出口、科技成果及新产品等方面，阐述工程机械各分行业2017年的发展状况

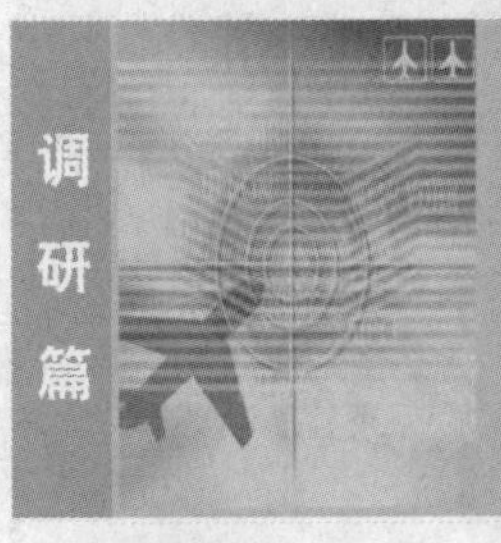

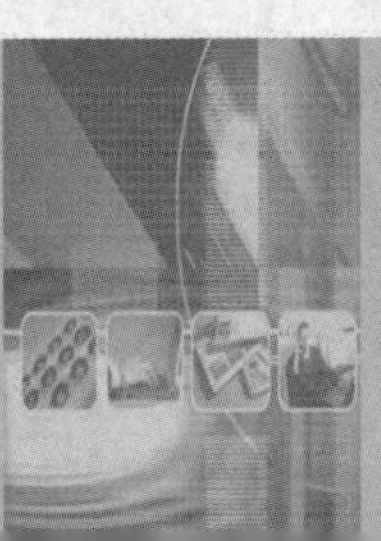

行业篇

挖掘机械

一、行业整体情况

1. 市场概况

中国工程机械工业协会挖掘机械分会调研数据表明，截至2017年年底，在中国投资规划生产挖掘机械的企业35家，相比2011年高峰期下降约50%，其中规模主机制造企业近20家，规划设计产能约40万台。行业规模代理商、经销商超过1 000家。自2017年1月起，上海彭浦机器厂有限公司不再进行数据申报，2017年7月起，广西开元机器制造有限责任公司不再进行数据申报。2017年，纳入分会统计的25家主机制造企业共计销售约550种不同型号和规格的挖掘机械产品，单台整机重量范围1～300t，总销量140 303台（含出口），同比增长99.5%。2017年我国挖掘机械行业整体概况见表1。

表1 2017年我国挖掘机械行业整体概况

项目	内容
主机制造企业	35家
规模主机制造企业	近20家
国外主机制造企业	近20家
行业规划设计产能	约40万台
2017年挖掘机械总销量（含出口）	140 303台
2017年挖掘机械销量同比增长	99.5%
2017年规模最大制造商	三一重机有限公司
2017年挖掘机械制造商市场销量前10位（含出口）	三一重机有限公司 卡特彼勒（中国）投资有限公司 徐州徐工挖掘机械有限公司 斗山工程机械（中国）有限公司 小松（中国）投资有限公司 广西柳工机械股份有限公司 日立建机（上海）有限公司 山东临工工程机械有限公司 成都神钢建设机械有限公司 沃尔沃建筑设备投资（中国）有限公司
2017年前10位主机企业市场占有率	83.3%

注：数据来源于中国工程机械工业协会挖掘机械分会。

2. 市场销售情况

2017年，我国经济保持稳健增长，1—11月，我国固定资产投资同比增长7.2%，其中基础建设投资增长20.1%，涨幅总体平稳。房地产开发投资增长7.5%，涨幅持续下滑，但限购对房地产建设影响低于预期。下游需求的持续增长，带动挖掘机械市场的高增长，2017年12月，挖掘机械市场增长再次超预期，2017年全年大超预期。

根据中国工程机械工业协会挖掘机械分会统计数据，2017年纳入分会统计的25家主机制造企业共销售各类挖掘机械产品140 303台（含出口），较上年同期增长99.5%。其中2017年12月销量14 005台，同比增长102.6%，环比上月增长1.32%。

分析近十年我国挖掘机械市场同期销量情况发现，2017年销量远超近几年同期水平，且在2016年下半年高基数基础上持续高增长，远超市场预期，销量同比增长达到创历史新高的99.5%。在2014—2016年连续3年销量不足10万台后，2017年挖掘机械市场销量再破10万台大关，达到历史第三高销量，仅低于2010年、2011年销量。

2008—2017年我国挖掘机械市场同期销量及同比变化情况见图1。

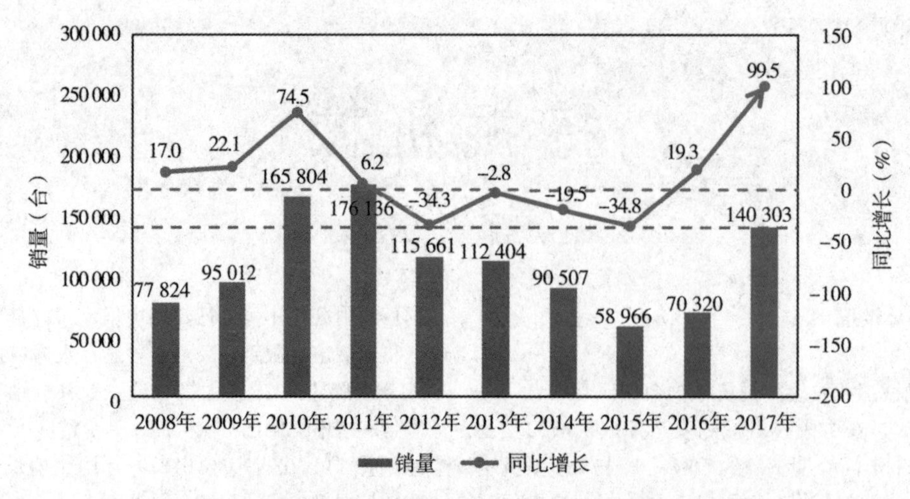

图 1　2008—2017 年我国挖掘机械市场同期销量及同比变化情况

注：数据来源于中国工程机械工业协会挖掘机械分会。

我国挖掘机械市场自 2016 年下半年开始高速增长，9 月至 12 月连续 4 个月涨幅超过 70%，2017 年行业增长势头更加强劲，全年销量接近翻番增长。2015—2017 年我国挖掘机械市场销量及同比变化情况见图 2。2017 年我国挖掘机械市场各企业销量和市场占有率情况见表 2。

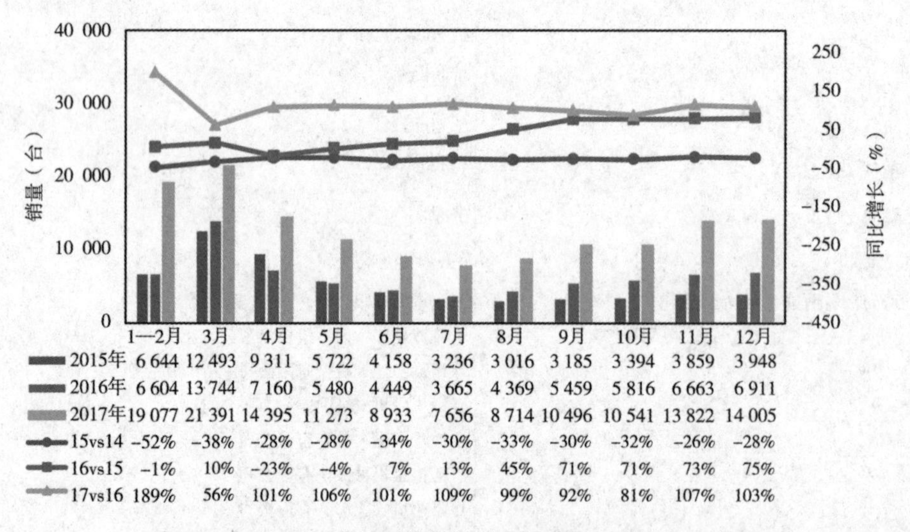

图 2　2015—2017 年我国挖掘机械市场销量及同比变化情况

注：数据来源于中国工程机械工业协会挖掘机械分会。

表 2　2017 年我国挖掘机械市场各企业销量和市场占有率情况

企业名称	销量（台）	同比增长（%）	市场占有率（%）	企业名称	销量（台）	同比增长（%）	市场占有率（%）
三一	31 171	121.7	22.2	山河智能	3 151	38.0	2.2
卡特彼勒	18 514	85.3	13.2	住友建机	1 767	84.3	1.3
徐工	13 878	163.0	9.9	玉柴	1 517	3.8	1.1
斗山	10 851	133.4	7.7	山重建机	1 271	33.4	0.9
小松中国	9 449	91.5	6.7	厦工机械	1 068	-21.8	0.8
柳工	8 178	131.1	5.8	卡特重工	1 000	45.6	0.7
日立	8 060	84.0	5.7	洋马	826	50.2	0.6
山东临工	7 011	164.8	5.0	力士德	744	-18.7	0.5
神钢	4 893	44.6	3.5	约翰迪尔	482	142.2	0.3
沃尔沃	4 832	158.8	3.4	利勃海尔	395	31.2	0.3
现代江苏	4 013	227.6	2.9	詹阳动力	378	123.7	0.3
久保田	3 483	88.1	2.5	广西开元	24	-44.2	0.0
福田雷沃	3 347	110.5	2.4				

注：数据来源于中国工程机械工业协会挖掘机械分会。

2017 年，行业多数企业销量增长显著，特别是龙头企业销量的快速增长拉动行业的整体增长，行业销量前 10 位企业整体涨幅达到 113.5%，明显超过行业整体涨幅，其中 6 家企业销量涨幅超过 100%。与龙头企业的快速扩张形成对比的是，部分行业中小规模企业销量增长缓慢，甚至不升反降，行业市场集中度不断提高，竞争格局进一步调整。

3. 企业销售产品总重量情况

除产品销量外，销售产品总重量（总吨位）也是衡量市场变化和企业竞争力的重要指标。2017 年，我国挖掘机械市场销售产品总重量合计 223.9 万 t，同比增长 113.3%。对比发现，以销售台数计算的市场变化与以销售产品总重量计算的市场变化基本相同，三一、卡特彼勒和徐工占据行业前三位。

以销售台数计算的国产品牌市场占有率达 51.8%，以销售产品总重量计算的市场占有率则降至 46.7%。说明国产品牌在产品结构方面与外资品牌仍有一段差距。具体来看，2017 年行业挖掘机械单台平均重量 16.0t，其中国产品牌单台平均重量为 14.4t，日系、欧美和韩系品牌的单台平均重量分别为 16.5t、20.3t 和 15.4t。2017 年我国挖掘机械行业企业销售产品总重量及市场占有率见表 3。

表 3　2017 年我国挖掘机械行业企业销售产品总重量及市场占有率

企业名称	产品总重量（万 t）	同比增长（%）	市场占有率（按整机重量计）（%）	市场占有率同比增长（百分点）
三一	46.83	123.9	20.9	1.0
卡特彼勒	36.67	104.8	16.4	-0.7
徐工	20.30	192.9	9.1	2.5
小松中国	17.48	107.8	7.8	0.0
斗山	16.07	160.1	7.2	1.1
日立	14.49	103.9	6.5	0.0
柳工	12.03	140.2	5.4	0.4
沃尔沃	10.35	174.7	4.6	1.0
山东临工	9.13	197.8	4.1	0.9
神钢	8.98	81.3	4.0	-0.9
现代江苏	6.84	161.7	3.1	0.6
福田雷沃	4.44	166.6	2.0	0.4
住友建机	4.29	99.7	1.9	-0.2
山河智能	3.15	28.2	1.4	-0.9
山重建机	2.00	35.7	0.9	-0.6
力士德	1.85	-14.3	0.8	-1.6
厦工机械	1.64	-16.4	0.7	-1.6
久保田	1.56	72.4	0.7	-0.1
玉柴	1.38	-13.8	0.6	-1.0
约翰迪尔	1.23	128.8	0.5	-0.1
卡特重工	1.11	84.3	0.5	0.0
利勃海尔	1.04	19.6	0.5	-0.3
詹阳动力	0.78	154.7	0.3	0.1
洋马	0.27	41.0	0.1	-0.1
广西开元	0.02	-47.2	0.0	0.0

注：1. 上海彭浦机器厂有限公司和广西开元机器制造有限责任公司分别于 2017 年 1 月和 7 月退出统计。

2. 数据来源于中国工程机械工业协会挖掘机械分会。

三一、徐工、柳工等国内领先挖掘机械企业的产品平均重量虽与卡特彼勒、小松、日立等外资品牌存在一些差距，但得益于近年来技术水平、产品质量和市场服务等软硬实力的不断提升，国产品牌正逐步打入大型挖掘机市场。在国内小型挖掘机、微型挖掘机（指整机重量小于 6t 的小型挖掘机械）市场需求不断增长的背景下，外资品牌也越来越关注小型挖掘机市场。在国产品牌向大型挖掘机、外资品牌向小型挖掘机扩展的大趋势下，未来国产品牌将与外资龙头品牌展开全方位的市场竞争。

二、挖掘机械市场分析

1. 品牌格局

2017 年，国产、日系、欧美和韩系品牌销量分别为

72 738 台、28 478 台、24 223 台和 14 864 台，市场占有率分别为 51.8%、20.3%、17.3% 和 10.6%，国产品牌与外资品牌继续保持平分市场的局面，近一年品牌格局基本稳定。

2017 年我国挖掘机械市场品牌格局见图 3。2017 年我国挖掘机械市场品牌格局变化情况见图 4。

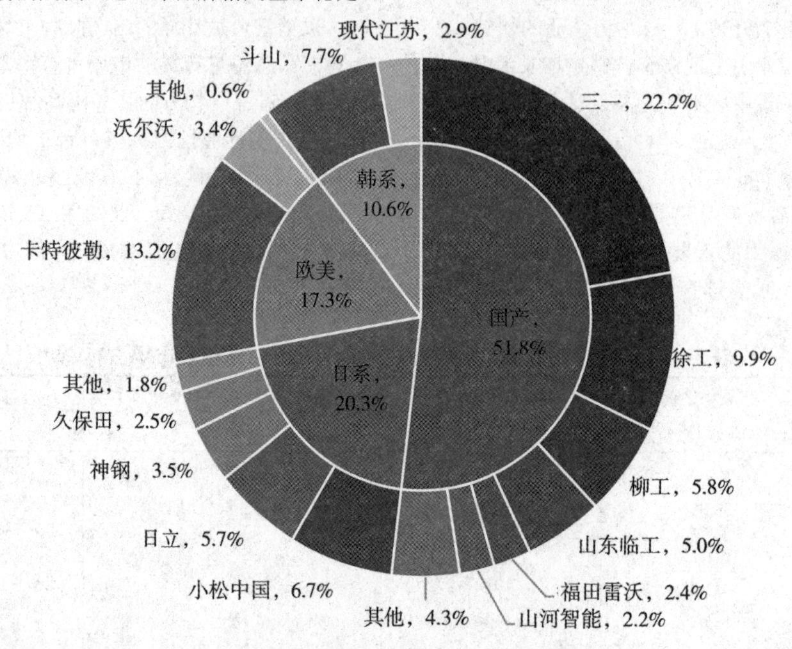

图 3　2017 年我国挖掘机械市场品牌格局

注：数据来源于中国工程机械工业协会挖掘机械分会。

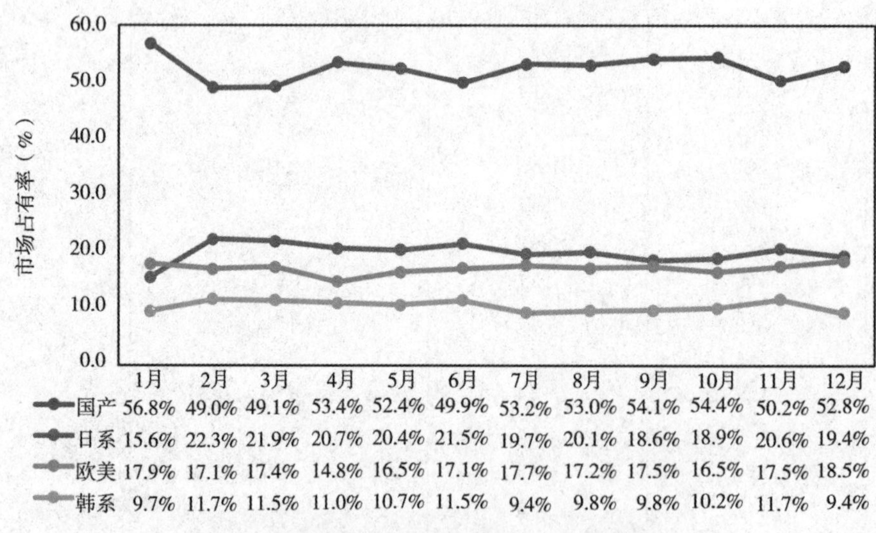

	1月	2月	3月	4月	5月	6月	7月	8月	9月	10月	11月	12月
国产	56.8%	49.0%	49.1%	53.4%	52.4%	49.9%	53.2%	53.0%	54.1%	54.4%	50.2%	52.8%
日系	15.6%	22.3%	21.9%	20.7%	20.4%	21.5%	19.7%	20.1%	18.6%	18.9%	20.6%	19.4%
欧美	17.9%	17.1%	17.4%	14.8%	16.5%	17.1%	17.7%	17.2%	17.5%	16.5%	17.5%	18.5%
韩系	9.7%	11.7%	11.5%	11.0%	10.7%	11.5%	9.4%	9.8%	9.8%	10.2%	11.7%	9.4%

图 4　2017 年我国挖掘机械市场品牌格局变化情况

注：数据来源于中国工程机械工业协会挖掘机械分会。

2. 产品结构

2017 年，大型挖掘机、中型挖掘机和小型挖掘机的销量分别为 20 421 台、36 464 台和 83 418 台，市场占比分别为 14.6%、26.0% 和 59.5%。其中吨位小于 6t 的微型挖掘机械销量 25 797 台，市场占比为 18.4%。

通过分析近一年我国挖掘机械市场产品结构变化发现，2017 年年末，大型挖掘机、中型挖掘机市场占有率再次上扬，且处于多年来高位，结合近期基础建设投资涨幅上升态势，说明 2018 年大型基建施工需求有望保持旺盛态势。2017 年我国挖掘机械市场产品结构见图 5。2017 年我国挖掘机械市场产品结构变化情况见图 6。

3. 市场集中度

2017 年全年市场集中度 CR_4=53.0%，CR_8=76.3%。与 1—11 月市场集中度基本持平（CR_4=53.1%，CR_8=76.3%），从 2017 年我国挖掘机械市场集中度变化看，我国挖掘机械行业正逐步进入高市场集中度行业（一般认为 $CR_4 \geqslant 50\%$ 或 $CR_8 \geqslant 75\%$，即可认为是高市场集中度行业）阶段。2017 年我国挖掘机械市场集中度变化情况见图 7。

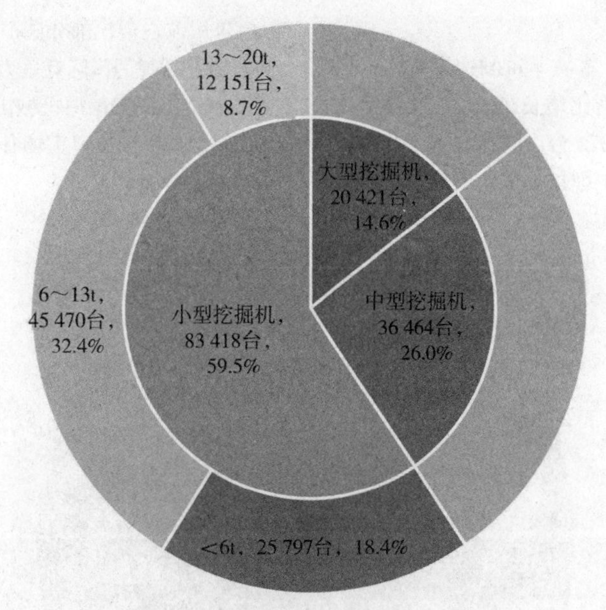

图 5　2017 年我国挖掘机械市场产品结构

注：数据来源于中国工程机械工业协会挖掘机械分会。

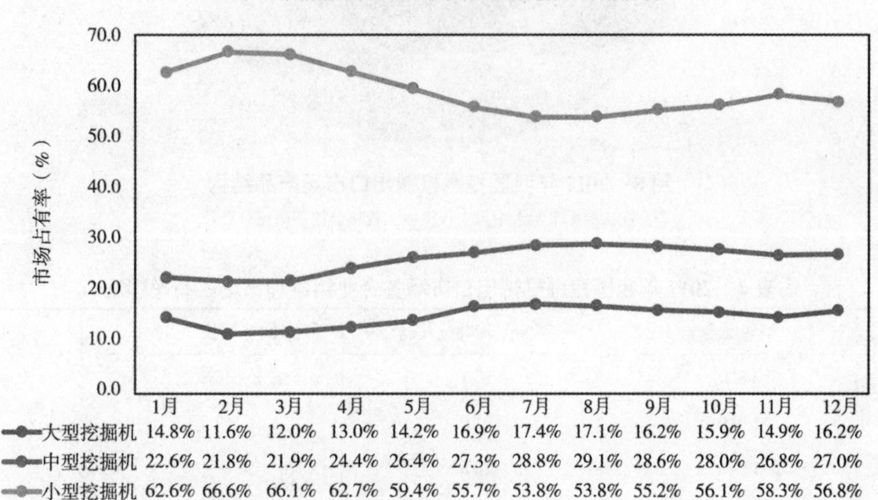

	1月	2月	3月	4月	5月	6月	7月	8月	9月	10月	11月	12月
大型挖掘机	14.8%	11.6%	12.0%	13.0%	14.2%	16.9%	17.4%	17.1%	16.2%	15.9%	14.9%	16.2%
中型挖掘机	22.6%	21.8%	21.9%	24.4%	26.4%	27.3%	28.8%	29.1%	28.6%	28.0%	26.8%	27.0%
小型挖掘机	62.6%	66.6%	66.1%	62.7%	59.4%	55.7%	53.8%	53.8%	55.2%	56.1%	58.3%	56.8%

图 6　2017 年我国挖掘机械市场产品结构变化情况

注：数据来源于中国工程机械工业协会挖掘机械分会。

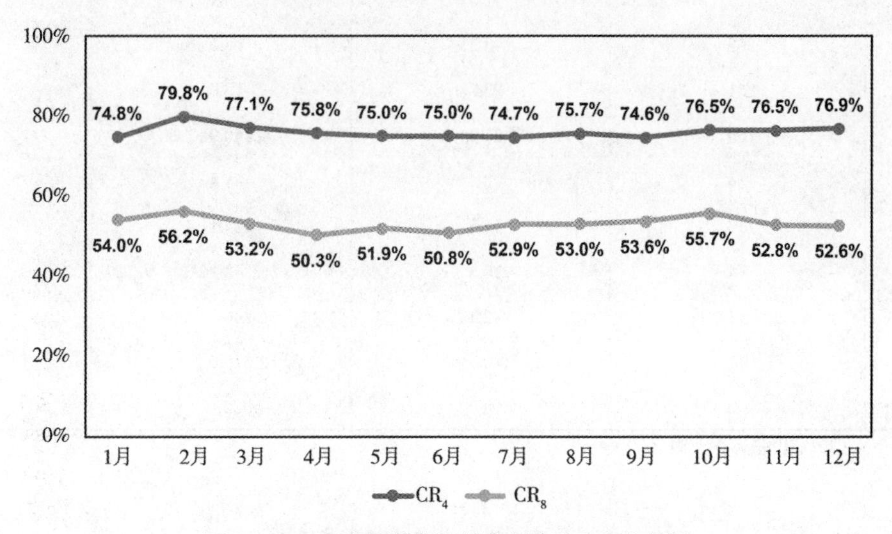

图 7　2017 年我国挖掘机械市场集中度变化情况

注：数据来源于中国工程机械工业协会挖掘机械分会。

三、出口市场分析

2017年，纳入分会统计的25家主机制造企业共出口各类挖掘机械产品9 672台，同比增长32.0%，占总销量的6.9%。其中12月出口量1 272台，同比增长72.1%。从产品结构看，小型挖掘机、中型挖掘机依旧是出口的主力机型。从各企业出口情况分析，三一、卡特彼勒、柳工出口量居前三位，部分国产品牌出口产品平均吨位已超过20t，国产品牌的国际竞争力不断提高。

2017年我国挖掘机械出口市场产品结构见图8。2017年我国挖掘机械出口市场各企业销量和市场占有率情况见表4。

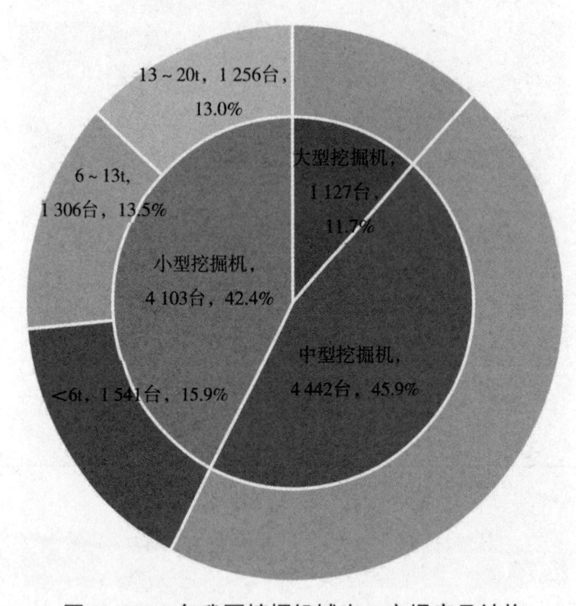

图8　2017年我国挖掘机械出口市场产品结构

注：数据来源于中国工程机械工业协会挖掘机械分会。

表4　2017年我国挖掘机械出口市场各企业销量和市场占有率情况

企业名称	销量（台）	产品平均吨位（t）	同比增长（%）	市场占有率（%）
三一	3 820	16.1	35.3	39.5
卡特彼勒	1 910	21.9	-2.3	19.7
柳工	1 045	20.5	59.1	10.8
山河智能	724	8.6	37.1	7.5
徐工	659	25.3	37.9	6.8
神钢	375	17.3	215.1	3.9
山东临工	292	8.2	64.0	3.0
利勃海尔	231	23.7	13.8	2.4
詹阳动力	150	21.0	240.9	1.6
厦工机械	134	22.2	35.4	1.4
山重建机	113	18.5	14.1	1.2
玉柴	74	10.3	42.3	0.8
卡特重工	71	2.4	2 266.7	0.7
力士德	71	20.6	1 675.0	0.7
日立	3	190.0	-62.5	0.0

注：数据来源于中国工程机械工业协会挖掘机械分会。

四、国内挖掘机械市场分析

1. 国内市场概况

2017 年，纳入分会统计的 25 家主机制造企业国内市场共销售各类挖掘机械产品 130 559 台，同比增长 107.5%。其中 12 月份销量 12 722 台，同比增长 106.6%。在 2016 年市场基数提高的背景下，国内市场持续超预期增长。

从不同地区来看，2017 年，西部地区销量大幅领先东部、中部，但涨幅略低于中东部。华东、西南和华中地区占据国内主要市场。华北、东北地区复苏明显，受钢铁、煤矿等行业的复苏、京津冀一体化战略深化、天津全运会基础建设施工和雄安新区建设规划逐步落地等利好及 2016 年低基数效应，市场增长明显。但受到“2+26”环保政策影响，销量涨幅相比前三季度有所下滑。

2017 年不同地区挖掘机械销量和同比增长情况见图 9。2017 年不同细分地区挖掘机械销量和同比变化情况见图 10。

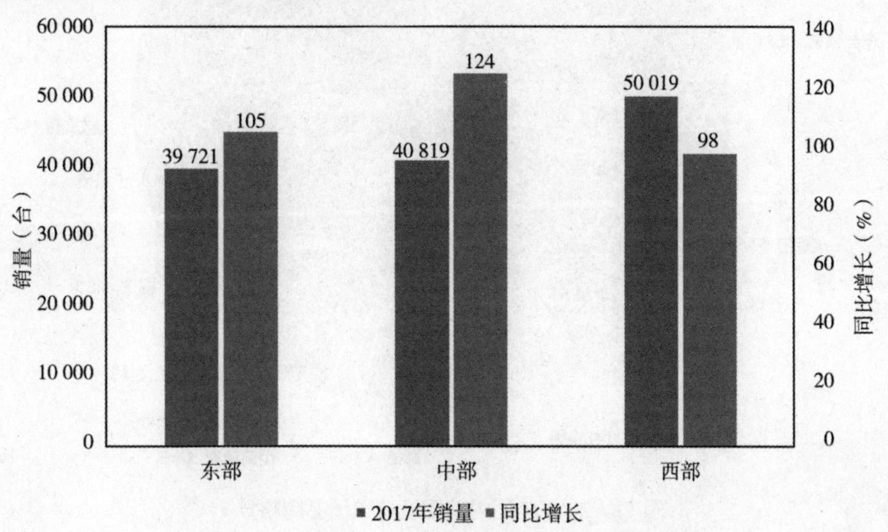

图 9 2017 年不同地区挖掘机械销量和同比增长情况

注：数据来源于中国工程机械工业协会挖掘机械分会。

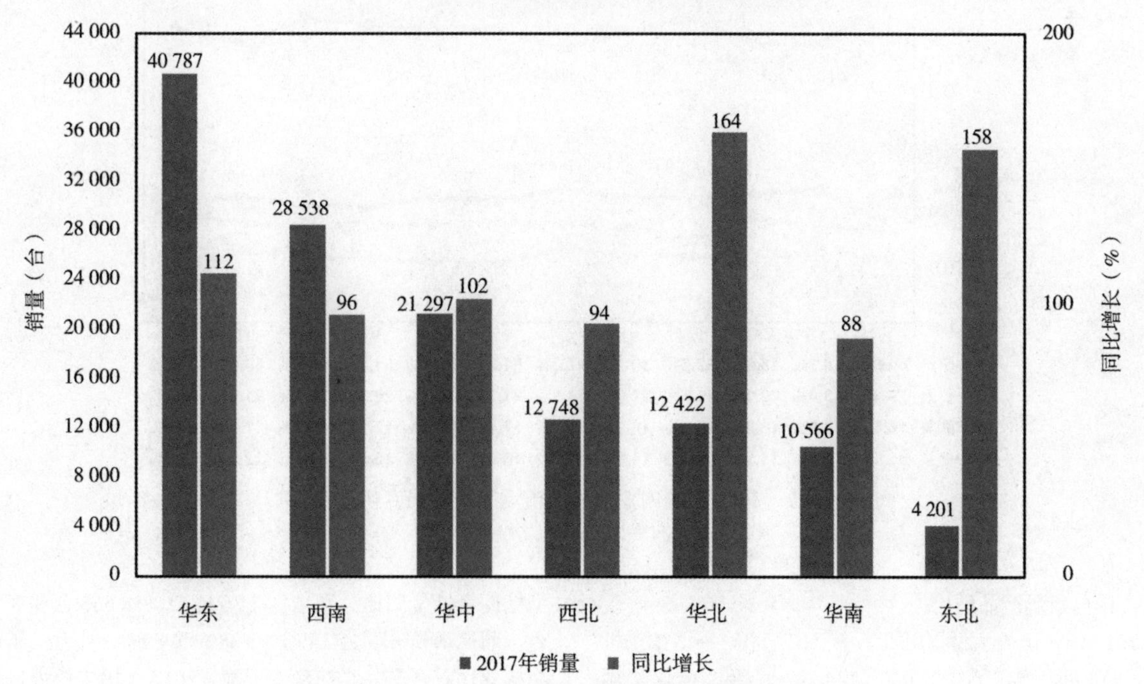

图 10 2017 年不同细分地区挖掘机械销量和同比增长情况

注：数据来源于中国工程机械工业协会挖掘机械分会。

2. 国内市场品牌格局

2017 年，国产、日系、欧美和韩系品牌销量分别为 65 585 台、28 028 台、22 082 台和 14 864 台，市场占有率分别为 50.2%、21.5%、16.9% 和 11.4%。三一、卡特彼勒和徐工占据国内市场前三位。从近一年国内挖掘机械市场品牌格局变化看，国产品牌占据主要市场，市场占有率在 50% 上下振荡，已经占据市场半壁江山。日系、欧美和韩系等外资品牌市场占有率依次降低，市场竞争格局总体保持稳定。2017 年国内挖掘机械市场品牌格局见图 11。2017 年国内挖掘机械市场品牌格局变化情况见图 12。

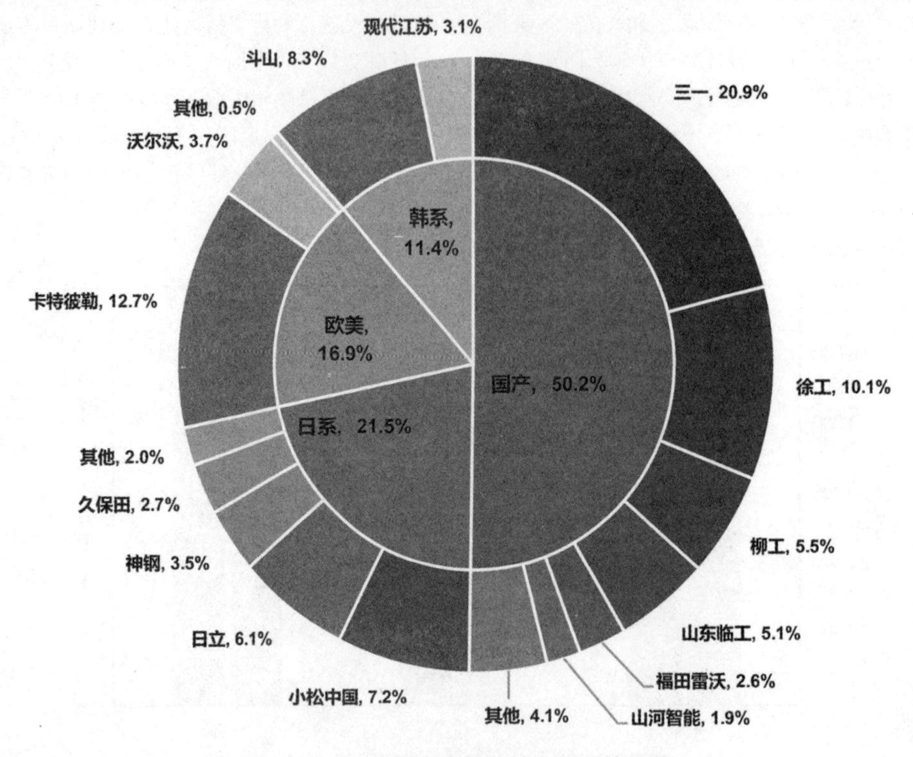

图 11　2017 年国内挖掘机械市场品牌格局

注：数据来源于中国工程机械工业协会挖掘机械分会。

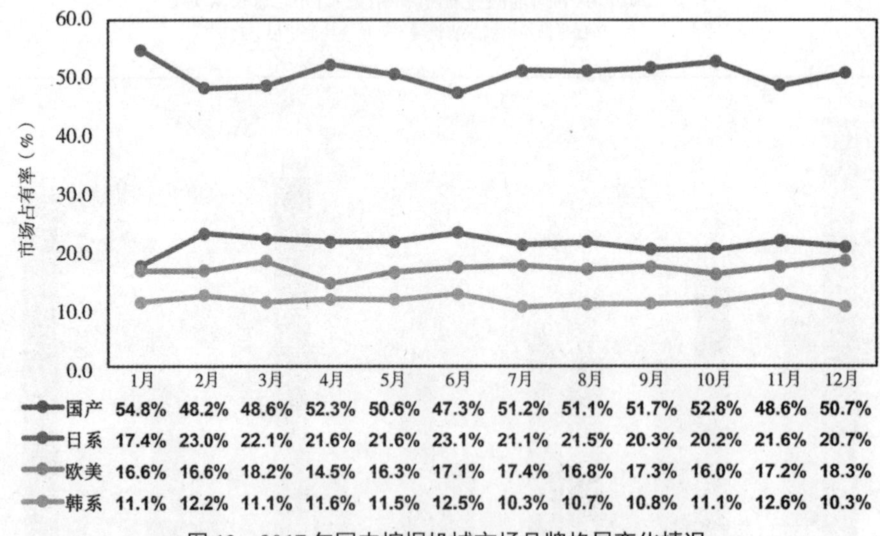

	1月	2月	3月	4月	5月	6月	7月	8月	9月	10月	11月	12月
国产	54.8%	48.2%	48.6%	52.3%	50.6%	47.3%	51.2%	51.1%	51.7%	52.8%	48.6%	50.7%
日系	17.4%	23.0%	22.1%	21.6%	21.6%	23.1%	21.1%	21.5%	20.3%	20.2%	21.6%	20.7%
欧美	16.6%	16.6%	18.2%	14.5%	16.3%	17.1%	17.4%	16.8%	17.3%	16.0%	17.2%	18.3%
韩系	11.1%	12.2%	11.1%	11.6%	11.5%	12.5%	10.3%	10.7%	10.8%	11.1%	12.6%	10.3%

图 12　2017 年国内挖掘机械市场品牌格局变化情况

注：数据来源于中国工程机械工业协会挖掘机械分会。

3. 国内市场产品结构

2017 年，国内大型挖掘机、中型挖掘机、小型挖掘机销量分别为 19 247 台、32 005 台和 79 307 台，市场份额分别为 14.7%、24.5% 和 60.7%。小于 6t 的微型挖掘机和 6 ~ 13t 的小型挖掘机占据国内超过一半的市场份额。从不同规格产品销量变化看，大型挖掘机、中型挖掘机和小型挖掘机销量同比分别增加 11 694 台、18 566 台和 37 386 台，同比增长分别为 155%、138% 和 89%。从近一年产品结构变化看，产品结构趋于平稳。2017 年国内挖掘机械市场产品结构见图 13。2017 年国内挖掘机械市场产品结构变化情况见图 14。

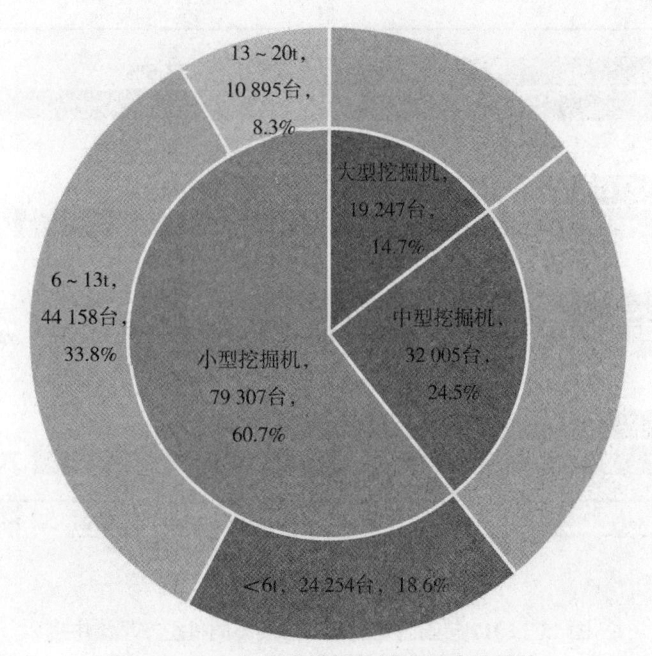

图 13　2017 年国内挖掘机械市场产品结构

注：数据来源于中国工程机械工业协会挖掘机械分会。

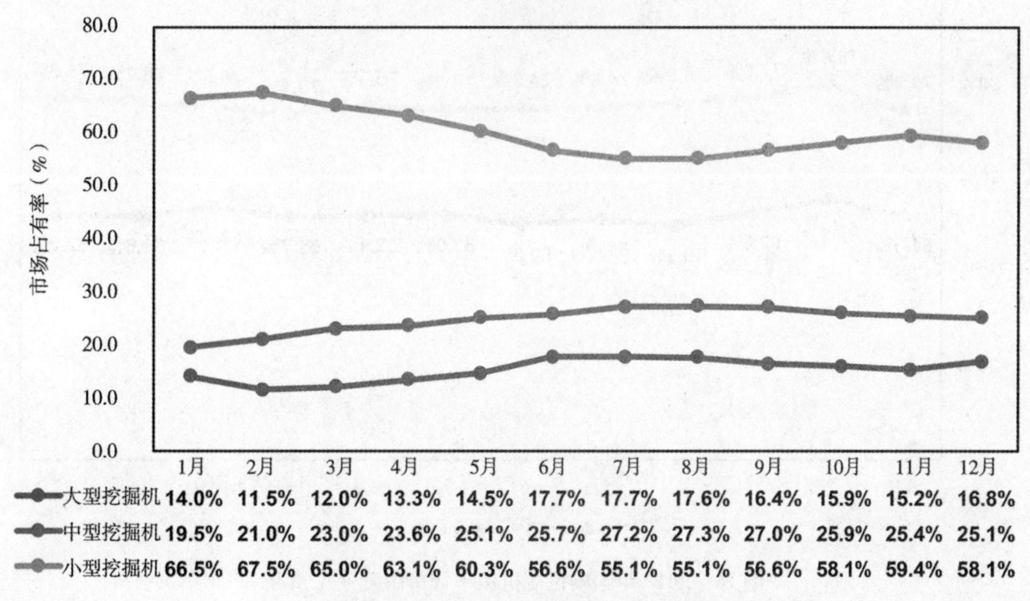

	1月	2月	3月	4月	5月	6月	7月	8月	9月	10月	11月	12月
大型挖掘机	14.0%	11.5%	12.0%	13.3%	14.5%	17.7%	17.7%	17.6%	16.4%	15.9%	15.2%	16.8%
中型挖掘机	19.5%	21.0%	23.0%	23.6%	25.1%	25.7%	27.2%	27.3%	27.0%	25.9%	25.4%	25.1%
小型挖掘机	66.5%	67.5%	65.0%	63.1%	60.3%	56.6%	55.1%	55.1%	56.6%	58.1%	59.4%	58.1%

图 14　2017 年国内挖掘机械市场产品结构变化情况

注：数据来源于中国工程机械工业协会挖掘机械分会。

4. 国内市场集中度

2017 年国内市场集中度 CR_4=52.1%，CR_8=76.1%，相比 1—11 月市场集中度基本持平（前值 CR_4=52.1%，CR_8=76.0%）。国内挖掘机械行业正逐步转入高市场集中度行业。

从不同机型市场看，大型挖掘机由于技术门槛、市场准入壁垒高，市场更多被欧美、日系和国内龙头企业占据，造成国内大型挖掘机市场集中度高于中型挖掘机、小型挖掘机市场。中型挖掘机、小型挖掘机市场集中度接近总体市场集中度，市场竞争相对更为激烈。2017 年国内挖掘机械市场不同机型市场集中度见图 15。

从近期市场集中度变化看，12 月份 CR_4、CR_8 保持高位运行，行业竞争主要表现为龙头企业的竞争。2017 年国内挖掘机械市场集中度变化情况见图 16。

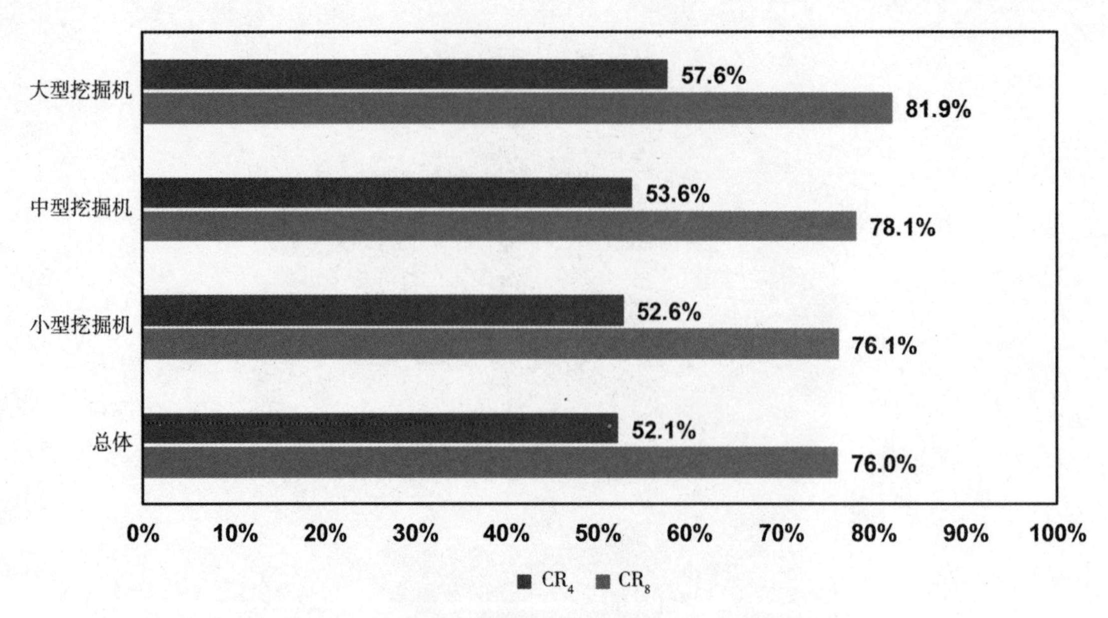

图 15 2017 年国内挖掘机械市场不同机型市场集中度

注：数据来源于中国工程机械工业协会挖掘机械分会。

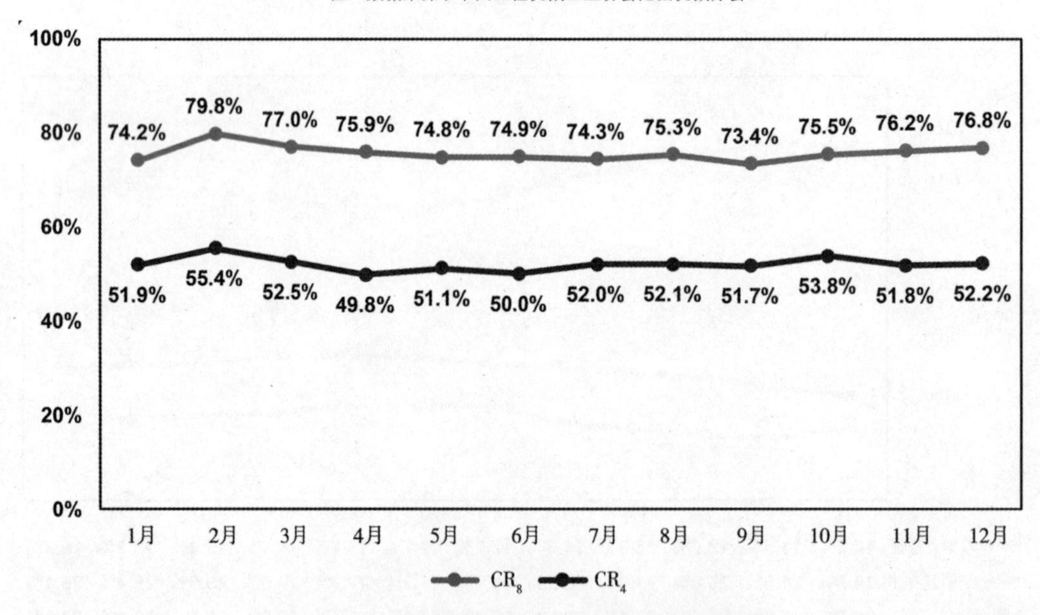

图 16 2017 年国内挖掘机械市场集中度变化情况

注：数据来源于中国工程机械工业协会挖掘机械分会。

2017 年，三一销量达到 27 351 台，卡特彼勒销量 16 604 台，分列国产、国际品牌销量第一位，徐工国内市场占有率已经超过 10%，继三一、卡特彼勒后成为第三家市场占有率迈入 10% 大关的主机企业。2017 年销量前八位企业的市场占有率同比上升明显，涨幅接近甚至超过 100%，龙头企业销量的增长带来市场集中度提高。而部分中小规模企业销量涨幅小，甚至出现不升反降的情况，与行业龙头企业之间的差距进一步拉大，行业出现分化。2017 年国内挖掘机械市场各企业销量和市场占有率情况见表 5。

表 5 2017 年国内挖掘机械市场各企业销量和市场占有率情况

企业名称	销量（台）	同比增长（%）	市场占有率（%）
三一	27 351	143.4	20.9
卡特彼勒	16 604	106.5	12.7
徐工	13 219	175.5	10.1

（续）

企业名称	销量（台）	同比增长（%）	市场占有率（%）
斗山	10 851	133.4	8.3
小松中国	9 449	91.5	7.2
日立	7 985	85.9	6.1
柳工	7 133	147.5	5.5
山东临工	6 719	172.0	5.1
沃尔沃	4 832	158.8	3.7
神钢	4 518	38.4	3.5
现代江苏	4 013	227.6	3.1
久保田	3 483	88.1	2.7
福田雷沃	3 347	110.5	2.6
山河智能	2 427	38.3	1.9
住友建机	1 767	84.3	1.4
玉柴	1 443	2.4	1.1
山重建机	1 158	35.6	0.9
厦工机械	934	-26.2	0.7
卡特重工	929	35.8	0.7
洋马	826	50.2	0.6
力士德	673	-26.1	0.5
约翰迪尔	482	205.1	0.4
詹阳动力	228	82.4	0.2
利勃海尔	164	74.5	0.1
广西开元	24	-44.2	0.0

注：数据来源于中国工程机械工业协会挖掘机械分会。

5. 国内市场分布

2017 年，江苏省销量超过 9 000 台，安徽省、山东省、四川省销量均超过 8 000 台，以上述省份为代表的华东、西南、华中地区占据国内主要市场。东北、华北地区受市场反弹和基数较低等因素综合影响，市场复苏明显。2017 年国内挖掘机械市场各省份销量见图 17。2017 年国内挖掘机械市场各省份销量同比增长情况见图 18。

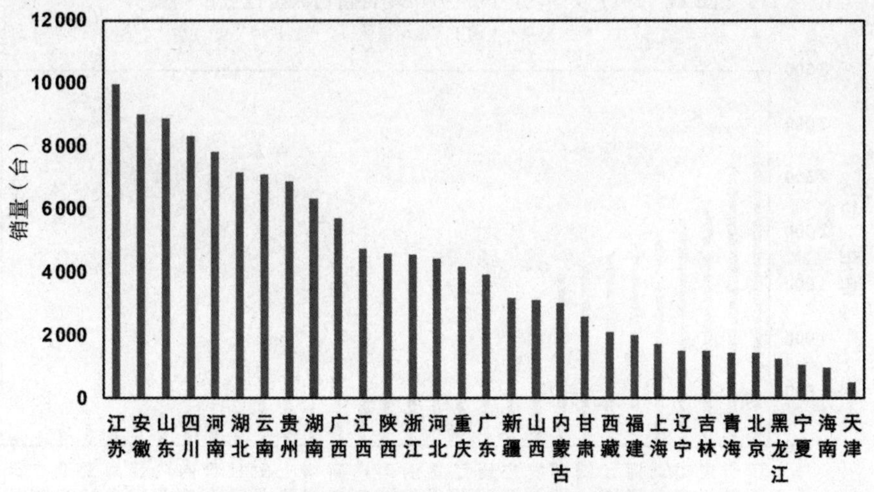

图 17　2017 年国内挖掘机械市场各省份销量

注：数据来源于中国工程机械工业协会挖掘机械分会。

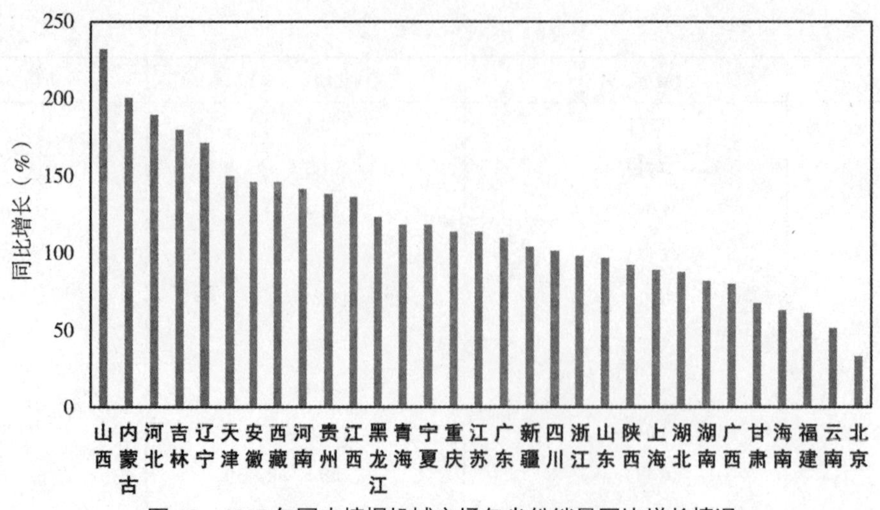

图18　2017年国内挖掘机械市场各省份销量同比增长情况

注：数据来源于中国工程机械工业协会挖掘机械分会。

2017年大型挖掘机销量前五位省份为：内蒙古（1531台）、四川（1 405台）、山东（1 349台）、贵州（1 068台）和广西（1 031台）；中型挖掘机销量前五位省份为：江苏（2 884台）、安徽（2 605台）、贵州（2 183台）、山东（2 119台）和湖北（1 920台）；小型挖掘机销量前五位省份为：江苏(6 274台)、安徽(5 707台)、山东(5 415台）、四川（5 211台）和河南（4 920台）。2017年国内挖掘机械市场各省份大型挖掘机销量见图19。2017年国内挖掘机械市场各省份中型挖掘机销量见图20。2017年国内挖掘机械市场各省份小型挖掘机销量见图21。

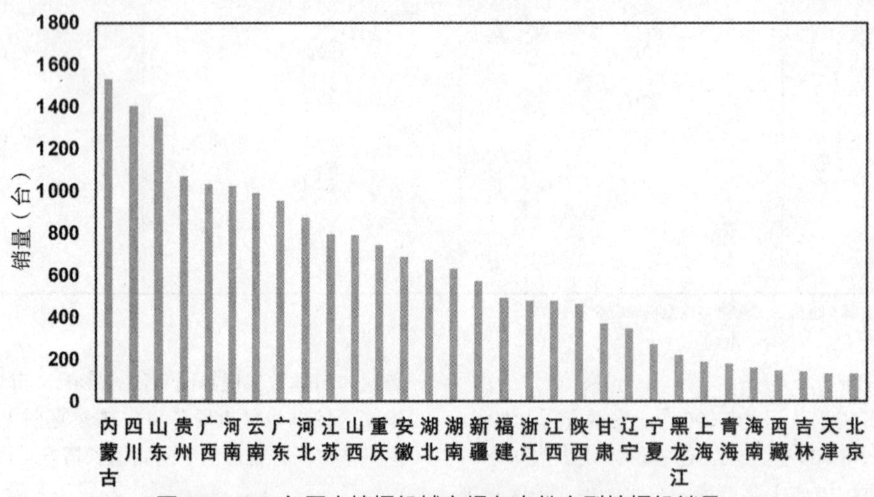

图19　2017年国内挖掘机械市场各省份大型挖掘机销量

注：数据来源于中国工程机械工业协会挖掘机械分会。

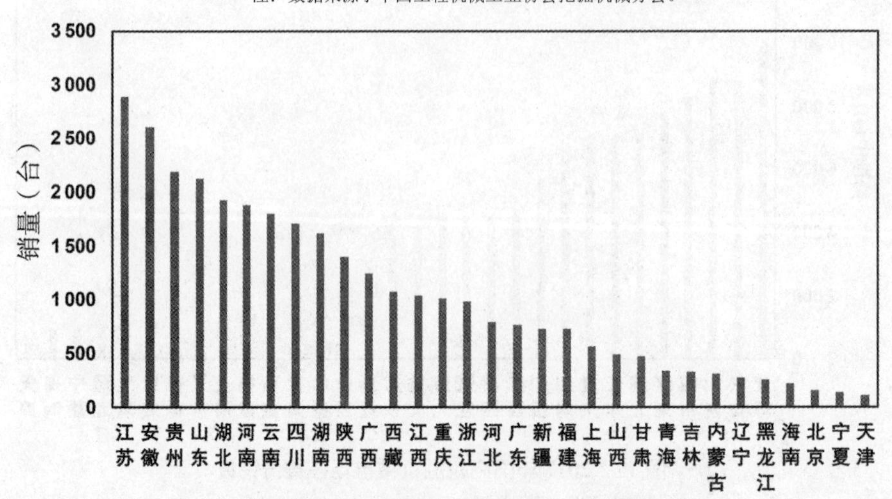

图20　2017年国内挖掘机械市场各省份中型挖掘机销量

注：数据来源于中国工程机械工业协会挖掘机械分会。

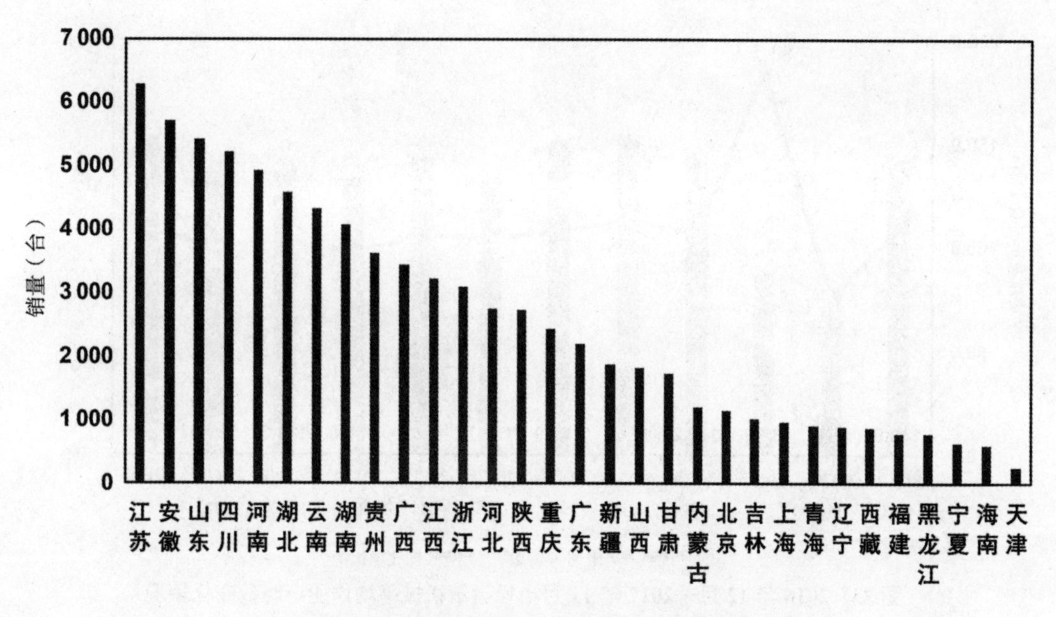

图 21　2017 年国内挖掘机械市场各省份小型挖掘机销量

注：数据来源于中国工程机械工业协会挖掘机械分会。

6. 平均作业小时数

平均作业小时数是衡量挖掘机械施工需求，判定未来行业发展的重要指标之一。根据经验，大型挖掘机、中型挖掘机、小型挖掘机的盈亏平衡点分别为：2 500 ～ 3 000h/a、2 000 ～ 2 500h/a、1 500h/a。当施工需求超过盈亏平衡点时，市场需求将显著增加。

根据挖掘机械分会调研统计，近一年挖掘机械出勤小时数同比略有增加，11 月出勤出现快速增长，未来变化趋势值得持续关注。2016 年 12 月—2017 年 11 月挖掘机械平均作业小时数变化情况见图 22。

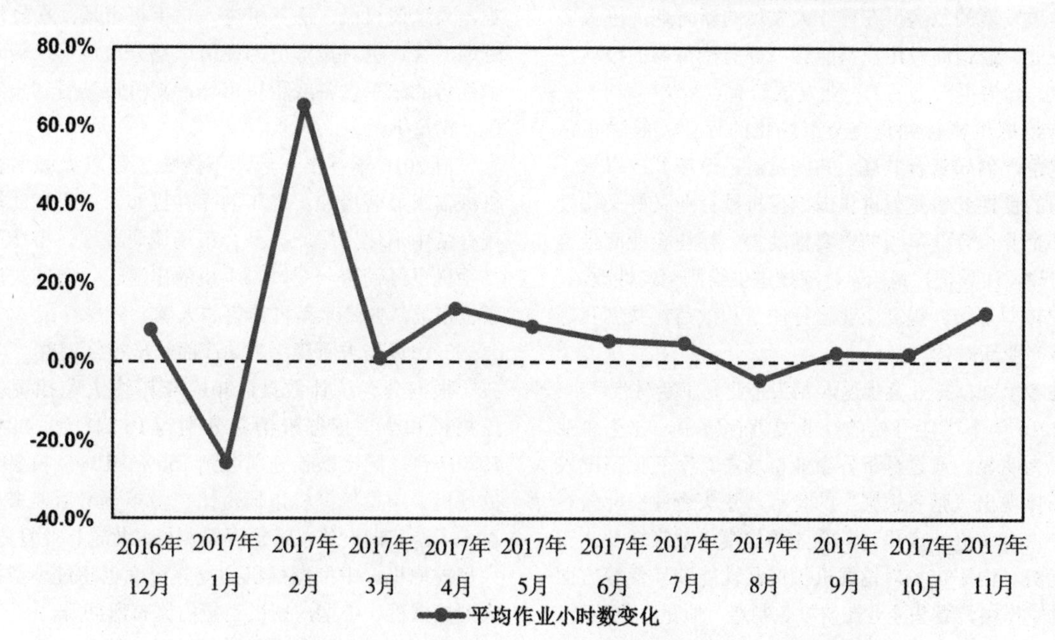

图 22　2016 年 12 月—2017 年 11 月挖掘机械平均作业小时数变化情况

注：数据来源于中国工程机械工业协会挖掘机械分会。

根据小松官网公布数据，近一年小松建筑机械平均作业小时数变化情况与分会调查统计数据基本一致。设备平均作业小时数的提高，反映出下游需求的增加，并给市场需求提供稳健支撑。2016 年 12 月—2017 年 11 月小松建筑机械平均作业小时数变化情况见图 23。

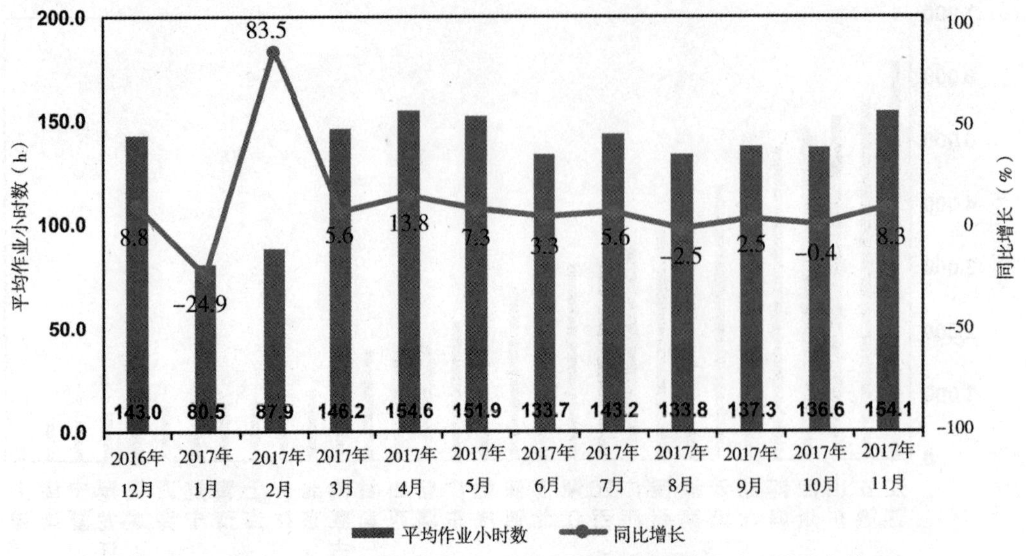

图 23　2016 年 12 月—2017 年 11 月小松建筑机械平均作业小时数变化情况

注：数据来源于 http://www.komatsu.com。

五、2017 年挖掘机械行业特点

1. 市场复苏显著，行业基本保持理性

2017 年，我国挖掘机械销量同比增长约 100%，此次行业的复苏程度已远超过市场预期，并受到社会各界的广泛关注。但经历 2012—2016 年的深度调整后，行业企业充分认识到非理性的价格战和零首付等极端信用销售模式对行业健康发展的危害，在行业大发展的新时期，绝大多数制造企业、经销商及用户都能够冷静对待市场的波动，保持理性，珍惜得来不易的行业发展新起点。

我国挖掘机械行业是完全市场化的行业，鼓励正常的市场竞争，倡导竞合共赢、共同发展。改革开放以来，企业之间的良性竞争是促进我国挖掘机械行业又好又快发展，提升企业综合竞争力的重要推动力。行业企业应当继续严格自律，注重把控风险，持续推进供给侧结构性改革，推进行业转型升级，提高企业运行质量和效益，共创我国挖掘机械产业新时代。

2. 强者恒强，行业逐步进入龙头企业竞争新时代

在 2016 年下半年开始的行业复苏行情中，龙头企业的增长尤为明显。通过分析各企业市场占有率变化情况发现，市场体现出“强者恒强”的特点，龙头企业在此轮行情中市场占有率进一步提高，企业的规模化效应转变为市场竞争优势。由于市场对挖掘机械产品性能和环保等方面的要求愈发严格，龙头企业在研发、制造、质量、供应链、销售和服务等方面的优势将得到进一步体现，未来市场集中度有可能进一步上升。

3. 环保政策施压，关键零部件供应影响凸显

自 2017 年 8 月起，第四批中央环境保护督察全面启动，此次行动以“三断两清”方式助力史上最严环保法的贯彻落实。挖掘机械行业部分零部件供应商或外协加工企业环保意识淡漠，对环保要求落实不力，在此次督察行动中，产业链中部分铸造、电镀、喷涂企业被关停，直接影响到上游零部件的供应，行业过热的超预期进一步加剧零部件供应压力，预计短期内部分零部件的供应仍将吃紧。

4. 二手设备出清，新机市场规模扩张

2009—2011 年的市场高峰期中，部分企业为抢占市场采用低首付甚至零首付等极端信用销售模式，并导致大量劣质客户进入市场。在市场下滑后，部分主机企业回款困难，大量债权机、法务机进入二手机市场。在经济新常态时期，客户也对投资更为谨慎，部分市场需求转入更具成本优势的二手设备或租赁市场，新机市场受到一定程度挤压，销量下滑。

自 2016 年下半年起，下游施工需求大幅增长，挖掘机械需求显著增加。多年的库存机和二手机在此轮市场景气行情中消化殆尽。据分会市场调研发现，市场上高品质二手机已经销售一空，二手机的出清也让市场关注点重回新机市场，并带来新机销售的火爆。

5. 市场需求新变化带动产品结构持续调整

根据分会统计数据，2017 年国内大型挖掘机、中型挖掘机和小型挖掘机销量分别为 19 247 台、32 005 台和 79 307 台，同比增长分别达到 155%、138% 和 89%。大型挖掘机、中型挖掘机市场占比在多年下滑后迎来反弹。受益于上游基础设施投资加码等利好，此轮行业复苏进程中，大型挖掘机、中型挖掘机的复苏程度也超过小型挖掘机，大型挖掘机、中型挖掘机销量占比有所回升。

我国挖掘机械行业的发展依赖于投资情况，投资的变化会带来产品结构的变化，进而带来产品平均重量的变化。因此，产品平均重量也可以作为行业发展的参考指标。具体来看，投资加码时，中型挖掘机、大型挖掘机市场占有率上升，产品平均重量增长。投资低迷时，中型挖掘机、大型挖掘机市场占有率下滑，产品平均重量下降。

2011—2017 年产品平均重量变化与挖掘机械销量关联情况见图 24。

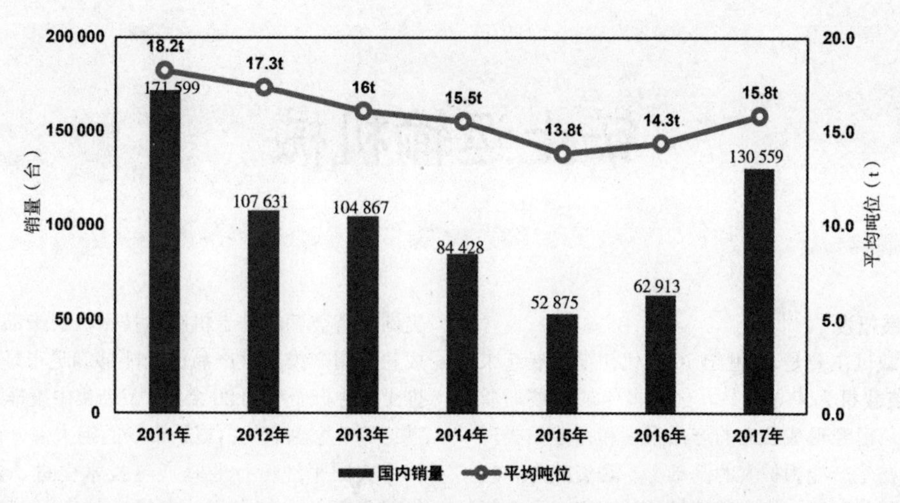

图 24　2011—2017 年产品平均重量变化与挖掘机械销量关联情况

注：数据来源于中国工程机械工业协会挖掘机械分会。

6. 技术积累助力国产品牌市场竞争力提升

分会分析以“挖掘机”作为关键词的发明专利申请情况，自 2009 年以来，相关专利数量大幅增长。2012—2016 年，年均发明专利约 600 项，其中柳工、三一、徐工等企业专利数量名列前茅。多年的技术积累帮助国内企业实现技术的追赶和超越。近年来，国产品牌市场占有率的不断提升也与产品技术水准的提高密不可分。未来行业企业应保持对科技研发的持续投入，实现我国挖掘机械产业的全面更快发展。

7. 工程机械 + 互联网深度融合创造产业新价值

小松 Komtrax 系统的应用为判断市场变化趋势、辅助企业决策提供了重要信息，也让行业企业看到了大数据、互联网等技术在传统工程机械领域的应用潜力。当前徐工、三一、中联和柳工等工程机械行业骨干企业均建立了自己的数据采集和分析中心，通过工程机械 + 互联网的深度融合实现对主机运行状态的检测和分析。大数据和互联网技术的应用不仅为企业更好地了解市场动态提供新窗口，也可以帮助企业为用户提供更加及时、个性化的服务，实现以用户为中心，从销售到后市场全周期服务的延伸。

六、我国挖掘机械市场预测

虽然 2017 年挖掘机械行业实现超预期增长，但需要看到的是，中国经济结构调整与转型升级尚未完成，供给侧结构性改革有待深入推进，挖掘机械行业从业者不可对行业未来盲目乐观。未来基础设施建设投资和房地产投资等都存在下滑风险，行业高速增长态势将难以长久保持。但受益于国际、国内经济形势的好转，我国挖掘机械行业未来仍值得看好，以新型城镇化与新农村建设主导的小型挖掘机市场与“一带一路”主导的出口市场将是未来行业发展的两大增长极。

在产品结构方面，在上游原材料价格增长拉动的投资增加和去产能政策下的产能下滑的综合影响下，预计未来大型挖掘机市场需求保持稳定。近期，基础设施建设投资拉动中型挖掘机需求的回升，但未来我国经济对基础设施投资和房地产的依赖程度势必逐步降低，因此，中型挖掘机市场需求难以出现显著扩张。伴随着新型城镇化建设和新农村建设的深入及国内人力成本的不断提高，小型挖掘机特别是微型挖掘机在小型土石方工程和“机器代人”等方面具备巨大潜力。根据发达国家挖掘机械行业发展规律，微型挖掘机市场占有率将超过 50%，因此，未来我国小型挖掘机市场值得看好。

在品牌格局方面，当前国产品牌与外资品牌分庭抗礼的竞争格局在短期内仍将保持。但长期来看，国产品牌凭借地域、文化和成本等方面的优势，市场占有率仍有一定上升空间；外资品牌也应进一步加强本土化战略，通过更好地融入我国市场，提高人才、技术和供应链等方面的本土化程度，增强企业在我国市场的竞争力，共享我国经济发展带来的市场红利。

在市场竞争方面，由于挖掘机械行业属于资本和技术密集型行业，且当前市场份额趋于饱和，新企业进入行业既要面临技术、资金、市场三个方面的准入门槛，又要面临行业企业的激烈竞争。因此，未来难有大量新企业进入我国挖掘机械行业，市场的竞争将体现为现有企业的竞争。当前，行业龙头企业在研发、制造、质量、供应链、销售和服务等方面的优势将愈发体现为市场竞争力的综合优势，并有望占据更高的市场份额，市场集中度将保持上升势头。

从挖掘机械市场保有量分析，分会认为未来 3 ～ 5 年内，150 万台左右的市场保有量基本满足当前市场需求，我国挖掘机械市场将逐步进入存量市场，未来旧机换新将成为最重要的市场需求。国Ⅲ阶段排放标准的贯彻实施和社会对环境污染与节能减排的持续关注，有可能促使存量设备加速换新，进一步提高换新市场需求。

〔供稿单位：中国工程机械工业协会挖掘机械分会〕

铲土运输机械

一、行业发展概况

我国轮式装载机主要是20世纪70年代初期发展起来的，以ZL50型装载机为主导产品，经过多年的发展，质量水平不断提高，已经形成独立的产品系列和行业门类，装载机生产企业在生产能力扩大的基础上，融资能力和技术实力也明显增强。同时，轮式装载机的桥、箱、泵、阀及缸等零部件产品配套相对成熟，已经形成了比较完整的配套体系。我国装载机生产企业最多时达到130多家，近几年，随着装载机产业的不断发展，主要生产厂家凭借长期生产装载机的经验、较强的实力和较好的售后服务赢得了较高的市场占有率，装载机产品的行业集中度不断提高。当前，装载机生产企业约60余家，其中大部分市场份额集中在柳工、厦工、龙工、临工等少数几家企业中。

我国推土机行业经过近50年的发展，已逐渐形成了独特的产业特点，虽技术不落后，但性能相对落后，售价低，覆盖了全球推土机的技术特点和机型。国内老牌推土机制造厂家从20世纪70年代以后先后引进了日本小松和美国卡特彼勒的推土机制造技术，其产品制造技术已比较成熟，国产推土机产品已经能够满足市场的需要。当前，推土机生产企业约20余家，市场集中度非常高，其中山推、宣工等几家企业就占据了市场的绝大部分市场份额。

我国平地机行业是通过技术引进、消化吸收、综合集成创新开发等渠道，在国家加大对基础设施建设的投资力度，大力发展公路交通事业的背景下，迅速发展起来的，主要引进的是德国FAUN公司和日本小松的平地机生产技术。当前，平地机生产企业约15余家，由于用户对平地机产品提出了更加专业、更加严格的要求，一些大、中型施工单位对平地机的购买心理也发生了较大的变化，总的需求心理是产品要有较高的性价比，即较高的技术性能、可靠的质量和较低的价位，同时要有尽可能高的操作舒适性。因此，近年来平地机行业市场占有率变化较大，合资品牌的市场占有率有明显增长的趋势。2017年铲土运输机械行业部分企业主营业务收入、利润总额情况见表1。

表1　2017年铲土运输机械行业部分企业主营业务收入、利润总额情况

序号	企业名称	主营业务收入（万元）	利润总额（万元）
1	湘电集团有限公司	1 328 412	−26 558
2	临沂临工机械集团	2 099 121	148 781
3	卡特彼勒（青州）有限公司	287 010	24 454
4	国机重工集团常林有限公司	97 218	215
5	广西柳工机械股份有限公司	1 126 421	45 768
6	福建晋工机械有限公司	63 100	978
7	山推工程机械股份有限公司	832 572	5 360
8	厦门厦工机械股份有限公司	444 857	31 956
9	中国龙工控股有限公司	899 410	142 387
10	内蒙古一机集团大地工程机械有限公司	8 869	96
11	上海彭浦机器厂有限公司	14 201	12 427
12	徐州徐工筑路机械有限公司	103 084	2 588
13	河北宣化工程机械股份有限公司	26 430	−10 008
14	本溪北方机械重汽有限责任公司	19 316	−1 118
15	内蒙古北方重型汽车股份有限公司	89 035	4 263
16	山东蓬翔汽车有限公司	212 401	2 740
17	北京首钢重型汽车股份有限公司	400	−780
18	青岛雷沃工程机械有限公司	256 369	6 065
19	新兴移山（天津）重工有限公司	40 708	8 209
20	陕西同力重工股份有限公司	109 189	7 351

二、市场及销售

2017 年，我国铲土运输机械市场超预期增长，同比增速创历史新高。综合近五年销量分析，我国铲土运输机械产品在经历了连续四年下滑以后，2016 年下半年止跌回升，2017 年销量持续增长。

1. 装载机

2017 年 1—12 月，纳入中国工程机械工业协会铲土运输机械分会统计的 26 家主要装载机生产企业共销售各类装载机 97 610 台，比 2016 年同期的 63 375 台增长 44.88%。

经历了 2011 年之前的高增长，2012—2014 年，装载机销量缓慢下降；受国内经济形势的影响，2015 年是装载机销量跌幅最大的一年，市场进入“寒冬”模式；2016 年 2 月，装载机以 3 335 台的销量触底，创历史以来单月最低销量（从 2011 年以后算起），全年总销量 67 375 台不及 2011 年总销量的 35%。从 2016 年 10 月开始，装载机销量触底反弹，确立复苏态势。2017 年，我国装载机市场实现复苏式增长，受益于国内经济回暖、基础设施建设加码，PPP 项目落地，产品更新周期等多重因素的叠加作用，装载机需求明显增长，同时基于 2016 年低基数效应，致使 2017 年实现平均增速为 56.78%。这是自 2014 年以来，装载机销量首次实现增长，全年销量逼近 10 万台大关。

2017 年装载机月均销量在 8 000 台以上，从全年装载机销售走势来看有以下特点：

第一阶段“大起大落”：2017 年 1—4 月，主要受节日以及项目集中落地、开工的影响；第二阶段“高速增长”：2017 年 5—9 月，表现为市场需求释放；第三阶段“稳定增长”：2017 年 10—12 月，销量增速下降到 50% 以下，增幅平稳。

2017 年，5t 装载机累计销售 61 455 台，同比增长 44.98%，占总销量的 62.96%；3t 装载机销售 20 969 台，同比增长 44.75%，占总销量的 21.48%；3t 以下小型装载机销售 8 152 台，同比增长 26.58%，占总销量的 8.35%。2016—2017 年我国装载机市场销量及同比增长情况见表 2。2016—2017 年装载机产品结构对比见表 3。

表 2　2016—2017 年我国装载机市场销量及同比增长情况

月份	1	2	3	4	5	6	7	8	9	10	11	12
2016 年销量（台）	3 864	3 335	14 291	5 603	5 029	4 867	4 221	4 382	5 125	5 587	5 548	5 523
2017 年销量（台）	4 495	7 012	11 412	9 050	8 524	8 595	7 613	7 634	8 954	8 114	7 929	8 278
同比增长（%）	16.33	110.25	-20.15	61.52	69.50	76.60	80.36	74.21	74.71	45.23	42.92	49.88

表 3　2016—2017 年装载机产品结构对比

产品类别		2016 年	2017 年
3t 以下装载机	销量（台）	6 440	8 152
	占总销量的比重（%）	9.56	8.35
3t 装载机	销量（台）	14 486	20 969
	占总销量的比重（%）	21.50	21.48
5t 装载机	销量（台）	42 388	61 455
	占总销量的比重（%）	62.91	62.96

2017 年 1—12 月，我国累计出口各类型装载机 19 559 台，占总销量 20.04%，同比 2016 年的 14 126 台增长 38.46%，五年来首次实现出口增长，月均涨幅在 35% 左右。

2017 年，装载机出口机型仍以 5t 及 3t 为主，分别出口 9 523 台和 6 746 台，合计占出口总量的 83.18%。此外，大型装载机、挖掘装载机、滑移装载机以及 4t 装载机（ZL40）在出口中的表现也比较抢眼，销量占出口总量的 50% 以上，其中大型装载机有 73.74% 销往海外。2016—2017 年装载机出口情况对比见表 4。2016—2017 年装载机出口机型对比见表 5。

表 4　2016—2017 年装载机出口情况对比

项目	2016 年	2017 年
出口销量（台）	14 126	19 559
同比增长（%）	-11.55	38.46
出口销量占总销量的比重（%）	20.97	20.04

表5 2016—2017年装载机出口机型对比

机型	2016年		2017年	
	出口量（台）	占同机型总销量的比重（%）	出口量（台）	占同机型总销量的比重（%）
＜ZL30	1 066	16.55	1 286	15.78
ZL30	4 705	32.48	6 746	32.17
ZL40	429	62.63	480	56.54
ZL50	6 762	15.95	9 523	15.50
ZL60	423	21.08	673	16.11
ZL70	55	55.56	49	14.29
ZL80	34	40.00	34	31.48
大型	70	61.95	219	73.74
滑移	231	37.81	278	37.57
挖装	351	76.14	271	52.22
总计	14 126	20.97	19 559	20.04

2017年，国内市场装载机累计销售78 051台，同比2016年的53 249台增长46.58%。在地区分布中，2017山东省仍以4 799台的销量稳居榜首，紧随其后的是河南3 975台、河北3 895台、云南3 595台、江苏3 493台，销量排名靠后的海南、上海、青海、天津、西藏销量也都在1 000台以上。2017年装载机地区销售情况见表6。

表6 2017年装载机地区销售情况

地区	2016年销量（台）	2017年销量（台）	同比增长（%）	地区	2016年销量（台）	2017年销量（台）	同比增长（%）
山东	3 334	4 799	43.94	甘肃	1 591	2 369	48.90
河南	2 701	3 975	47.17	贵州	1 686	2 323	37.78
河北	2 450	3 895	58.98	辽宁	1 491	2 275	52.58
云南	2 744	3 595	31.01	湖南	1 617	2 170	34.20
江苏	2 392	3 493	46.03	重庆	1 432	2 151	50.21
广东	2 220	3 214	44.77	江西	1 538	2 135	38.82
陕西	1 873	3 105	65.78	宁夏	998	1 909	91.28
四川	2 358	2 988	26.72	吉林	1 175	1 770	50.64
安徽	1 896	2 818	48.63	北京	1 473	1 749	18.74
广西	1 969	2 772	40.78	黑龙江	1 269	1 725	35.93
内蒙古	1 472	2 673	81.59	西藏	966	1 546	60.04
福建	1 972	2 659	34.84	天津	851	1 532	80.02
山西	1 883	2 634	39.88	青海	806	1 474	82.88
浙江	1 915	2 537	32.48	上海	742	1 423	91.78
湖北	1 988	2 531	27.31	海南	988	1 268	28.34
新疆	1 441	2 459	70.65				

2. 推土机

2017年1—12月，纳入中国工程机械工业协会铲土运输机械分会统计的全国10家主要推土机生产企业（大地、国机洛阳、卡特彼勒、柳工、彭浦、厦工、山工机械、山推、宣工、移山）共销售各类推土机5 707台，同比2016年的4 061台增长40.53%。

同其他工程机械产品类似，2011年推土机产品销量维持在高位，2012年推土机全年销量同比下滑22.43%，推土机行业又经过三年的连续下滑后，2015 年仅销售 3 682 台，同比下降 52.26%，且仅为 2011 年销量的 28%。2016 年下半年，伴随着国内经济环境的改善和行业整体市场的回暖，推土机销售略有回升，2017 年推土机行业恢复性增长明显，全年同比增幅高达 40.53%，但销售总量不够理想，仍低于 2014 年的水平。

2017 年推土机月均销量 475 台，除 3 月受节假日影响同比下降以外，其余各月均维持同比增长的状态，其中有 8 个月同比增长超过 50%。

2016—2017 年我国推土机市场销量及同比增长情况见表 7。

表 7　2016—2017 年我国推土机市场销量及同比增长情况

月份	1	2	3	4	5	6	7	8	9	10	11	12
2016 年销量（台）	270	254	920	364	278	327	227	280	305	257	287	292
2017 年销量（台）	322	470	769	685	529	494	345	451	439	386	514	303
同比增长（%）	19.26	85.04	-16.41	88.19	90.29	51.07	51.98	61.07	43.93	50.19	79.09	3.77

其中，160 马力（1 马力 =735.5W，下同）推土机累计销售 3 437 台，占总销量 60.22%；220 马力推土机销售 1 057 台，占总销量的 18.52%；320 马力推土机 413 台，占总销量的 7.24%。2017 年推土机市场各功率段产品销量情况见表 8。

表 8　2017 年推土机市场各功率段产品销量情况

功率（马力）	销量（台）												
	1 月	2 月	3 月	4 月	5 月	6 月	7 月	8 月	9 月	10 月	11 月	12 月	总计
＜ 100	1	3	0	6	2	6	4	4	6	2	3	3	40
100 ～ 119	0	0	4	0	6	0	1	5	0	1	0	3	20
120 ～ 139	11	5	10	17	6	8	21	42	5	5	5	3	138
140 ～ 159	3	4	2	0	0	2	3	1	2	0	6	0	23
160 ～ 179	195	380	660	506	334	235	207	228	253	245	345	202	3 790
180 ～ 229	71	40	62	116	112	142	74	117	122	65	99	55	1 075
230 ～ 319	16	7	17	3	17	39	10	31	18	13	15	9	195
320 ～ 399	23	31	14	35	51	55	25	23	32	55	41	28	413
⩾ 400	2	0	0	2	1	7	0	0	1	0	0	0	13

2017 年 1—12 月，我国累计出口各类型推土机 1 647 台，占总销量 28.86%，同比 2016 年的 857 台增长 92.18%。

2017 年，推土机出口机型主要为 160 马力、220 马力和 320 马力，销量依次为 655 台、387 台和 300 台。其中，山推出口销量突破 1 000 台，占总出口量的 64%，往下依次是宣工和柳工，分别占总出口量的 9% 和 6.5%。

2016—2017 年推土机出口情况对比见表 9。2017 年推土机各功率产品出口情况见表 10。

表 9　2016—2017 年推土机出口情况对比

项目	2016 年	2017 年
出口销量（台）	857	1 647
同比增长（%）	-30.04	92.18
占总销量的比重	21.13	28.86

表 10　2017 年推土机各功率产品出口情况

功率（马力）	出口量（台）												
	1 月	2 月	3 月	4 月	5 月	6 月	7 月	8 月	9 月	10 月	11 月	12 月	总计
＜ 100	0	1	0	2	0	1	3	0	4	2	2	1	16
100 ～ 119	0	0	0	0	1	0	0	0	0	0	0	0	1
120 ～ 139	0	1	0	3	0	1	18	34	2	4	3	2	68
140 ～ 159	0	0	0	0	0	0	0	0	0	0	0	0	0

（续）

功率（马力）	出口量（台）												
	1月	2月	3月	4月	5月	6月	7月	8月	9月	10月	11月	12月	总计
160～179	48	36	88	59	112	75	65	101	65	53	50	47	799
180～229	19	12	14	55	30	38	36	39	58	26	34	28	389
230～319	3	2	9	0	10	8	3	16	5	3	2	3	64
320～399	9	24	7	24	40	40	14	16	19	49	39	19	300
≥400	2	0	0	0	1	6	0	0	1	0	0	0	10

2017年，国内市场推土机累计销售4 060台，比2016年的3204台增长26.71%。安徽以412台、湖北以362台、山东以245台分列2017年地区销售前三位，其次为江苏和河南。西藏、天津、海南等地销量均不足50台。

2017年，推土机各品牌国内销量情况：山推以2 854台、占比70.30%仍居榜首位置，其次为宣工、柳工、山工和移山。前五家合计实现国内销量3 868台，占国内总销量的95.27%。2017年推土机地区销售情况见表11。

表11　2017年推土机地区销售情况

地区	销量（台）	地区	销量（台）	地区	销量（台）
安徽	412	新疆	133	宁夏	75
湖北	362	湖南	131	重庆	65
山东	245	四川	125	甘肃	60
江苏	201	北京	121	上海	55
河南	192	河北	116	青海	46
浙江	178	福建	111	吉林	45
广东	171	山西	105	海南	41
广西	169	云南	102	天津	40
江西	168	贵州	96	西藏	40
黑龙江	141	陕西	89		
内蒙古	138	辽宁	88		

3. 平地机

2017年1—12月，纳入中国工程机械工业协会铲土运输机械分会统计的全国11家主要平地机生产企业（常林、成工、鼎盛重工、国机洛阳、卡特彼勒、柳工、三一、山工机械、山推、厦工、徐工道路）共销售各类平地机4 547台，同比2016年的3 184台增长42.81%。

同其他工程机械产品类似，2011年平地机产品销量维持在高位，2012年平地机市场开始下滑，2015年仅销售2 620台，同比下降28.45%，且仅为2011年销量的51.79%。自2016年下半年开始，随着国内经济环境的改善和行业整体市场的回暖，平地机销售稳步回升。2017年，平地机销量创新高，除了1月份增长率低至0.96%，其他11个月同比增幅均在25%以上，全年同比增幅高达42.81%，销量接近2011年高位水平。

2017年，180马力平地机累计销售1061台，占总销量的23.34%。其次为165马力和200马力平地机，分别销售645台和601台，占总销量的14.19%和13.21%。2016—2017年我国平地机市场销量及同比增长情况见表12。2016—2017年平地机各功率段产品销量变化情况见表13。

2017年1—12月，我国累计出口各类型平地机2 503台，占总销量55.05%，同比2016年的1 855台增长34.93%。其中，出口最多的是180马力平地机，出口431台占总出口量的17.21%；其次是120马力平地机，出口383台，占总出口量的15.3%。

徐工道路以出口733台占据出口量第一的位置，其中GR180型平地机以293台的出口量创单机型出口量之首。2016—2017年平地机出口情况对比见表14。2016—2017年平地机出口机型对比情况见表15。

表12　2016—2017年我国平地机市场销量及同比增长情况

月份	1	2	3	4	5	6	7	8	9	10	11	12
2016年销量（台）	209	170	384	323	303	259	243	218	268	247	262	298
2017年销量（台）	211	279	546	449	414	427	330	418	376	340	350	407
同比增长（%）	0.96	64.12	42.19	39.01	36.63	64.86	35.80	91.74	40.30	37.65	33.59	36.58

表 13　2016—2017 年平地机产品销量变化情况

机型 （马力）	2016 年		2017 年		同比增长 （%）
	销量 （台）	占总销量的比重 （%）	销量 （台）	占总销量的比重 （%）	
＜130	334	10.49	384	8.45	14.97
130～159	286	8.98	378	8.31	32.17
160～179	596	18.72	1 019	22.41	70.97
180～189	634	19.91	1 061	23.33	67.35
190～199	153	4.81	385	8.47	151.63
200～209	502	15.77	607	13.35	20.92
210～219	349	10.96	475	10.45	36.10
220～249	302	9.48	219	4.82	-27.48
250～299	4	0.13	4	0.09	0.00
≥300	24	0.75	15	0.33	-37.50

表 14　2016—2017 年平地机出口情况对比

年份	2016	2017
出口量（台）	1 855	2 503
同比增长（%）	17.33	34.93
占总销量的比重（%）	58.26	55.05

表 15　2016—2017 年平地机出口机型对比情况

机型 （马力）	2016 年		2017 年	
	出口量 （台）	占同机型总销量的比重 （%）	出口量 （台）	占同机型总销量的比重 （%）
＜130	332	99.40	383	99.74
130～159	286	100.00	378	100.00
160～179	245	41.11	390	38.27
180～189	171	26.97	431	40.62
190～199	75	49.02	161	41.82
200～209	248	49.40	303	49.92
210～219	223	63.90	285	60.00
220～249	259	85.76	153	69.86
250～299	2	50.00	4	100.00
≥300	14	58.33	15	100.00

2017 年，国内市场平地机累计销售 2 044 台，同比 2016 年的 1 329 台增长 53.80%。新疆累计销售平地机 261 台，同比增长 222.22%。另外，江苏销售 152 台，同比增长 36.94%；河南销售 152 台，同比增长 70.79%；山东销售 140 台，同比增长 50.54%；安徽销售 114 台，同比增长 128%；陕西销售 106 台，同比增长 70.97%；河北销售 103 台，同比增长 77.95%。2017 年平地机地区销售情况见表 17。

表 17　2017 年平地机地区销售情况

地区	2016 年销量（台）	2017 年销量（台）	同比增长（%）	地区	2016 年销量（台）	2017 年销量（台）	同比增长（%）
北京	36	51	41.67	广西	26	43	65.38
天津	13	30	130.77	湖南	31	40	29.03
河北	58	103	77.59	湖北	45	45	0.00
山西	24	44	83.33	河南	89	152	70.79
内蒙古	57	97	70.18	海南	10	15	50.00
黑龙江	66	72	9.09	四川	34	42	23.53
辽宁	24	21	-12.50	云南	53	61	15.09
吉林	24	30	25.00	贵州	26	28	7.69
上海	18	14	-22.22	重庆	13	31	138.46
江苏	111	152	36.94	西藏	31	29	-6.45
山东	93	140	50.54	陕西	62	106	70.97
安徽	50	114	128.00	宁夏	10	39	290.00
浙江	14	23	64.29	甘肃	54	83	53.70
江西	16	43	168.75	新疆	81	261	222.22
福建	32	52	62.50	青海	12	25	108.33
广东	39	43	10.26				

2017 年平地机各品牌国内销量，徐工道路以 881 台，占国内销量的 43.10%，居榜首位置；其次为常林、柳工、鼎盛、三一和山推，其余品牌销量未超过百台。

三、科技成果及新产品

尽管遭遇了前期的深度下滑，国内主流的铲土运输机械产品制造商依然持续推进产品研发和制造体系的改造升级，并在最能体现核心竞争力的大型化、智能化和节能型产品上全面发力。2017 年铲土运输机械获奖产品见表 18。

表 18　2017 年铲土运输机械获奖产品

获奖企业	获奖产品	获得奖项
广西柳工机械股份有限公司	CLG862H 型轮式装载机	“中国工程机械年度产品 TOP50（2017）”技术创新金奖
山推工程机械股份有限公司	DH24C 型全液压推土机	“中国工程机械年度产品 TOP50（2017）”应用贡献金奖
山东临工工程机械有限公司	L955F 型轮式装载机	“中国工程机械年度产品 TOP50（2017）”评委会奖
山推工程机械股份有限公司	SL56H 型轮式装载机	“中国工程机械年度产品 TOP50（2017）”奖
徐工铲运机械事业部	LW600FV 型装载机	
山东临工工程机械有限公司	G9260 型平地机	
福建晋工机械有限公司	JGM791FT50KN 型轮式叉装机	
广西柳工机械股份有限公司	CLGB160CL 型履带式推土机	
广西柳工机械股份有限公司	平地机 CLG4180D	“BICES 中国国际工程机械创新产品奖”创新产品白金奖
山推工程机械股份有限公司	推土机 DH13K	
中国国机重工集团有限公司	966T 轮式装载机	“BICES 中国国际工程机械创新产品奖”创新产品金奖
中国国机重工集团有限公司	GTQ170 全液压推土机	
广西柳工机械股份有限公司	装载机转向负荷敏感流量放大阀关键技术研究及应用	“2017 年度中国机械工业科学技术奖”二等奖
GR1803 平地机（军品）研发及产业化	徐工筑路机械有限公司	“2017 年度中国机械工业科学技术奖”三等奖
L955F 长轴距节能型装载机关键技术研发及应用	山东临工工程机械有限公司	“2017 年度中国机械工业科学技术奖”三等奖

〔供稿单位：中国工程机械工业协会铲土运输机械分会〕

工业车辆

从2016年下半年开始，工业车辆开始了新一轮增长，2017年延续了这种态势，市场增量超出行业预期，全年总销量达到496 738台，国内市场达到371 617台，这两个数据均再创历史新高。我国市场销量继续保持全球第一的地位。

一、生产发展情况

根据中国工程机械工业协会工业车辆分会月统计，2017年工业车辆产品分类及主要生产企业见表1。

表1 2017年工业车辆产品分类及主要生产企业

产品分类	企业名称
内燃叉车	安徽叉车集团有限责任公司、杭叉集团股份有限公司、大连叉车有限责任公司、浙江诺力机械股份有限公司、宁波如意股份有限公司、龙工（上海）叉车有限公司、广西柳工机械股份有限公司、安徽江淮银联重型工程机械有限公司、山东沃林重工机械有限公司、江苏靖江叉车有限公司、浙江美科斯叉车有限公司、一拖（洛阳）搬运机械有限公司、杭州友高精密机械有限公司、浙江中力机械有限公司、中联重科安徽工业车辆有限公司、浙江吉鑫祥叉车制造有限公司、三一集团（三一港口机械有限公司）、林德（中国）叉车有限公司、上海海斯特叉车制造有限公司、斗山工程机械（中国）有限公司、丰田产业车辆（上海）有限公司、台励福机器设备（青岛）有限公司、凯傲宝骊（江苏）叉车有限公司、卡哥特科（上海）贸易有限公司、永恒力叉车（上海）有限公司、优嘉力叉车（安徽）有限公司、青岛克拉克物流机械有限公司、三菱重工叉车（大连）有限公司
电动叉车（包括电动平衡重乘驾式叉车、电动乘驾式仓储叉车、电动步行式仓储叉车）	安徽叉车集团有限责任公司、杭叉集团股份有限公司、大连叉车有限责任公司、浙江诺力机械股份有限公司、宁波如意股份有限公司、龙工（上海）叉车有限公司、广西柳工机械股份有限公司、无锡大隆电工机械厂、安徽江淮银联重型工程机械有限公司、山东沃林重工机械有限公司、江苏靖江叉车有限公司、浙江美科斯叉车有限公司、一拖（洛阳）搬运机械有限公司、杭州友高精密机械有限公司、无锡汇丰机器有限公司、浙江中力机械有限公司、中联重科安徽工业车辆有限公司、浙江吉鑫祥叉车制造有限公司、上海加力搬运设备有限公司、杭州昱透实业有限公司、湖北宏力液压科技有限公司、湖北金茂机械科技有限公司、韶关比亚迪实业有限公司、林德（中国）叉车有限公司、上海海斯特叉车制造有限公司、上海力至优叉车制造有限公司、斗山工程机械（中国）有限公司、丰田产业车辆（上海）有限公司、台励福机器设备（青岛）有限公司、凯傲宝骊（江苏）叉车有限公司、伟轮叉车（东莞）有限公司、永恒力叉车（上海）有限公司、优嘉力叉车（安徽）有限公司、青岛克拉克物流机械有限公司、科朗叉车（上海）商贸有限公司等
轻小型搬运车辆（包括手动叉车）	杭叉集团股份有限公司、广西柳工机械股份有限公司、浙江诺力机械股份有限公司、宁波如意股份有限公司、浙江中力机械有限公司、浙江美科斯叉车有限公司、中联重科安徽工业车辆有限公司、湖北金茂机械科技有限公司、湖北宏力液压科技有限公司等

根据世界工业车辆统计协会规定，工业车辆分为机动工业车辆和非机动工业车辆，机动工业车辆又分为五大类，即第Ⅰ类电动平衡重乘驾式叉车、第Ⅱ类电动乘驾式仓储叉车、第Ⅲ类电动步行式仓储叉车、第Ⅳ类内燃平衡重式叉车（实心轮胎）、第Ⅴ类内燃平衡重式叉车（充气轮胎）。2016—2017年机动工业车辆主要产品产销存情况见表2。2017年工业车辆主要生产企业经济指标见表3。2015—2017年工业车辆部分重点企业主要经济指标变化情况见表4。

表2 2016—2017年工业车辆主要产品产销存情况

产品名称	产量（台）		销量（台）		库存量（台）	
	2016年	2017年	2016年	2017年	2016年	2017年
电动平衡重乘驾式叉车	39 836	54 457	39 985	52 946	877	1 271
电动乘驾式仓储叉车	8 360	11 186	8 477	10 247	56	56
电动步行式仓储叉车	91 458	157 239	93 063	140 458	1 241	2 658
内燃平衡重式叉车	232 523	308 712	228 542	293 087	6 608	6 708

表3　2017年工业车辆主要生产企业经济指标

企业名称	工业总产值（当年价）（万元）	主营业务收入（万元）	利润总额（万元）
安徽叉车集团有限责任公司	959 488	871 458	75 644
杭叉集团股份有限公司	1 017 095	1 054 025	70 891
龙工（上海）叉车有限公司	200 899	192 059	8 387
大连叉车有限责任公司	25 999	21 569	-3
浙江诺力机械股份有限公司	132 844	134 401	14 512
宁波如意股份有限公司	92 888	87 519	14 564

表4　2015—2017年工业车辆部分重点企业主要经济指标变化情况

企业名称	年份	工业总产值（当年价）（万元）	主营业务收入（万元）	利润总额（万元）	从业人员平均人数（人）	工资总额（万元）	资产合计（万元）
安徽叉车集团有限责任公司	2015	64 344	1 100 111	59 860	8 254	53 494	697 988
	2016	701 568	1 241 104	65 292	8 081	59 293	819 050
	2017	959 488	871 458	75 644	7 891	72 197	981 677
杭叉集团股份有限公司	2015	714 380	707 948	56 776	2 460	26 801	350 255
	2016	782 874	803 583	60 454	2 569	20 753	499 452
	2017	1 017 095	1 054 025	70 891	2 742	23 806	581 002
大连叉车有限责任公司	2015	23 543	19 368	-2 564			
	2016	19 039	17 542	11	564	1 840	44 268
	2017	25 999	21 569	-3	510	1 948	41 209
浙江诺力机械股份有限公司	2015	106 640	100 227	9 472	1 095	6 546	119 797
	2016	107 253	107 030	13 540	975	7 578	184 498
	2017	132 844	134 401	14 512	975	8 527	188 944
宁波如意股份有限公司	2015	84 486	73 349	8 161	1 052	8 354	51 365
	2016	85 256	77 577	13 785	1 017	9 540	44 720
	2017	92 888	87 519	14 564	1 046	11 156	57 204

二、市场销售

2017年，工业车辆国内和出口两个市场均呈现较好的增长，尤其是下半年，需求旺盛，超出行业预期，是近年来少有的高增长年份。参加分会统计的企业机动工业车辆销量为496 738台，与上年同期的370 067台相比，同比增长34.23%；非机动工业车辆销量为1 599 322台，与上年同期的1 445 054台相比，同比增长10.68%。2017年机动工业车辆各月销售情况见表5。

表5　2017年机动工业车辆各月销售情况　（单位：台）

月份	Ⅰ类 电动平衡重乘驾式叉车	Ⅱ类 电动乘驾式仓储叉车	Ⅲ类 电动步行式仓储叉车	Ⅳ类+Ⅴ类 内燃平衡重式叉车（实心、充气轮胎）	Ⅰ～Ⅲ类电动叉车	Ⅰ+Ⅳ+Ⅴ类平衡重式叉车	Ⅰ～Ⅴ类工业车辆
1	2 792	552	8 388	15 946	11 732	18 738	27 678
2	3 303	620	8 699	23 615	12 622	26 918	36 237
3	4 703	914	12 846	36 601	18 463	41 304	55 064
4	4 234	713	12 365	25 658	17 312	29 892	42 970
5	4 607	825	9 762	25 420	15 194	30 027	40 614
6	4 545	898	11 071	23 830	16 514	28 375	40 344
7	4 050	885	11 423	21 785	16 358	25 835	38 143
8	4 780	935	11 759	24 576	17 474	29 356	42 050

（续）

月份	Ⅰ类	Ⅱ类	Ⅲ类	Ⅳ类＋Ⅴ类	Ⅰ～Ⅲ类电动叉车	Ⅰ＋Ⅳ＋Ⅴ类平衡重式叉车	Ⅰ～Ⅴ类工业车辆
	电动平衡重乘驾式叉车	电动乘驾式仓储叉车	电动步行式仓储叉车	内燃平衡重式叉车（实心、充气轮胎）			
9	5 081	898	13 590	26 074	19 569	31 155	45 643
10	4 643	829	13 083	22 472	18 555	27 115	41 027
11	5 040	973	13 991	26 003	20 004	31 043	46 007
12	5 168	1 205	13 481	21 107	19 854	26 275	40 961
合计	52 946	10 247	140 458	293 087	203 651	346 033	496 738

1. 内燃叉车销售情况

2017 年共销售内燃平衡重乘驾式叉车 293 087 台，与上年同期的 228 542 台相比，同比增长 28.24%。销售的内燃平衡重乘驾式叉车中柴油叉车为 276 416 台，其余为汽油叉车（含双燃料）。2016—2017 年内燃叉车各月销售趋势见图 1。

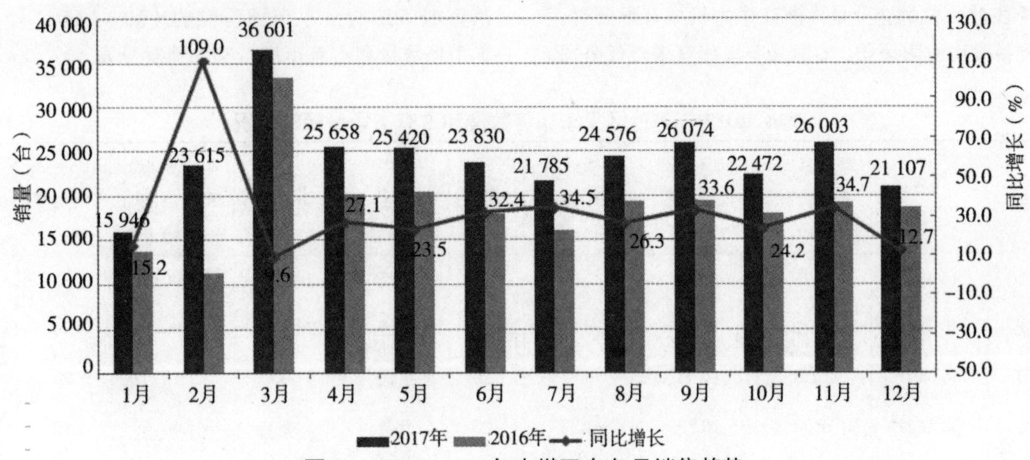

图 1　2016—2017 年内燃叉车各月销售趋势

销量排在前 10 位的企业是：安徽叉车集团有限责任公司、杭叉集团股份有限公司、龙工（上海）叉车有限公司、三菱重工叉车（大连）有限公司、安徽江淮银联重型工程机械有限公司、台励福机器设备（青岛）有限公司、广西柳工机械股份有限公司、凯傲宝骊（江苏）叉车有限公司、浙江吉鑫祥叉车制造有限公司、浙江美科斯叉车有限公司。排在前五位的企业销量合计为 228 610 台（含贴牌），占内燃平衡重乘驾式叉车销量的 76.82%；排在前 10 位的企业销量合计为 265 021 台，占内燃平衡重乘驾式叉车销量的 89.56%。

2. 电动叉车销售情况

电动叉车（包括电动平衡重乘驾式叉车和各类电动仓储叉车）2017 年销量为 203 651 台，与上年同期的 141 525 台相比，同比增长 43.90%。2016—2017 年电动叉车各月销售趋势见图 2。

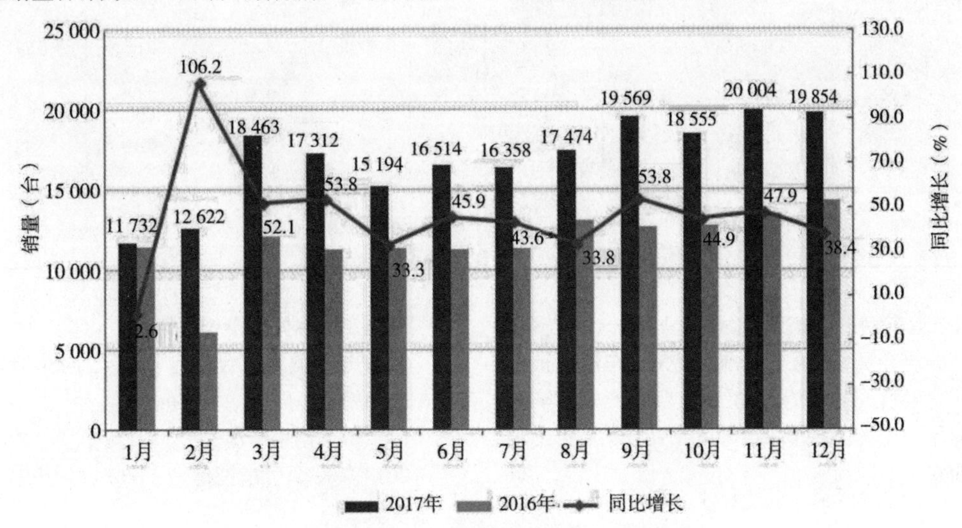

图 2　2016—2017 年电动叉车各月销售趋势

（1）电动平衡重乘驾式叉车分吨位销售情况。2017年全国共销售电动平衡重乘驾式叉车 52 946 台，与上年同期的 39 985 台相比，同比增长 32.41%。

销量排在前六位的企业是：杭叉集团股份有限公司、安徽叉车集团有限责任公司、林德（中国）叉车有限公司、比亚迪股份有限公司、丰田产业车辆（上海）有限公司、安徽江淮银联重型工程机械有限公司。排在前三位企业的销量合计为 28 835 台，占电动平衡重乘驾式叉车销量的 54.12%；排在前六位企业的销量合计为 37 567 台，占电动平衡重乘驾式叉车销量的 70.51%。

（2）电动仓储叉车（包括电动乘驾式仓储叉车、电动步行式仓储叉车等）。2017 年全国共销售电动仓储叉车 150 705 台，与上年同期的 101 540 台相比，同比增长 48.42%。

销量排在前六位的企业是：浙江中力机械有限公司、诺力智能装备股份有限公司、安徽叉车集团有限责任公司、宁波如意股份有限公司、杭叉集团股份有限公司、林德（中国）叉车有限公司。排在前三位的企业销量合计为 93 022 台，占电动仓储叉车销量的 57.67%；排在前六位企业的销量为 135 699 台，占电动仓储叉车销量的 84.13%。

3. 各地区叉车销售情况

从 2017 年销售到国内各地的 371 103 台机动工业车辆的流向看，以往市场份额最大的华东地区上升了 2.11 个百分点。

各地区叉车销售情况如下：华东地区销售 177 416 台，占市场份额的 47.82%；华南地区销售 57 228 台，占市场份额的 15.42%；华中地区销售 31 592 台，占市场份额的 8.52%；华北地区销售 41 978 台，占市场份额的 11.31%；西北地区销售 20 277 台，占市场份额的 5.47%；西南地区销售 23 997 台，占市场份额的 6.47%；东北地区销售 18 525 台，占市场份额的 4.99%。2017 年各地区叉车销售数量和占有市场份额的情况见表 6。

表 6 2017 年各地区叉车销售数量和占有市场份额的情况

序号	地区	销量（台）	2017 年占市场份额（%）	2016 年占市场份额（%）	市场份额同比增长（百分点）	序号	地区	销量（台）	2017 年占市场份额（%）	2016 年占市场份额（%）	市场份额同比增长（百分点）
1	广东	45 452	12.25	11.24	1.01	17	陕西	7 437	2.00	1.81	0.19
2	江苏	45 307	12.21	12.81	-0.60	18	江西	7 264	1.96	1.85	0.11
3	浙江	38 049	10.26	10.43	-0.17	19	重庆	5 500	1.48	1.77	-0.29
4	山东	33 403	9.00	10.23	-1.23	20	云南	5 361	1.44	1.40	0.04
5	上海	26 245	7.07	6.22	0.85	21	新疆	5 291	1.43	1.24	0.19
6	安徽	14 930	4.02	3.51	0.51	22	山西	5 155	1.39	1.26	0.13
7	河北	14 762	3.98	4.93	-0.95	23	黑龙江	5 039	1.36	1.44	-0.08
8	河南	12 726	3.43	3.97	-0.54	24	吉林	4 813	1.30	1.11	0.19
9	福建	12 218	3.29	3.18	0.11	25	内蒙古	4 199	1.13	0.95	0.18
10	北京	10 325	2.78	2.83	-0.05	26	海南	3 720	1.00	0.50	0.50
11	湖北	9 577	2.58	2.97	-0.39	27	甘肃	3 572	0.96	0.79	0.17
12	湖南	9 289	2.50	2.39	0.11	28	贵州	3 232	0.87	0.71	0.16
13	辽宁	8 673	2.34	2.49	-0.15	29	宁夏	2 341	0.63	0.50	0.13
14	四川	8 668	2.34	2.60	-0.26	30	青海	1 636	0.44	0.42	0.02
15	广西	8 056	2.17	1.88	0.29	31	西藏	1 236	0.33	0.25	0.08
16	天津	7 537	2.03	2.32	-0.29						

4. 轻小型搬运车辆市场情况

2017 年，分会会员单位报告的非机动工业车辆销量为 1 599 322 台（含贴牌总销量为 1 732 309 台），与上年同期的 1 445 054 台（含贴牌总销量为 1 571 701 台）相比，同比增长 10.68%。

5. 固定平台搬运车销售情况

2017 年，固定平台搬运车销量为 480 台，与上年同期的 161 台相比，同比增长 198.14%。

6. 牵引车销售情况

2017 年，牵引车销量为 1 639 台（其中电动牵引车为

923台、内燃牵引车为716台）与上年同期的1 400台相比，同比增长17.07%。

销量排在前五位的企业是：江苏靖江叉车有限公司、宁波如意股份有限公司、林德（中国）叉车有限公司、浙江中力机械有限公司、丰田产业车辆（上海）有限公司。排在前三位的企业销量合计为1 168台，占牵引车销量的71.26%；排在前五位企业的销量合计为1 353台，占牵引车销量的82.55%。

7.AGV叉车销售情况

从2017年1月起，分会新增对AGV叉车的统计。2017年AGV叉车销量为42台，其中电动乘驾式仓储叉车6台，电动步行式仓储叉车36台，均为国内销售。

8.锂电池及氢燃料叉车销售情况

从2017年1月起，分会新增对锂电池（Ⅰ～Ⅲ类）及氢燃料（Ⅳ～Ⅴ类）叉车的统计。

2017年，锂电池叉车（Ⅰ～Ⅲ类）销量为8 681台，其中电动平衡重乘驾式叉车3 699台，电动乘驾式仓储叉车91台，电动步行式仓储叉车4 891台。锂电池叉车国内销量为5 077台，出口量为3 604台。氢燃料叉车（Ⅳ～Ⅴ类）销量为0台。

三、进出口情况

2017年出口叉车及装有升降或搬运装置的工业车辆共1 960 778台，与上年同期的出口量1 728 039台相比，同比增长13.47%；出口金额2 264 443 855美元，与上年同期的出口金额1 956 255 047美元相比，同比增长15.75%。这些工业车辆出口到199个国家和地区。2010—2017年我国工业车辆出口情况见表7。

表7　2010—2017年我国工业车辆出口情况

年份	出口量		出口金额	
	数量（台）	同比增长（%）	金额（美元）	同比增长（%）
2010	1 580 085	67.69	756 331 867	62.19
2011	1 870 262	18.36	1 321 538 437	74.73
2012	1 783 947	−4.62	1 569 407 754	18.76
2013	1 792 298	0.47	1 683 613 101	7.28
2014	1 708 984	−4.65	1 944 225 997	15.48
2015	1 716 816	0.46	1 890 698 897	−2.74
2016	1 728 039	0.65	1 956 255 047	3.47
2017	1 960 778	13.47	2 264 443 855	15.75

1. 2017年机动工业车辆出口情况

2017年，机动工业车辆出口223 060台，与上年同期的166 789台相比，同比增长33.74%；其中电动叉车（含巷道堆垛机）出口138 843台，与上年同期的出口量99 193台相比，同比增长39.97%；内燃叉车（含集装箱叉车）出口84 217台，与上年同期的出口量67 596台相比，同比增长24.59%。2010—2017年机动工业车辆出口情况见表8。2017年机动工业车辆出口各洲数量及占比情况见表9。2017年机动工业车辆出口各洲同比增长情况见表10。2017年各种类型叉车出口去向排列前五位的国家（地区）见表11。

表8　2010—2017年机动工业车辆出口情况

年份	出口量		出口金额	
	数量（台）	同比增长（%）	金额（美元）	同比增长（%）
2010	47 143	71.07	517 832 892	67.36
2011	84 249	78.71	1 014 556 246	95.92
2012	97 786	16.07	1 251 750 489	23.38
2013	112 703	15.25	1 369 437 533	9.40
2014	133 208	18.19	1 624 387 978	18.62
2015	134 395	0.89	1 574 109 829	−3.10
2016	166 789	24.10	1 660 531 102	5.49
2017	223 060	33.74	1 938 546 374	16.74

表9　2017年机动工业车辆出口各洲数量及占比情况

地区	机动工业车辆		电动叉车		内燃叉车	
	数量（台）	占比（%）	数量（台）	占比（%）	数量（台）	占比（%）
亚洲	68 259	30.60	39 795	28.66	28 464	33.80
非洲	12 123	5.43	2 272	1.64	9 851	11.70
欧洲	79 014	35.42	59 581	42.92	19 433	23.07
拉丁美洲	15 616	7.00	5 144	3.70	10 472	12.43
北美洲	35 182	15.77	24 426	17.59	10 756	12.77
大洋洲	12 866	5.78	7 625	5.49	5 241	6.23

表10　2017年机动工业车辆出口各洲同比增长情况

地区	机动工业车辆			电动叉车			内燃叉车		
	2016年出口量（台）	2017年出口量（台）	同比增长（%）	2016年出口量（台）	2017年出口量（台）	同比增长（%）	2016年出口量（台）	2017年出口量（台）	同比增长（%）
亚 洲	60 005	68 259	13.76	34 385	39 795	15.73	25 620	28 464	11.10
非 洲	9 635	12 123	25.82	1 676	2 272	35.56	7 959	9 851	23.77
欧 洲	47 771	79 014	65.40	32 592	59 581	82.81	15 179	19 433	28.03
美 洲	40 351	50 798	25.89	25 266	29 570	17.03	15 085	21 228	40.72
大洋洲	9 027	12 866	42.53	5 274	7 625	44.58	3 753	5 241	39.65

表11　2017年各种类型叉车出口去向排列前五位的国家（地区）

序号	电动叉车		内燃叉车		其他未列名叉车	
	国家（地区）	数量（台）	国家（地区）	数量（台）	国家（地区）	数量（台）
1	美国	23 020	美国	10 229	美国	521 071
2	德国	19 713	土耳其	5 058	俄罗斯联邦	125 800
3	比利时	7 837	荷兰	4 707	德国	113 858
4	荷兰	7 357	阿根廷	4 291	土耳其	71 857
5	韩国	7 177	澳大利亚	4 182	印度	68 219

在机动工业车辆的出口中，电动叉车出口138 843台，占出口量的62.24%；内燃叉车84 217台，占出口量的37.76%。电动叉车出口占比增加2.77个百分点。2017年机动工业车辆出口构成比例变化情况见表12。

表12　2017年机动工业车辆出口构成比例变化情况

年份	机动工业车辆（台）	电动叉车		内燃叉车	
		出口量（台）	占比（%）	出口量（台）	占比（%）
2016	166 789	99 193	59.47	67 596	40.53
2017	223 060	138 843	62.24	84 217	37.76

2. 2017年非机动工业车辆（轻小型搬运车辆）出口情况

2017年非机动工业车辆（轻小型搬运车辆）出口量为1 737 718台，与上年同期的1 561 250台相比，同比增长11.30%。2017年非机动工业车辆（轻小型搬运车辆）出口各洲情况见表13。

从表13看出，欧美占非机动工业车辆（轻小型搬运车辆）出口总量的66.52%，其中，欧洲占26.50%、美洲占40.02%、亚洲占27.81%。2017年非机动工业车辆（轻小型搬运车辆）出口欧洲前10位国家情况见表14。2017年非机动工业车辆（轻小型搬运车辆）出口美洲前10位国家情况见表15。

表13　2017年非机动工业车辆（轻小型搬运车辆）出口各洲情况

地区	出口数量（台）	占比（%）
亚洲	483 318	27.81
非洲	59 672	3.43
欧洲	460 447	26.50
拉丁美洲	145 835	8.39
北美洲	549 668	31.63
大洋洲	38 778	2.24

表14　2017年非机动工业车辆（轻小型搬运车辆）出口欧洲前10位国家情况

序号	国家（地区）	出口量（台）	占比（%）	序号	国家（地区）	出口量（台）	占比（%）
1	俄罗斯联邦	125 800	27.32	6	法国	19 285	4.19
2	德国	113 858	24.73	7	波兰	18 885	4.10
3	荷兰	27 309	5.93	8	瑞典	16 358	3.55
4	乌克兰	25 707	5.58	9	比利时	15 757	3.42
5	英国	20 824	4.52	10	意大利	11 009	2.39

表 15 2017 年非机动工业车辆（轻小型搬运车辆）出口美洲前 10 位国家情况

序号	地区国家	出口量（台）	占比（%）
1	美国	521 071	74.92
2	墨西哥	48 815	7.02
3	加拿大	28 597	4.11
4	巴西	25 843	3.72
5	阿根廷	18 735	2.69
6	智利	18 079	2.60
7	秘鲁	6 759	0.97
8	哥伦比亚	6 747	0.97
9	巴拿马	4 508	0.65
10	厄瓜多尔	4 303	0.62

3.2017 年我国工业车辆进口情况

2017 年进口叉车及装有升降或搬运装置的工业车辆共 14769 台，与上年同期的进口量 11 645 台相比，同比增长 26.83%；进口金额为 255 675 740 美元，与上年同期的进口金额 217 770 224 美元相比，同比增长 17.41%。其中，电动叉车（含巷道堆垛机）为 11 375 台，与上年同期的进口量 8263 台相比，同比增长 37.66%；内燃叉车（含集装箱叉车）为 1 088 台（其中集装箱叉车 15 台），与上年同期的进口量 839 台相比，同比增长 29.68%；未列名叉车 2 306 台，与上年同期的进口量 2 543 台相比，同比下降 9.32%。2017 年是我国少有的进口高增长年份。2010—2017 年工业车辆进口情况见表 16。

表 16 2010—2017 年工业车辆进口情况

年份	进口量		进口金额	
	数量（台）	同比增长（%）	金额（美元）	同比增长（%）
2010	14 644	51.72	389 169 560	32.54
2011	15 632	6.75	368 447 853	-5.32
2012	12 970	-17.03	321 267 736	-12.81
2013	12 063	-6.99	301 439 716	-6.17
2014	12 572	4.22	291 695 891	-3.23
2015	12 632	0.48	283 928 995	-2.66
2016	11 645	-7.81	217 770 224	-23.30
2017	14 769	26.83	255 675 740	17.41

这些进口的工业车辆来自 31 个国家和地区。2017 年进口机动工业车辆 12 463 台，其中，欧洲占 50.10%、亚洲占 37.67%、美洲占 12.18%、大洋洲占 0.05%；进口电动叉车（含巷道堆垛机）11 375 台，其中，欧洲占 53.38%、美洲占 9.71%、亚洲占 36.91%；进口内燃叉车（含集装箱叉车 15 台）1 088 台，其中，欧洲占 15.81%、美洲占 37.96%、亚洲占 45.68%、大洋洲占 0.55%。

四、科研成果及新产品

2017 年工业车辆行业科技成果及新产品见表 17。

表 17 2017 年工业车辆行业科技成果及新产品

序号	企业名称	项目名称	获奖名称	获奖等级
1	安徽叉车集团公司	H3 系列 1 ～ 3.5t 内燃平衡重式叉车	安徽省科学技术进步奖	三等奖
		H3 系列 2 ～ 3.5 t 内燃平衡重式叉车	中国机械工业科学技术奖	三等奖
		1 ～ 3t 液力叉车变速器试验台建设及其扩展应用	中国机械工业科学技术奖	三等奖
		仓储车减速器疲劳试验装置研制	中国机械工业科学技术奖	三等奖
		G 系列 1 ～ 3.5t 锂电池平衡重式叉车	安徽省机械工业科学技术奖	一等奖
		H3 系列 2 ～ 3.5t 内燃平衡重式叉车	安徽省机械工业科学技术奖	二等奖
2	杭叉集团股份有限公司	AGV 前移式三向数据堆垛车	浙江省装备制造业重点领域省内首台(套)	
		大举力密度高效率叉车设计制造关键技术研究及应用	中国机械工业科学技术奖	一等奖
		大举力密度高效率叉车机电液集成设计技术及应用	浙江省科学技术进步奖	一等奖
3	宁波如意股份有限公司	CCSD25EX 四向侧面防爆叉车项目	宁波市重点工业新产品	
		液压搬运车机器人焊接加工柔性自动化装备关键技术研发及其产业化应用	宁波市科学技术奖	二等奖
4	浙江诺力机械股份有限公司	AGL-PS10B 激光复合导航窄巷道托盘堆垛车	浙江省新产品奖	省级新产品
		AGL-PS20 无人驾驶托盘堆垛车	浙江省新产品奖	省级新产品
		RT20 座驾式前移叉车	浙江省新产品奖	省级新产品
		基于智能控制的四向堆高车研究	重大科技专项重点工业项目	
		PTE15X 永磁驱动电动搬运车	装备制造业重点领域首台（套）产品	
		CS15G 助力转向全电动堆高车	浙江省科学技术进步奖	二等奖
5	中机科车辆检测工程研究院有限公司	大型特种车辆防抱死制动式试验路面及测试系统研究	中国机械工业科学技术奖	二等奖
		观光车系列国家强制性标准《非公路旅游观光车座椅安全带及其固定器》和《非公路旅游观光车前照灯》的制定	中国机械工业科学技术奖	三等奖

五、2017年行业特点及未来发展趋势

2017年，全球工业车辆呈现普涨的现象，总销量创历史新高，超过133万台，欧盟、美国等主要市场继续保持增长的趋势，我国市场呈现近年少有的爆发式增长，继续占据世界最大工业车辆制造国和销售市场的位置。

在机动工业车辆销售中，各车型均有不同程度的涨幅，电动车辆占比继续增加，仓储叉车依然是所有车型中涨幅最大的。随着新能源、智能化技术的进步和认知的加强，相应的需求呈现出明显的加速，业内企业在趋势的指引下纷纷投入到新产品开发中，主机和配套不断涌现出成功的案例。不久的将来，部分常用小吨位内燃平衡重叉车将由电动、新能源叉车替代，叉车类及牵引车AGV在未来技术突破、成本降低后市场需求会进一步释放。

业内竞争格局体现出集中度将进一步提高，“洗牌”也已经开始，内外资收购、兼并持续出现，当前已经是聚集优势力量的关键期，未来对市场的追求将主要体现在资源的整合上。行业需要转型升级，由价格主导逐步向技术、效率、增值服务方向拓展，自动化、智能化、可视化、远程管理监控相关软、硬件等技术在工业车辆领域的应用会进一步提高。 新产品、新技术更新加快，市场空间大，未来创新和核心技术会改变竞争格局。企业发展、在行业的定位越来越重要。大企业产品全、体量大，已经在从设备提供商、服务商向系统集成商转变；中小企业需在特色、专业上形成不可替代的竞争力。除了产品、技术创新，管理、销售、服务模式的创新同样在增强企业竞争力中占有越来越重要的地位。降本增效、打通渠道、提升服务，其中有很多细节可关注。

〔撰稿人：中国工程机械工业协会工业车辆分会张洁〕

压实机械

一、我国压实机械行业总体情况

中国工程机械工业协会路面与压实机械分会调研数据表明，截至2017年年底，我国生产压实机械的企业约30家，比2011年高峰期下降约30%。其中，规模主机制造企业15家，规划设计产能约4万台；行业规模代理商、经销商超过200家。2017年，纳入分会统计的22家主机制造企业共计销售约550种不同型号和规格的压实机械产品，工作质量涵盖0.5～39t。

在国内经济持续回暖的大环境下，随着基础设施建设投入的加大、我国“一带一路”倡议的全面实施以及主机换新周期和国Ⅲ排放标准的全面实施等多重因素叠加的影响，2017年压实机械市场需求显著增加。除2月份外，2017年全年月度销量同比增长均在20%以上，其中有7个月同比增长超过45%，3月份更是达到84.1%，但同比增长总体呈“前高后低”态势；全年总销量17 421台（含出口），同比增长45.7%，销量仅次于2010年的26 035台和2011年的21 617台，达到历史第三高水平。2017年我国压实机械行业整体概况见表1。

表1　2017年我国压实机械行业整体概况

项目	内容
主机制造企业数量	约30家
规模主机制造企业数量	15家
国外主机制造企业数量	6家
行业规划设计产能	约4万台
2017年压实机械总销量	17 421台（含出口）
2017年压实机械销量同比增长	45.7%
2017年压实机械出口量	2 278台
出口量占总销量的比例	13.1%
国产品牌综合占有率	86.8%
2017年压实机械销量前10位制造商	徐工道机 柳工路面 洛阳路通 三一路机 厦工三明 江苏骏马 山推股份 维特根悍马 国机洛建 宝马格（中国）
2017年前10位主机企业市场占有率	84.6%

注：数据来源于中国工程机械工业协会路面与压实机械分会。

二、我国压实机械行业特点

1.压实机械技术及产品特点

与挖掘机、装载机等大的行业相比，压实机械的技术与产品具有以下特点：

（1）压实机械具有很强的“专用”特性，即使用范围窄，因而市场容量小。

（2）压实机械的优劣好坏判断，不仅取决于机器本身的技术性能（压实能力、作业效率、工况适应性、操作舒适性、使用经济性等）和质量水平（可靠性和使用寿命等），更重要的是作业质量。换一个角度讲，要做好压实机械，不仅要研究机器本身，还必须关注被压实对象——土壤的特性，如压实机理、材料配比、含水量等，以及针对不同土壤的压实施工工艺——工法。也正因为如此，压实工程开始前必须进行大量的试验，过程中及结束后还必须进行“工作质量”检查，返修返工现象比较普遍，这就对压实机械提出了更高的要求。这是筑养路机械的一个共同特点，其原因在于道路工程有“质量”等级之分（如高速公路、一级公路、二级公路等，而其他工程只有规模等级、抗震等级、使用年限等之分）。

（3）振动压路机既要充分利用振动进行压实作业，同时必须控制振动（隔振）提高驾驶舒适性，是振动利用与控制的有机结合体。

（4）压实机械是我国工程机械行业中较早进行技术引进，并且在消化吸收的基础上进行创新发展最成功的典范之一。

2. 我国压实机械市场特色

我国压实机械是工程机械年度销量中位居第四的产品，既具有一定的代表性，同时又具有一定的特殊性。其特殊性具体表现为：

（1）企业密度大、市场浓度小。行业年销量约2万台左右，总销售额约80亿元，从业企业为50余家。

（2）国际压实机械行业“六巨头”悉数在我国建厂生产，同时国产品牌大量出口，占比最高达到37%以上（2008年），充分说明国内市场国际化、国际市场国内化。

（3）压实机械高、中、低端产品都有一定的市场，这既与挖掘机的“纯高端路线”及装载机的“纯低端路线”不同，又与压实机械的性能与质量决定着道路施工质量因而走高端路线相矛盾，这是导致国内大大小小的压路机厂家都能“活”、但又都“活”得比较艰难的直接原因。

3. 我国压实机械国际地位

2017年，全世界新增5t以上压路机约45 000台，我国市场新增约15 000台，占比达33.3%。

我国独创的机械式单钢轮振动压路机，保持着单系列产品年度销量之冠。2010年销量15 603台，占我国5t以上压路机年度总销量的63.8%，占全世界5t以上压路机年度总销量的约25%。

我国双钢轮压路机是弱项，轻型压实设备（包括夯实设备）市场一直不振。

我国已成为世界压实机械名副其实的制造和使用第一大国，但成为制造强国还需要行业企业共同努力。

4. 我国压实机械行业存在的问题

尽管我国压实机械位居工程机械年度销量第四，占世界压实机械销量的三分之一，但仍然是一个小行业。而且，在我国经济正遭遇“市场增长速度换档期、行业结构调整阵痛期、前期透支销售消化期”这三期叠加的转型关键时期，压实机械行业正经历着“五过并行”的困扰。具体表现为：

（1）企业过多。行业报表22家，但据不完全统计还有非报表知名企业20余家、不知名企业20余家。

（2）产能过剩。近十年来最高年度销量26 035台（2010年），最低年度销量10 388台（2015年），而实际产能估计在40 000台/a以上。

（3）过度竞争。表现为产品同质化严重、销售成交条件恶化、行业集中度整体走低等。

（4）过分经营。主机厂家存货大量积压、应收账款居高不下、货款逾期严重，很多企业出现负现金流，这是经营状况严重不健康的表现。

三、我国压实机械行业发展规律

1. 行业总体发展规律

我国压实机械行业经历了4个发展阶段，即：起步阶段（1940—1960年）、初步发展阶段（1961—1985年）、技术引进快速发展阶段（1986—2000年）、局部创新高速发展阶段（2001—2015年）。2016年至今，我国压实机械行业处于与国际先进水平同步发展阶段。

在我国压实机械行业近80年的发展历程中，既经历了十余次小的经济周期（五年规划）的磨炼，又经历了几次大的经济波折，已经表现出了很强的规律性。

“八五”以来压实机械历年销量见表2。

表2 “八五”以来压实机械历年销量

年份	八五					九五					十五				
	1991	1992	1993	1994	1995	1996	1997	1998	1999	2000	2001	2002	2003	2004	2005
销量（台）	2 335	3 053	4 311	3 791	3 698	3 549	3 921	4 436	6 335	5 712	6 831	8 907	12 372	10 733	7 390
增长（%）	0	30.7	41.2	-12.1	-2.5	-4.0	10.5	13.1	42.8	-9.8	19.6	30.4	38.9	-13.2	-31.1
年份	十一五					十二五					十三五				
	2006	2007	2008	2009	2010	2011	2012	2013	2014	2015	2016	2017	2018	2019	2020
销量（台）	8 760	9 959	10 783	16 715	26 035	21 617	13 248	15 726	14 270	10 388	11 959	17 421			
增长（%）	18.5	13.7	8.3	55.0	55.8	-17.0	-38.7	18.7	-9.3	-27.2	15.1	45.7			

从统计图表来看，年度销量基本以五年（五年计划）为“波长”呈波浪式上升，以前表现为“低潮”的状态，而最近则呈现出“高潮”气势。

逢 3 年 、逢 9 年份为行业销量的“峰年”，而五年计划的起 / 止年份为行业销量的“谷年”。其中，2009 年本应为“峰年”，由于 2008 年的“四万亿”经济刺激而推移到了 2010 年，本应 2011 年的“谷年”顺延到了 2012 年。

经过 2012 年“断崖式”下跌及近五年的深度调整以后，2015 年行业销量到达新一轮的谷底，这提醒行业应保持理性、把控风险、避免恶性竞争，迎接行业未来健康发展。

2. 月度销量变化规律

我国压实机械行业历年来的月度销量也表现出很强的规律性。从历史月度销量变化情况来看，全年图表呈现整体呈“非对称”正态分布态势，或者说像一头“劲牛”负重前行的姿态。4 个特征点：1 月、2 月为全年“低谷”月份（春节因素），3 月、4 月为全年“高峰”月份（集中开工），8 月、9 月为下半年“小高潮”月份（秋后施工黄金时段），11 月、12 月为年末“翘尾”月份（年底冲刺）。因而，预测全年销量要点：一看 1 月的销量“起点”高不高，二看 3 月的销量“摸高”有多高。

2006—2017 年压实机械月度销量变化情况见图 1。

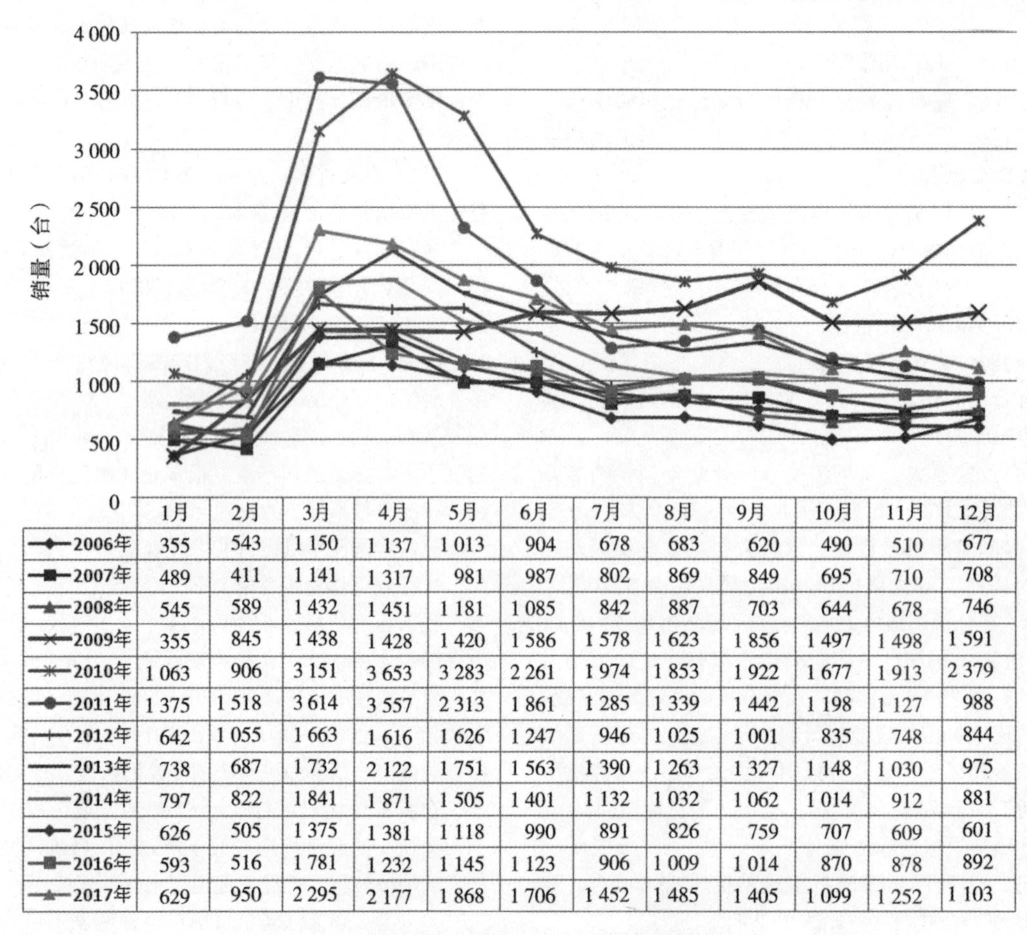

	1月	2月	3月	4月	5月	6月	7月	8月	9月	10月	11月	12月
2006年	355	543	1 150	1 137	1 013	904	678	683	620	490	510	677
2007年	489	411	1 141	1 317	981	987	802	869	849	695	710	708
2008年	545	589	1 432	1 451	1 181	1 085	842	887	703	644	678	746
2009年	355	845	1 438	1 428	1 420	1 586	1 578	1 623	1 856	1 497	1 498	1 591
2010年	1 063	906	3 151	3 653	3 283	2 261	1 974	1 853	1 922	1 677	1 913	2 379
2011年	1 375	1 518	3 614	3 557	2 313	1 861	1 285	1 339	1 442	1 198	1 127	988
2012年	642	1 055	1 663	1 616	1 626	1 247	946	1 025	1 001	835	748	844
2013年	738	687	1 732	2 122	1 751	1 563	1 390	1 263	1 327	1 148	1 030	975
2014年	797	822	1 841	1 871	1 505	1 401	1 132	1 032	1 062	1 014	912	881
2015年	626	505	1 375	1 381	1 118	990	891	826	759	707	609	601
2016年	593	516	1 781	1 232	1 145	1 123	906	1 009	1 014	870	878	892
2017年	629	950	2 295	2 177	1 868	1 706	1 452	1 485	1 405	1 099	1 252	1 103

图 1　2006—2017 年压实机械月度销量变化情况

3. 行业市场集中度

总体而言，我国压实机械属于高市场集中度行业。具体表现为：

（1）市场集中度整体呈下降趋势，其中 2016 年与 2006 年相比，CR_1、CR_4 和 CR_8 分别下降了 6 个、19.7 个和 3.4 个百分点，这不是一个行业健康发展所需要的。

（2）CR_1（第一名徐工的市场占有率）在历史上曾经达到 55% 以上，也曾于 2012 年跌破 20%；2016 年实现逆转抬头，但并未带动行业集中度的整体提升；而 2017 年 CR_1 ～ CR_8 整体实现上扬，普遍增长 2 ～ 4 个百分点。

（3）压实机械行业已无大的“外患”（双钢轮尚有“隐患”）之忧，当前主要只受“内忧”困扰（前沿技术储备不足、低价竞争等），行业不需要“外斗外行、内斗内行”的另类企业，也不宜提倡“屡战屡败”还要“屡败屡战”的顽强精神，而“弱肉强食”和“强强联合”才是应该遵循的市场法则。

（4）相对于我国工程机械行业第一大子行业挖掘机（2017 年 CR_1 为 22.2%，同比增长 2.2 个百分点；CR_4 为 53.0%，同比增长 4.3 个百分点；CR_8 为 76.3%，同比增长 4.9 个百分点）而言，压实机械行业的市场集中度还是比较高的。

（5）市场集中度的“峰年”和“谷年”基本上与行业销量的“峰年”（2010 年、2013 年）和“谷年”（2012 年、2015 年）相对应，说明市场的“冰火两重天”对企业影响深远，可以概括为：火爆的市场，是小企业滋生的温床，是大企业跳跃前进的陷阱；疲软的市场，是小企业葬身的墓地、是大企业苦练内功的炼狱。

（6）压实机械市场经过几次反复之后，部分厂家已经退出，随着行业竞争的进一步白热化和规范化，市场集中度有望提升 5 ～ 10 个百分点。

“十一五”以来压实机械市场集中度变化趋势见图 2。

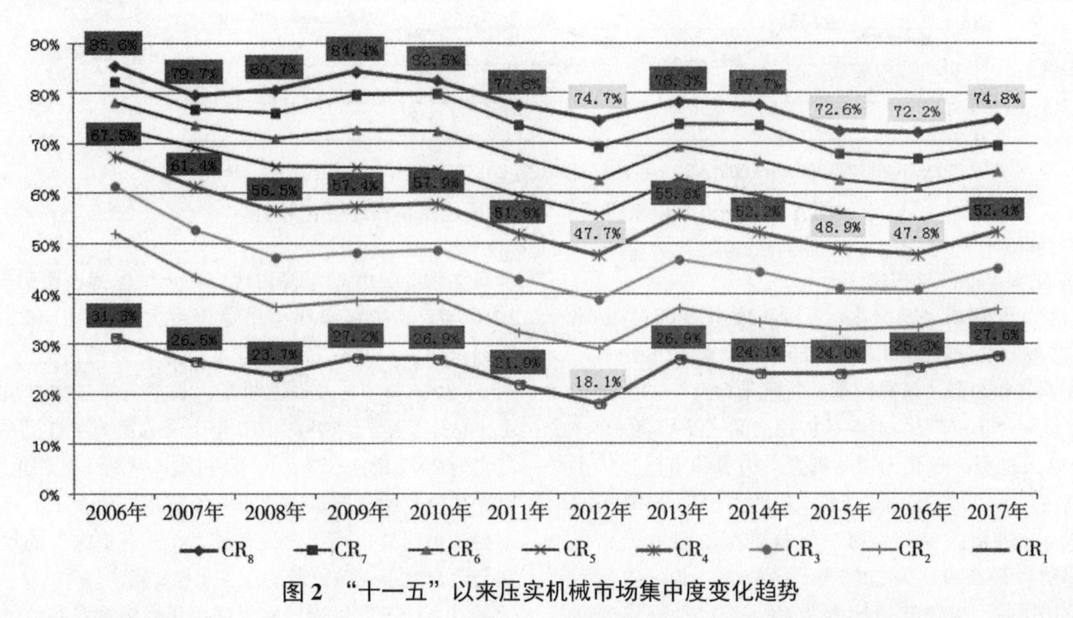

图 2 “十一五”以来压实机械市场集中度变化趋势

4. 产品结构演变规律

（1）系列产品构成比例

1）机械式单钢轮。其占比由 2010 年的最高 59.9% 下降至 30% ～ 40% 之间，属正常回归。

2）全液压单钢轮。占比一直在正常范围（12% ～ 20%）内波动。

3）全液压双钢轮。占比一直在正常范围（10% ～ 18%）内波动，并且呈五年一个周期循环，即上升两三年、下降两三年。这种变化与道路施工周期相对应，其中低谷时为路基建设年份，然后逐步进入路面建设年份。

4）轮胎机。占比在正常范围（8% ～ 12%）内波动。

5）轻型机。占比呈波动式增长，由 2006 年的 5.4% 增长至 2016 年的 20.2%，未来发展前景值得关注。

6）光轮机。占比进一步萎缩，由 2006 年的 8.9% 下降至 2017 年的 2.7%，已经跌去 2/3 以上，大有“退居幕后”之势。

“十一五”以来压实机械各系列产品占比变化趋势见图 3。

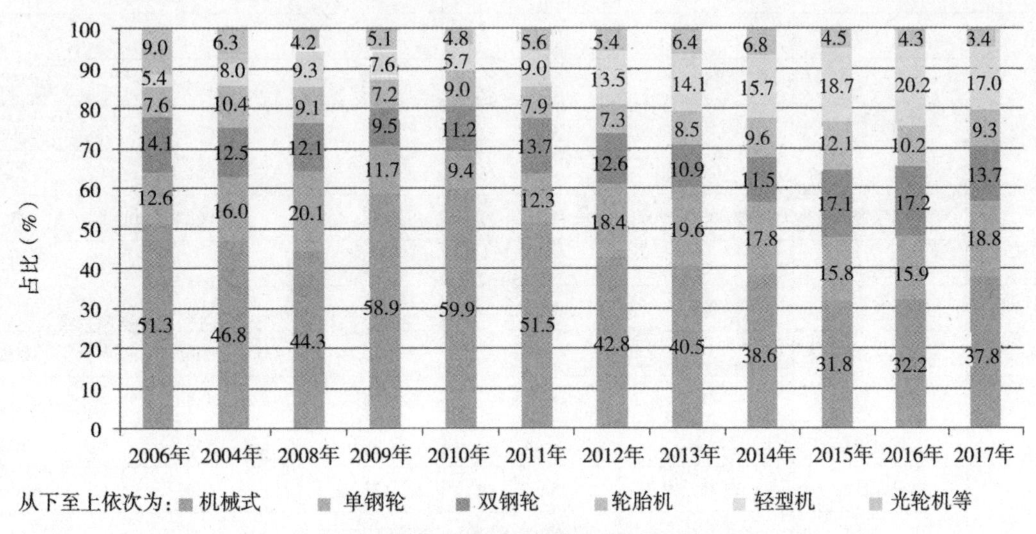

图 3 “十一五”以来压实机械各系列产品占比变化趋势

（2）机械式与全液压产品对比。机械式与全液压（单钢轮、双钢轮）产品的占比变化可谓“跌宕起伏”：由 2010 年的最大 3 ∶ 1（2010 年为 59.9% ∶ 20.6%）演变为近三年的接近 1 ∶ 1（2015 年为 31.8% ∶ 32.9%、2016 为年 32.2% ∶ 33.1%、2017 为年 37.8% ∶ 32.5%），全液压产品占比甚至有时还有少许的反超。

“十一五”以来机械式与全液压压路机占比变化趋势见图 4。

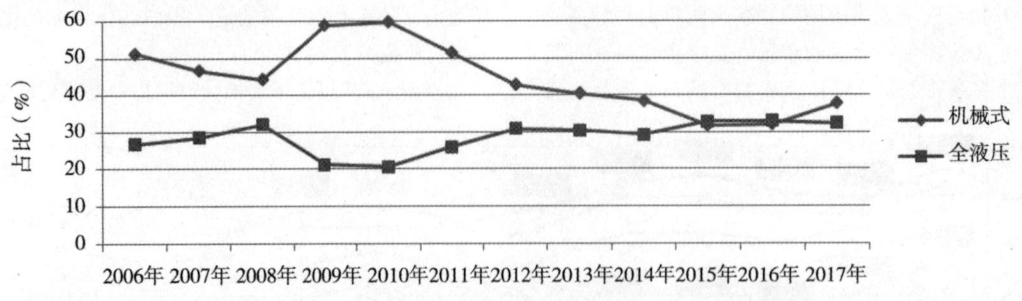

图 4 “十一五”以来机械式与全液压压路机占比变化趋势

（3）主要产品吨位占比

1）轮胎压路机。总体特点：25t 机型 2006 年占比 53.8%（首破 50%），2009 年占比 54.4%（最高占比），2010 年销量 1 022 台（最高销量、首破千台）。①产品构成：整体呈现“单峰”结构 —— 内销产品（25 ~ 30t）。② 16t 及以下机型：一直为辅助机型，销量和占比起伏不定。最高占比为 2008 年的 21.5%，最低占比为 2010 年的 5.2%。③ 20t 机型：曾经为第二主打机型，但占比总体呈下降趋势。最高占比为 2006 年的 24.3%，最低占比为 2015 年的 7.3%；2017 年占比为 7.9%，在 4 种规格产品中占比最低。④ 25t 机型：长期为第一主打机型，但占比总体呈下降趋势。2006 年占比达到 53.8%，2009 年继续攀高达到 54.4% 的最高占比，并一直保持占比历史纪录；2010 年首次突破单机型销量千台大关达到 1 022 台的最高销量，并一直保持销量历史纪录。最低占比为 2017 年的 31.2%。⑤ 30t 及以上机型：长期为第二主打机型，但占比总体呈上升趋势，2016 年上升为第一主打机型，最高占比为 2017 的 49.3%。⑥ 35t 机型：从施工工艺角度考量，更大吨位轮胎压路机的需求并不突出，至少三五年短期内不会产生明显市场；“没有最大、只有更大”的理念已不完全适合处于成熟阶段的压实机械。

“十一五”以来轮胎压路机年度销量及各吨位占比见表 3。

表 3 “十一五”以来轮胎压路机年度销量及各吨位占比

年份	项目	合计	≤ 16t	20t	25t	≥ 30t
2006	销量（台）	668	39	162	359	108
	占比（%）		5.8	24.3	53.8	16.2
2007	销量（台）	1 031	197	185	432	217
	占比（%）		19.1	17.9	41.9	21.1
2008	销量（台）	981	211	187	503	80
	占比（%）		21.5	19.1	51.3	8.2
2009	销量（台）	1 210	97	208	658	247
	占比（%）		8.0	17.2	54.4	20.4
2010	销量（台）	2 336	122	246	1 022	946
	占比（%）		5.2	10.5	43.8	40.5
2011	销量（台）	1 702	90	302	796	514
	占比（%）		5.3	17.7	46.8	30.2
2012	销量（台）	971	81	155	482	253
	占比（%）		8.3	16.0	49.6	26.1
2013	销量（台）	1 335	124	171	630	410
	占比（%）		9.3	12.8	47.2	30.7
2014	销量（台）	1 363	125	144	689	405
	占比（%）		9.2	10.6	50.5	29.7

（续）

年份	项目	合计	≤ 16t	20t	25t	≥ 30t
2015	销量（台）	1 254	80	92	568	514
	占比（%）		6.4	7.3	45.3	41.0
2016	销量（台）	1 222	118	125	416	563
	占比（%）		9.7	10.2	34.0	46.1
2017	销量（台）	1 613	187	127	503	796
	占比（%）		11.6	7.9	31.2	49.3

2）机械式单钢轮压路机。总体特点：20t 机型 2006 年占比 53.2%（首破 50%），2009 年销量 5 837 台（首破 5 000 台），2010 年销量 8 739 台（最高销量），22t 机型 2017 年占比 69.4%（最高占比）。①产品构成：整体呈现“单峰”结构 —— 内销产品（20 ～ 22t），其中 2013 年出现过一次“双峰”并列（销量差距 3% 以下）现象。② 14t 及以下机型：一直为辅助机型，销量和占比起伏不定。最高占比为 2008 年的 30.5%，最低占比为 2011 年的 10.4%。③ 16t 机型：一直为辅助机型，销量和占比起伏不定。最高占比为 2013 年的 6.9%，最低占比为 2010 年的 1.9%。④ 18t 机型：2008 年及以前为第二主打机型，但占比总体呈下降趋势。最高占比为 2006 年的 23.4%，最低占比为 2017 年的 4.6%。⑤ 20t 机型：长期为第一主打机型，但占比总体呈下降趋势。2006 年占比首次突破 50% 达到 53.2%，最高占比为 2009 年的 59.3%，并首次突破单机型五千台销量大关达到 5 837 台；2010 年继续攀高达到 8 739 台的最高销量，并一直保持所有单机型的销量历史纪录，之后一路下降，到 2017 年占比降至 11.3%。⑥ 22t 及以上机型：主要为第二主打机型，但占比总体呈上升趋势，2013 年上升为第一主打机型。2017 年达到 69.4% 的最高占比，并一举创造占比历史纪录， 且超越 20t 机型 600% 以上。

“十一五”以来机械式单钢轮压路机年度销量及各吨位占比见表 4。

表 4 “十一五”以来机械式单钢轮压路机年度销量及各吨位占比

年份	项目	合计	≤ 14t	16t	18t	20t	≥ 22t
2006	销量（台）	4 493	621	290	1 050	2 390	142
	占比（%）		13.8	6.5	23.4	53.2	3.1
2007	销量（台）	4 667	938	293	847	2327	262
	占比（%）		20.1	6.3	18.2	49.7	5.6
2008	销量（台）	4 773	1 453	229	628	2 168	295
	占比（%）		30.5	4.8	13.2	45.4	6.2
2009	销量（台）	9 849	1 397	222	727	5 837	1 666
	占比（%）		14.2	2.3	7.4	59.3	16.9
2010	销量（台）	15 603	1 650	296	910	8 739	4 008
	占比（%）		10.6	1.9	5.8	56.0	25.7
2011	销量（台）	11 141	1 161	369	818	5 066	3 727
	占比（%）		10.4	3.3	7.3	45.5	33.5
2012	销量（台）	5 675	983	278	371	2 199	1 844
	占比（%）		17.3	4.9	6.5	38.7	32.5
2013	销量（台）	6 370	907	441	361	2 303	2 358
	占比（%）		14.2	6.9	5.7	36.2	37.0
2014	销量（台）	5 512	1 004	275	336	1 657	2 240
	占比（%）		18.2	5.0	6.1	30.1	40.6

（续）

年份	项目	合计	≤ 14t	16t	18t	20t	≥ 22t
2015	销量（台）	3 306	586	176	221	840	1 483
	占比（%）		17.7	5.3	6.7	25.4	44.9
2016	销量（台）	3 855	494	172	206	860	2 123
	占比（%）		12.8	4.5	5.3	22.3	55.1
2017	销量（台）	6 578	729	238	300	744	4 567
	占比（%）		11.1	3.6	4.6	11.3	69.4

3）全液压单钢轮压路机。总体特点：12t 机型 2008 年占比 37.7%（最高占比），22t 机型 2017 年销量 1 199 台（最高销量、首破千台）。①产品构成：整体呈现“双峰”结构——出口产品为一峰（12t）、内销产品为另一峰（20 ～ 22t）。在四大系列产品中，该系列产品规格最多。② 10t 及以下机型：长期为辅助机型，销量和占比起伏不定，但总体呈下降趋势。最高占比为 2014 年的 15.4%，最低占比为 2008 年的 1.6%。③ 12t 机型：一直为中小吨位出口“领军”产品，但占比总体呈下降趋势。最高占比为 2008 年的 37.7%，并至今保持占比历史纪录；最低占比为 2016 年的 8.7%。④ 14t ～ 16t 机型：一直为辅助机型，销量和占比起伏不定，总体呈下降趋势，是最为“尴尬”的机型。⑤ 18t 机型：长期为内销第二主力军，但占比总体呈下降趋势。最高占比为 2008 年的 26.5%，最低占比为 2017 年的 4.1%。⑥ 20t 机型：长期为内销第一主力军，并连续“独占鳌头”十一年，但占比总体呈下降趋势。最高占比为 2010 年的 29.9%，2016 年占比 27.0% 仍为“首席”；最低占比为 2017 年的 14.0%。⑦ 22t 机型：长期为辅助机型，但占比总体呈上升趋势，2015 年即“晋升”为第二主打机型。最高占比为 2017 的 36.7%，首次突破单机型千台销量大关达到 1 199 台，并创造销量历史纪录。⑧ 24t 及以上机型：2016 年占比超过 22t 机型成为第二主力军，既在意料之中（早有预测）、又在意料之外（快速实现），属于“异军突起”产品，而且尚有一定的发展空间。

“十一五”以来全液压单钢轮压路机年度销量及各吨位占比见表 5。

表 5 “十一五”以来全液压单钢轮压路机年度销量及各吨位占比

年份	项目	合计	≤ 10t	12t	14t	16t	18t	20t	22t	≥ 24t
2006	销量（台）	1 104	89	302	60	64	280	309		
	占比（%）		8.1	27.4	5.4	5.8	25.4	28.0		
2007	销量（台）	1 593	140	518	97	43	388	407		
	占比（%）		8.8	32.5	6.1	2.7	24.4	25.6		
2008	销量（台）	2 167	34	816	184	103	573	457		
	占比（%）		1.6	37.7	8.5	4.8	26.5	21.1		
2009	销量（台）	1 963	124	595	93	91	413	647		
	占比（%）		6.3	30.3	4.7	4.6	21.1	33.0		
2010	销量（台）	2 451	80	595	138	101	526	732	89	190
	占比（%）		3.3	24.3	5.6	4.1	21.5	29.9	3.5	7.8
2011	销量（台）	2 667	138	733	224	212	408	576	141	235
	占比（%）		5.2	27.5	8.4	7.9	15.3	21.6	5.3	8.8
2012	销量（台）	2 471	244	725	189	161	288	572	132	160
	占比（%）		9.9	29.3	7.6	6.5	11.7	23.2	5.3	6.5
2013	销量（台）	3 075	272	675	280	277	410	718	213	230
	占比（%）		8.9	22.0	9.1	9.0	13.3	23.3	6.9	7.5
2014	销量（台）	2 536	390	458	177	195	356	518	239	203
	占比（%）		15.4	18.1	7.0	7.7	14.0	20.4	9.4	8.0

（续）

年份	项目	合计	≤ 10t	12t	14t	16t	18t	20t	22t	≥ 24t
2015	销量（台）	1 643	100	250	97	103	162	402	282	247
	占比（%）		6.1	15.2	5.9	6.2	9.9	24.5	17.2	15.0
2016	销量（台）	1 897	94	165	103	78	154	513	383	407
	占比（%）		5.0	8.7	5.4	4.1	8.1	27.0	20.2	21.5
2017	销量（台）	3 271	134	401	99	50	138	457	1199	793
	占比（%）		4.1	12.3	3.0	1.5	4.2	14.0	36.7	24.2

4）双钢轮压路机。总体特点：12t 机型 2010 年销量 1 292 台（最高销量、首破千台），13t 机型 2016 年占比 51.1%（首破 50%）、2017 年占比 51.9%（最高占比）。①产品构成：整体呈现“单峰”结构——内销产品（12 ～ 13t）。② 5 ～ 9t 机型：销量和占比起伏不定，最高占比为 2006 年的 18.6%，最低占比为 2011 年的 7.0%。③ 10t 机型：占比总体呈下降趋势，最高占比为 2006 年的 22.2%，最低占比为 2016 年的 7.1%。④ 12t 机型：占据第一的位置近 10 年之久，但占比总体呈下降趋势。最高占比为 2010 年的 44.4%，并首次突破单机型千台销量大关达到 1 292 台，且一直保持销量历史纪录；最低占比为 2017 年的 27.3%。⑤ 13t 机型：长期居于第二位，但占比总体呈上升趋势。2016 年占比首次突破 50% 大关达到 51.1%，2017 年继续攀高达到 51.9%，一举创造占比历史纪录。⑥ 14t 机型：由于没有进行独立统计，尚不知其具体销量；但根据上述规律预测，必将成为下一个热点产品。

“十一五”以来双钢轮压路机年度销量及各吨位占比见表 6。

表 6 “十一五”以来双钢轮压路机年度销量及各吨位占比

年份	项目	合计	≤ 9t	10t	12t	≥ 13t
2006	销量（台）	1 232	229	274	457	272
	占比（%）		18.6	22.2	37.1	22.1
2007	销量（台）	1 245	172	211	521	341
	占比（%）		13.8	17.0	41.9	27.4
2008	销量（台）	1 307	235	233	559	280
	占比（%）		18.0	17.8	42.8	21.4
2009	销量（台）	1 581	237	278	621	445
	占比（%）		15.0	17.6	39.3	28.2
2010	销量（台）	2 910	271	301	1 292	1 046
	占比（%）		9.3	10.3	44.4	36.0
2011	销量（台）	2 953	210	353	1 062	1 328
	占比（%）		7.0	12.0	36.0	45.0
2012	销量（台）	1 668	188	220	657	603
	占比（%）		11.3	13.2	39.4	36.1
2013	销量（台）	1 720	223	326	642	529
	占比（%）		13.0	19.0	37.3	30.7
2014	销量（台）	1 638	205	259	569	605
	占比（%）		12.5	15.8	34.7	37.0
2015	销量（台）	1 774	208	209	542	815
	占比（%）		11.7	11.8	30.6	45.9
2016	销量（台）	2 051	294	145	563	1 049
	占比（%）		14.3	7.1	27.5	51.1

（续）

年份	项目	合计	≤ 9t	10t	12t	≥ 13t
2017	销量（台）	2 381	321	173	651	1 236
	占比（%）		13.5	7.3	27.3	51.9

（4）产品发展总体规律。通过以上分析，可以得出以下结论：

1）四大系列产品全面向大吨位转移。以单钢轮振动压路机为例，20 世纪 80 年代末 10t 机型为主力机型，90 年代初 12t 机型脱颖而出，随后是 14t、16t、18t、20t 相继问世，当前 22t 机型以单吨位机型占据行业年度总销量 33% 的占比成为绝对优势产品。从具体时间上看，30 年中 6 种机型先后登场，短则三五年，长则七八年甚至十余年，而且越往后“换位”周期越长。

2）机械式压路机“风光不再”，也从另一个角度说明全液压压路机代表着压路机技术、产品和市场发展方向。

3）不断开发新产品是企业生存和发展的根本保障。工程机械行业的技术和产品进步用“日积月累”来形容更加准确，因此，新产品开发需要经历一步一步“从量变到质变”的过程。

四、我国压实机械行业竞争格局

1. 国内市场品牌格局

总体而言，我国压实机械行业呈现“强者恒强、中间分化、弱者愈弱”的情形。

各厂家最高销量出现的年份并不一致，可以进行以下区分：

1）最高销量年份出现在 2010 年的企业属于“快热型”企业。

2）最高销量年份出现在 2011 年的企业属于“慢热型”企业。

3）最高销量年份出现在 2017 年的企业属于“成长型”企业。

4）最高、次高和三高销量年份集中在 2010、2011、2012 年的企业：销量完全取决于行业大势——大势好时“突飞猛进”，大势不好时则“束手无策”，这在一定程度上说明企业的技术积累和创新活力需要加强。

5）最高、次高和三高销量年份集中在 2015 年、2016 年、2017 年的企业：销量与行业大势有一定的关系，大势不好时销量不降反增，而且总体一路向好，说明企业的发展后劲十足。

“十一五”以来各厂家销量与排名（按 2017 年销量排序）见表 7。

表 7 “十一五”以来各厂家销量与排名（按 2017 年销量排序） （单位：台）

年份	2006	2007	2008	2009	2010	2011	2012	2013	2014	2015	2016	2017
总销量	8 760	9 959	10 783	16 715	26 035	21 617	13 248	15 726	14 270	10 388	11 959	17 421
徐工	2 741	2 639	2 557	4 553	7 006	4 734	2 393	4 228	3 441	2 496	3 031	4 808
柳工	541	857	1 052	1 893	3 070	2 280	1 166	1 395	1 441	901	893	1 634
路通	500	800	1 000	1 580	2 599	2 244	1 312	1 492	1 130	755	804	1 396
三一	210	304	484	463	685	825	891	678	547	551	686	1 291
厦工	811	926	979	1 551	2 336	1 960	1 455	1 626	1 455	861	935	1 045
骏马				782	635	756	551	741	896	816	847	1 016
山推	394	442	579	1 166	2 407	1 653	933	1 132	1 048	456	545	932
悍马	153	74	70	148	248	263	254	354	456	491	630	920
洛建	1 819	1 694	1 472	1 242	1 989	1 458	1 055	1 024	983	666	804	891
宝马格	152	252	219	195	249	286	195	198	276	419	631	807
科泰	55	178	292	382	454	528	402	340	564	455	476	670
龙工		277	556	1 321	1 923	1 635	698	662	426	356	340	540
戴纳派克	195	227	234	256	569	781	385	321	278	354	406	425
临工					478	491	303	254	371	231	210	320
常林	372	428	406	423	731	778	734	678	555	221	285	276
卡山						341	156	229	126	107	144	226
其他	817	861	883	760	654	604	365	374	277	252	292	224

注：路通的销量数据从洛建的总销量中拆分而来，而洛建的对应销量数据是经过拆分以后的。

2. 国产与进口品牌对比

总体而言，我国压实机械市场一直以国产品牌为主导，呈现“内主外辅”格局。具体表现为：

（1）全系列产品。国产品牌市场占有率一直保持在90%以上，最高为2009年的95.7%。然而自2015年起国产品牌市场占有率连续三年跌破90%，这必须引起国产品牌的集体关注，甚至保持警醒。

（2）主要产品。

1）轮胎压路机。国产品牌市场占有率一直保持96%以上，三类不同结构的产品（液力链传动机械悬挂式、液压链传动机械悬挂式、液压T形桥传动液压悬挂式）并存。

2）机械式压路机。国产品牌市场占有率几乎为100%，始终处于垄断地位，进口品牌也曾开发和销售过少量机械式单钢轮压路机，但终因成本控制困难而“偃旗息鼓”。

3）全液压压路机。国产品牌市场占有率一直稳定在90%以上，2012年占比最高达到96.5%，2016年占比一度跌破90%，2017年重新回归至93.2%。进口品牌可作为国产品牌的有益补充。

4）双钢轮压路机。国产品牌市场占有率长期保持在55%以上，2014年达到79.3%；但2016年首次下降至不足50%，2017年更是跌破45%。

“十一五”以来各系列产品国产品牌市场占有率变化趋势见图5。2017年各主要厂家市场占有率及国产与进口品牌占比见图6。

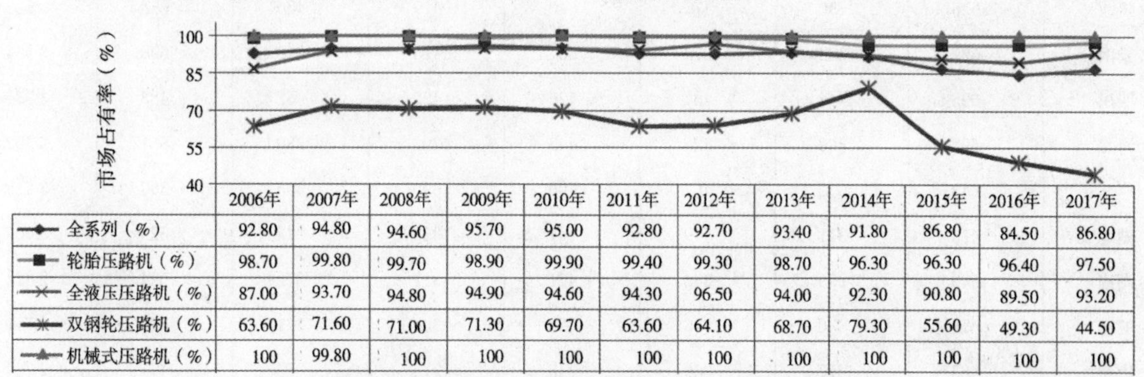

	2006年	2007年	2008年	2009年	2010年	2011年	2012年	2013年	2014年	2015年	2016年	2017年
全系列（%）	92.80	94.80	94.60	95.70	95.00	92.80	92.70	93.40	91.80	86.80	84.50	86.80
轮胎压路机（%）	98.70	99.80	99.70	98.90	99.90	99.40	99.30	98.70	96.30	96.30	96.40	97.50
全液压压路机（%）	87.00	93.70	94.80	94.90	94.60	94.30	96.50	94.00	92.30	90.80	89.50	93.20
双钢轮压路机（%）	63.60	71.60	71.00	71.30	69.70	63.60	64.10	68.70	79.30	55.60	49.30	44.50
机械式压路机（%）	100	99.80	100	100	100	100	100	100	100	100	100	100

图5 “十一五”以来各系列产品国产品牌市场占有率变化趋势

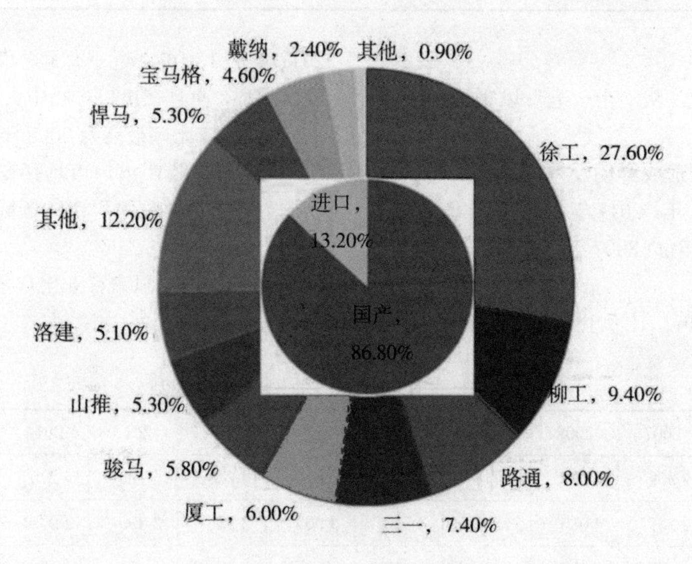

图6 2017年各主要厂家市场占有率及国产与进口品牌占比

3. 销售热点区域分析

由于经济发展的相对不平衡，压实机械在我国各省、市和自治区的销量也表现为“冷热不均”。

（1）2017年压路机销量位列前五的省份分别为江苏（1 373台）、山东（1 076台）、河南（985台）新疆（949台）和安徽（779台），5省销量合计超过内销总量的1/3，是主机厂家必须关注的重点市场，尤其是江苏省为“兵家必争之地”。

（2）压实机械的销量从侧面反映一个地区经济建设的活跃程度，位列销量前五的省份要么经济活跃、要么幅员辽阔、要么人口众多，或者兼而有之；而同为经济活跃的广东和浙江两省，由于道路建设早已领先于全国，因此，销量排在前八以外就顺理成章了。

（3）不同省份所销售的产品结构不同，展现出施工所处的阶段不同。单钢轮压路机销量增加时，说明在大面积进行道路基础施工，随之而来的将是作为面层施工设备的双钢轮压路机和轮胎压路机销量的增加。全国各地“此起彼伏”的建设高潮，支撑了我国压实机械的蓬勃发展。

“十二五”以来国内十五大热点区域销量（按合计销量排序）见表8。

表8 “十二五”以来国内十五大热点区域销量（按合计销量排序） （单位：台）

地区	2011年	2012年	2013年	2014年	2015年	2016年	2017年	合计
内销合计	17 952	9 913	12 331	11 291	8 667	10 199	15 143	85 496
江苏	1 687	714	1 062	897	656	889	1 373	7 278
河南	1 035	729	747	625	489	522	985	5 132
山东	892	565	681	560	470	619	1 076	4 863
新疆	1013	471	505	397	267	367	949	3 969
安徽	879	398	529	584	359	430	779	3 958
陕西	636	480	476	540	419	436	638	3 625
云南	629	282	370	467	425	612	698	3 483
四川	695	442	464	426	422	452	483	3 384
河北	693	380	425	443	292	388	681	3 302
广东	648	357	464	406	390	395	558	3 218
湖北	475	311	549	441	323	378	529	3 006
湖南	549	255	388	421	317	372	524	2 826
浙江	474	330	366	330	304	371	536	2 711
贵州	465	277	386	446	274	385	471	2 704
广西	515	302	352	321	285	286	515	2 576

4. 国产品牌出口分析

（1）历年出口量占比。从“十一五”以来历年出口量情况分析：

1）出口量与国内市场形成鲜明反差。越是国内销售火爆的年份（2010年、2011年、2017年），出口比例越低；而越是国内销售“疲软”的年份（2007年、2008年、2012年）出口比例越高。

2）自2012年以来，出口比例由25.2%持续下降至2017年的13.1%，近乎“腰斩”；但自2015年起出口量逐年增加，而且在出口产品中大吨位产品占比呈上升趋势。

3）出口比例最高为2008年，达到37.9%，而2017年仅为13.1%，说明出口市场存在巨大的上升空间，各企业从国内竞争的“红海”走向国际市场的“蓝海”必将大有作为。

“十一五”以来行业出口量及比例见表9。

表9 “十一五”以来行业出口量及比例

年份		2006	2007	2008	2009	2010	2011	2012	2013	2014	2015	2016	2017
总销量（台）		8 760	9 959	10 783	16 715	26 035	21 617	13 248	15 726	14 270	10 388	11 959	17 421
出口	数量（台）	1 024	2 337	4 085	3 268	3 536	3 665	3 335	3 395	2 979	1 671	1 760	2 278
	占比（%）	11.7	23.5	37.9	19.6	13.6	17.0	25.2	21.6	20.9	16.1	14.7	13.1

（2）出口量前10家企业。

1）徐工一直为出口第一大户，占据全行业出口总量的19%～27%，柳工（占比12%～20%）和厦工（占比8%～20%）紧随其后。

2）路通、山推、龙工和洛建为出口的中坚力量，但各自的具体表现“有升有降”“有进有退”。

3）三一着力推进国际化战略，出口增量显著；而科泰的营销策略由主打国际市场转为以国内市场为主，出口呈现一路大幅下滑态势。

“十二五”以来出口量（按合计出口量排序）前10家企业见表10。“十二五”以来主要厂家出口量占比变化趋势见图7。

表10 “十二五”以来出口量（按合计出口量排序）前10家企业 （单位：台）

年 份	2011	2012	2013	2014	2015	2016	2017	合 计
徐工道机	812	634	752	567	375	476	583	4 199
柳工路面	682	605	556	519	322	222	354	3 260
厦工三明	428	632	693	479	222	176	189	2 819
洛阳路通	378	246	291	253	96	132	196	1 592
山推股份	309	413	288	231	52	41	96	1 430
龙工路面	247	161	239	162	168	119	190	1 286
洛建洛建	262	195	152	168	80	235	138	1 230
三一路机	3	120	122	58	81	133	166	683
科泰重工	160	118	105	145	34	10	67	639
山东临工	33	19	38	132	87	97	114	520

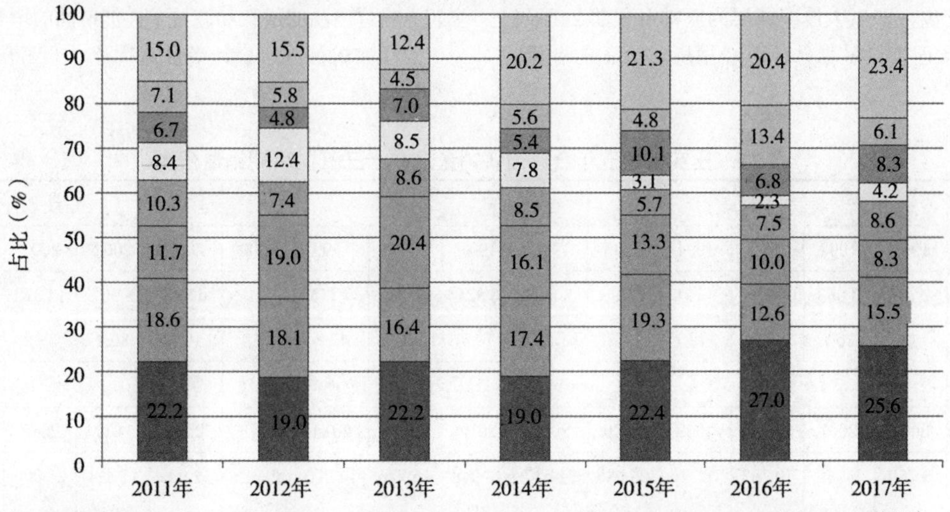

图7 “十二五”以来主要厂家出口量占比变化趋势

五、核心零部件应用情况

主机行业的发展，始终离不开配套件行业的大力支持，尤其是核心零部件。压实机械上配套的核心部件／系统主要包括发动机、传动部件、液压系统和振动轴承等。

从宏观上看，与进口品牌相比，国产品牌的发动机和传动部件的质量已经基本过关，只是细节和品牌影响度上还存在一定的差距，因此，其已在主机上逐步越来越普遍地使用。进口品牌的驱动桥和行星减速机，也大多是国内制造，但制造工艺更加成熟和先进，质量更有保障，如无锡德纳、青岛卡拉罗、盐城布雷维尼等。

（1）发动机。除用户特殊要求（如特殊地区的出口产品）以外，基本不用纯进口产品。进口／合资品牌有东风康明斯、大连道依茨等，国产品牌有上柴、潍柴等。

（2）传动部件，包括驱动桥、变速器、减速机和回转支承等。驱动桥生产企业有徐工传动、江西分宜、徐州精大等，变速器及减速机生产企业有杭齿、徐工传动、哈齿、常熟索特等。

（3）液压系统，包括液压泵、液压马达、液压缸、控制阀等。中低压系统元件（齿轮泵、齿轮马达、液压缸等）国产品牌产品质量已经基本过关，已经被大量采用。高压系统（柱塞泵、柱塞马达等）仍然由进口品牌占据主要市场，如力士乐、丹佛斯、林德等；而国产品牌与国外品牌相比仍然存在一定的差距，还处在小批量使用和提升阶段，需要配套件生产厂家加大力度攻关，同时也需要主机厂家的大力支持，不要等到“一切都达到进口品牌的水平”之后再考虑配套使用。

随着国产液压元件质量日趋稳定，其在单钢轮振动压路机上作为行走和振动系统批量应用已经取得突破，如北京华德、杭州力龙等，其直接影响是压路机的价格在保证主机厂家合理利润的前提下还将有下降空间，这是配套件企业、主机企业和用户三方受益的好事。

（4）振动轴承。根据主机产品要求的不同，进口和合资产品如 SKF、FAG、NSK、NBI、TWB 等都在大量使用。

六、行业未来发展展望

1.技术与产品发展趋势

2018年是“十三五”规划的第三年，随着十九大提出的绿色环保等一系列可持续发展理念的逐步落实，将直接影响着工程机械包括压实机械的下一步发展。

从节能环保角度看，压实机械将与其他工程机械一道，利用3～5年的时间，完成国Ⅲ排放标准产品的全面切换，同时，国Ⅳ排放标准产品将逐步推出。

从技术发展角度看，全液压产品的占比将进一步回升，而机械式产品的占比将逐步萎缩，并将较长时间维持在30%左右的水平；另一方面，国产智能压实技术与产品将进入实质性的研究和试用阶段。

从产品应用角度看，鉴于我国道路建设现状，在今后相当长的时期内，重型压实机械产品仍然是施工的主力军，将继续被开发和大量应用；但向“两端”发展的趋势将更加突出，即以大厚度铺层为压实对象的24t及以上超重型产品正在放量攀升，而轻型压实设备的春天也正在来临。

2.未来市场分析与预测

（1）五年销量分析。将每一个“五年计划”内的销量进行累加得到合计销量，以“八五”合计销量作为合计当量销量的基准100，并在此基础上计算出同比增长率。

1）从“八五”到“十三五”的合计当量销量都呈现不同幅度的增长，其中“十五”对“九五”同比增长93%，由于是小基数上的增长，所以属于“好过”的时段；“十一五”对“十五”同比增长55%，由于是大基数上的增长，所以属于“舒坦”的时段；而“十二五”对“十一五”同比仅仅增长5%，尽管也是大基数上的增长，却是属于“难熬”的时段。

2）“十三五”与“八五”相比，经历了五个增长周期，合计当量销量增长5.3倍。

3）“增长”仍将是行业未来发展的“主旋律”，但会呈现出高质量增长，具体表现为在大基数上的小幅度增长、超大吨位产品的增长和高技术性能产品的增长三个方面。

压实机械五年合计当量销量及“十三五”后期销量预测见表11。

表11　压实机械五年合计当量销量及“十三五”后期销量预测

年份	八五					九五					十五				
	1991	1992	1993	1994	1995	1996	1997	1998	1999	2000	2001	2002	2003	2004	2005
销量（台）	2 335	3 053	4 311	3 791	3 698	3 549	3 921	4 436	6 335	5 712	6 831	8 907	12 372	10 733	7 390
同比增长（%）	0	30.7	41.2	-12.1	-2.5	-4.0	10.5	13.1	42.8	-9.8	19.6	30.4	38.9	-13.2	-31.1
年份	十一五					十二五					十三五				
	2006	2007	2008	2009	2010	2011	2012	2013	2014	2015	2016	2017	2018	2019	2020
销量（台）	8 760	9 959	10 783	16 715	26 035	21 617	13 248	15 726	14 270	10 388	11 959	17 421	21 000	22 000	18 500
同比增长（%）	18.5	13.7	8.3	55.0	55.8	-17.0	-38.7	18.7	-9.3	-27.2	15.1	45.7	20.5	4.8	-15.9

（2）“十三五”后期市场预测。根据行业发展规律，预计2018年增长20%左右、2019年增长5%左右、2020年回调15%左右，并且2019年为此轮“峰年”、2020年为此轮“谷年”。

之所以作出这样的预测，主要源于以下四点理由。其一是在宏观经济回暖的大趋势下，各行各业开始复苏，基础建设投资也逐步红火起来，自然增加对工程机械的需求。其二是我国工程机械逐步进入存量市场，上一轮大发展后8至10年的更新周期已经到来，市场将主要以“以旧换新”的模式进行；更加重要的是，随着国内工程机械国Ⅲ排放标准的全面实施，必将加速国零、国Ⅰ和国Ⅱ产品的淘汰进程，这个空缺就需要新的设备来补充。其三是随着我国“一带一路”倡议的全面实施，很多企业沿线承包了大量基础建设工程，必然带出去相应施工设备。其四是经过2015年的“谷年”之后，已经连续两年增长，2017年销量达到了历史第三高位，“低基数效应”已不存在；而且经过了上一轮的市场“风波”洗礼后，行业客观和理性地发展更加符合人们的期望。所以，未来的发展将维持在中低增长率水平上。

3.行业竞争合作分析

工程机械行业的整合，要么是强强联合，要么是强者对弱者的“收编”，甚至亦或是“蛇吞象”。大抵可以分为两大类，其一为跨子行业的整合，主要目的在于“填平补齐”或者进一步提升市场占有率；其二为子行业间的整合，目的更多在于“做大做强”或者消灭竞争对手。

国际市场上，围绕着道路机械行业的兼并重组，可以说是“风起云涌”。

德国维特根集团是全球最大的道路机械制造商，包含克林曼、边宁荷夫、福格勒、悍马和维特根五大世界知名品牌，囊括了从石料加工、沥青混合料搅拌、摊铺与压实以及铣刨养护等道路施工机械“一条龙”产品，于2017年被美国约翰·迪尔收入囊中。这是世界工程机械行业对母公司产品形成最大互补的跨子行业经典收购案例。

瑞典戴纳派克公司于2017年从瑞典阿特拉斯·科普柯旗下易手，成为法国法亚集团的一员，与压实机械另一世界知名品牌宝马格“同处一室”。这是世界道路机械行业与母公司产品重叠度最大的子行业间典型兼并案例，无论是对当事企业、还是对同行企业的影响，远比跨子行业的整合要大得多。

压实机械国际六大巨头早已悉数进入我国，而且进入方式的转变过程十分清晰：从合资合作（如无锡英格索兰、徐工卡特、合力宝泰克等）到独资（如上海宝马格、天津戴纳派克、廊坊维特根、上海酒井），最终以并购（美国特雷克斯收购徐工路友、美国卡特彼勒收购山工等）收场。

而在国内，工程机械行业内的兼并重组，可以用“两多两少”来形容，即跨子行业多、子行业间少、纸上谈兵多、实际运作少。对于子行业间整合比较困难的问题，究其根源在于国人普遍认为企业被同行兼并是一件很“丢人”的事情（而被非同行兼并则要容易得多），宁肯苦苦支撑至自行消亡（如已退出和即将退出的企业），但凡有一丝生路也不愿意被兼并。但随着市场竞争的深入，这种局面或将被打破，预计“十三五”后期，国内压实机械行业将实现同子行业内重组的“破冰”。

〔供稿单位：中国工程机械工业协会路面与压实机械分会〕

凿岩机械与气动工具

一、生产发展概况

2017年，凿岩机械与气动工具行业生产经营仍处于恢复期，企业都面临着巨大的生存危机和未来发展的挑战。党的十九大报告明确提出了加快建设制造强国，加快发展先进制造业，推动互联网、大数据、人工智能和实体经济深度融合的发展战略。为有效贯彻落实《中国制造2025》，围绕实现制造强国战略目标，工业和信息化部印发了关于《制造业单项冠军企业培育提升专项行动实施方案》的通知。此项工作的开展，是以企业为主体，以市场为导向，开展制造业单项冠军企业培育提升专项行动，加强示范引领和政策支持，引导企业长期专注于细分产品市场的创新、产品质量提升和品牌培育，巩固和提升国际地位，提升我国制造业核心竞争力，促进制造业提质增效升级。2017年1月，工业和信息化部、中国工业经济联合会共同发布了《关于公布第一批制造业单项冠军示范（培育）企业名单的通告》。天水风动机械股份有限公司入选首批“制造业单项冠军培育企业”，是当前凿岩机械与气动工具行业唯一获此殊荣的企业。

随着国家继续加强深化钢铁、煤炭等行业去产能，以及各类矿山产品限产等的供给侧结构性改革，给凿岩机械与气动工具行业市场需求带来一定的冲击，但由于国家铁路、公路、水电及地方工程建设项目的投资保持稳定并有所增量，加之“一带一路”建设的影响，国际工程市场需求在上升，行业发展总体上还趋于稳定。行业企业基本上是中小企业，具有一定规模的、研发能力强的企业不多，这也是行业市场需求总体规模和日趋成熟的新技术与先进施工方案、先进施工凿岩设备（如盾构掘进设备）替代特性所决定的。此外，迫于环保政策的高压，国内行业市场需求总体规模在缓慢下降，这是今后发展的常态趋势。

当前，企业之间竞争激烈，促使企业不断进行技术创新和产品升级。具有一定规模和技术水平、能生产出具有国内先进水平和接近或达到国际领先水平，特别是有自主品牌产品的企业，在国内中高端凿岩设备市场方面已日趋培育成熟，市场需求有逐渐上升的空间。优秀的企业在这场竞争中能充分展示和发挥自己的核心竞争力，培育发展新动能，与国外品牌同台竞技，将会获得相应的市场回报。

我国凿岩机械生产企业主要分布在甘肃天水、浙江衢州、河北宣化、湖南长沙、江苏南京及湖北、广西、重庆等地。手持与气腿式凿岩机、导轨式凿岩机、半液压凿岩钻机、凿岩台车、潜孔钻车、潜孔冲击器、气镐和冲击破碎器等各类钻凿机械的市场需求已趋于饱和，其整体质量已达到国际水平，产品在国内市场占有主导地位。在满足客户施工要求的前提下，具有一定的性价比优势，竞争优势显著，特别是在铁路、公路、水电、市政等施工领域，受到施工方的青睐。其优势在于产品品牌、品质优势，特别是产品价格低廉，操作、维修、保养简单，对施工方人员操作水平要求不高。当前行业产品供大于求，产品同质化比较严重，附加值低，产品创新能力有待进一步加强。虽然在国内工程、矿山领域占主导地位，但从产品生命周期看，已开始进入产品衰退期。再加上国家对工程、矿山的绿色施工要求进一步严厉，将会加快气动式凿岩机械衰退期的进程，取而代之的将是高效、节能的液压凿岩机和液压钻车产品。

在国内，液压凿岩机、全液压凿岩钻车一体机凿岩设备进入高端市场，穿孔方式分为顶锤式和潜孔式两种。外资企业（如瑞典阿特拉斯－科普柯等）占有大的份额，其产品性能可充分满足各类客户的需求，技术引领国际行业发展。我国凿岩设备的发展是以引进、消化、吸收国际先进凿岩装备技术为主，通过国内企业的科技人员近30多年的努力，液压凿岩机及液压钻车的技术水平、高端基础配套件、产品质量问题已基本解决，基础研究与性能参数试验研究水平已与国际先进水平接轨，在液压凿岩机及液压钻车智能化技术方面进行了卓有成效的探索，已步入高新技术领域。一些实力较强的企业以自主创新为根本，突破了多项凿岩关键技术，相继研发出多功能全液压凿岩钻车一体机，底盘集成安装空压机，安全洁净驾驶室、自动接卸钻杆、液压马达集尘系统控制作业现场粉尘，实现了自动化（部分）作业，有效地提高了凿岩工作效率。同时，高度集成的液压系统使能耗大大降低，满足作业人员安全和国家环保政策要求，代表了当前国内地下矿山与露天凿岩装备的最高水平。

近年来，国家在能源、交通运输、水利和重大市政工程等领域的大量投资，带动了工程机械行业的发展。随着对效率和采矿自动化水平要求的提高，未来液压凿岩钻车在国内市场有相当的潜力。因此，企业应立足本身的技术实力，大力发展智能一体化高效凿岩设备，开发智能型产品，并且支持产品节能技术、先进环保技术的要求。国内液压凿岩机和液压钻车产品技术水平与国外相关同类产品相比，在可靠性方面还有一定的差距。产品在满足客户施工要求的同时，具有价格低、施工成本低的优势，但必须向中高端方向发展。研发节能、低噪、高效和环保的新技术产品是今后行业企业的必由之路。

从气动工具产品看，我国气动工具行业发展整体比较好，民营和家族私营企业发展比较快，并多以中小型企业为主，形成了一定的规模，生产传统产品的企业居多。产品注重节能、高效，外观精美，小巧玲珑，使用寿命长，安全性高，价格适宜。产品品种多，投入少，转型快，产品整体质量基本上已跻身国际水平。

企业要发展，需要强大的技术团队作为支撑，要长期专注于企业所擅长的领域，走“专、特、优、精、新”发展之路。智能化手工具产品的研发，是未来几十年气动工具产品发展的方向，也是国内各生产厂家争夺市场的焦点。国内已有少数企业开始涉足这个领域。定扭矩、数控化、组合化是互联网时代赋予常规的纯机械类手工具产品更新、更高的要求。人性化、智能化的理念不仅融入产品的设计中，还融入每个零件、每一道工序中。组合式气动工具是在单一产品的基础上组合起来的，可以是多头定扭形式，也可以是集合气扳机，是整体的工作站形式。我国凿岩机械与气动工具产品分类及主要生产企业见表1。

表1　我国凿岩机械与气动工具产品分类及主要生产企业

产品分类		主要生产企业名称
凿岩机械气动工具质量技术监督检测		天水凿岩机械气动工具研究所、长沙矿冶研究院有限责任公司、浙江衢州市质量技术监督检测中心
凿岩机械	气腿式凿岩机	天水风动机械股份有限公司、浙江衢州煤矿机械总厂股份有限公司、沈阳风动工具厂有限公司、湘潭风动机械有限公司、洛阳风动工具有限公司、浙江红五环机械有限公司、宜春风动工具有限公司、南京工程机械厂有限公司、桂林桂冶机械股份有限公司
	手持式凿岩机	天水风动机械股份有限公司、沈阳风动工具厂有限公司、浙江衢州煤矿机械总厂股份有限公司、浙江红五环机械有限公司、湘潭风动机械有限公司
	内燃、电动凿岩机	洛阳风动工具有限公司、宜春风动工具有限公司
	凿岩钻架	天水风动机械股份有限公司、南京工程机械厂有限公司
	凿岩钻车	天水风动机械股份有限公司、南京工程机械厂有限公司、浙江红五环机械有限公司、湖北首开机械有限公司、桂林桂冶机械股份有限公司、张家口市北方穿越钻具制造有限公司
	冲击器	天水风动机械股份有限公司、洛阳风动工具有限公司、南京工程机械厂有限公司、广州市天凿精机机械有限公司、宣化苏普曼钻潜机械有限公司
	气动绞车	烟台市石油机械有限公司、黄石市黄风机械有限公司
气动工具	回转类产品	青岛前哨精密机械有限责任公司、天水风动机械股份有限公司、上海气动工具厂、镇江丹凤机械有限公司、天津市柏益风动工具有限公司、徐州信义风动工具有限公司、徐州三刃风动工具有限公司、上海民生电器有限公司、镇江玛维克工具制造有限公司、山东春龙风动机械有限公司、山东中车同力达智能机械有限公司、通化市风动工具有限责任公司、上海骏马气动工具有限公司
	冲击类产品	南京工程机械厂有限公司、天水风动机械股份有限公司、义乌市风动工具有限公司、上海气动工具厂、徐州三刃风动工具有限公司、宜春风动工具有限公司、徐州信义风动工具有限公司、杭州风动工具制造有限公司、山东春龙风动机械有限公司、宁波市鄞州甬盾风动工具制造有限公司、天水风动机械配件有限公司、上海骏马气动工具有限公司

二、主要指标完成情况

根据中国工程机械工业协会凿岩机械与气动工具分会统计，2017年，19家企业共完成工业总产值（当年价）113 512万元，比上年下降5.49%，其中新产品产值25 014万元，比上年下降2.81%；完成工业销售产值（当年价）118 701万元，比上年增长0.30%，其中出口交货值8 628万元，比上年增长4.82%；实现营业收入110 428万元，比上年下降10.05%；实现利润总额1 698万元，比上年增加3 592万元。

2017年，凿岩机械产量50.58万台（套），比上年增长29.29%；销量46.11万台，比上年增长7.73%；年底库存8.6万台（套），比上年增长129.33%。2017年，气动工具产量 47.63 万台（套），比上年下降 9.96%；销量 47.12 万台（套），比上年下降 11.66%；年底库存 9.62 万台（套），比上年下降 5.87%。

2017 年凿岩机械与气动工具行业主要生产企业经济指标完成情况见表 2。2016—2017 年凿岩机械与气动工具行业主要产品产销存对比情况见表 3。2017 年凿岩机械与气动工具行业主要企业产销存情况见表 4。2015—2017 年凿岩机械与气动工具行业产品出口情况见表 5。

表 2　2017 年凿岩机械与气动工具行业主要生产企业经济指标完成情况

序号	单位名称	工业总产值（当年价）（万元）	总资产（万元）	主营业务收入（万元）	利润总额（万元）
1	天水风动机械股份有限公司	11 162	42 294	9 642	-1 848
2	南京工程机械厂有限公司	1 170	16 664	1 321	-403
3	沈阳风动工具厂有限公司	350	1 201	254	-137
4	浙江衢州煤矿机械总厂股份有限公司	11 794	18 172	11 211	-309
5	青岛前哨精密机械有限责任公司	10 895	46 675	17 455	5 145
6	洛阳风动工具有限公司	6 497	14 898	6 440	194
7	上海气动工具厂	264	976	789	-5
8	上海民生电器有限公司	1 539	2 757	1 563	30
9	烟台市石油机械有限公司	2 368	2 816	1 847	3
10	镇江丹凤机械有限公司	166	535	163	-2
11	山东中车同力达智能机械有限公司	29 500	41 430	29 500	-2 243
12	天水风动机械配件有限公司	360	321	305	-18
13	山东春龙风动机械有限公司	5 560	10 112	4 589	106
14	宁波市鄞州甬盾风动工具制造有限公司	3 079	1 017	2 091	77
15	湖北首开机械有限公司	4 850	6 910	4 850	177
16	浙江红五环掘进机械股份有限公司	19 188	20 095	14 082	308
17	上海骏马气动工具有限公司	4 650	4 271	4 200	650
18	通化市风动工具有限责任公司	120	1 091	126	-26

表 3　2016—2017 年凿岩机械与气动工具行业主要产品产销存对比情况

产品名称	单位	2017 年			2016 年	产量同比增长	2016 年	销量同比增长
		产量	销量	年末库存	产量	（%）	销量	（%）
一、凿岩机械	台	505 780	461 090	85 989	391 243	29.28	427 973	7.74
1. 凿岩机	台	75 280	81 107	11 162	91 035	-17.31	98 327	-17.51
（1）气动凿岩机	台	68 390	74 727	6 851	79 030	-13.46	86 495	-13.61
①手持式	台	14 189	14 566	1 336	32 239	-55.99	30 624	-52.44
②气腿式	台	27 637	31 127	2 846	23 519	17.51	30 168	3.18
③向上式	台	530	549	67	540	-1.85	380	44.47
④导轨式	台	563	487	120	620	-9.19	700	-30.43
⑤气腿	台	25 471	27 998	2 482	22 112	15.19	24 623	13.71
（2）内燃凿岩机	台	6 105	5 795	3 624	11 274	-45.85	11 100	-47.79
（3）电动凿岩机	台	785	585	687	731	7.39	732	-20.08
2. 凿岩钻车、钻架	台	15 740	13 741	2 250	8 530	84.53	8 058	70.53
3. 气动绞车	台	192	192	20	184	4.35	172	11.63

（续）

产品名称	单位	2017年			2016年产量	产量同比增长（%）	2016年销量	销量同比增长（%）
		产量	销量	年末库存				
4.冲击器	台	200	200	265	120	66.67	100	100.00
5.气马达	台	5 157	5 596	454	4 906	5.12	5 548	0.87
6.其他	台	409 211	360 254	71 838	286 468	42.85	315 768	14.09
二、气动工具	台	476 288	471 246	96 234	529 000	-9.96	533 415	-11.65
1.回转类产品	台	164 885	160 190	42 937	175 690	-6.15	176 165	-9.07
（1）气钻	台	18 021	16 322	4 146	11 124	62.00	13 818	18.12
（2）气砂轮	台	65 322	66 058	7 538	78 957	-17.27	80 414	-17.85
（3）气扳机	台	81 542	77 810	31 253	85 609	-4.75	81 933	-5.03
2.冲击类产品	台	72 067	73 919	17 218	156 821	-54.05	154 403	-52.13
（1）气镐	台	58 910	59 261	11 384	134 460	-56.19	133 196	-55.51
（2）气铲	台	10 824	12 304	5 300	18 290	-40.82	17 076	-27.95
（3）捣固机	台	2 333	2 354	534	4 071	-42.69	4 131	-43.02
3.其他	台	239 336	237 137	36 079	196 489	21.81	202 847	16.90
三、配件	t	213	262	637	317	-32.69	292	-10.47

表4　2017年凿岩机械与气动工具行业主要企业产销存情况

产品名称	企业名称	单位	产品入库量	销量	年末库存量
一、凿岩机械					
1.凿岩机	总计	台	75 280	81 107	11 162
（1）气动凿岩机	合计	台	68 390	74 727	6 851
①气腿式	小计	台	27 637	31 127	2 846
	天水风动机械股份有限公司	台	26 100	29 503	343
	浙江衢州煤矿机械总厂股份有限公司	台	590	962	976
	洛阳风动工具有限公司	台	17		337
	沈阳风动工具厂有限公司	台	700	434	1 096
	南京工程机械厂有限公司	台	80	84	68
	桂林桂冶机械股份有限公司	台	150	144	26
②手持式	小计	台	14 189	14 566	1 336
	天水风动机械股份有限公司	台	1 390	1 252	625
	浙江衢州煤矿机械总厂股份有限公司	台			304
	浙江红五环掘进机械股份有限公司	台	12 799	13 314	407
③导轨式	小计	台	563	487	120
	天水风动机械股份有限公司	台	563	487	120
④向上式	小计	台	530	549	67
	天水风动机械股份有限公司	台	530	549	67
⑤气腿	小计	台	25 471	27 998	2 482
	天水风动机械股份有限公司	台	24 511	26 787	618
	浙江衢州煤矿机械总厂股份有限公司	台	960	1 211	1 864

（续）

产品名称	企业名称	单位	产品入库量	销量	年末库存量
（2）内燃凿岩机	合计	台	6 105	5 795	3 624
	洛阳风动工具有限公司	台	6 105	5 795	3 624
（3）电动凿岩机	合计	台	785	585	687
	洛阳风动工具有限公司	台	785	585	687
2. 凿岩钻车、钻架	合计	台	15 740	13 741	2 250
	天水风动机械股份有限公司	台	174	145	65
	湖北首开机械有限公司	台	10 120	8 048	2 072
	浙江红五环掘进机械股份有限公司	台	5 380	5 492	96
	南京工程机械厂有限公司	台	60	51	16
	桂林桂冶机械股份有限公司	台	6	5	1
3. 冲击器	合计	台	200	200	265
	天水风动机械股份有限公司	台	200	200	230
	洛阳风动工具有限公司	台			35
4. 气动绞车	合计	台	192	192	20
	烟台市石油机械有限公司	台	192	192	20
5. 气动马达	合计	台	5 157	5 596	454
	天水风动机械股份有限公司	台	122	124	87
	烟台市石油机械有限公司	台	5 035	5 472	367
二、气动工具					
1. 气镐	合计	台	58 910	59 261	11 384
	天水风动机械股份有限公司	台	3 299	3 307	1 926
	南京工程机械厂有限公司	台	2 007	3 827	4 085
	宁波鄞州甬盾风动工具制造有限公司	台	33 900	34 525	2 235
	通化市风动工具有限责任公司	台	650	715	255
	浙江红五环掘进机械股份有限公司	台	19 054	16 887	2 883
2. 气铲	合计	台	10 824	12 304	5 300
	天水风动机械股份有限公司	台	214	137	133
	上海气动工具厂	台	1 475	1 321	154
	山东中车同力达智能机械有限公司	台	3 770	3 770	400
	青岛前哨精密机械有限责任公司	台	440	807	4
	宁波鄞州甬盾风动工具制造有限公司	台	1 200	1 459	478
	通化市风动工具有限责任公司	台	725	810	131
	上海骏马气动工具有限公司	台	3 000	4 000	4 000
3. 气钻	合计	台	18 021	16 322	4 146
	天水风动机械股份有限公司	台	1 250	1 882	672
	青岛前哨精密机械有限责任公司	台	16 771	14 440	3 474
4. 气扳机	合计	台	81 542	77 810	31 253
	天水风动机械股份有限公司	台	992	989	2 060

（续）

产品名称	企业名称	单位	产品入库量	销量	年末库存量
	山东中车同力达智能机械有限公司	台	7 130	7 130	680
	上海民生电器有限公司	台	565	1743	35
	青岛前哨精密机械有限责任公司	台	7 779	6 898	3 060
	山东春龙风动机械有限公司	台	64 576	60 600	25 118
	上海骏马气动工具有限公司	台	500	450	300
5. 气砂轮	合计	台	65 322	66 058	7 538
	天水风动机械股份有限公司	台	4 700	4 764	2 362
	上海气动工具厂	台	13 754	13 547	207
	镇江丹凤机械有限公司	台	4 405	5 721	1 284
	山东中车同力达智能机械有限公司	台	36 900	36 900	3 300
	青岛前哨精密机械有限责任公司	台	5 563	5 126	385
6. 捣固机	合计	台	2 333	2 354	534
	天水风动机械股份有限公司	台	220	289	13
	宁波鄞州甬盾风动工具制造有限公司	台	800	889	384
	上海气动工具厂	台	1 313	1 176	137
7. 其他采掘设备	合计	台	409 211	360 254	71 838
	天水风动机械股份有限公司	台	51	255	106
	烟台市石油机械有限公司	台	270	236	155
	浙江衢州煤矿机械总厂股份有限公司	台	368 436	321 321	68 914
	洛阳风动工具有限公司	台	436	627	458
	湖北首开机械有限公司	台	40 000	37 800	2 200
	桂林桂冶机械股份有限公司	台	18	15	5
8. 其他风动工具产品	合计	台	239 336	237 137	36 079
	上海气动工具厂	台	1 623	1 463	160
	镇江丹凤机械有限公司	台	7 350	7 350	
	宁波鄞州甬盾风动工具制造有限公司	台	207 425	205 452	24 647
	山东春龙风动机械有限公司	轴	325	542	243
	上海骏马气动工具有限公司	台	4 000	3 400	3 300
	青岛前哨精密机械有限责任公司	台	18 613	18 930	7 729
三、配件	天水风动机械股份有限公司	t	78	149	495
	浙江衢州煤矿机械总厂股份有限公司	t	27		
	天水风动机械配件有限公司	t	24	28	9
	洛阳风动工具有限公司	t	84	85	133
	通化市风动工具有限责任公司	只	620	1 150	525

表 5　2015—2017 年凿岩机械与气动工具行业产品出口情况

产品名称	2015 年			2016 年			2017 年		
	出口量（台）	出口额（万美元）	占比（%）	出口量（台）	出口额（万美元）	占比（%）	出口量（台）	出口额（万美元）	占比（%）
凿岩机械	4 738	351.20	57.26	11 821	634.43	58.47	8 312	622.74	52.34
气动工具	25 875	132.25	21.56	46 754	316.51	29.17	43 285	279.00	23.45
配件及其他	13 579	129.90	21.18	5 620	134.02	12.35	7 500	287.97	24.21
合计	44 192	613.35	100.00	64 195	1 084.96	100	59 097	1 189.71	100.00

〔撰稿人：中国工程机械工业协会凿岩机械与气动工具分会于洪刚〕

桩工机械

一、生产发展情况

从 2016 年第四季度开始，桩工机械行业的生产和销售开始逐步反弹，并在 2017 年达到历史高峰，主要机种的销量均实现同比翻番。其主要推动因素如下：①历经数年的基础设施领域的累计投入及 PPP 投融资模式带动大量工程上马，市场需求在 2017 年呈现爆发式释放。同时，极大地提振了下游终端客户的市场预期，设备购置欲望强烈。②部分服役期限届满的设备、性能相对落后及使用状态较差的早期设备陆续退出市场，给新机销售腾出了市场空间。③部分大型租赁公司对新机进行大宗批量采购，用于租赁经营，在新机销售中占有一定比例。④经过前几年行业低迷时期的不断努力，各主要主机制造企业的库存基本出清，为产能释放及新机销售创造了条件。⑤国家“一带一路”倡议的逐步落地实施，带动了桩工机械产品在海外市场销量的提振。市场及行业内部供需两侧的上述变化，为桩工机械生产企业去库存、有效发挥产能、改善经营质量等提供了有利的时间和空间。更为重要的是，各企业对行业发展前景重新建立起了较强的信心，与此同时，企业的经营理念逐渐趋于理性。

同时应该清醒地认识到，2017 年在行业各种利好因素的背面，依然存在现实及潜在的矛盾和问题，主要表现如下：①行业大部分企业的经营状况随市场周期的起伏而大幅波动这一状况未有大的改观，企业内生性发展动力仍显不足。②因前几年行业形势低迷而受损的供应链体系的能力恢复节奏跟不上主机企业的步伐，造成供给数量及质量上的问题比较突出。③行业上游端的原材料价格上涨、人力资源成本上升等因素形成较大的成本压力，而终端产品的价格难以消化上涨的成本，使企业的盈利和销量同步增长变得困难。④下游终端市场供给相对过剩，使施工单价下降，工程资金到位不足，造成终端施工企业回款困难等状况，依然困扰着本行业企业在产品销售价格、成交条件、应收账款回收等诸多方面的大幅改善，行业企业在经营质量的改善、经营风险的有效管控等方面依然存在诸多难题。⑤历经数年市场低迷，行业的集中度得到进一步提升，但整体供给过剩状况仍然较为严重，这又使行业生态的恢复及改善变得相对困难。

行业各主要企业在产品布局、市场运作方式、重点经营环节的着力等方面，显示出各自的特征，主要表现如下：①在市场运作和重点经营环节上，部分企业强化自身竞争优势，努力提升主力产品的品牌影响力，各公司主力产品的市场占有率发生了较大变化，也显示出市场竞争更加激烈。而部分企业则主动采取更加稳健的经营策略，将经营风险防范置于更加重要的位置，已呈现良好的态势。②在产品布局调整方面，呈现出越来越显著的差异化特征。部分企业继续着力于行业领域内产品的多元化，促进了诸如双轮铣槽机这类高端桩工机械产品的技术进步及市场应用。行业领域外的产品多元化，使一部分产品已经超出了桩工机械行业的范畴，形成了跨行业的多元化经营。而部分企业则更加聚焦于主力产品，在产品升级换代、技术提升、产品质量和可靠性提升等方面加大投入，也显现出较好的市场效应。总之，各主要企业依据各自对行业的理解和判断、企业自身的特点和经营特长以及阶段性经营需求，展现出差异化的经营方略。

在后市场方面，2017 年最为显著的变化是：①在主要区域市场，新出现一批具有规模的专业化租赁公司，所经营的设备已不仅仅局限在二手机，而更多的是以新机作为主要的经营媒介。这一变化已开始对主机企业的销售和后市场的格局产生重大影响。②后市场的经营主体从小、弱、散逐步向区域性或跨区域规模化集中经营转化。在这一过程中，逐步形成一批业务多元并彼此关联的骨干企业，其业务涵盖新机销售代理、二手机交易、二手机维修与再制造、基础工程施工等多个业务单元，并在区域市场上已显示出较强的竞争优势。

在客户端市场，逐步形成了一批具有较大规模的专业化施工公司或客户联盟，其在区域市场的影响力正在逐步提升。另一方面，随着基建投资重点领域以及区域的变化，机种的需求也在逐步发生变化，部分新型的高端桩工机械产品逐步形成批量；海外市场从零散的业务补充逐步成为部分主要企业扩大市场领域、提升产品质量、加速企业国际化进程这一经营方针中的重要一环，并已体现出良好的实际效果，少数企业的海外市场占比已超过 30%。2017 年桩工机械行业主要产品分类及主要经营企业见表 1。

二、销售情况

（一）国内销售情况

2017 年桩工机械行业主要产品销售情况见表 2。

表 1　2017 年桩工机械行业主要产品分类及主要经营企业

产品类别	主要生产企业
旋挖钻机	北京市三一重机有限公司、北京中车重工机械有限公司、上海中联重科桩工机械有限公司、上海金泰工程机械有限公司、山河智能装备股份有限公司、徐州徐工基础工程机械有限公司、德国宝峨（天津）机械工程有限公司、恒天九五重工有限公司、郑宇重工股份有限公司、郑州富岛机械设备有限公司、江苏泰信机械科技有限公司、玉柴重工（常州）有限公司、高邮市恒辉机械有限公司、徐州海润科技机械有限公司
长螺旋钻孔机	山东卓力桩机有限公司、郑州勘察机械有限公司、浙江振中工程机械有限公司、上海振中工程机械有限公司、威海市海泰起重机械有限公司、瑞安八达工程机械有限公司、河北新河华泰桩工机械公司、河北双兴桩机有限公司、郑州富岛机械设备有限公司、郑州三力机械有限公司、辽宁建华重工有限公司
地下连续墙液压抓斗	上海金泰工程机械有限公司、徐州徐工基础工程机械有限公司、德国宝峨（天津）机械工程有限公司、山河智能装备股份有限公司、北京市三一重机有限公司、上海中联重科桩工机械有限公司、北京中车重工机械有限公司、辽宁抚挖重工机械股份有限公司、上海工程机械厂有限公司
多轴钻孔机	上海工程机械厂有限公司、上海金泰工程机械有限公司、山河智能装备股份有限公司、浙江振中工程机械有限公司、山东卓力桩机有限公司
桩架	上海工程机械厂有限公司、上海金泰工程机械有限公司、山河智能装备股份有限公司、浙江中锐重工科技股份有限公司、浙江振中工程机械有限公司、上海振中机械制造有限公司、瑞安八达工程机械有限公司、山东卓力桩机有限公司、恒天九五重工有限公司、郑州勘察机械有限公司
桩锤（柴油锤、液压冲击锤、振动锤）	上海振中机械制造有限公司、上海工程机械厂有限公司、浙江振中工程机械有限公司、广东力源液压机械有限公司、浙江永安机械有限公司、瑞安八达工程机械有限公司、江苏东达工程机械有限公司、东台市巨力机械制造有限公司
静压桩机	山河智能装备股份有限公司、广东力源液压机械有限公司、恒天九五重工有限公司
地基加固：振冲器	江阴市振冲机械制造有限公司、北京振冲工程股份有限公司
工程钻机	上海金泰工程机械有限公司、郑州勘察机械有限公司、张家港市神通工业有限公司
全套管钻孔机（全回转全套管钻孔机、摆动式全套管钻孔机）	徐州盾安重工机械制造有限公司、徐州景安重工机械制造有限公司、郑州宇通重工股份有限公司、北京中车重工机械有限公司、上海工程机械厂有限公司、国土资源部勘探技术研究所、北京嘉友心诚工贸有限公司
双轮铣槽机	德国宝峨（天津）机械工程有限公司、徐州徐工基础工程机械有限公司、上海金泰工程机械有限公司、上海中联重科桩工机械有限公司
TRD 工法成槽机	上海工程机械厂有限公司、辽宁抚挖重工机械股份有限公司

表 2　2017 年桩工机械行业主要产品销售情况

产品分类	2016 年销量（台）	2017 年销量（台）	同比增长（%）	备注
旋挖钻机	1 782	3 657	105	含部分二手机
液压抓斗	87	129	48	
桩架	189	410	117	
长螺旋钻机	126	283	115	
多轴钻机	109	109	0	

（续）

产品分类	2016 年销量（台）	2017 年销量（台）	同比增长（%）	备注
桩锤	468	892	91	
静压桩机	165	252	53	
TRD 工法成槽机	1	1	0	
双轮铣槽机		23		

1. 旋挖钻机

2017 年，旋挖钻机的销售额超出 120 亿元，仍然占据桩工机械行业首位，约占整个行业销售额的 80%；销量达到 3657 台，比上年增长 105%，比历史最高的 2013 年销量 2 391 台增长 53%，创出历史新高。

2017 年，旋挖钻机主要企业的销量都实现了较大增长。销量排名前八位的企业是徐州徐工基础工程机械有限公司、北京市三一重机有限公司、上海中联重科桩工机械有限公司、山河智能装备股份有限公司、德国宝峨（天津）机械工程有限公司、北京中车重工机械有限公司、上海金泰工程机械有限公司、恒天九五重工有限公司。销量排名前八位企业的销量之和为 3 518 台，占总销量的 96%，说明行业的集中度已基本稳定在比较高的水准。在 8 家旋挖钻机主要企业中，销量的分化也在进一步加剧。排名第一的企业销量首次突破 1 000 台，达 1 188 台；排名第二的企业销量为 888 台。排名前两位的企业销量之和占 8 家主要企业销量之和的 59%，占旋挖钻机销量总和的 57%。

2. 地下连续墙成槽机和铣槽机

2017 年，地下连续墙液压抓斗销量达到 129 台，比上年增长 48%，主要得益于城市轨道交通建设、城市地下空间开发、水利等工程的带动。由于该领域专业化、小众化的特点，销量仍然相对有限。同时，随着大城市地铁线路数量的增多、地铁上马城市增加，地铁车站深度不断加大，地层复杂性及施工难度日益显现，以及城市中心区域地连墙工程对周边紧邻既有建筑或既有线路的敏感度增大等因素，双轮铣槽机部分替代地下连续墙液压抓斗的趋势继续显现，2017 年双轮铣槽机的销量达到 23 台。

地下连续墙液压抓斗、双轮铣槽机销量占优的主要企业是上海金泰工程机械有限公司、德国宝峨（天津）机械工程有限公司、徐州徐工基础工程机械有限公司。

3. 桩架、长螺旋钻孔机、多轴钻机、桩锤

同 2016 年相比，2017 年，桩架、长螺旋钻孔机、桩锤的销量也得到了大幅提升。这一方面得益于市场需求的增长，另一方面，也和这一细分市场中的企业通过调整产品市场领域及区域、不断推出适合新施工工法工艺的新产品或变型产品以及积极拓展海外市场等因素有密切关系。

（二）国外销售情况

2017 年，行业主要企业继续加强国际市场的开拓力度，旋挖钻机的出口占比达 19%，桩架的出口占比达 18%，振动锤的出口占比达 16%，其中少数企业的主力产品出口占比超出 30%。海外细分市场的精准销售策略、既有成熟营销渠道的发挥、借助企业所在母公司的海外营销渠道等方法之外，国家实施的“一带一路”倡议已开始在本行业的海外市场中产生积极的效应。国际市场已经成为桩工机械行业企业重要的发力点及发展方向。

三、科研成果与新产品

2017 年，各主要生产企业相继推出了旋挖钻机新产品或新一代升级产品，其中以大型或特大型旋挖钻机最为瞩目。一方面，大型跨江、湖、海桥梁和超高层建筑等的超大口径、超深、超硬桩基础工程为大型或特大型旋挖钻机拓展了一个全新的市场领域。另一方面，行业内企业的技术积累及进步也能够有效应对这种新的工程对设备的要求和挑战，也说明业内企业的综合实力得到进一步巩固，在经历市场低迷和惨烈竞争的洗礼后，主要企业的成熟度越来越高，对产品开发和技术进步的重视程度也越来越高。在大型新产品和全新升级的系列化产品不断推向市场的背后，是各企业对技术细节及零部件技术投入力度的不断加大，这方面已经显现出不少可喜的成果。一些小微企业凭借自身在一个产品细分市场或一个重要配套件上的深耕，也获得了市场立足点及企业存在的价值。

2017 年，桩工机械其他类产品也取得了长足的进展。尤其值得欣慰的是，有的企业基于对本国市场特征及产品所服务的工程施工工艺的深刻理解，已经逐步抛开单纯模仿或技术跟进的模式，开启了具有鲜明独创性的产品开发路径。国产双轮铣槽机、新型全回转全套管钻机、超大型双动力头强力多功能钻机、满足孔内深层超强夯法（SDDC 工法）的自动化施工强夯机等产品相继面世。与此同时，部分外资品牌也根据中国市场需求的变化及竞争格局的改变主动调整产品策略，推出了部分专门针对中国市场且在国内组装的产品。

1. 旋挖钻机

2017 年，北京市三一重机有限公司推出 C10 系列和 W10 系列旋挖钻机并全面推向国内和国际市场。其中，中小型旋挖钻机从 SR155 到 SR265，涵盖中小桩径领域施工；入岩型旋挖钻机从 SR285R 到 SR365R，可满足中大型桩孔的施工需求；大型旋挖钻机新增 SR425R 旋挖钻机，向超大、超深施工领域迈出坚实的步伐。W10 系列旋挖钻机具备半行程和全行程加压的能力，在全套管施工方面具有明显的产品优势，产品远销海外，受到国际客户的一致好评。通过在整机的布置、稳定性设计、抗振动技术及可靠性设计等方面的研发投入，使 C10、W10 旋挖钻机系列的入岩技术得到进一步提升，从而在入岩钻进效率、施工稳定性等

方面具备明显优势。在旋挖钻机系列升级换代的同时，该公司在关键零部件的开发等方面也取得了重大进展：开发并实际应用了旋挖钻机专用减速机，通过上千次的各种性能试验，确保质量可靠；开发旋挖钻机专用智能操作系统，掌握了显示器、控制器等关键零部件的核心技术，进一步提升了旋挖钻机的使用性能；开发三级过滤系统，燃油过滤精度达到 3μm，杂质过滤效率达 99.99%，充分保证对各地油品的适应性；和战略合作伙伴合作开发了长寿命机油和液压油，通过长达两年的市场验证后推广应用，使产品保养费用降低 50%，保养时间延长 1 倍；与发动机厂家合作研发节能技术，在同样工地施工情况下，三一旋挖钻机节能效果明显。

2017 年，徐州徐工基础工程机械有限公司开发了 XR550D 超大型旋挖钻机。该机型是专门针对跨江、跨海大桥等基础施工而推出的超大入岩型旋挖钻机，最大钻孔深度可达 132m，最大钻孔直径达 3.5m。XR550D 旋挖钻机在 2017 年销售 30 余台，取得了良好的经济效益。该机型的主要技术特征如下：采用 TDP200 型旋挖钻机专用液压伸缩式履带底盘，兼具作业状态的稳定性和运输状态的便捷性；采用大三角变幅机构，保证大孔深桩硬岩的钻进稳定性，提高成孔质量，且具有变幅角度实时检测及安全保护系统，保证了整机的安全稳定性与可靠性；采用单减速机双马达驱动单排绳主卷扬技术，最大钻深可达 132m，大大延长了钢丝绳的使用寿命，并标配触底保护功能，能有效防止乱绳现象；采用多挡位动力头，开发了入岩模式，实现恒速大扭矩持续钻进，以提高入岩效率。动力头具有定速旋转功能，入岩模式下 1 ～ 5r/min 连续可调，与牙轮筒钻达到最佳匹配速度，提高施工效率和入岩能力，有效缓解施工操作人员的工作强度；开发了可拆卸的组合式驱动键设计，即驱动键分为传扭键与加压键，且均可拆卸，大大降低了维护成本，属国内首创；液压系统采用先导电液比例伺服控制、恒功率控制及负荷传感技术；采用先进的智能控制技术、CANBUS 技术和虚拟仪表技术，采用高可靠性的控制器和大屏幕彩色液晶显示器，可直接显示桅杆垂直度及孔位深度，自动实时检测并显示记录，作业过程故障自动记录，输入 / 输出信号的在线调试与诊断以及钻桅限位、变幅限位、主副卷扬限位、过滤器报警、维修保养提示等各种报警信息；配置卷扬加压系统，可实现动力头在钻桅上全行程运行，满足最长近 20m 的全套管施工；基于钻深检测的钻杆自动限压保护系统，提高了工作装置的使用寿命；采用模块化组合式钻桅技术，通过不同钻桅的组合以适应不同的加压力与行程，提高了整机稳定性。

2017 年，上海中联桩工机械有限公司推出了 4.0 版旋挖钻机中大型系列产品。其大三角后背式设计，充分兼顾了入岩作业工况下设备的稳定性和转场、工地移位时的便捷性及安全性；低重心、缩短回转半径的设计，使设备的稳定性得以大大提升；主要结构件的加强型设计，显著提升了设备受力性能及刚度，使设备在恶劣的施工工况下仍能保证高可靠性；通过技术升级和工艺改进并进，开展了 40 余项专题技术研究和工艺改进项目，使产品的质量控制及高可靠性建立在扎实的基础之上；充分运用信息化技术，在设备状态监控、数据传输等方面进行充实，为设备的进一步改进提供有力的数据支撑，也为客户提供增值服务。

2017 年，山河智能装备股份有限公司推出了 SWDM600 特大型步履式旋挖钻机，具有整机稳定性高、动力头扭矩大、平台无尾式设计等诸多特点。该机特别适用于大直径、大深度入岩桩施工；该机最大成孔直径 3m，最大成孔深度 120m，发动机功率 439kW；变幅机构采用大三角支撑结构，配合稳定的步履式底盘，使该钻机具有优异的入岩能力，入岩施工时，钻桅不晃动；加压钻进时，巨大的步履式底盘提供强大的支撑力，钻机不会浮起，加压力完全作用在岩层上，入岩效率大幅提高；运输时，钻机的步履式底盘与平台可拆分，降低运输尺寸和质量，完全满足公路运输标准。SWDM600 步履式旋挖钻机的推出，为超大型旋挖钻机的研发方向开拓了新思路。

北京中车重工机械有限公司立足“做精旋挖钻机、做强桩工机械、做大工程机械”的发展战略，2017 年推出了 F 系列旋挖钻机，机型有 TR288FL、TR360F、TR360FL、TR400F、TR460F、TR580F，标志着该公司具备了高端、大型桩工机械产品的研发和制造能力。TR580F 型旋挖钻机最大扭矩 580kN・m，最大钻孔深度 151m，最大钻孔直径 4m，具有强大的旋挖钻进能力和极高的施工效率。F 系列旋挖钻机的主要特点如下：一直坚持卡特底盘和自主研发上车系统的研发理念，采用原装进口液压、电气元件，坚实可靠，系统稳定，节能高效；卡特底盘绝大部分结构焊接由焊接机器人自动完成，充分保证了焊接质量；卡特底盘坚固的主机架，提高了设备的耐用性；履带支重轮、托链轮和导向轮均采用密封润滑，具有更长的使用寿命；采用数字化仿真技术，将现代设计理念与传统工艺相结合，轻量化吊锚架，减轻上车重量，保证结构件的强度，具备超强入岩能力；大截面、高强度桅杆，保证整体的可靠性及安全性；使用细晶粒高强度 700 ～ 900MPa 专用钢板，强度高、刚度好、重量轻，完全掌握金属材料的切割、焊接、后处理工艺，针对桅杆、底盘和卷扬等关键部件拥有核心专利；液压主系统采用先进的负反馈技术，使流量和功率输出分配更合理，液压交互感应系统在所有工作条件下，均可以利用两个液压泵提供充分动力。主泵具有功率调节系统，与电气系统完美结合，既能充分发挥功率又很好的保护发动机系统。液压副系统采用负载敏感技术，自动调节功率，与主系统互不干扰，满足各种动作的需求；智能化电气控制系统，移植高铁列车控制技术，采用模块化技术开发控制程序，远程实时监控整机工况，实现故障预警、设备监控、远程故障诊断、信息记录传输等功能；通过开发旋挖钻机试验台，测试系统的稳定性。2017 年，公司累计申请专利 17 项，其中发明专利 7 项。

恒天九五重工有限公司凭借与卡特彼勒多年深度合作的技术优势，利用新一代的 CAT336DL 底盘，2017 年开发了新一代 JVR280E 旋挖钻机。该机主卷扬采用后置单层大滚筒结构，配备二级缓冲功能，大幅度降低主卷扬减速机和马达的冲击，使主卷扬的使用寿命提高了 50%。同时，标配触底保护功能，当钻斗落到孔底，切断主卷下放，防止钢丝绳过放、乱绳，钢丝绳使用寿命较原来提高了 40%；增加动力头马达与主卷扬马达的复合动作，施工效率提高了 15%；充分利用卡特 CAT336DL 底盘特有的增压功能，极限工况条件下系统压力提升到 36MPa，从而使动力头最大扭矩和主卷扬最大提升力增大，比其他厂家同档位机型入岩能力提高 10%。

2017 年，玉柴桩工（常州）有限公司针对大型桩机工程市场需求先后推出了升级版机型 YCR220、YCR285、YCR330。该系列产品的主要技术特征如下：应用加强型回转支承，使设备在施工中更加稳定、安全；采用结构优化设计的覆盖件，避免了共振现象；电控系统采用标准化、模块化设计，更加可靠、耐用；部分机型采用最新的单层卷筒技术，避免了主卷扬钢丝绳咬绳问题；配置带有护筒驱动器的动力头，可进行全护筒作业，适应桩基施工越来越严格的质量及环保要求；在泵－发动机功率匹配控制方面，自动调节液压泵的吸收功率大小，使发动机和泵的功率达到最优匹配；液压系统采用分段功率控制，根据具体的工作工况选择合适的发动机工作能力，减轻发动机的工作强度，降低燃油消耗；具有智能化的自动怠速功能，在整机无操作达到设定时间后，发动机自动切换进入具有双重保护的怠速状态，提高燃油经济性；设备选配冲击卷扬实现冲击功能，高度体现一机多能、一机多用的特点；动力头可根据工况需要实现多挡位智能控制，硬层深孔时可实现低速大扭矩钻进，普通地层可实现高效节能钻进，卸土时可实现高速甩土功能，施工更加高效，各功能挡位之间切换简单、方便；回转液压系统配置双马达和双减速机，回转启停过程更加顺畅、可靠，入岩钻进时上车更加稳定，钻进能力更强；整机散热系统实现油散和水散分开独立自动控制，独立油散采用智能控制，保证夏季高温连续作业时液压油温在最佳工作温度，即使在冬季低温环境下，通过控制风扇马达转速，使液压油温迅速升至最佳工作温度，整套散热系统更加智能，保障了散热性能且更能适应各种环境和施工工况；整车大型结构件采用 ANSYS 进行优化分析，并采用冗余设计理念，不仅保障结构强度，更保障整车使用寿命。

江苏泰信机械科技有限公司专注于小型旋挖钻机的开发与销售。2017 年，公司针对海外市场需求开发了 KR80M、KR90M，采用卷扬加压方式，实现旋挖工况到 CFA 长螺旋工况的快速且便捷的功能转换，实现一机多能。该公司小型旋挖钻机主要定位于工民建、地铁支护、农村城建改造等小型桩基施工，施工地点靠近居民区，对噪声污染有一定要求，通过配置高速动力头，很好地解决了这个问题，避免了卸土时产生的噪声污染，同时提高了施工效率。通过潜孔锤搭载到旋挖钻机上，实现了小型旋挖钻机硬岩高效施工。可配置抓斗，实现在土层或软岩地层条件下、狭小空间时的小型地下连续墙、沟槽施工，特别在农村基建等工程中，一机多能可有效降低客户的采购成本。

北京欧钻科技有限公司以解决钻杆行业的瓶颈难题作为企业使命，并由此建立企业核心竞争优势。在解决机锁式钻杆可靠性和长寿命的问题上，进一步提高三、四层机锁式钻杆质量和寿命，使其真正成为“重载”“嵌岩”钻杆的代名词，还攻克五层机锁式钻杆开发、制造和使用难题。该公司与清华大学材料科学学院、瑞典伊萨焊接技术（中国）有限公司、天津钢管集团等相关单位密切合作，通过力学模型、产品数据模型和虚拟焊接工艺模型实现五层机锁式钻杆的全数字化设计，率先开发出 630 五层 24m 机锁式钻杆，有效钻深 110m，并在汉十高铁汉江特大桥主桥墩 3m 直径、106m 桩深工程中进行应用，获得成功。随后经过连续攻关，成功开发出 508 系列、530 系列、559 系列、580 系列五层机锁式钻杆。该公司的五层机锁杆有如下技术突破与创新：①在数字设计模型和工程试验基础上，全面改进了钻杆的传统结构，大幅度减少了钻杆各层之间的间隙，由 7 ～ 10mm 缩小到 3mm。加长各层钻杆之间的导向长度，从而实现钻杆在全锁工作状态下的刚度和竖直度，使钻杆在最佳的受力状态下进行钻进。②全面提升优化钻杆焊接工艺，采用伊萨进口焊丝，有效控制焊接变形，并减少焊接应力，焊缝和焊接热影响区屈服强度均获得提升，有效提高了钻杆长期使用寿命。③提升核心元件的质量。针对机锁式钻杆方头断裂、加压台压堆变形、管口开裂、驱动键不耐磨等故障占钻杆使用故障的 80% 以上，该公司与清华大学等相关单位进行攻关，有效提高这些关键零部件的质量，经过工程实践检验，在高负载状态下使用寿命长达 20 000h。此外，与黑龙江旭腾基础工程有限公司、陕西地质工程有限公司、江西地质工程有限公司、河北建勘研究院有限公司等基础施工企业合作，针对五层机锁式钻杆在超大、超深、超硬工程施工应用，摸索出一套科学、成熟且可推广的使用方法，在有效提高钻孔作业效率的同时，保证钻杆在安全可靠的状态下工作。

2. 其他桩工机械

上海金泰工程机械有限公司经过多年不断的反复试验及改进，2017 年向市场推出了 SX40 型双轮铣槽机。该机型着眼中国本土市场，探索经济型、实用型、成套化和低运行成本的产品方向，同时实现与金泰优势产品 SG 液压抓斗功能的快速双向切换。SX40 双轮铣槽机与 SG60 液压抓斗采用同一款主机平台，将抓槽与铣槽两种功能在模块化设计中有机结合，实现“一机两用”，充分体现金泰双轮铣的实用型和经济型。SX40 双轮铣槽机采用柴油和电力组合能源，设置工作状态和非工作状态两种动力输出的节能模式。SX40 主机的 300kW 柴油动力全部用于铣轮工作所需的动力，除此之外配置了 155kW 电力泵站系统，为架体的纠偏及其他动作提供动力。两套系统独立控制，可实现工作状态和非工作状态下的动力输出模式；多项专利技术引领国产化潮流。在 SX40 双轮铣槽机研制过程中，产生了多项专利技术以及与 SX40 相匹配的专用装置，如铣轮密封技术、盲区铣削技术、微量给进技术、渣管固定装置、渣管箱及滑轮装置、用于二期槽施工的槽口导向装置等。SX40-A 于 2017 年 5 月“亮剑”上海浦西第一高楼——徐家汇中心，比肩国际品牌，成功挑战 75m 深槽和“接头套铣”工艺。此后， SX40 双轮铣槽机先后在银川集中供热穿越黄河工程，武汉大东湖污水处理系统工程，广州地铁 11 号、18 号和 22 号线，上海地铁 14 号、15 号线以及杭州地铁 5 号线等多个工程中发挥了重要作用，为客户创造了可观的经济效益。

德国宝峨公司的双轮铣技术起源于 34 年以前，1984 年宝峨生产了第一台双轮铣槽机，用于德国布隆巴赫水库底部垂直防渗墙的施工。1996 年，国内进口的第一台宝峨双轮铣槽机参与了三峡大坝的建设。一直以来，双轮铣槽机作为桩工机械领域内的高端设备，其生产一直在德国本土进行。BCS40 双轮铣槽机于 2017 年 7 月 6 日在中国正式发布，这是该公司在中国天津工厂组装的第一款双轮铣槽机。BCS40 双轮铣槽机由 BC32 铣槽机、HSS 同步卷管系统、MT120 主机和 BE500 除砂机组成。该机是为中国市场专门开发的新产品，与全进口相比，售价较低，在中国市场地连墙工程迅速发展、工艺要求越加复杂的背景下，为中国市场和客户提供了新的选择。

2017 年，山河智能装备股份有限公司推出了 3 款新产品——SWJ25 智能化劲性复合桩机、SWRC170 自行式全回转全套管钻机以及 SWSD6638W 型的超大型双动力头强力多功能钻。SWJ25 智能化劲性复合桩机可以实现深度 25m 以内的单轴搅拌桩施工，搅拌过程中人工干预极少，自动化程度非常高。与以往搅拌桩机相比，主要创新点如下：由以往的单通道钻杆升级为双通道钻杆，从而可以同时向地层中输送两种物料，解决了在钻杆旋转、分节、可拆卸装配的条件下，既要承受大扭矩，又要保持密封可靠，管道内部还要耐磨损等问题；配备了施工数据监控系统，物料称重后，数据发送到机器控制系统，控制系统收集数据的同时，还向云端发送机器的各种工况参数，云端可记录与统计分析，整个施工过程可在互联网上实时监控，从而与施工监理无缝对接，从源头上杜绝偷工减料行为，保证了施工质量。SWRC170 自行式全回转全套管钻机为世界首创的全套管钻进及起拔钻机，使传统的全回转钻机具有了自主行走功能、自主吊装功能，彻底改变了全回转钻机的结构形式，极大地提升了施工效率，降低了施工成本。该机具有自主行走能力，避免了传统全回转必须搭配大吨位履带起重机才能移机的缺点。该机动力头行程达 4m，较传统全回转钻机大幅提升，施工时降低了动力头往复频次。该钻机最大动力头扭矩为 1 050kN·m，可施工的套管直径为 750 ～ 1 700mm，最大套管起拔力 5 300kN，最大起重能力达 300kN。该机配有无线遥控，工作时可完全通过无线遥控器操作，安全便捷。为了减轻工作人员的劳动强度，配置了高压水枪和气动扳手，大幅度提升工作效率。2017 年，为了解决大深度钻进和钻机不用潜孔锤（潜孔锤能耗和成本高）时的入岩问题，研发出 SWSD6638W 型超大型双动力头强力多功能钻。该钻机可实现深度 50m、直径 1.2m 的灌注桩施工，底盘采用稳定性更高的步履式。SWSD6638W 双动力头强力多功能钻机与以往的双动力头钻机相比有以下特点：桅杆采用两组支撑杆支撑，使得桅杆的刚性大大提高，抗拉拔能力也有了较大提升；超大的动力头扭矩加上强大的加压力，钻机的直接入岩能力大大增强；整机动力全部由电动机提供，无尾气排放，绿色环保；安装有施工监测系统，具有桩孔卫星定位、深度检测等功能，可有效提升施工质量。

2017 年，郑宇重工股份有限公司率先推出了一款能满足 SDDC 工法的自动化施工强夯机，具有以下优势：①主卷扬单绳拉力最大 140kN，可以实现单绳不脱钩施工，提升速度大幅提高，节省了传统夯击对钩的时间，总体施工效率较传统夯机提升了 5 倍以上。②夯实质量有保证。夯锤的提升高度和夯击次数都是根据施工方的要求预先设置于控制器内，具有自动探底功能，自动计算提升高度，从而保证每次的提升高度一致、每个循环的夯实次数一致，避免人工操作偷锤、漏锤现象。③电液系统采用自动控制和电磁比例控制阀组，实现卷扬自动控制提升和自由落钩、自动制动功能，保证作业时平稳、安全、高效。同时可以显示卷扬提升下放的速度、夯击总次数、单次夯击次数、夯锤高度、孔深等数据，并可实现显示页面的一键中英文切换。④自动化施工降低了机手操作强度，操作简单、智能。该公司申请了新型自由落体卷扬机逻辑控制阀组等多项设计专利。

2017 年 4 月，40 台套履带桩架、液压打桩锤一次出口尼日利亚。该出口订单的承接与实施，开创了行业内多家企业协同合作、在短时期内完成批量出口业务的先河。北京建筑机械化研究院、徐州徐工基础工程机械有限公司、国土资源部地质勘探技术研究所、上海振中机械制造有限公司、浙江永安工程机械有限公司和北京华德万力液压机械有限公司发挥各企业协同后的整体优势，在时间紧、任务重、适逢春节的不利条件下，齐心协力，按时完成了任务。

在浙江舟山鱼山大桥项目施工现场，浙江中锐重工科技股份有限公司的 ZJD5000/450、ZJD4000/350 等 20 余台（套）全液压反循环钻机云集。全桥桩基均为钢管钻孔灌注复合桩，共计 182 根，设计桩径 2.2 ～ 5.0m，设计桩长 15 ～ 148.2m。全桥桩基均为嵌岩桩，设计持力层为中风化凝灰岩和中风化流纹岩，桩端入岩深度 5 ～ 20m，岩石抗压强度 22 ～ 141MPa。桩径大、桩孔深、岩层硬、嵌岩厚，工程难度高，海上施工条件恶劣，对施工及其装备都是极为严峻的考验。桩基工程从 2017 年 1 月份开始施工，第一期桩基于 2018 年 1 月份完成，赢得了业主方和总包单位的高度肯定。当前第二期桩基仍在有序施工中。

〔供稿单位：中国工程机械工业协会桩工机械分会〕

掘进机械

掘进机械是工程机械中一类重要产品，主要应用于水平方向的隧道、巷道、管孔的机械化施工。根据中国工程机械工业协会标准《工程机械的定义和类组划分》的分类，掘进机械主要包括全断面隧道掘进机（盾构机、硬岩掘进机、顶管机等）、水平定向钻、悬臂式巷道掘进机等产品，其主导产品是全断面隧道掘进机。

一、全断面隧道掘进机

全断面隧道掘进机是集机械、电子、液压、控制、信息技术于一体的复杂集成系统，工作环境特殊，对产品的稳定性、可靠性、适应性要求极高。因此，在相当长的时间里，全断面隧道掘进机的研发、制造和使用一直是我国制造业和施工企业的软肋。实际上，20世纪初80年代以前，我国全断面隧道掘进机市场和技术基本上被美、日、欧等发达国家的专业公司垄断，主要有德国海瑞克、维尔特，美国罗宾斯，加拿大罗瓦特，日本三菱重工、日立造船、川崎重工、石川岛播磨、小松等。

2005年以后，随着我国大规模基础设施建设的持续展开，尤其是城市地铁、引水工程、过江隧道等工程的大量上马，国内市场对全断面隧道掘进机的需求急剧扩大，一方面，市场的需求刺激了国内一批企业通过技术引进、合资合作全面进军全断面隧道掘进机产业；另一方面，政府主管部门认识到全断面隧道掘进机产业的重要性和发展潜力，给予了足够的关注和支持，如把土压平衡盾构机及大型泥水平衡式盾构机的研发列入了科技部“863”“973”课题计划，推动其设计、试验科研工作的开展。经过短短几年的发展，在激烈的市场竞争中，一批国内企业脱颖而出，一大批工程技术人员在大量的设计制造和施工实践中成长起来，我国企业可以说已经完全掌握了全断面隧道掘进机的设计制造和施工技术，部分已经领先于国际水平。到2017年年底，国内企业的市场份额已经占国内市场的92%以上，几家顶尖企业的生产条件和制造能力已经超过国际知名企业，完全具备了自主研发能力和自主知识产权，产品批量进入国际市场。应该说，我国全断面隧道掘进机产业规模和市场规模已居全球首位。

经过近几年的发展，全断面隧道掘进行业已经进入产业整合、洗牌阶段，有一部分企业开始逐渐退出这个行业，也有一些新进入这个行业的企业，更有一些实力雄厚的企业通过并购国外知名企业使自己实现跨越式的发展，行业处于上升中后期阶段。2017年国内全断面隧道掘进机产量及销售额较2016年增长70%以上。2017年国内全断面隧道掘进机主要生产企业销售情况见表1。

表1　2017年国内全断面隧道掘进机主要生产企业销售情况

序号	企业名称	产品名称	销量（台）
1	北方重工集团有限公司隧道掘进装备分公司	盾构机	14
		硬岩掘进机	2
2	广州海瑞克隧道机械有限公司	盾构机	16
3	海瑞克（广州）隧道设备有限公司	盾构机	32
4	杭州杭锅通用设备有限公司	盾构机	1
5	上海博欢重工机械有限公司	盾构机	2
		组合式掘进机	15
6	上海力行工程技术发展有限公司	盾构机	7
7	上海隧道工程有限公司	盾构机	10
		硬岩掘进机	1
		顶管机	4
8	中交天和机械设备制造有限公司	盾构机	108
		硬岩掘进机	2
9	中铁工程装备集团有限公司	盾构机	166
		硬岩掘进机	7
		顶管机	8
10	中国铁建重工集团有限公司	盾构机	127
		硬岩掘进机	23
		顶管机	1
11	辽宁三三工业有限公司	盾构机	65
12	中船重型装备有限公司	盾构机	17
13	小松（中国）投资有限公司	盾构机	12

中交天和机械设备制造有限公司（简称中交天和）是中国交通建设股份有限公司旗下的子公司，主要从事全断面隧道掘进机的设计、研发与制造，船用机械、起重机械、桥梁及建筑用防震高阻尼支架的设计、研发与制造等。公司注册资本5.6亿元，是近些年增长较快的企业。中交天和在2016年销量较2015年增长超过700%的基础上，2017年较2016年又增长89%。

二、悬臂式巷道掘进机

部分断面掘进机主要是悬臂式掘进机。迄今我国部分断面掘进机主要应用于煤炭行业，但部分断面掘进机在非煤地下工程（如铁路、公路、地铁、水利水电、国防、矿业）的应用总量正在不断地增长，不久就将超过煤炭地下工程。

1979 年，原煤炭工业部生产司引进 100 多台悬臂式掘进机，供国有重点煤矿煤巷掘进。2002—2013 年，国有重点煤矿的综合掘进机械化程度平均年增长约 3.3%。国外先进产煤国的综合掘进机械化程度有高于 70% 的。当前国有重点煤矿的综合掘进机械化程度为 54%，低于地铁行业但高于其他非煤行业地下工程的综合机械化程度。

煤炭科学院（现中煤科工集团）自 20 世纪 80 年代开始研制具有自主知识产权的掘进机，2001 年太原分院实现掘进机产业化，其 EBZ160TY 型掘进机和 EBJ-120TP 型掘进机分别荣获 1999 年和 2004 年度国家科技进步奖二等奖。

煤炭黄金十年（2002—2011 年），掘进机产量直线上升。从 2012 年起，随着煤炭需求减少、产能过剩，掘进机需求量急剧下降，2015 年约是 2011 年的 19.8%。

我国部分断面掘进机生产已经经历了 30 多年。20 世纪 80 年代前期，只有佳木斯煤机厂、淮南煤机厂小批量生产。90 年代末起，先后有兵器部包头二机厂、西北煤机二厂、辽源煤机厂、太原煤科院、上海煤科院、太原矿山机器厂等加入。随着煤炭升温，石家庄煤机厂、三一、创力和一大批矿业集团机厂加入。随着行业景气度回升，2017 年，部分断面掘进机产量有较大增长，据参与 2017 年统计的整机企业数据，2017 年产量较 2016 年增长 135%。2017 年部分企业悬臂式掘进机产量见表 2。

表 2　2017 年部分企业悬臂式掘进机产量

序号	企业名称	产量（台）	序号	企业名称	产量（台）
1	石家庄煤矿机械有限责任公司	57	15	包头市银洁利重型机械制造有限公司	1
2	山西天地科技股份有限公司	133	16	冀凯河北机电技术有限公司	9
3	天地科技股份有限公司上海分公司	17	17	平煤神马机械装备集团有限公司	3
4	上海创力集团股份有限公司	92	18	林州重机集团股份有限公司	4
5	太重煤机有限公司	13	19	中铁工程装备集团有限公司	12
6	山东能源重装集团新汶分公司	2	20	山西晋煤集团金鼎煤机矿业有限公司	8
7	西安煤矿机械有限公司	22	21	山西美佳矿业设备有限公司	41
8	兖矿集团有限公司机电设备制造分公司	9	22	山西汾西矿业集团矿山设备有限公司	7
9	阳泉煤业集团华越机械公司本部	23	23	山东矿机集团股份有限公司	1
10	上海科煤机电有限公司	3	24	徐州徐工基础工程机械有限公司	127
11	吉林煤机装备有限公司	7	25	上海大屯能源股份有限公司拓特机械制造厂	3
12	三一重型装备有限公司	363	26	淮南凯盛重工有限公司	39
13	沈阳北方重矿机械有限公司	45	27	黄山市徽州安华工程机械有限公司	55
14	包头北方工程机械制造有限责任公司	4	28	中国铁建重工集团有限公司	0

值得注意的是，部分断面掘进机正在走出煤炭行业，用于非煤地下工程。出身于工程机械行业的三一重装、徐工基础有别于其他行业，甚至显示出比传统煤机厂更强的转型、适应能力。

〔撰稿人：中国工程机械工业协会掘进机械分会 宋振华〕

市政与环卫机械

市政与环卫机械主要包括清扫类、清洗类、垃圾收运类、下水道养护类、除冰雪类等产品，以改装专用车为主。其中，清扫类、清洗类、垃圾收转运类专用车占绝大部分销售比重，也是本文主要分析的对象。

随着我国城镇化的逐步推进，城市环境问题日益严峻，“垃圾围城”“乡村污染”等现象多次见诸报端，凸显出我国城乡环境治理水平尚有巨大改善空间。据住建部统计数据显示，我国城市垃圾每年清运量 1.79 亿 t，农村垃圾每年产生量约为 1.5 亿 t，城市的垃圾处理率可达 90%，而农村垃圾处理率仅约 50%。

根据《全国城市生态保护与建设规划（2015—2020 年）》要求，2020 年，全国城市生活垃圾无害化处理率要提升至 95%。2006 年至 2016 年，我国城市道路清扫保洁面积由 48.5 亿 m^2 增至 79.5 亿 m^2，城镇生活垃圾产量由 15 805 万 t 增至 19 525 万 t，增幅达 23.5%。城市街道的清洁难度和面积变大，提升了对道路机械化清扫需求。从各省、市、自治区地方政策、法规和规划来看，一线发达城市机械化清扫一般要求在 80% 以上，二线城市一般要求在 60% ～ 70%。三四线城市也在向一、二线城市看齐，逐步提升城市清扫的机械化率。

另外，《全国农村环境综合整治“十三五”规划》明确，到 2020 年，新增完成环境综合整治的建制村 13 万个，累计达到全国建制村总数的 1/3 以上，需建成生活垃圾收集、转运、处理设施 450 多万个（辆）。国务院于 2016 年 11 月公布《“十三五”生态环境保护规划》，也明确提出，在 2020 年年底前，加快县城垃圾处理设施建设，实现城镇垃圾处理设施全覆盖。未来，农村环卫市场潜力十足，能为环卫服务行业乃至环卫产业提供广阔的市场增值空间。

需求的快速增加，刺激各级政府针对环境治理方面的财政投入不断加大，用于购买设备和服务。另外，通过各项鼓励支持政策，积极引导社会资源加入到环境保护和治理的大军。需求激增、政策引导、资本投入、法制保障等诸多利好因素，给市政与环卫机械行业带来了空前的发展机遇，同时也面临日趋激烈的市场竞争。据不完全统计，2017 年，从事市政与环卫机械专用车生产、销售的企业已超过 270 家。在未来几年内，行业将面临新的产业整合，创新能力弱、融资成本高、运营能力差的小企业将被率先淘汰，技术实力强、产业链协同效应强、资源整合能力强的企业将进一步引领行业的发展。市政与环卫机械主要产品分类及 2017 年主要生产企业见表 1。

表 1　市政与环卫机械主要产品分类及 2017 年主要生产企业

产品分类		企业名称
清扫类	洗扫车 湿式扫路车 干式扫路车（吸尘车） 其他（如纯吸式扫路车、纯扫式扫路车）	中联重科股份有限公司、福建龙马环卫装备股份有限公司、郑州宇通重工有限公司、烟台海德专用汽车有限公司、程力专用汽车股份有限公司（原湖北程力专用汽车有限公司）、北京华林特装车有限公司、北京天路通科技有限责任公司、湖北合加环境设备有限公司、徐州工程机械集团有限公司、荆州华通汽车改装有限公司、石家庄煤矿机械有限责任公司、上海沪光客车厂、肥乡县远达车辆制造有限公司、湖北江南专用特种汽车有限公司、河南森源重工有限公司、扬州盛达特种车有限公司、航天晨光股份有限公司、深圳东风汽车有限公司、中通汽车工业集团有限责任公司、湖南恒润高科股份有限公司
清洗类	高压清洗车 洒水车（低压清洗车） 路面养护车 绿化喷洒车（抑尘车） 其他	中联重科股份有限公司、程力专用汽车股份有限公司（原湖北程力专用汽车有限公司）、福建龙马环卫装备股份有限公司、东风实业（十堰）车辆有限公司、湖北大力专用汽车制造有限公司、东风汽车公司、随州市东正专用汽车有限公司、湖北合力专用汽车制造有限公司、湖北润力专用汽车有限公司、深圳东风汽车有限公司、湖北新中绿专用汽车有限公司、中国重汽集团济南专用车有限公司、航天晨光股份有限公司、郑州宇通重工有限公司、北汽福田汽车股份有限公司、武汉市汉福专用车有限公司、湖北成龙威专用汽车有限公司、湖北合加环境设备有限公司、陕西汽车集团有限责任公司
垃圾收转运类	压缩式垃圾车 车厢可卸式垃圾车 压缩式对接垃圾车（含自卸式垃圾车） 自装卸式垃圾车 桶装垃圾运输车 餐厨垃圾车	中联重科股份有限公司、福建龙马环卫装备股份有限公司、程力专用汽车股份有限公司（原湖北程力专用汽车有限公司）、航天晨光股份有限公司、北汽福田汽车股份有限公司、烟台海德专用汽车有限公司、浙江飞碟汽车制造有限公司、随州市东正专用汽车有限公司、重庆耐德新明和工业有限公司、徐州工程机械集团有限公司、青岛中集环境保护设备有限公司、江苏悦达专用车有限公司、深圳东风汽车有限公司、湖北楚胜专用汽车有限公司、湖北合力专用汽车制造有限公司、湖北新中绿专用汽车有限公司、北京华林特装车有限公司、贵州云马飞机制造厂、湖北合加环境设备有限公司
市政类	吸污车 吸粪车 下水道养护车 除雪车	湖北合力专用汽车制造有限公司、随州市东正专用汽车有限公司、湖北五环专用汽车有限公司、湖北新中绿专用汽车有限公司、程力专用汽车股份有限公司（原湖北程力专用汽车有限公司）、鞍山森远路桥股份有限公司、航天晨光股份有限公司、湖北宏宇专用汽车有限公司、重汽集团专用汽车公司、荆州华通汽车改装有限公司、中联重科股份有限公司、湖北润力专用汽车有限公司、丹东黄海特种专用车有限责任公司、随州市力神专用汽车有限公司、湖北力威汽车有限公司、河南森源奔马专用汽车有限公司、湖北楚胜专用汽车有限公司、武汉市政环卫机械有限公司

注：因篇幅有限，表中仅列出部分企业。

根据车辆上牌数据统计，2017 年，市政与环卫机械专用车产品（含燃油、天然气、纯电动产品）总销量达 85 871 台，较上年增长 55.5%。

一、清扫类产品

1. 生产发展情况

清扫车是一种集路面清扫、垃圾回收和转运于一体的高效清扫设备，可广泛用于道路、广场的清扫、保洁工作。按工作模式特点划分，清扫车可分为洗扫车、扫路车、吸尘车等。

常见的扫路车配备有清扫系统和由风机、吸嘴、风道、垃圾箱等组成的气力输送系统。在清扫作业时，利用扫刷将路面垃圾扫至吸嘴前面，利用风机运转时在气力输送系统中产生的动压和静压，通过吸嘴将垃圾吸入垃圾箱内，以达到清除路面垃圾的目的。按清扫抑尘方式的不同，可进一步将扫路车分为湿式扫路车和干式扫路车。扫路车在清扫过程中不可避免会产生扬尘，为解决这一问题，湿式扫路车通过在清扫装置附近喷淋清水，达到抑制清扫扬尘的目的。而干式扫路车则通过对清扫过程中产生的粉尘气体进行抽吸过滤处理，解决扬尘问题。因干式扫路车在作业中不使用水，故特别适用于北方冬天结冰季节的作业工况。

洗扫车结合了高压清洗车和扫路车的功能，通过“扫－洗－吸”方式的联合作业，可实现扫路车所不具备的高洁净率。

相比传统的人工作业模式，使用机械化的清扫类产品进行路面清扫、保洁作业，具有高效、安全等特点。从近几年的市场销售情况来看，清扫类产品一直处于持续增长中。

2. 市场销售情况

（1）清扫类产品总体销售情况。2017 年，由于我国城市化不断推进，人口不断增多，区域不断扩大，道路不断增加。2017 年，清扫类产品（含燃油、天然气、纯电动产品）总销量为 11 960 台，较上年增长 34.2%。

（2）清扫类产品月度销售情况。从 2017 年各月销售数据来看，1—2 月份基本处于销售淡季，3 月份销量快速增长，且 3—11 月销量基本稳定，无大幅变化。12 月销量突出，其销量较全年平均值要高出 65.5%。与 2016 年相比，2017 年第二、三季度的数据增长非常明显。2016—2017 年清扫类产品月度销售情况见图 1。

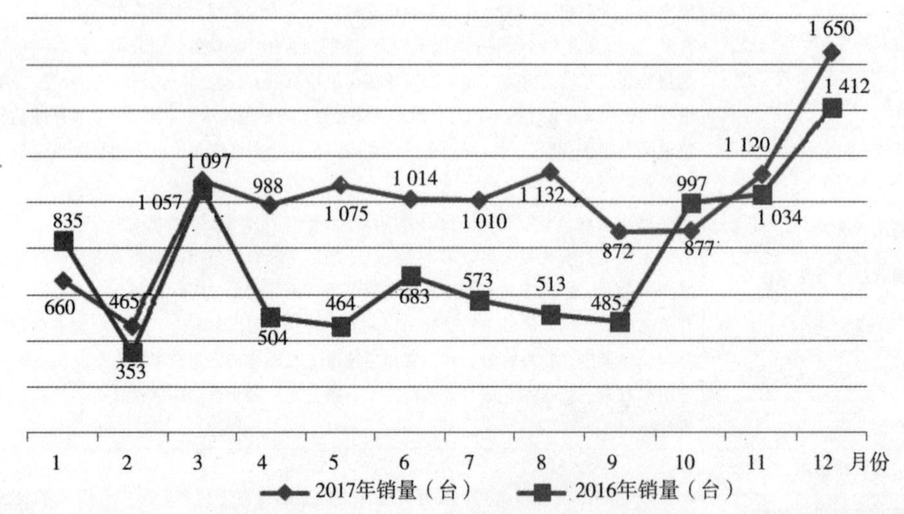

图 1　2016—2017 年清扫类产品月度销售情况

（3）清扫类产品销量构成。按产品种类统计，清扫类产品销售主要以洗扫车为主，销量占比超过一半，且有逐年增长的趋势。

2017 年，洗扫车销量增长 47.6%，湿式扫路车销量增长 25.5%，干式扫路车销量增长 8.2%。干式扫路车在清扫类产品中市场占有率和增长率都较低，其市场份额将来有被洗扫车和湿式扫路车进一步侵蚀的可能。2016—2017 年清扫类产品按品种销售情况见表 2。

表 2　2016—2017 年清扫类产品按品种销售情况

产品类别	2017 年		2016 年		同比增长（%）
	销量（台）	占比（%）	销量（台）	占比（%）	
洗扫车	7 137	59.7	4 853	54.5	47.1
湿式扫路车	3 051	25.5	2 431	27.3	25.5
干式扫路车	908	7.6	839	9.4	8.2
其他	864	7.2	787	8.8	9.8

按车辆总质量统计，2017年，清扫类产品销量最多的是12～18t产品，占总销量的57.5%。其次是5～9t产品，销量占比为29.7%。5～9t、12～18t产品大小适宜，最受市场欢迎，共占据87.3%的市场份额。

从增长情况来看，总体产品销量较上年增长明显，其中，5～9t、12～18t主流产品分别增长37.2%和36.8%。2016—2017年清扫类产品按产品总质量统计销售情况见表3。

表3　2016—2017年清扫类产品按产品总质量统计销售情况

产品吨位	2017年		2016年		同比增长（%）
	销量（台）	占比（%）	销量（台）	占比（%）	
2～4t	533	4.5	458	5.1	16.4
5～9t	3 552	29.7	2 588	29.1	37.2
10～11t	778	6.5	689	7.7	12.9
12～18t	6 884	57.5	5 031	56.5	36.8
18t以上	213	1.8	144	1.6	47.9

（4）清扫类产品主要生产企业销售情况。2017年，清扫类产品销量有进一步向主要制造商集中的趋势。其中，列销量前三位的生产企业分别是中联重科股份有限公司、福建龙马环卫装备股份有限公司、郑州宇通重工有限公司。中联重科股份有限公司的市场占有率达45.8%。销量增长较为突出的有湖北宏宇专用汽车有限公司、北汽福田汽车股份有限公司和湖北五环专用汽车有限公司等。2016—2017年清扫类产品主要生产企业销售情况见表4。

表4　2016—2017年清扫类产品主要生产企业销售情况

序号	企业名称	2017年		2016年		同比增长（%）
		销量（台）	市场占有率（%）	销量（台）	市场占有率（%）	
1	中联重科股份有限公司	5 478	45.8	4 548	51.0	20.4
2	福建龙马环卫装备股份有限公司	1 934	16.2	1 632	18.3	18.5
3	郑州宇通重工有限公司	712	6.0	310	3.5	129.7
4	程力专用汽车股份有限公司（原湖北程力专用汽车有限公司）	481	4.0	240	2.7	100.4
5	烟台海德专用汽车有限公司	457	3.8	282	3.2	62.1
6	北京天路通科技有限责任公司	256	2.1	156	1.8	64.1
7	徐州工程机械集团有限公司	223	1.9	108	1.2	106.5
8	北汽福田汽车股份有限公司	222	1.9	30	0.3	640.0
9	湖北宏宇专用汽车有限公司	192	1.6	11	0.1	1 645.5
10	湖北五环专用汽车有限公司	160	1.3	32	0.4	400.0
11	中通汽车工业集团有限责任公司	159	1.3	49	0.5	224.5
12	上海沪光客车厂	137	1.1	99	1.1	38.4
13	河南森源重工有限公司	129	1.1	59	0.7	118.6
14	湖北合加环境设备有限公司	114	1.0	117	1.3	-2.6
15	北京华林特装车有限公司	113	0.9	203	2.3	-44.3
16	北京市清洁机械厂	111	0.9	26	0.3	326.9
17	中国一拖集团有限公司	106	0.9	24	0.3	341.7
18	航天晨光股份有限公司	95	0.8	54	0.6	75.9
19	肥乡县远达车辆制造有限公司	65	0.5	97	1.1	-33.0
20	扬州盛达特种车有限公司	62	0.5	58	0.7	6.9

（5）清扫类产品主要生产企业按产品种类销售情况。从销售数据看，除中联重科股份有限公司、福建龙马环卫装备股份有限公司在各产品种类布局比较均衡外，其他各生产企业均有所侧重。如：郑州宇通重工有限公司、烟台海德专用汽车有限公司等企业侧重于洗扫车产品研发生产；程力专用汽车股份有限公司、北京天路通科技有限责任公司等企业侧重于扫路车的研发生产。2016—2017 年清扫类产品主要生产企业按品种销售情况见表 5。

表 5　2016—2017 年清扫类产品主要生产企业按品种销售情况

序号	企业名称	洗扫车			扫路车（湿式）			扫路车（干式）			其他		
		2017 年销量（台）	2016 年销量（台）	同比增长（%）	2017 年销量（台）	2016 年销量（台）	同比增长（%）	2017 年销量（台）	2016 年销量（台）	同比增长（%）	2017 年销量（台）	2016 年销量（台）	同比增长（%）
1	中联重科股份有限公司	3 411	2 688	26.9	1 187	1 115	6.5	749	651	15.1	131	94	39.4
2	福建龙马环卫装备股份有限公司	1 233	941	31.0	556	511	8.8	40	81	-50.6	105	99	6.1
3	郑州宇通重工有限公司	670	232	188.8	5	21	-76.2				37	57	-35.1
4	程力专用汽车股份有限公司（原湖北程力专用汽车有限公司）	152	47	223.4	317	191	66.0				12	2	500.0
5	烟台海德专用汽车有限公司	312	146	113.7	93	105	-11.4	7	20	-65.0	45	11	309.1
6	北京天路通科技有限责任公司	12	6	100.0	144	26	453.8	21	73	-71.2	79	51	54.9
7	徐州工程机械集团有限公司	156	71	119.7	67	37	81.1						
8	北汽福田汽车股份有限公司	161	30	436.7	55			6					
9	湖北宏宇专用汽车有限公司	55	10	450.0	119			2	1	100.0	16		
10	湖北五环专用汽车有限公司	41	15	173.3	87	12	625.0				32	5	540.0
11	中通汽车工业集团有限责任公司	148	43	244.2	6	6	0.0				5		
12	上海沪光客车厂					7					137	92	48.9
13	河南森源重工有限公司	124	58	113.8	3	1	200.0	1			1		
14	湖北合加环境设备有限公司	104	111	-6.3	8	6	33.3				2		
15	北京华林特装车有限公司	70	56	25.0							43	147	-70.7
16	北京市清洁机械厂	78	9	766.7	33	8	312.5					9	
17	中国一拖集团有限公司	60	22	172.7				45			1	2	-50.0
18	航天晨光股份有限公司	50	20	150.0	45	34	32.4						
19	肥乡县远达车辆制造有限公司	45	63	-28.6	15	2	650.0		9		5	23	-78.3
20	扬州盛达特种车有限公司	22	20	10.0	40	38	5.3						

（6）清扫类产品主要生产企业按产品总质量销售情况。2016—2017 年清扫类产品主要生产企业按产品总质量销售情况见表 6。

表 6　2016—2017 年清扫类产品主要生产企业按产品总质量销售情况

序号	企业名称	2 ~ 4t			5 ~ 9t			10 ~ 11t			12 ~ 18t			18t 以上		
		2017 年销量（台）	2016 年销量（台）	同比增长（%）	2017 年销量（台）	2016 年销量（台）	同比增长（%）	2017 年销量（台）	2016 年销量（台）	同比增长（%）	2017 年销量（台）	2016 年销量（台）	同比增长（%）	2017 年销量（台）	2016 年销量（台）	同比增长（%）
1	中联重科股份有限公司	185	246	-24.8	1 330	1 143	16.4	378	299	26.4	3 460	2 754	25.6	125	106	17.9
2	福建龙马环卫装备股份有限公司	73	97	-24.7	572	494	15.8	146	190	-23.2	1 088	834	30.5	55	17	223.5

（续）

序号	企业名称	2～4t			5～9t			10～11t			12～18t			18t 以上		
		2017 年销量（台）	2016 年销量（台）	同比增长 (%)	2017 年销量（台）	2016 年销量（台）	同比增长 (%)	2017 年销量（台）	2016 年销量（台）	同比增长 (%)	2017 年销量（台）	2016 年销量（台）	同比增长 (%)	2017 年销量（台）	2016 年销量（台）	同比增长 (%)
3	郑州宇通重工有限公司	13			439	108	306.5	2	30	-93.3	258	172	50.0			
4	程力专用汽车股份有限公司（原湖北程力专用汽车有限公司）	50	13	284.6	218	137	59.1	47	2	2 250.0	165	88	87.5	1		
5	烟台海德专用汽车有限公司	11	7	57.1	141	128	10.2	2	47	-95.7	283	81	249.0	20	19	5.3
6	北京天路通科技有限责任公司	40			33	44	-25.0	12	14	-14.3	171	98	74.5			
7	徐州工程机械集团有限公司				33	29	13.8	24	10	140.0	166	69	140.6			
8	北汽福田汽车股份有限公司	21			71	7	914.3				130	23	465.2			
9	湖北宏宇专用汽车有限公司	6			124	2	6 100.0	21			39	9	333.3	2		
10	湖北五环专用汽车有限公司	30	3	900.0	99	17	482.4				29	12	141.7	2		
11	中通汽车工业集团有限责任公司	6	5	20.0	42	6	600.0	22	7	214.3	89	31	187.1			
12	上海沪光客车厂		2		36	36	0.0				101	61	65.6			
13	河南森源重工有限公司				26	3	766.7	4			99	56	76.8			
14	湖北合加环境设备有限公司					5		4	31	-87.1	110	81	35.8			
15	北京华林特装车有限公司	1									112	203	-44.8			
16	北京市清洁机械厂				32	8	300.0	11	9	22.2	68	9	655.6			
17	中国一拖集团有限公司				5	2	150.0	41			60	22	172.7			
18	航天晨光股份有限公司				42	23	82.6	6	1	500.0	47	30	56.7			
19	肥乡县远达车辆制造有限公司				19	10	90.0	7	2	250.0	38	85	-55.3	1		
20	扬州盛达特种车有限公司				7	14	-50.0	1	3	-66.7	51	41	24.4	3		

（7）清扫类产品各省、市、自治区销售情况。2017 年，清扫类产品销量过 1 000 台的省份有河南、山东；销量为 500～1 000 台的省份有河北、广东、江苏。部分省份销量有不同程度的增长，其中天津增幅较大，达 152.8%，甘肃和江西次之。少数省份出现销量下降的情况，其中海南降幅达 41.8%。2016—2017 年清扫类产品按省份销售情况见表 7。

表7 2016—2017年清扫类产品按省份销售情况

省份	2017年		2016年		同比增长（%）
	销量（台）	占比（%）	销量（台）	占比（%）	
河南	1 914	16.0	1 210	13.6	58.2
山东	1 280	10.7	739	8.3	73.2
河北	865	7.2	905	10.2	-4.4
广东	821	6.9	655	7.4	25.3
江苏	797	6.7	688	7.7	15.8
北京	499	4.2	299	3.4	66.9
浙江	484	4.0	431	4.8	12.3
安徽	469	3.9	377	4.2	24.4
上海	460	3.8	312	3.5	47.4
天津	445	3.7	176	2.0	152.8
福建	340	2.8	163	1.8	108.6
陕西	329	2.7	264	3.0	24.6
四川	295	2.5	173	1.9	70.5
湖北	272	2.3	257	2.9	5.8
内蒙古	254	2.1	279	3.1	-9.0
辽宁	245	2.0	138	1.5	77.5
山西	242	2.0	191	2.1	26.7
甘肃	226	1.9	90	1.0	151.1
云南	207	1.7	105	1.2	97.1
新疆	201	1.7	115	1.3	74.8
江西	199	1.7	90	1.0	121.1
贵州	198	1.7	206	2.3	-3.9
吉林	142	1.2	178	2.0	-20.2
广西	138	1.1	102	1.1	35.3
湖南	134	1.1	148	1.7	-9.5
宁夏	118	1.0	189	2.1	-37.6
重庆	114	1.0	150	1.7	-24.0
黑龙江	106	0.9	67	0.8	58.2
海南	78	0.7	134	1.5	-41.8
青海	69	0.6	63	0.7	9.5
西藏	19	0.2	16	0.2	18.8

二、清洗类产品

1. 生产发展情况

清洗车是以二类底盘的基础加以上装而成，具有运水、洒水、高低压冲洗、雾化喷洒、护栏清洗等功能。常见的车辆配置有前鸭嘴喷嘴、中圆锥对冲喷嘴、后洒水嘴、远程水炮、雾化风炮等作业装置。前鸭嘴冲洗、中圆锥对冲和后洒水装置可分别用于公路、广场等场所的冲洗和洒水作业，水炮则适用于远程的冲洗和洒水作业。该类产品适用于城市道路、广场清洗、洒水以及护栏清洗、区域降温。从市场销售情况来看，清洗类产品销量增长迅猛。

2. 市场销售情况

（1）清洗类产品总体销售情况。随着城市区域的扩展、城市道路的增多，城市道路的清洁、绿化要求越来越高，适用于各种路面冲洗，树木、绿化带浇灌，局部抑尘降温等的作业车辆需求明显增加。2017 年，清洗类产品（含燃油、天然气、纯电动产品）总销量为 31 204 台，较上年增长 58.1%。

（2）清洗类产品月度销售情况。从 2017 年各月销售数据来看，2—6 月销量持续增长，峰值出现在 6 月份。6—10 月销量回落，12 月份销量又快速增长。与清扫类产品类似，与 2016 年相比，清洗类产品 12 月份都是销售旺季。2016—2017 年清洗车类产品月度销售情况见图 2。

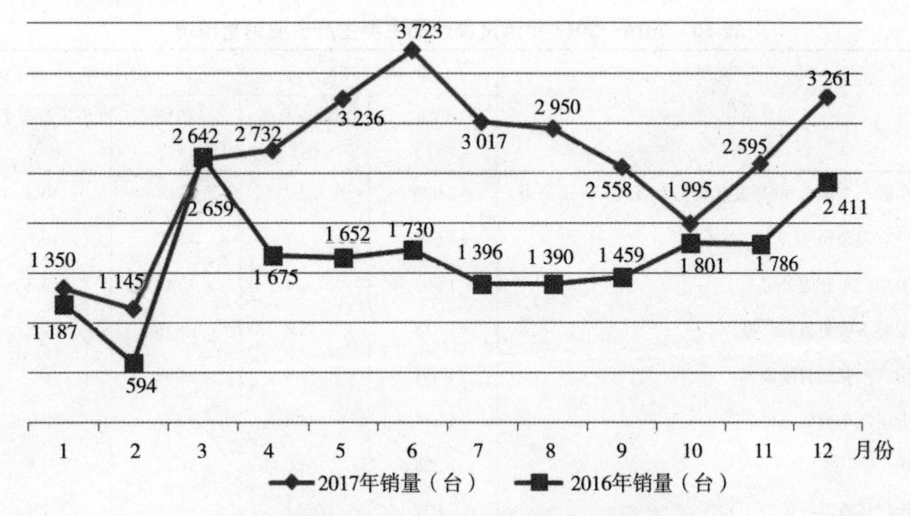

图 2　2016—2017 年清洗类产品月度销售情况

（3）清洗类产品销量构成。按产品种类统计，清洗类产品销量最高的是洒水车，占总销量的 53.9%。绿化喷洒车居于第二位，销量占比为 23.2%。洒水车和绿化喷洒车合计销量的增幅达 55.9%。销量增幅最大的是多功能抑尘车，比上年增长 223.9%。2016—2017 年清洗类产品按品种销售情况见表 8。

表 8　2016—2017 年清洗类产品按品种销售情况

产品类别	2017 年		2016 年		同比增长（%）
	销量（台）	占比（%）	销量（台）	占比（%）	
洒水车	16 836	53.9	13 015	65.9	29.4
绿化喷洒车	7 233	23.2	2 424	12.3	198.4
路面养护车	2 895	9.3	1 759	8.9	64.6
高压清洗车	1 873	6.0	1 658	8.4	13.0
多功能抑尘车	2 002	6.4	618	3.1	223.9
护栏清洗车	365	1.2	266	1.4	37.22

按车辆总质量统计，2017 年，清洗类产品销量最大的是 12 ～ 18t 产品，占总销量的 51.7%。其次为 18t 以上产品，占比为 14.4%。销量最少的为 10 ～ 11t 产品，但其增长为 99.0%。12 ～ 18t 和 18t 以上产品也取得 40% 以上的增长。2016—2017 年清洗类产品按产品总质量统计销售情况见表 9。

表 9　2016—2017 年清洗类产品按产品总质量统计销售情况

产品吨位	2017 年		2016 年		同比增长（%）
	销量（台）	占比（%）	销量（台）	占比（%）	
2 ～ 4t	4 000	12.8	2 142	10.8	86.7
5 ～ 9t	3 885	12.5	2 754	14.0	41.1
10 ～ 11t	2 688	8.6	1 351	6.8	99.0
12 ～ 18t	16 124	51.7	10 790	54.7	49.4
18t 以上	4 507	14.4	2 703	13.7	66.7

（4）清洗类产品主要生产企业销售情况。2017年，清洗类产品销量列前三位的生产企业分别是程力专用汽车股份有限公司、中联重科股份有限公司、随州市东正专用汽车有限公司。各主要生产企业中，销量增幅较为突出的生产企业有湖北力威汽车有限公司、东风随州专用汽车有限公司、湖北宏宇专用汽车有限公司等。2016—2017年清洗类产品主要生产企业销售情况见表10。

表10　2016—2017年清洗类产品主要生产企业销售情况

序号	企业名称	2017年		2016年		同比增长(%)
		销量（台）	市场占有率(%)	销量（台）	市场占有率(%)	
1	程力专用汽车股份有限公司（原湖北程力专用汽车有限公司）	6 939	22.2	3 264	16.5	112.6
2	中联重科股份有限公司	4 576	14.7	3 300	16.7	38.7
3	随州市东正专用汽车有限公司	1 996	6.4	744	3.8	168.3
4	福建龙马环卫装备股份有限公司	1 818	5.8	1 535	7.8	18.4
5	湖北大力专用汽车制造有限公司	1 651	5.3	1 008	5.1	63.8
6	湖北新中绿专用汽车有限公司	1 334	4.3	572	2.9	133.2
7	东风汽车公司	1 234	4.0	878	4.4	40.5
8	湖北润力专用汽车有限公司	837	2.7	676	3.4	23.8
9	湖北宏宇专用汽车有限公司	796	2.6	183	0.9	335.0
10	湖北力威汽车有限公司	782	2.5	64	0.3	1121.9
11	中国重汽集团济南专用车有限公司	747	2.4	451	2.3	65.6
12	郑州宇通重工有限公司	693	2.2	251	1.3	176.1
13	北汽福田汽车股份有限公司	559	1.8	229	1.2	144.1
14	湖北新东日专用汽车有限公司	416	1.3			
15	东风随州专用汽车有限公司	415	1.3	92	0.5	351.1
16	航天晨光股份有限公司	390	1.2	277	1.4	40.8
17	中通汽车工业集团有限责任公司	368	1.2	148	0.7	148.6
18	湖北合力专用汽车制造有限公司	320	1.0	700	3.5	-54.3
19	湖北天威汽车有限公司	318	1.0			
20	徐州工程机械集团有限公司	313	1.0	114	0.6	174.6

（5）清洗类产品主要生产企业按产品种类销售情况。从销售数据来看，中联重科股份有限公司、福建龙马环卫装备股份有限公司等生产企业各产品种类布局较为均衡，程力专用汽车股份有限公司在洒水车、绿化喷洒车上发力甚多，郑州宇通重工有限公司的路面养护车销量上升非常明显。2016—2017年清洗类产品主要生产企业按品种销售情况见表11。

表11　2016—2017年清洗类产品主要生产企业按品种销售情况

序号	企业名称	洒水车			绿化喷洒车			路面养护车			高压清洗车			多功能抑尘车			护栏清洗车		
		2017年销量（台）	2016年销量（台）	同比增长(%)	2017年销量（台）	2016年销量（台）	同比增长(%)	2017年销量（台）	2016年销量（台）	同比增长(%)	2017年销量（台）	2016年销量（台）	同比增长(%)	2017年销量（台）	2016年销量（台）	同比增长(%)	2017年销量（台）	2016年销量（台）	同比增长(%)
1	程力专用汽车股份有限公司（原湖北程力专用汽车有限公司）	4 115	2 616	57.3	2 413	547	341.1	135	54	150.0	3	22	-86.4	265	5	5 200.0	8	20	-60.0

（续）

序号	企业名称	洒水车			绿化喷洒车			路面养护车			高压清洗车			多功能抑尘车			护栏清洗车		
		2017年销量（台）	2016年销量（台）	同比增长(%)	2017年销量（台）	2016年销量（台）	同比增长(%)	2017年销量（台）	2016年销量（台）	同比增长(%)	2017年销量（台）	2016年销量（台）	同比增长(%)	2017年销量（台）	2016年销量（台）	同比增长(%)	2017年销量（台）	2016年销量（台）	同比增长(%)
2	中联重科股份有限公司	1 738	1 272	36.6	5	93	-94.6	1 137	767	48.2	913	878	4.0	579	168	244.6	204	122	67.2
3	随州市东正专用汽车有限公司	1 573	554	183.9	312	163	91.4				32	10	220.0	76	17	347.1	3		
4	福建龙马环卫装备股份有限公司	675	511	32.1	8	44	-81.8	432	428	0.9	520	442	17.6	141	74	90.5	42	36	16.7
5	湖北大力专用汽车制造有限公司	718	368	95.1	921	638	44.4							12	2	500.0			
6	湖北新中绿专用汽车有限公司	719	471	52.7	587	89	559.6							28	12	133.3			
7	东风汽车公司	566	846	-33.1	618	28	2 107.1		4					50					
8	湖北润力专用汽车有限公司	379	492	-23.0	359	141	154.6	8						91	43	111.6			
9	湖北宏宇专用汽车有限公司	199	105	89.5	558	56	896.4	1						28	8	250.0	10	14	-28.6
10	湖北力威汽车有限公司	514	42	1 123.8	243	7	3 371.4	1	1					24	14	71.4			
11	中国重汽集团济南专用车有限公司	622	414	50.2	67	1	6 600.0	3						54	34	58.8	1	2	-50.0
12	郑州宇通重工有限公司	222	121	83.5				293	44	565.9	93	69	34.8	85	17	400.0			
13	北汽福田汽车股份有限公司	303	107	183.2	5	24	-79.2	191	93	105.4				48	2	2 300.0	12	3	300.0
14	湖北新东日专用汽车有限公司	218			191									7					
15	东风随州专用汽车有限公司	379	39	871.8	28	51	-45.1							8	2	300.0			
16	航天晨光股份有限公司	227	193	17.6	5	2	150.0	65	39	66.7	49	40	22.5	44	3	1 366.7			
17	中通汽车工业集团有限责任公司	125	69	81.2	72	16	350.0				82	28	192.9	89	35	154.3			
18	湖北合力专用汽车制造有限公司	287	605	-52.6	33	94	-64.9											1	
19	湖北天威汽车有限公司	57			261														
20	徐州工程机械集团有限公司	129	22	486.4	7	9	-22.2	81	55	47.3	45	23	95.7	46	2	2 200.0	5	3	66.7

（6）清洗类产品主要生产企业按产品总质量销售情况。2016—2017年清洗类产品主要生产企业按产品总质量统计销售情况见表12。

表 12　2016—2017 年清洗类产品主要生产企业按产品总质量统计销售情况

序号	企业名称	2 ～ 4t			5 ～ 9t			10 ～ 11t			12 ～ 18t			18t 以上		
		2017 年销量（台）	2016 年销量（台）	同比增长（%）	2017 年销量（台）	2016 年销量（台）	同比增长（%）	2017 年销量（台）	2016 年销量（台）	同比增长（%）	2017 年销量（台）	2016 年销量（台）	同比增长（%）	2017 年销量（台）	2016 年销量（台）	同比增长（%）
1	程力专用汽车股份有限公司（原湖北程力专用汽车有限公司）	443	152	191.4	1 338	820	63.2	988	591	67.2	3 510	1 409	149.1	660	292	126.0
2	中联重科股份有限公司	1 137	767	48.2	389	218	78.4	4	16	-75.0	2 221	1 779	24.8	825	520	58.7
3	随州市东正专用汽车有限公司	89	4	2 125.0	204	159	28.3	225	88	155.7	1 386	381	263.8	92	112	-17.9
4	福建龙马环卫装备股份有限公司	432	428	0.9	101	105	-3.8		3		852	713	19.5	433	286	51.4
5	湖北大力专用汽车制造有限公司	10			39	45	-13.3	34	6	466.7	1491	930	60.3	77	27	185.2
6	湖北新中绿专用汽车有限公司	114	74	54.1	183	107	71.0	174	77	126.0	798	290	175.2	65	24	170.8
7	东风汽车公司		5		53	50	6.0	398	71	460.6	598	736	-18.8	185	16	1 056.3
8	湖北润力专用汽车有限公司	21			92	45	104.4	54	13	315.4	537	536	0.2	133	82	62.2
9	湖北宏宇专用汽车有限公司	181	27	570.4	58	29	100.0	122	20	510.0	408	99	312.1	27	8	237.5
10	湖北力威汽车有限公司	8	1	700.0	270	26	938.5	247	10	2 370.0	243	21	1 057.1	14	6	133.3
11	中国重汽集团济南专用车有限公司	3	3		52	41	26.8	4	10	-60.0	205	143	43.4	483	254	90.2
12	郑州宇通重工有限公司	293	44	565.9							299	168	78.0	101	39	159.0
13	北汽福田汽车股份有限公司	195	115	69.6	91	45	102.2				216	65	232.3	57	4	1 325.0
14	湖北新东日专用汽车有限公司				108			120			158			30		
15	东风随州专用汽车有限公司				29	1	2 800.0	2			379	73	419.2	5	18	-72.2
16	航天晨光股份有限公司	65	39	66.7	17	14	21.4	19	4	375.0	231	196	17.9	58	24	141.7
17	中通汽车工业集团有限责任公司				25	4	525.0				110	41	168.3	233	103	126.2
18	湖北合力专用汽车制造有限公司	83	58	43.1	82	441	-81.4	60	45	33.3	87	129	-32.6	8	27	-70.4
19	湖北天威汽车有限公司	7			36			48			216			11		
20	徐州工程机械集团有限公司	81	55	47.3	13	6	116.7	1	4	-75.0	168	46	265.2	50	3	1 566.7

（7）清洗类产品各省、市、自治区销售情况。2017 年，清洗类产品销量在 2 000 台以上的省份有河南、山东、广东；销量为 1 500 ～ 2 000 台的省份有湖北、江苏、河北；销量为 1 000 ～ 1 500 台的省份有四川、安徽、陕西、湖南、浙江、贵州、福建。

2017 年，大部分省份清洗类产品销量有所增长。其中增长最快的省份为江西，增长 153.1%，其次为天津和福建，增幅均在 100% 以上。仅海南、宁夏微量下降。2016—2017 年清洗类产品按省份销售情况见表 13。

表13 2016—2017年清洗类产品按省份销售情况

省份	2017年		2016年		同比增长（%）
	销量（台）	占比（%）	销量（台）	占比（%）	
河南	3 000	9.6	1 893	9.6	58.5
山东	2 628	8.4	1 329	6.7	97.7
广东	2 493	8.0	1 136	5.8	119.5
湖北	1 980	6.3	1 776	9.0	11.5
江苏	1 897	6.1	1 190	6.0	59.4
河北	1 670	5.4	1 028	5.2	62.5
四川	1 386	4.4	714	3.6	94.1
安徽	1 360	4.4	856	4.3	58.9
陕西	1 240	4.0	777	3.9	59.6
湖南	1 206	3.9	792	4.0	52.3
浙江	1 193	3.8	884	4.5	35.0
贵州	1 162	3.7	811	4.1	43.3
福建	1 159	3.7	515	2.6	125.0
新疆	788	2.5	379	1.9	107.9
云南	774	2.5	573	2.9	35.1
辽宁	731	2.3	507	2.6	44.2
天津	712	2.3	303	1.5	135.0
江西	693	2.2	280	1.4	147.5
山西	674	2.2	364	1.8	85.2
北京	651	2.1	298	1.5	118.5
甘肃	594	1.9	536	2.7	10.8
重庆	576	1.8	438	2.2	31.5
广西	492	1.6	468	2.4	5.1
内蒙古	476	1.5	344	1.7	38.4
吉林	367	1.2	289	1.5	27.0
上海	338	1.1	251	1.3	34.7
黑龙江	283	0.9	276	1.4	2.5
西藏	218	0.7	207	1.0	5.3
青海	160	0.5	141	0.7	13.5
宁夏	152	0.5	178	0.9	-14.6
海南	151	0.5	207	1.0	-27.1

三、垃圾收运类产品

1. 生产发展情况

垃圾车主要用于市政环卫及大型厂矿运输各种垃圾，尤其适用于运输小区生活垃圾。按结构形式和垃圾种类，可分为车厢可卸式垃圾车、压缩式垃圾车、压缩式对接垃圾车（含自卸式垃圾车）、自装卸式垃圾车、桶装垃圾车、摆臂式垃圾车、勾臂式垃圾车以及餐厨垃圾车。

2017年，我国从事垃圾收运类专用车研发制造的企业已达207家，比2016年增加15家，行业竞争更加激烈。其中，车厢可卸式垃圾车和压缩式垃圾车因收集方便、密闭性好、装载能力强，能适应城市和城郊各种道路运输条件，增长较快。随着人们对生活环境的要求越来越高，密闭式垃圾车的需求也会越来越大。

2. 市场销售情况

（1）垃圾收运类产品总体销售情况。2017年垃圾收运类产品（含燃油、天然气、纯电动产品）销量达36 733台，较上年增长 40.1%。

（2）垃圾收运类产品月度销售情况。2017 年，垃圾收运类产品各月销售曲线呈后半部分鼓起来的“W”型态势。2 月是销量低谷期，3 月份销量迅速回升，但较上年同期的迅猛增长态势有所降低，4 月销量稍有回落，5—8 月销量一路飙升，尤其以 6 月份的增长量最为突出。7 月销量达到顶峰。2016—2017 年垃圾收运类产品月度销售情况见图 3。

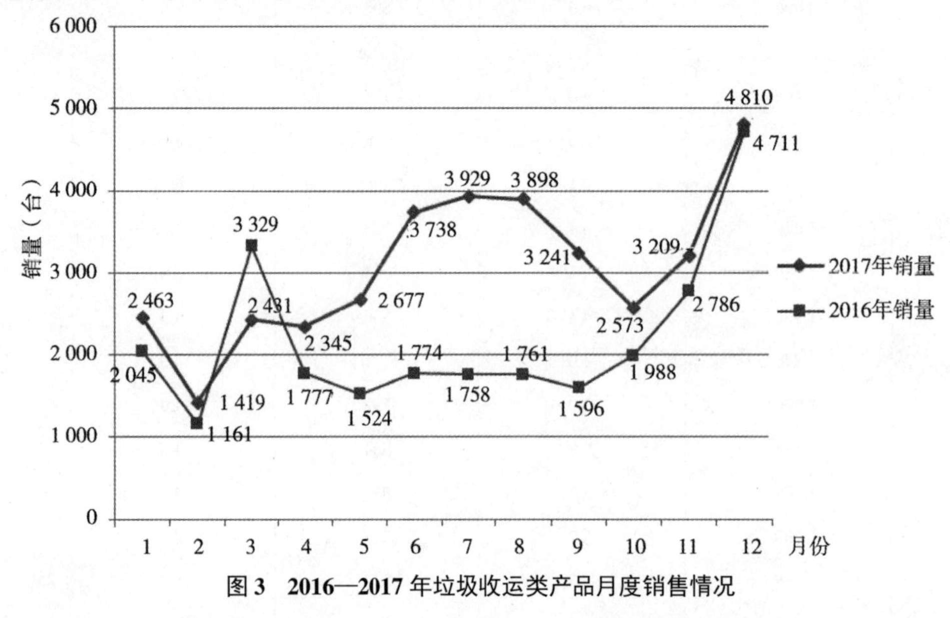

图 3　2016—2017 年垃圾收运类产品月度销售情况

（3）垃圾收运类产品销量构成。2017 年，垃圾收运类产品位居销量前三位的是车厢可卸式垃圾车、压缩式垃圾车、自装卸式垃圾车，分别占比 35.6%、32.3%、12.7%。各主要种类的垃圾收运车在 2017 年均有不同幅度的增长。自卸式垃圾车（含压缩式对接垃圾车）已呈现明显的下降趋势，结合近年的销售数据看，其市场逐步被其他种类产品所取代。2016—2017 年垃圾收运类产品按品种销售情况见表 14。

表 14　2016—2017 年垃圾收运类产品按品种销售情况

产品类别	2017 年		2016 年		同比增长（%）
	销量（台）	占比（%）	销量（台）	占比（%）	
车厢可卸式垃圾车	13 083	35.6	9 354	35.7	39.9
压缩式垃圾车	11 857	32.3	7 721	29.4	53.5
压缩式对接垃圾车（ZDJ-ZLJ）	4 174	11.4	3 741	14.3	11.7
自装卸式垃圾车	4 647	12.7	3 591	13.7	29.4
桶装垃圾车	1 777	4.8	1 017	3.9	74.7
餐厨垃圾车	1 195	3.2	786	3.0	52.0

按产品总质量统计，2017 年，垃圾收运类产品销量最高的是 2 ～ 4t 产品，占总销量的 38.8%，5 ～ 9t 和 12 ～ 18t 的销量依次列第二位和第三位。各种质量车型销量均比 2016 年增长 10% 以上，2 ～ 4t、5 ～ 9t 和 18t 以上产品销量同比增长 40% 以上，增长较为显著。2016—2017 年垃圾收运类产品按产品总质量统计销售情况见表 15。

表 15　2016—2017 年垃圾收运类产品按产品总质量统计销售情况

产品吨位	2017 年		2016 年		同比增长（%）
	销量（台）	占比（%）	销量（台）	占比（%）	
2 ～ 4t	14 248	38.8	9 574	36.5	48.8
5 ～ 9t	10 062	27.4	7 100	27.1	41.4
10 ～ 11t	729	2.0	630	2.4	12.9
12 ～ 18t	8 063	21.9	6 386	24.4	25.1
18t 以上	3 631	9.9	2 520	9.6	42.0

（4）垃圾收运类产品主要生产企业销售情况。2017年，受国家环境治理政策影响，垃圾收运类产品市场需求不断上升，大多数生产企业产品销量均有增长。其中，青岛中集环境保护设备有限公司、湖北合加环境设备有限公司、湖北楚胜专用汽车有限公司、徐州工程机械集团有限公司、北京华林特装车有限公司等企业增幅明显，而湖北合力专用汽车制造有限公司、湖北新中绿专用汽车有限公司、烟台海德专用汽车有限公司则有不同幅度的下降。2017年，垃圾收运类产品销量排名前三位的生产企业分别是中联重科股份有限公司、程力专用汽车股份有限公司（含湖北合力专用汽车制造有限公司）、福建龙马环卫装备股份有限公司。2016—2017年垃圾收运类产品主要生产企业销售情况见表16。

表16　2016—2017年垃圾收运类产品主要生产企业销售情况

序号	企业名称	2017年		2016年		同比增长（%）
		销量（台）	市场占有率（%）	销量（台）	市场占有率（%）	
1	中联重科股份有限公司	6 918	18.8	3 999	15.3	73.0
2	程力专用汽车股份有限公司（含湖北程力专用汽车有限公司）	2 774	7.6	1 701	6.5	63.1
3	福建龙马环卫装备股份有限公司	2 458	6.7	2 070	7.9	18.7
4	北汽福田汽车股份有限公司	2 048	5.6	1 277	4.9	60.4
5	航天晨光股份有限公司	1 636	4.5	1 283	4.9	27.5
6	徐州工程机械集团有限公司	1 378	3.8	507	1.9	171.8
7	浙江飞碟汽车制造有限公司	1 309	3.6	1 285	4.9	1.9
8	随州市东正专用汽车有限公司	1 068	2.9	798	3.0	33.8
9	烟台海德专用汽车有限公司	893	2.4	967	3.7	-7.7
10	深圳东风汽车有限公司	874	2.4	510	1.9	71.4
11	北京华林特装车有限公司	759	2.1	361	1.4	110.2
12	青岛中集环境保护设备有限公司	684	1.9	172	0.7	297.7
13	重庆耐德新明和工业有限公司	603	1.6	441	1.7	36.7
14	湖北合加环境设备有限公司	581	1.6	177	0.7	228.2
15	湖北新中绿专用汽车有限公司	561	1.5	659	2.5	-14.9
16	江苏悦达专用车有限公司	554	1.5	318	1.2	74.2
17	湖北合力专用汽车制造有限公司	97	0.3	145	0.6	-33.1
18	湖北楚胜专用汽车有限公司	428	1.2	131	0.5	226.7
19	湖北新中绿专用汽车有限公司	426	1.2	391	1.5	9.0
20	湖北楚胜专用汽车有限公司	418	1.1	235	0.9	77.9

（5）垃圾收运类产品主要生产企业按产品种类销售情况。2017年，车厢可卸式垃圾车销量增幅列前三位的企业分别是湖北力威汽车有限公司、徐州工程机械集团有限公司、浙江飞碟汽车制造有限公司。压缩式垃圾车销量列前三位的分别是中联重科股份有限公司、福建龙马环卫装备股份有限公司、航天晨光股份有限公司。自卸式垃圾车除了湖北力威汽车有限公司、航天晨光股份有限公司稍有增长外，其他企业均呈现不同幅度的下降。结合近年的销售数据看，其市场已逐步被其他种类产品所取代。自装卸式垃圾车销量排行前三位的分别是浙江飞碟汽车制造有限公司、中联重科股份有限公司、程力专用汽车股份有限公司（含湖北合力专用汽车制造有限公司）。2016—2017年垃圾收运类产品主要生产企业按品种销售情况见表17。

表17　2016—2017年垃圾收运类产品主要生产企业按品种销售情况

序号	企业名称	车厢可卸式垃圾车			压缩式垃圾车			自卸式垃圾车			自装卸式垃圾车			其他		
		2017年销量（台）	2016年销量（台）	同比增长（%）	2017年销量（台）	2016年销量（台）	同比增长（%）	2017年销量（台）	2016年销量（台）	同比增长（%）	2017年销量（台）	2016年销量（台）	同比增长（%）	2017年销量（台）	2016年销量（台）	同比增长（%）
1	中联重科股份有限公司	1 787	834	114.3	3 469	2 214	56.7	80	187	−57.2	590	263	124.3	987	497	98.6

（续）

序号	企业名称	车厢可卸式垃圾车			压缩式垃圾车			自卸式垃圾车			自装卸式垃圾车			其他		
		2017年销量（台）	2016年销量（台）	同比增长（%）	2017年销量（台）	2016年销量（台）	同比增长（%）	2017年销量（台）	2016年销量（台）	同比增长（%）	2017年销量（台）	2016年销量（台）	同比增长（%）	2017年销量（台）	2016年销量（台）	同比增长（%）
2	程力专用汽车股份有限公司（原湖北程力专用汽车有限公司）	1 150	642	79.1	860	438	96.3	13	222	−94.1	384	274	40.1	367	125	193.6
3	北汽福田汽车股份有限公司	956	705	35.6	586	149	293.3	61	84	−27.4	361	300	20.3	84	39	115.4
4	徐州工程机械集团有限公司	851	286	197.6	430	155	177.4	8	50	−84.0		2		89	14	535.7
5	浙江飞碟汽车制造有限公司	535	204	162.3	53	19	178.9				695	1 055	−34.1	26	7	271.4
6	福建龙马环卫装备股份有限公司	515	379	36.2	1214	891	36.3	8	78	−89.7	156	81	92.6	565	637	−11.3
7	深圳东风汽车有限公司	458	296	54.7	246	139	77.0	5	20	−75.0	62	2	3 000.0	91	53	71.7
8	烟台海德专用汽车有限公司	442	527	−16.1		2		112	139	−19.4	20	4	400.0	319	279	14.3
9	重庆耐德新明和工业有限公司	413	472	−12.5	134	97	38.1	4	56	−92.9				10	34	−70.6
10	湖北力威汽车有限公司	375	83	351.8	102	31	229.0	13	7	85.7	139	37	275.7	55	14	292.9
11	随州市东正专用汽车有限公司	372	272	36.8	47	54	−13.0	81	130	−37.7	237	140	69.3	331	202	63.9
12	扬州三源机械有限公司	319	149	114.1	2									1	1	0.0
13	湖北合加环境设备有限公司	212	165	28.5	228	68	235.3				57	37	54.1	57	48	18.8
14	航天晨光股份有限公司	201	193	4.1	946	677	39.7	109	95	14.7	94	63	49.2	286	255	12.2
15	江苏银宝专用车有限公司	195	142	37.3	83	15	453.3				99	49	102.0	41	29	41.4
16	重庆凯瑞特种车有限公司	167	113	47.8		2			2							
17	扬州盛达特种车有限公司	159	135	17.8	33	22	50.0		1		4	16	−75.0			
18	武汉市汉福专用车有限公司	157	141	11.3	2	1	100.0	12	81	−85.2	21	15	40.0	26	20	30.0
19	河南森源重工有限公司	154	88	75.0	6						17			64	29	120.7
20	洛阳中集凌宇汽车有限公司	154	63	144.4	5			3	36	−91.7				65	19	242.1

（6）垃圾收运类产品主要生产企业按产品总质量销售情况。2016—2017年垃圾收运类产品主要生产企业按产品总质量统计销售情况见表18。

表18 2016—2017年垃圾收运类产品主要生产企业按产品总质量统计销售情况

序号	企业名称	1～4t			5～9t			10～11t			12～18t			18t以上		
		2017年销量（台）	2016年销量（台）	同比增长（%）	2017年销量（台）	2016年销量（台）	同比增长（%）	2017年销量（台）	2016年销量（台）	同比增长（%）	2017年销量（台）	2016年销量（台）	同比增长（%）	2017年销量（台）	2016年销量（台）	同比增长（%）
1	中联重科股份有限公司	1 714	888	93.0	1 860	932	99.6	173	128	35.2	2 287	1 575	45.2	884	476	85.7

（续）

序号	企业名称	1～4t			5～9t			10～11t			12～18t			18t 以上		
		2017 年销量（台）	2016 年销量（台）	同比增长（%）	2017 年销量（台）	2016 年销量（台）	同比增长（%）	2017 年销量（台）	2016 年销量（台）	同比增长（%）	2017 年销量（台）	2016 年销量（台）	同比增长（%）	2017 年销量（台）	2016 年销量（台）	同比增长（%）
2	程力专用汽车股份有限公司（含湖北程力专用汽车有限公司）	1 251	1 163	7.6	1 488	644	131.1	18	18	0.0	1 418	729	94.5	229	177	29.4
3	北汽福田汽车股份有限公司	1 241	1 000	24.1	605	206	193.7				174	61	185.2	28	10	180.0
4	福建龙马环卫装备股份有限公司	876	772	13.5	559	513	9.0	18	17	5.9	824	591	39.4	181	177	2.3
5	徐州工程机械集团有限公司	706	252	180.2	294	83	254.2				263	112	134.8	115	60	91.7
6	浙江飞碟汽车制造有限公司	705	267	164.0	552	999	-44.7				35	10	250.0	17	9	88.9
7	随州市东正专用汽车有限公司	653	447	46.1	147	146	0.7	106	12	783.3	161	191	-15.7	1	2	-50.0
8	河北长安汽车有限公司	546	145	276.6												
9	中汽商用汽车有限公司(杭州)	423	96	340.6	89	19	368.4				61	60	1.7	8	2	300.0
10	湖北力威汽车有限公司	305	84	263.1	164	44	272.7		2		158	30	426.7	57	12	375.0
11	航天晨光股份有限公司	273	108	152.8	763	538	41.8				546	585	-6.7	54	52	3.8
12	深圳东风汽车有限公司	229	209	9.6	161	58	177.6		5		203	142	43.0	281	96	192.7
13	重庆耐德新明和工业有限公司	213	284	-25.0	165	165	0.0		41		82	66	24.2	101	103	-1.9
14	烟台海德专用汽车有限公司	196	288	-31.9	179	145	23.4	105	118	-11.0	173	222	-22.1	240	194	23.7
15	湖北润力专用汽车有限公司	187	141	32.6	91	44	106.8	87	25	248.0	19	16	18.8	4		
16	河南森源重工有限公司	186	95	95.8	28	1	2 700.0				27	18	50.0		3	
17	武汉市汉福专用车有限公司	184	199	-7.5	11	47	-76.6				12	12	0.0	11		
18	湖北宏宇专用汽车有限公司	170	77	120.8	58	37	56.8				34	32	6.3	1		
19	湖北合加环境设备有限公司	169	133	27.1	250	103	142.7	14	14	0.0	82	40	105.0	39	28	39.3
20	洛阳中集凌宇汽车有限公司	147	51	188.2	5	2	150.0				27	29	-6.9	48	36	33.3

（7）垃圾收运类产品各省、市、自治区销售情况。2017 年，垃圾收运类产品销量超过 1 500 台的省份有山东、江苏、湖北、广东、浙江、贵州、河北、重庆、安徽、湖南，销量为 1 000～1 500 台的省份有河南、上海、辽宁、江西、福建、陕西、云南、四川、天津，销量为 500～1 000 台的省份有北京、内蒙古、山西。销量增幅最大的是上海，达到 165.8%。部分省份出现销量下降的情况，其中海南降幅最大，达 37.3%。2016—2017 年垃圾收运类产品按省份销售情况见表 19。

表 19　2016—2017 年垃圾收运类产品按省份销售情况

省份	2017 年		2016 年		同比增长（%）
	销量（台）	占比（%）	销量（台）	占比（%）	
山东	3 114	8.5	1 813	6.9	71.8
江苏	2 278	6.2	1 239	4.7	83.9
湖北	2 240	6.1	2 004	7.6	11.8
广东	2 148	5.8	2 138	8.2	0.5
浙江	2 133	5.8	1 349	5.1	58.1
贵州	2 055	5.6	1 439	5.5	42.8
河北	1 810	4.9	1 891	7.2	-4.3
重庆	1 778	4.8	1 004	3.8	77.1
安徽	1 650	4.5	1 204	4.6	37.0
湖南	1 559	4.2	769	2.9	102.7
河南	1 440	3.9	1 085	4.1	32.7
上海	1 430	3.9	538	2.1	165.8
辽宁	1 374	3.7	915	3.5	50.2
江西	1 232	3.4	707	2.7	74.3
福建	1 217	3.3	826	3.2	47.3
陕西	1 202	3.3	976	3.7	23.2
云南	1 149	3.1	857	3.3	34.1
四川	1 132	3.1	737	2.8	53.6
天津	1 120	3.0	716	2.7	56.4
北京	886	2.4	430	1.6	106.0
内蒙古	589	1.6	397	1.5	48.4
山西	540	1.5	455	1.7	18.7
广西	456	1.2	373	1.4	22.3
新疆	425	1.2	442	1.7	-3.8
黑龙江	416	1.1	406	1.5	2.5
甘肃	377	1.0	254	1.0	48.4
海南	370	1.0	590	2.3	-37.3
吉林	303	0.8	353	1.3	-14.2
青海	117	0.3	98	0.4	19.4
西藏	100	0.3	123	0.5	-18.7
宁夏	93	0.3	82	0.3	13.4

四、市政类产品

1. 生产发展情况

在市政与环卫机械行业，市政类产品主要用于下水道管网疏通清洗、路面除冰雪等作业。与欧美发达国家相比，我国在下水道管网养护、路面除冰雪作业方面的重要度、资金技术投入和管理方式上还有一定差距。但随着下水道排水不畅带来的积水内涝，降雪带来的道路堵塞、关闭等问题频发，将迎来对市政类产品的高速增长需求。

2. 市场销售情况

（1）市政类产品总体销售情况。现阶段我国下水道疏通、清洗及路面除冰雪的机械化程度不高。随着城镇化的发展，机械化要求不断增加。2017 年，市政类产品（含燃油、天然气、纯电动产品）销售达 6 339 台，较上年增长 16.6%。

（2）市政类产品月度销售情况。2017 年，市政类产品月度销量比较平稳。2016—2017 年市政类产品月度销售情况见图 4。

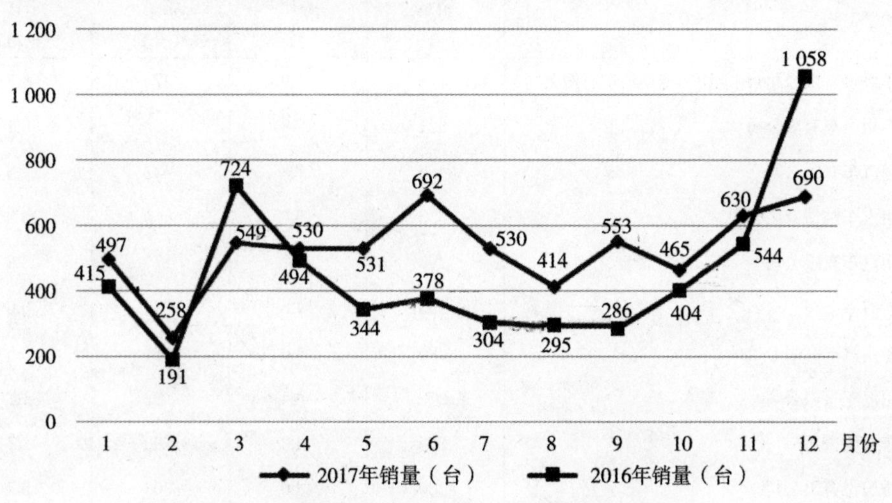

图 4　2016—2017 年市政类产品月度销售情况

（3）市政类产品销量构成。按产品种类统计，2017 年，市政类产品销量占比最大的是吸污车，占比达 39.7%。除除雪车销量出现下降外，其他种类产品均有不同幅度的增长，其中增幅最大的是吸污车，达 29.1%。2016—2017 年市政类产品按品种销售情况见表 20。

表 20　2016—2017 年市政类产品按品种销售情况

产品类别	2017 年		2016 年		同比增长（%）
	销量（台）	占比（%）	销量（台）	占比（%）	
吸污车	2 515	39.7	1 948	35.8	29.1
吸粪车	1 768	27.9	1 543	28.4	14.6
下水道养护车	1 123	17.7	988	18.2	13.7
除雪车	933	14.7	958	17.6	-2.6

2017 年，按车辆总质量统计，市政类产品销量较多的是 12 ～ 18t、5 ～ 9t、2 ～ 4t 产品。2017 年，市政类产品不同总质量之间销量呈现涨跌不一的态势，其中 10 ～ 11t、12 ～ 18t 增幅较大，5 ～ 9t 产品销量略有下降。2016—2017 年市政类产品按产品总质量统计销售情况见表 21。

表 21　2016—2017 年市政类产品按产品总质量统计销售情况

产品吨位	2017 年		2016 年		同比增长（%）
	销量（台）	占比（%）	销量（台）	占比（%）	
2 ～ 4t	1 313	20.7	1 297	23.9	1.2
5 ～ 9t	1 447	22.8	1 563	28.7	-7.4
10 ～ 11t	993	15.7	568	10.4	74.8
12 ～ 18t	1 759	27.7	1 212	22.3	45.1
18t 以上	827	13.1	797	14.7	3.8

（4）市政类产品主要生产企业销售情况。2017 年，市政类主要生产企业中，销量列前三位的企业分别是程力专用汽车股份有限公司（湖北程力专用汽车有限公司）、随州市东正专用汽车有限公司、湖北五环专用汽车有限公司，增长较为突出的企业有湖北力威汽车有限公司、湖北润力专用汽车有限公司。2016—2017 年市政类产品主要生产企业销售情况见表 22。

表22 2016—2017年市政类产品主要生产企业销售情况

序号	企业名称	2017年		2016年		同比增长（%）
		销量（台）	占比（%）	销量（台）	占比（%）	
1	程力专用汽车股份有限公司（湖北程力专用汽车有限公司）	756	11.9	473	8.7	59.8
2	随州市东正专用汽车有限公司	621	9.8	493	9.1	26.0
3	湖北五环专用汽车有限公司	465	7.3	422	7.8	10.2
4	湖北合力专用汽车制造有限公司	333	5.3	665	12.2	-49.9
5	湖北宏宇专用汽车有限公司	296	4.7	174	3.2	70.1
6	航天晨光股份有限公司	293	4.6	273	5.0	7.3
7	湖北新中绿专用汽车有限公司	290	4.6	361	6.6	-19.7
8	湖北润力专用汽车有限公司	279	4.4	92	1.7	203.3
9	湖北力威汽车有限公司	275	4.3	90	1.7	205.6
10	鞍山森远路桥股份有限公司	230	3.6	308	5.7	-25.3

（5）市政类产品主要生产企业按产品种类销售情况。2016—2017年市政类产品主要生产企业按品种销售情况见表23。

表23 2016—2017年市政类产品主要生产企业按品种销售情况

序号	企业名称	吸污车			吸粪车			下水道养护车			除雪车		
		2017年销量（台）	2016年销量（台）	同比增长（%）	2017年销量（台）	2016年销量（台）	同比增长（%）	2017年销量（台）	2016年销量（台）	同比增长（%）	2017年销量（台）	2016年销量（台）	同比增长（%）
1	程力专用汽车股份有限公司（湖北程力专用汽车有限公司）	370	236	56.8	232	140	65.7	150	97	54.6	4		
2	随州市东正专用汽车有限公司	330	196	68.4	221	118	87.3	70	179	-60.9			
3	湖北五环专用汽车有限公司	172	336	-48.8	128	38	236.8	165	48	243.8			
4	湖北合力专用汽车制造有限公司	93	186	-50.0	72	271	-73.4	168	208	-19.2			
5	湖北宏宇专用汽车有限公司	163	42	288.1	103	87	18.4	30	45	-33.3			
6	航天晨光股份有限公司	40	29	37.9	244	240	1.7	9	4	125.0			
7	湖北新中绿专用汽车有限公司	220	237	-7.2	66	64	3.1	4	60	-93.3			
8	湖北润力专用汽车有限公司	152	49	210.2	96	37	159.5	31	5	520.0		1	
9	湖北力威汽车有限公司	43	37	16.2	142	28	407.1	90	25	260.0			
10	鞍山森远路桥股份有限公司		1								230	307	-25.1

（6）市政类产品主要生产企业按产品总质量销售情况。2016—2017年市政类产品主要生产企业按产品总质量统计销售情况见表24。

表24 2016—2017年市政类产品主要生产企业按产品总质量统计销售情况

序号	企业名称	2～4t			5～9t			10～11t			12～18t			18t以上		
		2017年销量（台）	2016年销量（台）	同比增长(%)	2017年销量（台）	2016年销量（台）	同比增长(%)	2017年销量（台）	2016年销量（台）	同比增长(%)	2017年销量（台）	2016年销量（台）	同比增长(%)	2017年销量（台）	2016年销量（台）	同比增长(%)
1	程力专用汽车股份有限公司（湖北程力专用汽车有限公司）	126	30	320.0	256	273	-6.2	121	31	290.3	216	138	56.5	37	1	3 600.0

（续）

序号	企业名称	2～4t			5～9t			10～11t			12～18t			18t以上		
		2017年销量（台）	2016年销量（台）	同比增长（%）	2017年销量（台）	2016年销量（台）	同比增长（%）	2017年销量（台）	2016年销量（台）	同比增长（%）	2017年销量（台）	2016年销量（台）	同比增长（%）	2017年销量（台）	2016年销量（台）	同比增长（%）
2	随州市东正专用汽车有限公司	227	249	-8.8	92	122	-24.6	99	11	800.0	201	103	95.1	2	8	-75.0
3	湖北五环专用汽车有限公司	258	239	7.9	136	46	195.7	64	130	-50.8	7	7	0.0			
4	湖北合力专用汽车制造有限公司	151	285	-47.0	77	254	-69.7	63	85	-25.9	42	41	2.4			
5	湖北宏宇专用汽车有限公司	78	93	-16.1	99	36	175.0	74	19	289.5	45	26	73.1			
6	航天晨光股份有限公司	35	15	133.3	137	137	0.0				114	116	-1.7	7	5	40.0
7	湖北新中绿专用汽车有限公司	17	48	-64.6	63	81	-22.2	113	113	0.0	73	82	-11.0	24	37	-35.1
8	湖北润力专用汽车有限公司	58	8	625.0	27	29	-6.9	115	38	202.6	44	8	450.0	35	9	288.9
9	湖北力威汽车有限公司	106	32	231.3	45	4	1 025.0	117	52	125.0	7	2	250.0			
10	鞍山森远路桥股份有限公司	21	39	-46.2					2		36	51	-29.4	173	216	-19.9

（7）市政类产品各省、市、自治区销售情况。2017年，市政类产品销售500台以上的只有江苏省；销量为500～300台的省份有湖北、山东、广东、辽宁、吉林、河北、天津。2017年，部分地区市政类产品销量出现一定幅度下滑，其中广西与西藏地区降幅较大，销量增长较多的地区有北京、江苏、四川，其中北京增幅最大，达67.5%。2016—2017年市政类产品按省份销售情况见表25。

表25　2016—2017年市政类产品按省份销售情况

省份	2017年		2016年		同比增长（%）
	销量（台）	占比（%）	销量（台）	占比（%）	
江苏	524	8.3	317	5.8	65.3
湖北	462	7.3	511	9.4	-9.6
山东	447	7.1	311	5.7	43.7
广东	398	6.3	288	5.3	38.2
辽宁	355	5.6	295	5.4	20.3
吉林	314	5.0	248	4.6	26.6
河北	305	4.8	237	4.4	28.7
天津	303	4.8	230	4.2	31.7
浙江	269	4.2	259	4.8	3.9
陕西	265	4.2	282	5.2	-6.0
河南	230	3.6	235	4.3	-2.1
新疆	223	3.5	217	4.0	2.8
内蒙古	214	3.4	194	3.6	10.3
北京	201	3.2	120	2.2	67.5
四川	184	2.9	113	2.1	62.8
黑龙江	182	2.9	225	4.1	-19.1
上海	179	2.8	115	2.1	55.7
湖南	176	2.8	223	4.1	-21.1

（续）

省份	2017 年		2016 年		同比增长（%）
	销量（台）	占比（%）	销量（台）	占比（%）	
安徽	165	2.6	129	2.4	27.9
甘肃	130	2.1	132	2.4	-1.5
江西	123	1.9	129	2.4	-4.7
贵州	108	1.7	95	1.7	13.7
福建	95	1.5	75	1.4	26.7
云南	88	1.4	61	1.1	44.3
广西	86	1.4	131	2.4	-34.4
山西	71	1.1	63	1.2	12.7
宁夏	65	1.0	43	0.8	51.2
海南	63	1.0	56	1.0	12.5
青海	52	0.8	34	0.6	52.9
重庆	49	0.8	52	1.0	-5.8
西藏	13	0.2	17	0.3	-23.5

五、天然气市政与环卫机械产品

1. 生产发展情况

随着汽车的日益增多，汽车尾气污染日趋严重。同时，随着常规能源的不断消耗，可能引发能源短缺危机。为缓解能源与环境压力，天然气作为一种清洁能源，在降低汽车尾气排放、减轻大气污染方面具有较大的优势。天然气汽车采用了先进的电控技术与高能点火技术，对天然气发动机中的燃料供给、点火、燃烧等问题进行精准的控制与利用，以实现天然气汽车的高效率、低污染。随着天然气汽车技术的不断进步，天然气汽车成为未来汽车发展的重要方向。

2. 市场销售情况

（1）天然气市政与环卫机械产品销售情况。2017 年，受天然气价格波动影响，以液化天然气（LNG）、气化天然气（CNG）为代表的天然气汽车发展有所减缓。各方为响应国家环保政策，以天然气作为底盘和专用作业装置动力燃料的市政与环卫车辆销量有增加趋势。2017 年，以天然气为燃料的市政与环卫车辆销量为 1 176 台，较上年增长 28.1%。

（2）从 2017 年天然气市政与环卫机械产品月度销售情况来看，市场相对不稳定，每月的销量变化较大。2016—2017 年天然气市政与环卫机械产品月度销售情况见图 5。

（3）天然气市政与环卫机械产品销量构成。在该类产品中，垃圾收运类的占比最大。2017 年，以天然气为燃料的市政除冰雪类、清洗类的产品增长迅猛，尤以清洗类产品较为突出。2016—2017 年天然气市政与环卫机械产品按品种销售情况见表 26。

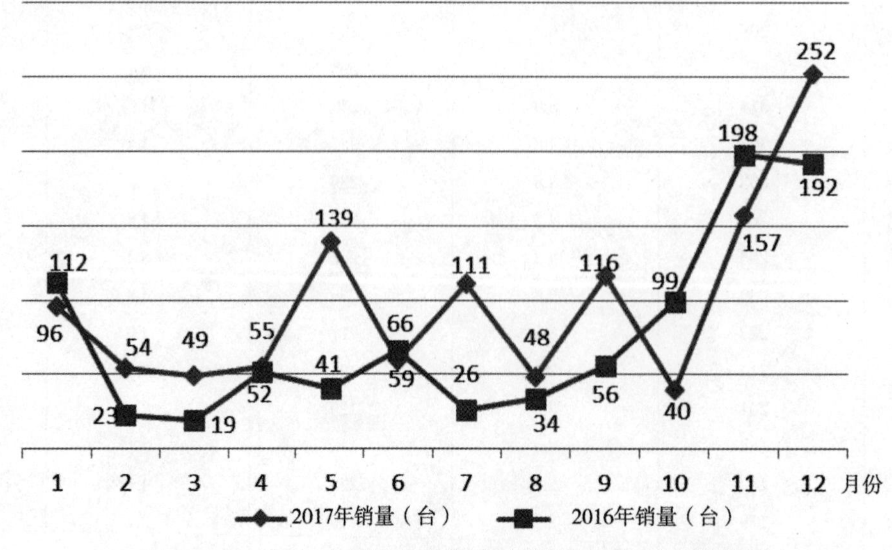

图 5　2016—2017 年天然气市政与环卫机械产品月度销售情况

表 26　2016—2017 年天然气市政与环卫机械产品按品种销售情况

产品类别	2017 年		2016 年		同比增长 (%)
	销量（台）	占比 (%)	销量（台）	占比 (%)	
垃圾收运类	474	40.3	393	42.8	20.6
清扫类	343	29.2	343	37.4	0.0
清洗类	321	27.3	181	19.7	77.3
市政除冰雪类	38	3.2	1	0.1	3 700.0

从产品总质量来看，2017 年，12 ～ 18t 区间产品销量占比较大，为 62.1%。2016—2017 年天然气市政与环卫机械产品按产品总质量统计销售情况见表 27。

表 27　2016—2017 年天然气市政与环卫机械产品按产品总质量统计销售情况

产品吨位	2017 年		2016 年		同比增长 (%)
	销量（台）	占比 (%)	销量（台）	占比 (%)	
2 ～ 4t	12	1.0	110	12.0	-89.1
5 ～ 9t	283	24.1	107	11.6	164.5
10 ～ 11t					
12 ～ 18t	731	62.1	555	60.5	31.7
18t 以上	150	12.8	146	15.9	2.7

（4）天然气市政与环卫机械产品主要生产企业销售情况。2017 年，天然气市政与环卫机械产品销量列前三位的企业分别是中联重科股份有限公司、福建龙马环卫装备股份有限公司、江苏悦达专用车有限公司。2016—2017 年天然气市政与环卫机械产品主要生产企业销售情况见表 28。

表 28　2016—2017 年天然气市政与环卫机械产品主要生产企业销售情况

序号	企业名称	2017		2016 年		同比增长 (%)
		销量（台）	市场占有率 (%)	销量（台）	市场占有率 (%)	
1	中联重科股份有限公司	346	29.4	228	24.8	51.8
2	福建龙马环卫装备股份有限公司	217	18.5	142	15.5	52.8
3	江苏悦达专用车有限公司	83	7.1	11	1.2	654.5
4	烟台海德专用汽车有限公司	75	6.4	112	12.2	-33.0
5	肥乡县远达车辆制造有限公司	74	6.3	47	5.1	57.4
6	昌黎县川港专用汽车制造有限公司	55	4.7	4	0.4	1 275.0
7	青岛中集环境保护设备有限公司	53	4.5	51	5.6	3.9
8	天津东方奇运汽车制造有限公司	20	1.7			
9	武汉市汉福专用车有限公司	15	1.3	2	0.2	650.0
10	河南森源重工有限公司	15	1.3			

（5）天然气市政与环卫机械产品主要生产企业按类别销售情况。2016—2017 年天然气市政与环卫机械产品主要生产企业按品种销售情况见表 29。

表29　2016—2017年天然气市政与环卫机械产品主要生产企业按品种销售情况

序号	企业名称	垃圾收运类			清洗类			清扫类			市政类		
		2017年销量（台）	2016年销量（台）	同比增长（%）	2017年销量（台）	2016年销量（台）	同比增长（%）	2017年销量（台）	2016年销量（台）	同比增长（%）	2017年销量（台）	2016年销量（台）	同比增长（%）
1	中联重科股份有限公司	43	36	19.4	95	40	137.5	208	152	36.8			
2	福建龙马环卫装备股份有限公司	3	25	-88.0	125	57	119.3	89	60	48.3			
3	江苏悦达专用车有限公司	77	11	600.0	6								
4	烟台海德专用汽车有限公司	71	77	-7.8	1	18	-94.4	3	17	-82.4			
5	肥乡县远达车辆制造有限公司	42	2	2 000.0	11	7	57.1	21	38	-44.7			
6	昌黎县川港专用汽车制造有限公司	55	4	1 275.0									
7	青岛中集环境保护设备有限公司	53	51	3.9									
8	天津东方奇运汽车制造有限公司	20											
9	武汉市汉福专用车有限公司				9	2	350.0				6		
10	河南森源重工有限公司				2			3			10		

（6）天然气市政与环卫机械产品各省、市、自治区销售情况。2017年，天然气市政与环卫机械产品销售主要集中在河北、北京、山西，3省份销量之和占全国销量的80.1%。其他省市均有零星销售。2016—2017年天然气市政与环卫机械产品按省份销售情况见表30。

表30　2016—2017年天然气市政与环卫机械产品按省份销售情况

省份	2017年		2016年		同比增长(%)
	销量（台）	占比(%)	销量（台）	占比(%)	
河北	550	46.8	369	40.2	49.1
北京	268	22.8	112	12.2	139.3
山西	124	10.5	126	13.7	-1.6
山东	48	4.1	32	3.5	50.0
天津	38	3.2	11	1.2	245.5
新疆	22	1.9	10	1.1	120.0
广东	20	1.7	16	1.7	25.0
河南	17	1.4	18	2.0	-5.6
吉林	12	1.0	46	5.0	-73.9
江苏	12	1.0	17	1.9	-29.4
安徽	9	0.8	33	3.6	-72.7
内蒙古	9	0.8	1	0.1	800.0
江西	9	0.8	6	0.7	50.0
海南	7	0.6	5	0.5	40.0
陕西	7	0.6			
宁夏	7	0.6	7	0.8	0.0
重庆	6	0.5	1	0.1	500.0
四川	2	0.2	9	1.0	-77.8

（续）

省份	2017 年		2016 年		同比增长
	销量（台）	占比 (%)	销量（台）	占比 (%)	(%)
西藏	2	0.2	10	1.1	-80.0
云南	2	0.2	5	0.5	-60.0
贵州	2	0.2	3	0.3	-33.3
福建	1	0.1	6	0.7	-83.3
湖北	1	0.1	56	6.1	-98.2
甘肃	1	0.1			
青海			10	1.1	
浙江			4	0.4	
湖南			3	0.3	
上海			1	0.1	
广西			1	0.1	

六、纯电动市政与环卫机械产品

1. 生产发展情况

受国务院及相关部委印发的《节能与新能源汽车产业发展规划（2012—2020 年）》《关于继续开展新能源汽车推广应用工作的通知》刺激，新能源汽车市场近几年持续增长。在汽车排放升级和财政补贴的双重因素推动下，新能源市政与环卫车 2015 年总销量达到 1 705 台。但在经历 2016 年新能源车骗补事件之后，国家及地方政府对新能源汽车获取补贴的口径收紧，补贴标准降低。失去补贴或补贴额度下降后，受累于技术的不成熟、产品售价高昂、连续作业时间或里程短等其他缺陷，新能源市政与环卫车在 2016 年销量明显下滑，全年销量仅有 874 台。尽管如此，随着技术的发展和进步、电池价格的下降，2017 年新能源环卫车产品销量再度回暖，销量达到 1 830 台。

按照工信部印发的《新能源汽车生产企业及产品准入管理规定》对新能源汽车的定义，新能源汽车应采用新型动力系统，完全或主要依靠新型能源驱动的汽车包括插电式混合动力（含增程式）汽车、纯电动汽车和燃料电池电动汽车等。采用铅酸蓄电池的电动汽车不在其列。就市政与环卫机械行业而言，当前市场上所销售的新能源环卫车绝大部分为纯电动产品。本文仅分析纯电动市政与环卫机械产品。

2. 市场销售情况

（1）纯电动市政与环卫机械产品总体销售情况。2017 年，该类产品销量为 1 830 台，较上年增长 109.4%。

（2）纯电动市政与环卫机械产品月度销售情况。从月度销售数据来看，纯电动市政与环卫机械产品也表现出了与传统燃油产品类似的趋势规律。所不同的是，8 月及 12 月的峰值相比淡季月销量数值差异更大。分析来看，除受到传统燃油环卫车销售规律影响外，也受国家对新能源汽车补贴政策（必须在自然年内拿到发票和行驶证才能申领国家新能源补贴）的叠加影响。2016—2017 年纯电动市政与环卫机械产品月度销售情况见图 6。

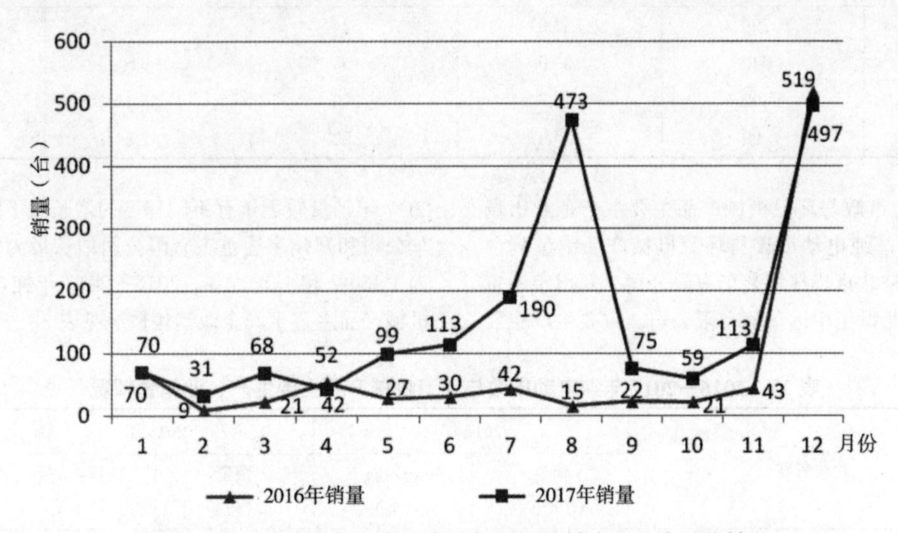

图 6　2016—2017 年纯电动市政与环卫机械产品月度销售情况

（3）纯电动市政与环卫机械产品销量构成。与传统燃油产品相同，纯电动市政与环卫机械产品销量也主要集中在清扫、清洗、垃圾收运三大产品线。其中，尤以垃圾收运和清扫产品线的销量较为突出。

进一步细分，从产品种类上来说，2017年市场对纯电动洗扫车、纯电动路面养护车、纯电动自卸式垃圾车等产品的需求更为旺盛。2016—2017年纯电动市政与环卫机械产品按品种销售情况见表31。

表31　2016—2017年纯电动市政与环卫机械产品按品种销售情况

产品类别	2017年		2016年		同比增长（%）
	销量（台）	占比（%）	销量（台）	占比（%）	
纯电动洗扫车	418	22.8	56	6.4	646.4
纯电动路面养护车	259	14.2	72	8.2	259.7
纯电动自卸式垃圾车	255	13.9	129	14.8	97.7
纯电动压缩式垃圾车	184	10.1			
纯电动扫路车	178	9.7	244	27.9	-27.0
纯电动车厢可卸式垃圾车	171	9.3	57	6.5	200.0
纯电动桶装垃圾车	106	5.8	89	10.2	19.1
纯电动洒水车	71	3.9	77	8.8	-7.8
纯电动餐厨垃圾车	65	3.6			
纯电动自装卸式垃圾车	64	3.5	67	7.7	-4.5
纯电动多功能抑尘车	52	2.8	1	0.1	5 100.0
纯电动吸粪车	7	0.4	55	6.3	-87.3
纯电动对接垃圾车			27	3.1	

从总质量来看，纯电动环卫车从2016年单一的2～3t小吨位产品向中、大吨位产品发展。如5～9t产品在2017年的销量提升非常明显，较上年增长1 003.4%，占2017年纯电动环卫车总销量的35.0%。初步分析，应与近年来动力电池在能量密度和成本控制上的进步有关，突破了以往新能源车不宜做大吨位产品的瓶颈。2016—2017年纯电动市政与环卫机械产品按产品总质量统计销售情况见表32。

表32　2016—2017年纯电动市政与环卫机械产品按产品总质量统计销售情况

产品吨位	2017年		2016年		同比增长（%）
	销量（台）	占比（%）	销量（台）	占比（%）	
2～4t	798	43.6	534	61.1	49.4
5～9t	640	35.0	58	6.6	1 003.4
12～18t	302	16.5	220	25.2	37.3
18t以上	90	4.9	62	7.1	45.2

（4）纯电动市政与环卫机械产品主要生产企业市场占有率。2017年，纯电动市政与环卫机械产品销量列前三位的企业分别是北京华林特装车有限公司、郑州宇通重工有限公司、湖北世纪中远车辆有限公司。主要生产企业2017年销量较上年有不同程度的增长或下降，其中东风汽车公司和郑州宇通重工有限公司增长最为明显，增长分别为1 460%和1 029.4%。2016—2017年纯电动市政与环卫机械产品主要生产企业销售情况见表33。

表33　2016—2017年纯电动市政与环卫机械产品主要生产企业销售情况

序号	企业名称	2017年		2016年		同比增长（%）
		销量（台）	市场占有率（%）	销量（台）	市场占有率（%）	
1	北京华林特装车有限公司	688	37.6	344	39.4	100.0
2	郑州宇通重工有限公司	576	31.5	51	5.8	1 029.4

（续）

序号	企业名称	2017 年		2016 年		同比增长（%）
		销量（台）	市场占有率（%）	销量（台）	市场占有率（%）	
3	湖北世纪中远车辆有限公司	94	5.1			
4	烟台海德专用汽车有限公司	83	4.5	24	2.7	245.8
5	东风汽车公司	78	4.3	5	0.6	1 460.0
6	山东凯马汽车制造有限公司	54	3.0	16	1.8	237.5
7	深圳东风汽车有限公司	46	2.5	41	4.7	12.2
8	南京汽车集团有限公司	43	2.3	40	4.6	7.5
9	中联重科股份有限公司	39	2.1	71	8.1	-45.1
10	浙江宝成机械科技有限公司	21	1.1	30	3.4	-30.0

（5）纯电动市政与环卫机械产品按产品类别销售情况。从 2017 年销售数据看，北京华林特装车有限公司和郑州宇通重工有限公司在清扫产品、清洗产品和垃圾收运产品三大产品线均有不错的销量，其他生产企业则表现一般。2016—2017 年纯电动产品主要生产企业按品种销售情况见表 34。

表 34　2016—2017 年纯电动产品主要生产企业按品种销售情况

序号	企业名称	清扫产品			清洗产品			垃圾收运产品			其他产品		
		2017 年销量（台）	2016 年销量（台）	同比增长（%）	2017 年销量（台）	2016 年销量（台）	同比增长（%）	2017 年销量（台）	2016 年销量（台）	同比增长（%）	2017 年销量（台）	2016 年销量（台）	同比增长（%）
1	北京华林特装车有限公司	113	203	-44.3	63	62	1.6	506	26	1846.2	6	53	-88.7
2	郑州宇通重工有限公司	363	5	7 160.0	180			33	46	-28.3			
3	湖北世纪中远车辆有限公司							94					
4	烟台海德专用汽车有限公司	11			27	4	575.0	45	20	125.0			
5	东风汽车公司				50	4	1 150.0	28	1	2 700.0			
6	山东凯马汽车制造有限公司	37						17	16	6.3			
7	深圳东风汽车有限公司	34	41	-17.1				12					
8	南京汽车集团有限公司				12			31	40	-22.5			
9	中联重科股份有限公司	28	24	16.7	9	15	-40.0	2	32	-93.8			
10	浙江宝成机械科技有限公司	2	5	-60.0	10	2	400.0	9	23	-60.9			

（6）纯电动市政与环卫机械产品主要生产企业按产品总质量销售情况。从销售情况来看，绝大部分生产企业均不约而同地选择了 2 ～ 4t 产品作为进入纯电动环卫车产品的切入点。在大吨位产品上，北京华林特装车有限公司销售较为突出。2016—2017 年纯电动市政与环卫机械产品主要生产企业按产品总质量统计销售情况见表 35。

表 35　2016—2017 年纯电动市政与环卫机械产品主要生产企业按产品总质量统计销售情况

序号	企业名称	2 ～ 4t			5 ～ 9t			12 ～ 18t			18t 以上		
		2017 年销量（台）	2016 年销量（台）	同比增长（%）	2017 年销量（台）	2016 年销量（台）	同比增长（%）	2017 年销量（台）	2016 年销量（台）	同比增长（%）	2017 年销量（台）	2016 年销量（台）	同比增长（%）
1	北京华林特装车有限公司	83	26	219.2	283	53	434.0	232	203	14.3	90	62	45.2
2	郑州宇通重工有限公司	223	46	384.8	350	5	6 900.0	3					
3	湖北世纪中远车辆有限公司	94											

（续）

序号	企业名称	2～4t			5～9t			12～18t			18t 以上		
		2017 年销量（台）	2016 年销量（台）	同比增长（%）	2017 年销量（台）	2016 年销量（台）	同比增长（%）	2017 年销量（台）	2016 年销量（台）	同比增长（%）	2017 年销量（台）	2016 年销量（台）	同比增长（%）
4	烟台海德专用汽车有限公司	83	24	245.8									
5	东风汽车公司	28	5	460.0									
6	山东凯马汽车制造有限公司	54	16	237.5									
7	深圳东风汽车有限公司	46	41	12.2									
8	南京汽车集团有限公司	43	40	7.5									
9	中联重科股份有限公司	39	71	-45.1									
10	浙江宝成机械科技有限公司	21	30	-30.0									

（7）纯电动市政与环卫机械产品各省、市、自治区销售情况。2017 年，新能源环卫车销量超过 300 台的省份有北京、河南，销量超过 100 台的有江苏。从上牌数据来看，2017 年，除在北京、河南、河北、安徽、山东等地区增长比较明显外，全国仍有很多省份没有销售产品。2016—2017 年纯电动市政与环卫机械产品按省份销售情况见表 36。

表 36　2016—2017 年纯电动市政与环卫机械产品按省份销售情况

省份	2017 年		2016 年		同比增长（%）
	销量（台）	占比（%）	销量（台）	占比（%）	
北京	771	42.1	363	71.0	112.4
河南	497	27.2	11	2.2	4 418.2
江苏	101	5.5	133	26.0	-24.1
河北	82	4.5	6	1.2	1 266.7
安徽	78	4.3	2	0.4	3 800.0
山东	62	3.4	2	0.4	3 000.0
上海	52	2.8	79	15.5	-34.2
浙江	52	2.8	36	7.0	44.4
湖北	44	2.4			
广东	35	1.9	52	10.2	-32.7
吉林	18	1.0			
贵州	16	0.9			
山西	5	0.3	14	2.7	-64.3
内蒙古	5	0.3			
江西	4	0.2	34	6.7	-88.2
天津	3	0.2	44	8.6	-93.2
福建	2	0.1	1	0.2	100.0
新疆	2	0.1			
湖南	1	0.1	5	1.0	-80.0
辽宁			78	15.3	
四川			14	2.7	
沈阳					

（续）

省份	2017年		2016年		同比增长（%）
	销量（台）	占比（%）	销量（台）	占比（%）	
陕西					
甘肃					
宁夏					
青海					
西藏					
深圳					
广西					
海南					
云南					
重庆					
黑龙江					

注：本文所有销量数据均来自于车辆上牌数据。不同于以往按照公告型号进行分类的方式，为更贴合实际情况，在本次年鉴的编写过程中，更注重考虑各类产品的结构特征和实际用途，对归类口径进行了优化调整。各销售数据不具备与以往年鉴进行比较的意义。

〔供稿单位：中国工程机械工业协会市政与环卫机械分会〕

装修与高空作业机械

2017年，受国家政策及国际环境的变化影响，经济结构出现变革，技术制造业产能稳中有升，“一带一路”建设成效显著，对外贸易额增长，我国正处在转换增长动力的攻关时期。国家深入推进供给侧结构性改革，坚持把发展经济着力点放在实体经济上，继续抓好“三去一降一补”，大力简政、减税降费，不断优化营商环境，切实减轻企业负担，进一步激发市场主体活力，提升经济发展质量。在这样的形势下，装修与高空作业机械行业继续保持平稳高速发展，发展势头良好。

一、产业现状

归属本行业的装修机械包括砂浆制备及喷涂机械、涂料喷刷机械、地面修整机械、屋面装修机械、建筑装修机具、高处作业吊篮、擦窗机及其他装修机械等。高空作业机械包括高空作业车、高空作业平台及其他高空作业机械。其中，高处作业吊篮、擦窗机、高空作业机械近年来发展较迅速。

1. 高处作业吊篮

高处作业吊篮从20世纪80年代中期开始研制，经过近40年发展，技术已经非常成熟，在建筑领域已经得到广泛运用，也为淘汰安全事故隐患多的竹木制脚手架和钢管扣件脚手架起到了关键作用。当前产品技术已在全国普遍推广，生产企业已发展到150多家，年产量从2005年的7 500台突破到2017年的70 000台左右。

高处作业吊篮应用范围从一般的建筑施工发展到电视塔施工、电厂冷却塔施工、烟囱施工、风力发电机维护施工及电梯安装等特殊工程。吊篮租赁服务企业遍布全国各个区域。在经历了行业洗牌后，吊篮租赁企业经历了从高速发展到猛烈下滑，平稳过渡到趋于稳定发展，正在朝着从单一的制造业走向制造业与服务业并行发展的后服务时代。

2. 高层建筑擦窗机

我国擦窗机的发展从20世纪90年代初开始，2005年以前，国内生产企业10余家，年产量不到300台，市场50%以上份额为进口产品，并且，进口产品占据了高端市场。2017年，据中国工程机械工业协会装修与高空作业机械分会统计，国内擦窗机领域具备一定规模的生产企业发展到25家，国内擦窗机年产量800～1 000台，国内市场占有率已达90%。产品已成功应用到许多地标性或超高层建筑中，如上海环球中心、上海世贸中心、北京国贸中心、武汉绿地中心、天津周大福、北京中国尊、亚投行办公总部大楼、长沙国金中心及厦门海峡世茂等。

3. 高空作业机械

高空作业机械产品应用领域极为广泛，可以应用在建筑领域的建筑施工安装企业、装修公司、清洁公司和道路桥梁施工，以及机场、电厂、造船厂、商场、市政工程、仓储、酒店、石化、通信、灾害救援等非建筑领域。高空作业机械种类见图 1。

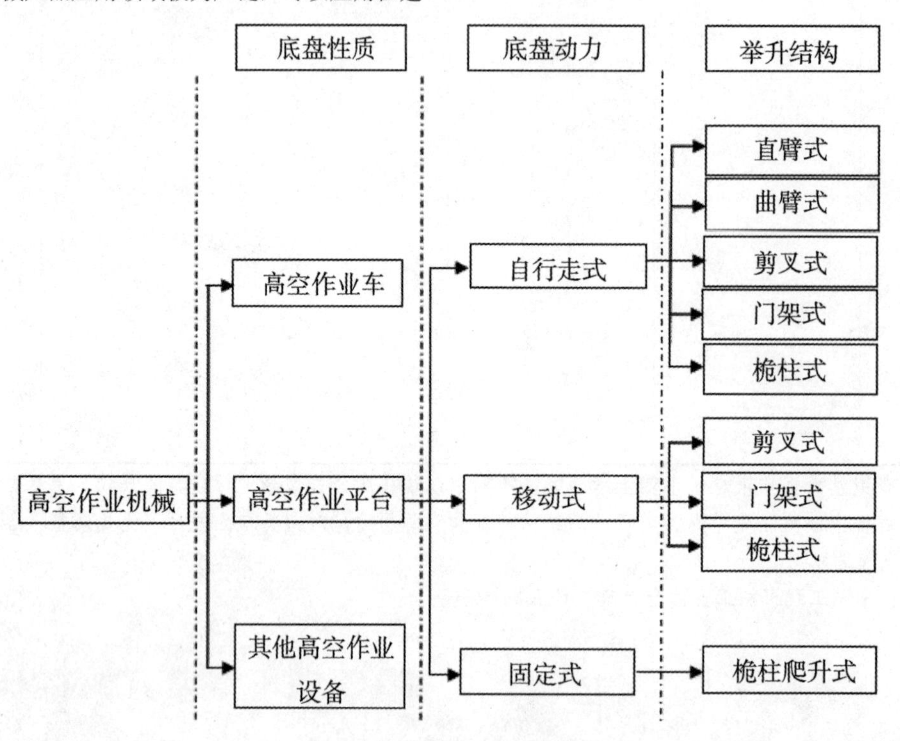

图 1　高空作业机械种类

20 世纪 60 年代初，高空作业平台在欧美国家被广泛使用，相比传统的脚手架来说，在经济、安全、效率方面都有大幅度提高。在发达国家，高空作业平台，成为无脚手架作业工法的支撑设备，这是以机械设备替代人工、促进机械化施工装备大发展的必然结果。我国高空作业机械于 70 年代初开始起步，距今已有 40 余年的发展历程。2010 年后，受益于全球经济复苏，工程机械市场回暖，高空作业设备迎来了发展契机，部分企业进入该行业，国内生产企业已由当时的七八家发展到百余家，当前，生产高空作业车的企业约为 50 家，生产高空作业平台的企业有百余家，其中 10 余家国外合资企业及外商独资企业占据国内市场大部分份额。

在国内，以徐州海伦哲专用车辆股份有限公司为代表的高空作业车产品最大工作高度已达 45m。高空作业平台的品种和数量也在不断增加，以浙江鼎力机械股份有限公司、湖南星邦重工有限公司为代表生产的直臂式、曲臂式、剪叉式、桅柱式、门架式和桅柱爬升式等全系列高空作业平台，共计 80 多个规格，最大工作高度达 43m，拥有 140 多项专利。

当前，我国建筑行业中大量的高空作业仍以使用传统脚手架为主，在安全、经济、效率方面都有待提高。当前，我国高空作业产品发展还处于初级阶段，市场规模较小，有很大的发展空间。我国建筑业和城市建设中，以高空作业平台替代脚手架的产品应用空间和产业市场空间巨大，广大制造商也应抓住这个发展的黄金时期。随着我国装配式建筑的大发展，将不断推进无脚手架作业工法的大范围实施，预计高空作业机械产业将以 8 ～ 10 倍的速度增长，该领域装备制造和现代服务业应用的发展潜力巨大。

二、生产发展情况

2017 年，据中国工程机械工业协会装修与高空作业机械分会统计，18 家骨干企业共生产高处作业吊篮 48 427 台，销量为 44 057 台，库存为 4 569 台，销量占产量的 91%；10 家骨干企业共生产擦窗机 705 台，销量为 606 台，库存为 111 台，销量占产量的 86%；5 家骨干企业共生产高空作业平台 23 609 台，销量为 22 729 台，库存为 1 788 台，销量占产量的 96%；3 家骨干企业共生产高空作业车 1 742 辆，销量为 1 729 辆，库存为 60 辆，销量占产量的 99%。产品分类情况及主要生产企业见表 1。2017 年装修与高空作业机械主要产品产销存情况见表 2。

表 1　产品分类情况及主要生产企业

产品名称	主要生产企业
高处作业吊篮	无锡市小天鹅建筑机械有限公司、申锡机械有限公司、法适达（上海）机械设备有限公司、河北久创建筑机械科技有限公司、中际联合（北京）科技股份有限公司、江苏博宇建筑工程设备科技有限公司、无锡天通建筑机械有限公司、天津庆丰顺建筑机械有限公司、广东裕华兴建筑机械制造有限公司、无锡市龙升建筑机械有限公司、廊坊兴河工业有限公司、宁波东建建筑科技有限公司、山东连豪机电设备有限公司、无锡瑞吉德机械有限公司、江阴市路达机械制造有限公司、上海虹口建筑机械有限公司、天津市庆泰起重设备有限公司、天津正宇重工机械有限公司、无锡市凤鸿机械制造有限公司、无锡华科机械设备有限公司、雄宇重工集团股份有限公司、北京九虹中工工程机械有限公司、深圳市穗通机械设备有限公司、无锡市雨琦机械制造有限公司、黄骅市昌达起重设备有限公司、无锡科通工程机械制造有限公司、无锡市傲世机械制造有限公司、无锡市强恒机械有限公司、无锡强辉建筑机械有限公司、无锡劲马液压建筑机械有限公司、天津市津渝恒安达机械设备有限公司、天津市海发建筑机械制造有限公司、宁津县汇洋建筑设备有限公司、中宇博机械制造股份有限公司
擦窗机	北京凯博擦窗机械科技有限公司、江苏博宇建筑工程设备科技有限公司、上海普英特高层设备股份有限公司、成都嘉泽正达科技有限公司、上海万润达机电科技发展有限公司、南京福瑞德机电科技有限公司、上海再瑞高层设备有限公司、无锡市沃森德机械科技有限公司、申锡机械有限公司、雄宇重工集团股份有限公司、中宇博机械制造股份有限公司、北京世纪永安科技发展有限公司、江苏别具匠心机械设备有限公司、江阴市骏腾机械制造有限公司、澳大利亚 COXGOMYL、西班牙 GIND、德国 MANNTECH、芬兰 ROSTEK
高空作业平台	浙江鼎力机械股份有限公司、杭州赛奇工程机械有限公司、湖南运想重工有限公司、湖南星邦重工有限公司、徐工消防安全装备有限公司、北京京城重工机械有限责任公司、中联重科、临工、柳工、美国捷尔杰、吉尼、欧历胜、法国 Haulotte、加拿大 Skyjack、日本 Aichi
高空作业车	杭州爱知工程车辆有限公司、徐州海伦哲工程机械有限公司、徐州工程机械集团有限公司、湖北江南专用特种汽车有限公司、程力专用汽车股份有限公司、厦工楚胜（湖北）专用汽车制造有限公司、湖北润力专用汽车有限公司、青岛中汽特种汽车有限公司、中国重汽集团济南专用车有限公司、中汽商用汽车有限公司（杭州）、江西江铃集团特种专用车有限公司、安徽柳工起重机有限公司、青岛索尔汽车有限公司、沈阳北方交通重工集团

表 2　2017 年装修与高空作业机械主要产品产销存情况

产品及企业名称	产量（台）	销量（台）	库存（台）
高处作业吊篮			
无锡市小天鹅建筑机械有限公司	3 765	3 432	372
法适达（上海）机械设备有限公司	142	134	8
河北久创建筑机械科技有限公司	2 164	1 836	598
中际联合（北京）科技股份有限公司	9 010	8 510	500
江苏博宇建筑工程设备科技有限公司	2 000	1 500	500
无锡天通建筑机械有限公司	1 000	800	200
天津庆丰顺建筑机械有限公司	3 030	2 630	400
广东裕华兴建筑机械制造有限公司	720	460	143
无锡市龙升建筑机械有限公司	500	300	200
廊坊兴河工业有限公司	3 000	2 600	400
宁波东建建筑科技有限公司	360	260	100
山东连豪机电设备有限公司	2 000	1800	200
无锡瑞吉德机械有限公司	3 214	3 198	23
江阴市路达机械制造有限公司	2 300	1 700	600
申锡机械有限公司	11 320	11 128	192
上海虹口建筑机械有限公司	102	102	
吴桥科兴建筑机械有限公司	1 200	1 150	50
雄宇重工集团股份有限公司	2 600	2 517	83

（续）

产品及企业名称	产量（台）	销量（台）	库存（台）
擦窗机			
北京凯博擦窗机械科技有限公司	134	88	58
江苏博宇建筑工程设备科技有限公司	100	80	20
上海普英特高层设备股份有限公司	171	151	20
成都嘉泽正达科技有限公司	50	50	
上海万润达机电科技发展有限公司	35	35	
南京福瑞德机电科技有限公司	53	53	
上海再瑞高层设备有限公司	60	57	3
无锡市沃森德机械科技有限公司	52	44	8
申锡机械有限公司	15	15	
雄宇重工集团股份有限公司	35	33	2
高空作业平台			
杭州赛奇机械股份有限公司	361	325	22
浙江鼎力机械股份有限公司	17 463	17 110	1 280
湖南运想重工有限公司	811	788	18
湖南星邦重工有限公司	4 664	4 196	468
申锡机械有限公司	310	310	
高空作业车			
徐州海伦哲专用车辆股份有限公司	1 262	1 248	14
杭州爱知工程车辆有限公司	397	403	41
中汽商用汽车有限公司（杭州）	83	78	5

2017年，装修与高空作业机械行业工业总产值列前三位的企业分别是浙江鼎力机械股份有限公司、徐州海伦哲专用车辆股份有限公司、湖南星邦重工有限公司。2017年装修与高空作业机械行业工业总产值前10名企业见表3。

表3　2017年装修与高空作业机械行业工业总产值前10名企业

序号	企业名称	工业总产值（万元）	序号	企业名称	工业总产值（万元）
1	浙江鼎力机械股份有限公司	113 258	6	申锡机械有限公司	27 910
2	徐州海伦哲专用车辆股份有限公司	67 761	7	中汽商用汽车有限公司（杭州）	25 861
3	湖南星邦重工有限公司	38 000	8	杭州爱知工程车辆有限公司	16 541
4	中际联合（北京）科技股份有限公司	35 000	9	上海普英特高层设备股份有限公司	15 560
5	江苏法尔胜特钢制品有限公司	33 403	10	湖南运想重工有限公司	11 614

2017年，剪叉式高空作业平台出口量最大，产品主要出口到英国、美国、韩国等国家及中东、东南亚等地区。高处作业吊篮主要出口到中东、东南亚等地区。擦窗机的出口量稍小，主要销往东南亚、中东地区。2017年装修与高空作业机械主要产品出口情况见表4。2017年各企业主要产品出口情况见表5。

表4　2017年装修与高空作业机械主要产品出口情况

产品名称	单位	出口量	主要出口地区
高空作业平台	台	15 778	中东、美洲、欧洲、东南亚、南亚、中亚、非洲
擦窗机	台	23	东南亚、中东
高处作业吊篮	台	10 295	中东、南亚、欧洲、东南亚、欧洲、非洲
提升机	个	2 474	欧洲、印度
钢丝绳	t	15 609	中东、东南亚、欧美

表5　2017年各企业主要产品出口情况

企业名称	产品名称	单位	出口量	出口金额（万美元）	主要地区
杭州赛奇机械股份有限公司	普通型高空作业平台	台	72	21	韩国、德国、中国香港、马来西亚、厄瓜多尔、哥伦比亚、阿尔及利亚
	智能型高空作业平台	台	16	16	中国香港、韩国、沙特阿拉伯、马来西亚、哥伦比亚
浙江鼎力机械股份有限公司	套筒式高空作业平台	台	126	216	德国、韩国、印度、荷兰、新加坡、美国
	桅柱式高空作业平台	台	489	210	荷兰、沙特阿拉伯、新加坡、印度、韩国、菲律宾、中国台湾、土耳其、俄罗斯、泰国
	门架式高空作业平台	台	3 217	1 597	韩国、以色列、美国、菲律宾、马来西亚
	臂架式高空作业平台	台	153	838	美国、卡塔尔、土耳其、新加坡、印度、南非、泰国
	剪叉式高空作业平台	台	8 606	7 624	英国、韩国、美国、中国香港、新加坡、意大利、新西兰、荷兰、土耳其、阿根廷、南非、丹麦
湖南运想重工有限公司	剪叉式高空作业平台	台	84	83	智利、土耳其、几内亚、中国台湾、巴基斯坦
	臂架式高空作业平台	台	11	91	新加坡、印度、中国台湾、哈萨克斯坦、匈牙利、巴基斯坦、印度
湖南星邦重工有限公司	剪叉式高空作业平台	台	2 643	2 514	中东、欧洲、美洲、东南亚、非洲
	臂架式高空作业平台	台	61	291	中东、南美、南亚、非洲、中亚
无锡市小天鹅建筑机械有限公司	高处作业吊篮	台	42	11	印度
	提升机	只	2 324	134	欧洲
法适达（上海）机械设备有限公司	高处作业吊篮	台	27	25	澳大利亚、法国、新加坡、印度、中东
河北久创建筑机械科技有限公司	ZLP630高处作业吊篮	台	322	72	东南亚、中东
中际联合（北京）科技股份有限公司	ZLP240	台	1 100	430	印度、西班牙、韩国
	ZLP280-800	台	7	10	智利、印度
	其他机械	批		35	南非、印度、中国香港、智利、韩国、乌拉圭
江苏博宇建筑工程设备科技有限公司	ZLP800高处作业吊篮	台	1 500		中东、东南亚
	CWG250擦窗机	台	10		俄罗斯
天津庆丰顺建筑机械有限公司	ZPL630高处作业吊篮	台	1 200	360	非洲
	ZLP800高处作业吊篮	台	30	12	土耳其
廊坊兴河工业有限公司	ZLP630高处作业吊篮	台	860	197	东南亚
	ZLP800高处作业吊篮	台	470	108	中东
山东连豪机电设备有限公司	ZLP630高处作业吊篮	台	60	13	东南亚
无锡瑞吉德机械有限公司	ZLP630/800/1000高处作业吊篮	台	925	262	南亚、中东、东南亚、欧洲
申锡机械有限公司	ZLP800高处作业吊篮	台	992	325	印度、巴林、伊朗
	ZLP630高处作业吊篮	台	2 200	645	俄罗斯、乌克兰
	施工升降平台	台	300	675	欧美
	ZLP（T）600电梯安装吊篮	台	100	40	俄罗斯、越南
北京凯博擦窗机械科技有限公司	CWG250擦窗机	台	10	80	新加坡、菲律宾、迪拜、中国香港
南京福瑞德机电科技有限公司	CWG250擦窗机	台	3	24	巴林、沙特
广东裕华兴建筑机械制造有限公司	SC型施工升降机	台	162	589	
	高处作业吊篮	台	460	194	
	爬升式工作平台	台	168	313	
	伸缩式卸料平台	台	320	336	

（续）

企业名称	产品名称	单位	出口量	出口金额（万美元）	主要地区
无锡市沃森德机械科技有限公司	LP630 提升机	台	150	7	西欧、中国香港
江苏法尔胜特钢制品有限公司	钢丝绳	t	15 609	2 162	中东、东南亚、欧美

三、科研成果与新产品

浙江鼎力机械股份有限公司研制的GTBZ20AE自行走曲臂式高空作业平台具有绿色环保、节能、高效等优点，无需动力电下降，工作时间延长25%，操作灵活，提升速度快，动力强劲，越野性能强。该机工作高度为20.23m，工作载荷为230kg，水平伸距为11.14m，具有业内同类产品领先的水平延伸能力和全工作范围的承载能力。该公司研制的GTBZ20SU自行走直臂桥式高空作业平台底盘采用德纳车桥，标配4×4驱动和转向，标配差速锁，越野性和灵活性更强；爬坡能力强，可以适应崎岖不平、恶劣的施工现场；具有超大工作台面；平台180°回转，大大增加了作业范围，实现高空作业无死角。GTBZ20SU最大垂直作业高度可达20m，能够轻而易举地绕过障碍物工作，可多人同时作业，载重达1 350kg。GTBZ20SU性能卓越，既能够轻松完成剪叉式、臂式等高空作业平台无法单独完成的特殊工作任务，又能实现叉装车高位物料搬运举升功能，有“以一抵三”的效果，堪称高空作业界的“高空作业机器人”。

徐州海伦哲专用车辆股份有限公司研制的XHZ5107JGKQ5高空作业车采用国际流行的混合式臂架结构，整车采用轻量化、模块化设计，具有高、低空作业功能，且低空作业时可带载行走。整车功能强，作业效率高，实现多工况作业。产品突破了防自损、平台限位等控制技术和算法，实现了作业工况自适应、运动避障和协调运动控制，提高了作业安全性。产品通过了中国工程机械工业协会组织的鉴定，其整体性能达到国际先进水平。该公司研制的XHZ5142JGK桥式架线高空作业车采用三节同步伸缩的大跨度伸缩桁架式平台、多级同步伸缩臂架，最大作业高度为8.6m，平台最大长度为13m，搭建“空中走廊”，实现高空架线的作业方式，属国内首创产品，填补了国内高空架线产品的空白。该产品具有作业幅度大、行驶状态体积小、工作区域灵活、稳定可靠的特点，获得江苏省首台（套）重大装备产品称号。

北京凯博擦窗机械科技有限公司研制的擦窗机无线远程监控系统通过无线通信模块采集擦窗机运行数据，采用GPRS、3G、有线网络、WiFi等方式，可以实现计算机、手机对擦窗机的实时监控和维护，对今后擦窗机的技术改进、升级提供了数据参考，同时也提高了售后服务响应效率，缩短了售后服务周期，提升了工作效率。现已成功运用到西安国瑞CWG250XDS擦窗机项目中。

四、发展趋势

2017年，工程机械行业迎来了新的高速增长，高空作业市场前景广阔。行业企业要理性看待这一增长周期，务求以高质量的要求来推进发展，瞄准国家产业调整和优化升级的需求，不断开拓新领域和新市场，从增量需求扩大到存量调整和更新市场的新阶段。

2018年将是工程机械行业稳定增长的过程，在面临诸多机遇和市场严峻挑战的同时，企业应增强产业自信、制度自信，自觉做好本领域供给侧改革，创新和丰富产品技术内涵，掌握核心技术，掌握自主标准，提高应对各种风险的能力，在产品的安全性、环保性和智能化方面实现技术升级，才能让本领域制造业占据技术和市场高地，让“中国制造”后发制人。

〔供稿单位：中国工程机械工业协会装修与高空作业机械分会〕

观光车

一、2017年观光车行业基本特征

2017年，观光车市场集中度进一步提高，企业数量大幅减少。观光列车生产企业明显增加，由2016年的6家增加到2017年的10家。

国家质检总局对观光车的要求更加严格，淘汰了小轮距高尔夫球车型观光车和观光列车，对坡道制动提出了严格要求，对使用者也提出了很高的要求。

观光车行业衍生出了电动巡逻车和电动消防车两大产品，2017年产量达到13 000台以上，对警务和消防两个行业做出了贡献。

观光车辆年产量趋于平稳，年产量连续3年在2万～3万台。

2017年，观光车采用电驱动与内燃驱动比例约为9∶1，大部分为玻璃钢顶棚和钢板顶棚，部分车架为汽车车架，大部分为方管焊接车架。

标准化工作稳步推进。索道标委会立项起草多项标准，2017年度2项团体标准出版。

在电池续航里程、车架设计可靠性、车架强度和刚度、定型试验时间方面有待提高。

二、生产发展情况

我国观光车行业起步于20世纪90年代，北京亚运会和昆明园博会召开为其产生和发展提供了契机。由于受当时的技术条件和社会环境所限，观光车的制造专业化和集成化程度很低，没有专门从事观光车制造的企业，多数企业将观光车作为一种特殊的产品对待，有订单才生产，以满足大型活动的开展和少数旅游景区的使用需求。发展初期，国内观光车制造企业无生产标准，产品质量也参差不齐，这些原因也限制了观光车行业的快速发展。2003年国家将旅游观光车纳入了特种设备目录，执行特种设备制造许可制度，管理部门为国家质量监督检验检疫总局特种设备安全监察局。全国索道与游乐设施标委会为观光车标准化管理归口单位，并于2007年制定颁布了观光车的首个产品标准《非公路用旅游观光车通用技术条件》（GB/T 21268—2007），为行业的发展起到了引领作用。2010年后观光车行业进入快速发展期，特别是2014—2016年，观光车企业数量增长迅速。至2017年8月国内具有观光车制造许可资质的企业有300多家（数据来源于特种设备许可办公室），企业来源有多种，如传统观光车生产企业、汽车生产厂、电动自行车企业、新能源公司、机械厂等。

观光车行业在国内发展是不平衡的，沿海等经济发达地区、制造业基础较好的地区发展较快，例如山东、江苏、河南三个地区的企业数量占总企业数量的一半以上。甘肃、内蒙古、新疆、云南等地区因配套件企业数量较少、物流等原因，观光车行业发展受限，企业数量较少。观光车生产企业国内分布情况见图1。

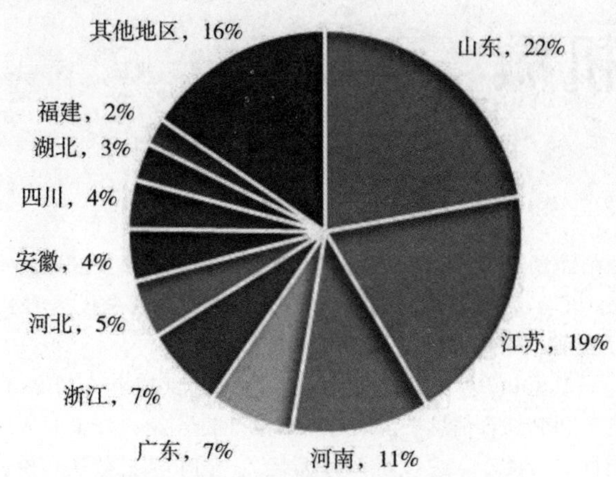

图1 观光车生产企业国内分布情况

2014年是近几年来企业取证数量最多的一年，2015年有所下降，2016年略回升，2017年数量有较大幅度下降。分析原因主要有三点：一是因为市场竞争的加剧，部分规模小、产品质量低的企业不适应市场需求被市场淘汰；二是监管部门对观光车生产企业的制造条件有更高的要求，有些达不到要求的企业退出了观光车的生产；三是5座及以下的车辆已不属于观光车范畴，部分生产5座及以下的车辆的企业无法取证了。2014—2017年观光车制造许可证发证情况见表1。

表1 2014—2017年观光车制造许可证发证情况

年份	2014	2015	2016	2017
发证数量（张）	122	78	98	59

三、产品销售情况

中国工程机械工业协会观光车分会于2013年成立，成立后即开始对国内观光车产销情况进行统计。2013—2017年观光车辆产量见表2。从表中可以看出，2014—2016年观光车产量逐步下降，2017年略有增加。

表2 2013—2017年观光车产量 （单位：台）

年份	合计	内燃观光车	蓄电池观光车	观光列车
2013	28 904	1 651	27 033	220
2014	36 312	2 514	33 506	292
2015	33 150	3 767	28 788	595
2016	19 877	3 943	15 660	274
2017	20 851	2 142	18 495	214

据分会统计，2017年，28家主要观光车生产企业共生产各类观光车20 851台，比上年增长4.9%，处于相对平稳状态。2017年观光车产销存情况见表3。

表3 2017年观光车产销存情况

类别	产量（台）	销量（台）	库存量（台）
观光车	20 851	20 492	359
内燃观光车	2 142	2 134	8
蓄电池观光车	18 495	18 152	343
观光列车	214	206	8

2017年，蓄电池观光车销量占总销量的88.6%，内燃观光车占10.4%，观光列车占1.0%，2016年三类车型占比分别为79.6%、19.2%、1.2%，对比可知蓄电池观光车所占比例增加9个百分点，内燃观光车则减少了8.8个百分点，观光列车情况基本平稳。

据统计，观光车销售车型主要集中在8座、11座、14座三种车型。2017年不同座位数的观光车销量情况见表4。

表 4 2017 年不同座位数的观光车销量情况

座位数	6 座	8 座	11 座	14 座	23 座
销量（台）	2 601	5 348	4 663	5 624	1 093
占比（%）	12.7	26.1	22.8	27.4	5.3

四、产品出口情况

据观光车分会统计，2017，观光车外销 5 309 台，同比增长 39.4%，在 2016 年观光车出口受国际经济环境影响大幅下降后，2017 年外销量有所恢复，接近 2015 年水平。2017 年，观光车外销量占观光车总销量的 25.9%，较 2016 年的 18.2% 有较大提高，销售地区包括亚、欧、北美几大洲及澳大利亚等国。2015—2017 年观光车出口情况见表 5。

表 5 2015—2017 年观光车出口情况

指标名称	2015 年	2016 年	2017 年
出口量（台）	6 533	3 808	5 309
占总销量的比例（%）	19.7	18.2	25.9

五、科研成果及新产品

1. 柳州五菱发布 M 系列观光车新品

2017 年柳州五菱汽车工业公司开发 8 座、11 座 M 系列观光车的不同动力车型，铅酸电池 8 个车型、锂电 6 个车型投产。其中车身、顶棚、门板、座椅等均采用共用平台化设计，减少专用件开发，突破常规工艺，实现少投入高产出；共享及智能的概念已经从理论转化为现实，带动公司向“智能化”迈进。当前 M 系列已经新增产值 3 000 多万元，随着大客户订单陆续接单，产值及利润也在稳步增加。

2. 宇通发布锂电智能观光车系列产品

宇通利用新能源客车的技术和资源优势，采用宇通客车标准，全新开发 14 座、23 座 ZKGDT5、ZKGDT6 新一代锂电观光车系列产品，上市并批量销售。产品装配客车标准动力锂电池箱，匹配智能终端系统，可对车辆状态和运营实行全程监控，并能实现后台维护和升级；具有更环保、更智能、高安全、长续航、动力强、更耐用、充电快、全维保八大优势；车辆运营效率高，成本低，是理想的场（厂）内运营设备。

3. 苏州益高电动车辆制造有限公司推出锂电池观光车

2017 年，苏州益高推出锂电池观光车系列产品。锂电池在使用中不需要添加液体，充电时也没有液体排出，有效减少使用中的环境污染，同时锂电池具有重量轻、比容量大、循环使用寿命长等优点，是轻量化设计的首选方案。经对比测试，锂电池观光车质量减轻约 160kg，续驶里程增加 140km，充电时间仅需 2 ～ 3h。车辆主要销往武汉、重庆、云南等地，也有小批量出口。产品同时还满足 TSG N0001—2017《场（厂）内专用机动车辆安全技术监察规程》的要求。

4. 玛西尔为客户量身定制推出特色定制观光车

玛西尔结合客户需求为三亚某景区推出了符合该景区形象的卡通鱼特色观光车，得到了广泛关注，各类景区纷纷引进。该产品采用了新型高效永磁同步电动机，效率大幅提升。

5. 德事隆特种车辆发布新款 11/14 座游览观光车

2017 年，无锡德事隆特种车辆有限公司自主研发生产了 11/14 座游览观光车，并获得了由国家知识产权局颁发的外观设计专利证书（证书号第 4347397 号）。同年 10 月在三亚、苏州和北京举办了新产品发布会。E-Z-GO 新款 11/14 座游览观光车采用铝合金车架设计，制动与加速一体式踏板，通过 1 万 h 以上的寿命试验验证。产品采用多种仪表显示系统，可及时显示故障并报警。方向盘和驾驶位进行了可调节设计，并配备弹压设计的车载充电器，电线可实现轻松拉出和自送收缩。

〔供稿单位：中国工程机械工业协会观光车分会〕

混凝土机械

2017 年是混凝土工程机械行业经过几年低迷期后再创辉煌的一年。这一年里，混凝土机械行业依托国家相关利好政策，产品价升量增，供不应求，盈利不断增加。

一、政策背景

首先是国家基础设施建设投资的拉动。2017 年，国家稳中求进、保持经济稳定增长、持续稳定投资规模的政策，为低迷蛰伏的工程机械行业带来了契机。国家发展改革委、交通运输部联合印发的《交通基础设施重大工程建设三年行动计划》中，2016—2018 年拟重点推进铁路、公路、水路、机场、城市轨道交通项目 303 项，涉及项目总投资约 4.7 万亿元，其中 2018 年将达 1.3 万亿元。

二是 PPP 项目的逐渐启动。财政部 2017 年 7 月 28 日发布 PPP 综合信息平台项目库季报：截至 2017 年 6 月入库项目 13 544 个，总投资 16.4 万亿元，PPP 项目数量和投资呈现井喷式增长态势。除了国内基础设施建设市场外，未来 10 年仅亚洲地区每年的基础设施建设投资就有 8 000 亿美元，PPP 项目的启动将是建筑行业蓬勃发展的最好契机。

三是“一带一路”倡议。中国商务部数据显示，2017 年我国企业与“一带一路”覆盖的 61 个国家签订了 7 217 项对外承包工程项目合同。新签合同价值同比增长 14.5% 至 1 443.2 亿美元，占同期我国对外承包工程新签合同额的 54.4%，预计与“一带一路”主体有关的合同额会从 2018 年开始加速增长，2016—2030 年的复合增长率可达 19%，势必带动混凝土机械行业的快速增长。

四是已投放市场的更新换代新需求。根据推算，2011—2012 年高峰积压的存量设备将在 2017—2018 年逐步消化完成。

五是部分地区对老式混凝土搅拌车监管加强。依靠政府的强制命令，2017 年以来已有不少地方开始执行“三桥 6 方，四桥 8 方”标准搅拌车才能运营的政策，这个监管力度也带来了较大的市场需求量。

六是新型城镇化建设。新型城镇化将会作为拉动中国经济持续健康发展的引擎，其中乡村建设是重要方面。近几年短臂架泵车、搅拌拖泵和自装卸混凝土搅拌车等产品的迅猛发展，更多得益于城镇化建设的拉动。

七是装配式建筑市场的新需求。按照国家规划，到 2025 年装配式建筑的比例要达到 30%，至少每年 6 万亿元。

二、产品产销情况

混凝土机械行业不断整合资源、坚持创新发展和转型升级，在 2017 年推出的一批又一批新型环保产品投入市场，行业供需格局发生了较大的变化，在新机销售业绩方面也获得了可喜的回报，助推市场逐步淘汰老旧机型，进入更新周期。

1. 预拌混凝土销量情况

混凝土行业依赖于固定资产投资拉动，尤其对房地产业和基础设施投资依赖性更强。2017 年，随着我国固定资产投资增速放缓、房地产业逐步走弱，混凝土行业增长动力也相应减弱。2017 年，水泥销量下降而价格飙升，但随着环保要求的提升，混凝土预拌比例不断上升，同时农村预拌混凝土的应用也在大力推进。从商混行业公示的 2017 年商混销量统计数据中可以看出，2017 年 1—8 月尽管水泥产销量同比下降，预拌混凝土供应量仍有较高的增速，达到 12.33 亿 m^3，同比增长 9%。但预拌混凝土供应量同比增幅在 6 月份到达高点后也开始逐月下滑，这与水泥产量同比增幅走势基本一致。2017 年预拌混凝土销量及同比增长走势见图 1。

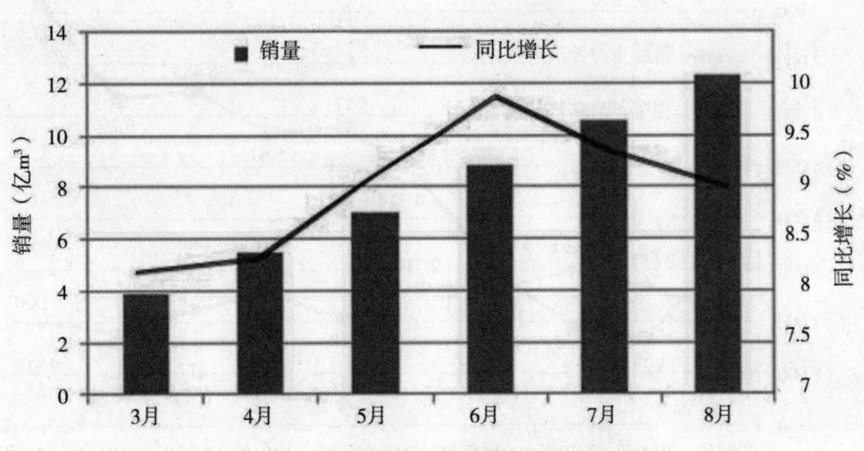

图 1　2017 年预拌混凝土销量及同比增长走势

2. 混凝土机械产品销量

2017 年，得益于大环境的多重利好，混凝土机械行业四大类产品较 2016 年均全面增长，混凝土泵（含车载泵）销量同比增长达到 33.6%。其中，车载泵增长相对明显，混凝土泵则弱一点。但随着新农村建设步伐的加快，一批非行业、非会员企业争相涌入市场，所以这一块增量也不容小觑。

2017 年，混凝土搅拌站销量同比增长 17%。这既有国家要求的环保站在按需增长，也有工程站在按需继续维持增长的态势。

2017 年，混凝土泵车销量同比增长 25.7%。就长臂架泵车而言，2017 年还是以消化库存、二手车为主，所以长臂架泵车的增长不明显。但由于新农村建设需求的拉动，短臂架泵车增长势头凶猛，估计增幅已远超 25% 以上。

2017 年，混凝土搅拌运输车销量同比增长 45.9%。近两年来，搅拌运输车已成为出口主力，出口量占混凝土机械出口量的 75%。

2010—2017 年混凝土机械产品销量见表 1。

表 1　2010—2017 年混凝土机械产品销量

产品类别		单位	2010 年	2011 年	2012 年	2013 年	2014 年	2015 年	2016 年	2017 年
混凝土泵	销量	台	6 959	10 762	11 246	6 992	5 040	3 628	3 17	5 100
	同比增长	%	34.2	54.6	4.5	−37.8	−27.9	−28.5	5.2	33.6

（续）

产品类别		单位	2010年	2011年	2012年	2013年	2014年	2015年	2016年	2017年
混凝土搅拌站	销量	台	5 977	6 897	7 075	7 740	5 170	3 715	5 873	6 873
	同比增长	%	20.8	15.4	2.6	9.4	-33.2	-28.4	58.1	17.0
混凝土搅拌运输车	销量	台	35 386	46 370	44 646	45 799	44 329	32 067	24 442	35 656
	同比增长	%	50.3	31.0	-3.7	2.6	-3.2	-27.8	-23.8	45.9
混凝土泵车	销量	台	7 964	12 030	10 866	7 966	5 700	4 012	2 811	3 532
	同比增长	%	35.4	51.1	-9.7	-26.7	-28.4	-29.6	-29.9	25.7

3.2017 年混凝土机械产品的保有总量

2017 年，混凝土机械产品的保有总量达 55.6 万～60.28 万台。2017 年我国混凝土机械的市场保有量见表 2。

表 2　2017 年我国混凝土机械的市场保有量

产品类型	混凝土搅拌站	混凝土泵车	混凝土泵	混凝土搅拌运输车
保有量（万台）	5.99 ～ 6.57	6.23 ～ 6.76	5.58 ～ 6.05	37.8 ～ 40.9

三、混凝土机械发展状况

近些年，工程机械行业国际化不断取得进展，产品进军海外数量与日俱增。2008—2017 年混凝土机械出口量见图 2。

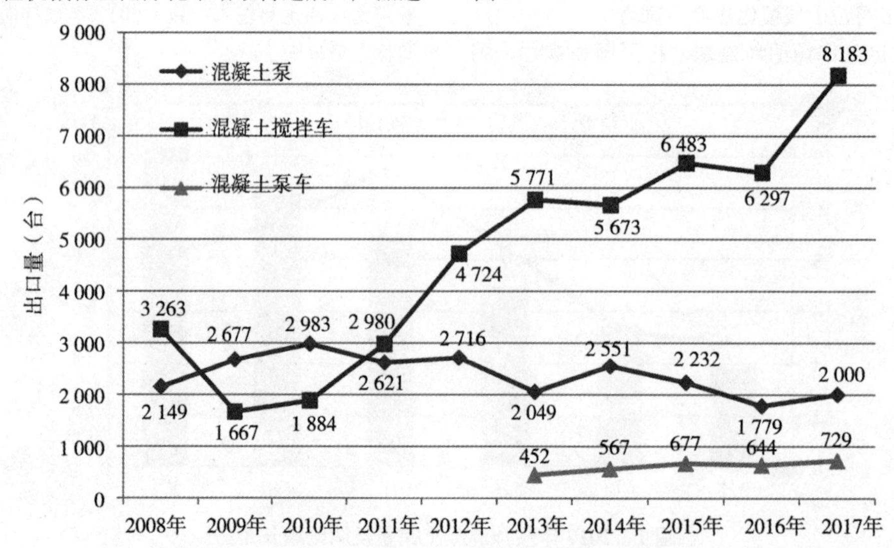

图 2　2008—2017 年混凝土机械出口量

1. 混凝土泵

混凝土泵是混凝土机械行业的主打产品。从性价比和服务两大块来看，国产泵各项指标都明显优于国外名牌，国产泵的市场占有率达到 95% 以上。

2017 年，混凝土机械行业朝着绿色、智能方向发展，混凝土车载泵也不例外在向智能、绿色转型。2017 年，车载泵以其无需装卸运输和安装固定的超强机动性，泵送高度高、距离远、速度快的强大性能，且比泵车占用空间小、价格低、设备利用率高等优势仍占据销量高位；而混凝土泵则随着新农村建设步伐的加快，也占据一定的市场份额。2017 年，混凝土泵全年销量达 5 100 台，同比增长达 33.6%。2008—2017 年混凝土泵销量及同比增长走势见图 3。

2. 混凝土搅拌站

我国已经能生产 60 ～ 300m^3/h 的各类搅拌站。国内龙头企业生产的诸多搅拌站，无论可靠性、自动化控制程度、计量精度还是搅拌质量和搅拌效率，都已经达到或超过进口混凝土搅拌站。

2016 年，混凝土搅拌站增长 58.1%，而工程站增长近 100%。2017 年，混凝土搅拌站仍保持较高的市场增长水平，以山推建友和中青林集团为代表的山东工程站，占据了全国近一半工程站的市场份额。

就技术层面而言，工程站在传统产品的升级改造中，不断进行技术创新。在产品智能化方面，着重提升控制系统计量等方面的自动化水平，在兼顾安装、拆卸、运输方面推出了集装箱式、免基础的工程站。在绿色环保方面，零排放无污染、无噪声绿色环保搅拌站正在进入搅拌工程市场。2008—2017 年混凝土搅拌站销量及同比增长走势见图 4。

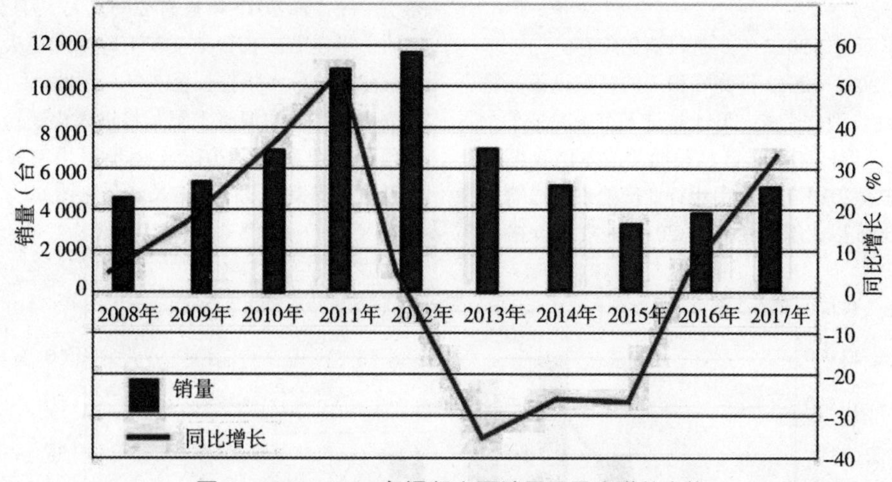

图 3　2008—2017 年混凝土泵销量及同比增长走势

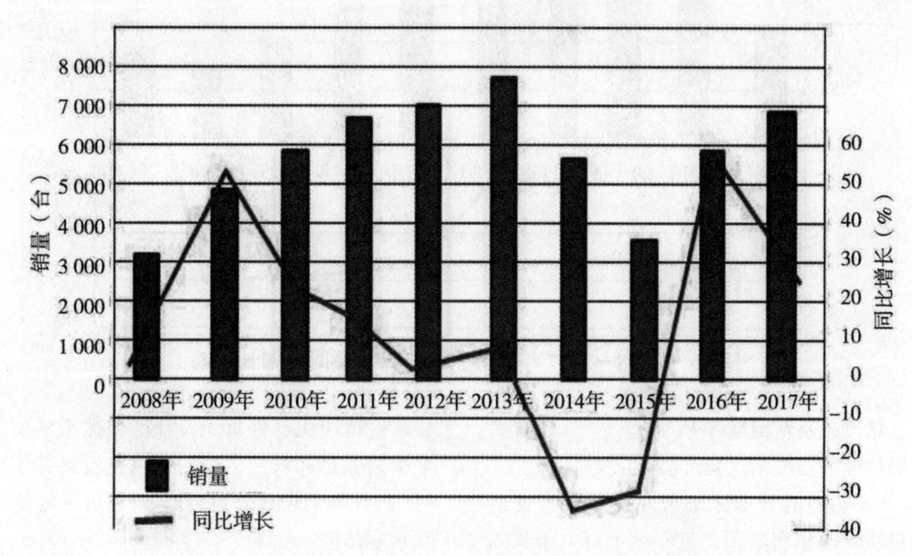

图 4　2008—2017 年混凝土搅拌站销量及同比增长走势

3. 混凝土搅拌输送车

混凝土搅拌运输车在我国不仅是比较成熟的产品，还是国内混凝土机械出口的主力，其出口数量占混凝土机械出口的 75%。混凝土搅拌输送车在近十年的销量遥遥领先于其他混凝土机械产品。2008—2017 年混凝土搅拌运输车销量及同比增长走势见图 5。

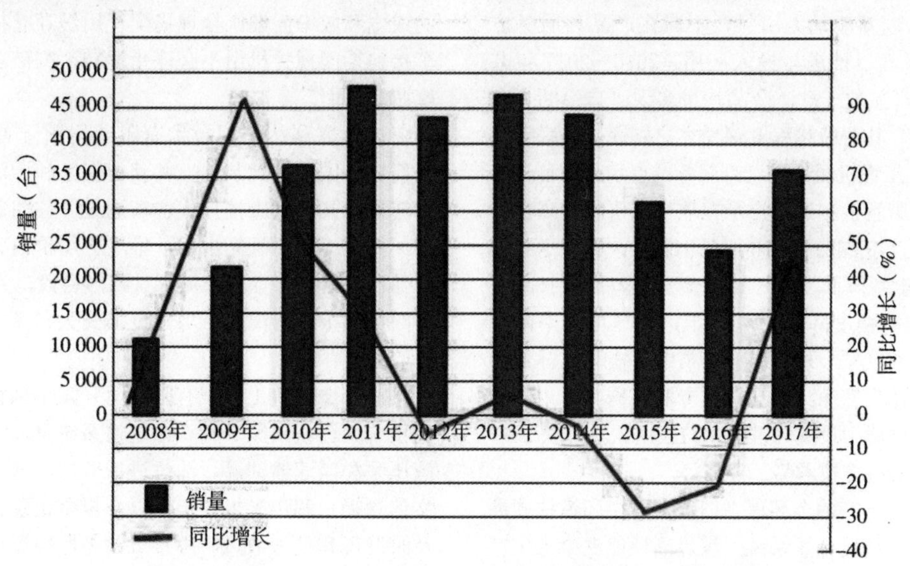

图 5　2008—2017 年混凝土搅拌运输车销量及同比增长走势

4. 混凝土泵车

以长臂架泵车而言，2017 年还是以消化库存、二手车为主。根据推算，2011—2012 年高峰积压的存量设备，将在 2017—2018 年逐步消化完成。2011 年进入市场的泵车，参考 2011 年的泵送价格和泵送量，预期的成本回收期约为 3 ～ 4 年；而进入 2013 年后，由于行业产能供给过剩，泵送价格下降，60m 以上泵车 2011—2012 年泵送价格为 38 元 /m³，而 2015 年只有 20 元 /m³，且泵送量只有 2011 年的一半左右。长臂架泵车下降幅度更大，投资回收周期从以前的 3 ～ 4 年拉长至 6 年。因此，2011—2012 年左右高位进入市场的混凝土泵车将进入更新换代周期，这个周期预计会在 2017—2018 年逐步消化完成。2008—2017 年混凝土泵车销量及同比增长走势见图 6。

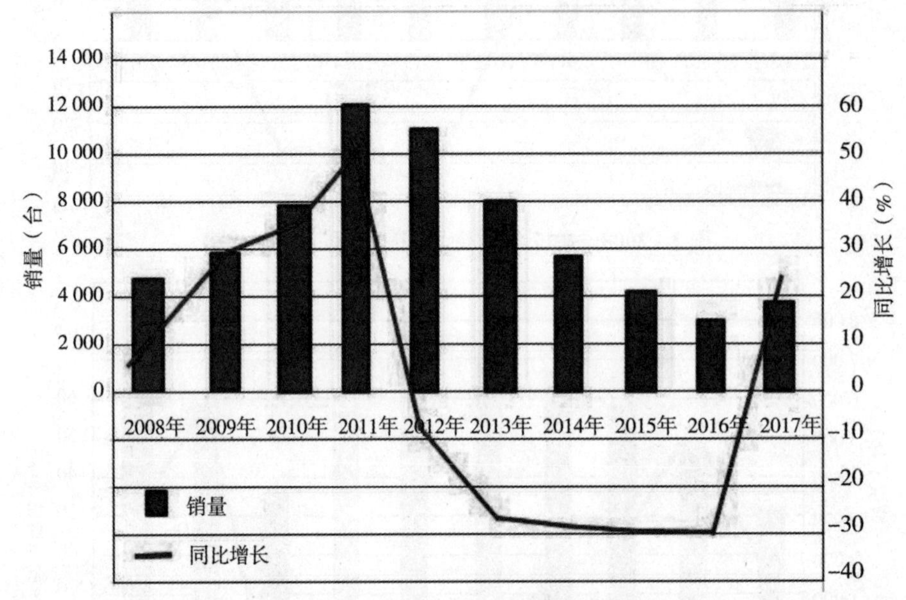

图 6　2008—2017 年混凝土泵车销量及同比增长走势

四、新技术、新产品及新标准

1. 混凝土机械行业的新技术、新产品

三一重工基于成熟的混凝土泵车折叠臂架技术及泵送技术已进入批量生产与销售阶段。三一重工自主研制的 86m 长臂架泵车和世界第一台三级配混凝土输送泵系列的标志性产品引领着中国的高端制造。2017 年三一重工的“混凝土泵关键技术研究开发与应用”三次荣获国家科技进步奖二等奖，“混凝土泵车超长臂架技术及应用”两次荣获国家技术发明二等奖。

中联重科以创新驱动为引领，不断在产品和服务方面做好智能化研究、推进与投入应用。2016—2017 年共研发新一代 4.0 产品数十款，产品均可实现“自诊断、自调整、自适应”，其智能化程度深受客户好评。中联重科 2017 年推出的“工程机械远程运维服务试点示范项目”智能化成果入选国家智能制造试点示范项目；研制的高精高效 56m 混凝土泵车获湖南省首届产品创新奖，其泵送效率提高 5% ～ 8%，能耗降低 2% ～ 4%，臂架主动减振技术实现全工况臂架振动幅度降低 50% 以上，泵送堵管率降低 65%。发明专利“混凝土泵及调节该泵中对摆动执行器的驱动压力值的方法”获第十九届中国专利优秀奖，“砂浆干法生产及机械化施工设备关键技术与应用项目”获 2017 年度中国机械工业科学技术奖二等奖。

山推建友研制生产的全环保型商混搅拌楼和模块式高铁搅拌站，采用高精度计量系统，满足高性能混凝土生产要求；模块化部件单元设计能快捷现场安装；转移便捷的全密封弧形卸料门，可防止重复投料并实现砂石料分次投料；搅拌集装箱式外封装，安全、可重复使用；抗风能力强，浆水零排放。

北京鑫源诺美环保科技有限公司研制开发的地下搅拌站利用地坑封闭搅拌主机，彻底解决了粉尘、噪声、震动等环保痼疾。利用搅拌主机下移，物料罐仓和搅拌主机重新组合搭配，使得结构紧凑，物料传送距离缩短；利用重力作用原理，实现了水平或往下送料，解决了长距带输送的成本和效率问题；合理搭配使用缓存仓技术，使等待罐车接料期间搅拌机组不必停止运转，突破了成品料输出速度瓶颈。

烟台盛利达工程技术有限公司国际首创研发出混凝土搅拌车回转密封装置，并获得国家和国际专利。研制的回转密封式混凝土搅拌运输车通过了住建部的科技成果评估，获得“国际领先水平，推广应用价值大”的评价。该产品已应用在青烟威荣城际铁路烟台段，为其解决了 3.8m 铁路桥洞限高、混凝土坍落度损失大、冬季温降快耗能大等问题。

成都金瑞建工机械有限公司开发了独特的搅拌主机监控系统并已获国家专利。该监控系统可以实时对搅拌主机液压泵和减速器油温、油位进行监控，通过监控器实现中文信息提示和声光报警提示以及报警记录存储，使用户能及时发现和处理故障。用户可参考监控器保养提示信息，进行相应的主机维护和保养。同时，多种智能润滑模式设定与控制，实现了搅拌主机轴端密封件的自动润滑，从而提高了主机的使用寿命。

佛山市云雀振动器有限公司推出了一款全新的混凝土泵车专用车载直流附着式振动器 ZF18-50DC。该款产品充分考虑了车载直流电源的不同，有 DC 12V 和 DC 24V 两种规格；又考虑到振动器用直流电机对车载设备的干扰，增加了 EMC 功率器件，有效抑制电磁干扰；还考虑到泵车破拱工况的潮湿多水，提高了振动器的防护等级，达到 IP67。该产品已大批量出口德国，应用于混凝土泵车。

2. 混凝土机械行业新标准

2017 年混凝土机械行业研发领域的权威、专家队伍，就混凝土搅拌输送车产品存在的“大方小标”搅拌车标准执行难问题，成功举办混凝土输送车辆专题研讨会。会议就搅拌车标准执行难的现状从市场的运作、国情和企业的生存压力综合考虑，提出了对现有标准予以修订健全的方案，旨在确保人民生命安全、规范搅拌输送车辆市场。

2017 年，混凝土机械行业 5 项标准通过中国工程机械工业协会审批，分别是《混凝土搅拌站废弃物回收利用设备》《混凝土搅拌站能效测试方法》《混凝土搅拌站专用冷热水机组》《机制砂设备》和《绿色设计产品评价技术规范　混凝土泵车》。

五、混凝土机械参与“一带一路”情况

2017 年，混凝土机械行业响应“一带一路”倡议，海外市场开发取得了一定的成效。

三一重工围绕海外业务布局，深耕沿线市场，采用“双聚战略”—— 聚焦重点国家、聚焦重点产品；建立“五大体系”—— 强大的代理商体系、丰富的大客户体系、积极的服务配件体系、本地化的海外人才体系、完善的融资风控体系来对接一带一路，2017 年，三一重工实现国际销售收入 116.18 亿元，同比增长 25.12%，毛利率同比增加 3.6 个百分点，领跑行业。三一重工海外各大区域经营质量持续提升，普茨迈斯特、三一美国、三一印度业绩指标全面增长，三一印度率先突破 10 亿元销售规模。海外各大区域的经营质量持续提升，欧洲、中东、亚太等区域实现快速增长。同时，在国家信息中心首次评选的“‘一带一路’企业影响力 50 强榜单”中，三一成为唯一上榜的工程机械企业。

徐工集团工程机械有限公司 2017 年海外市场表现成为全年大亮点。在中亚、非洲、中东、东南亚区域出口占有率超过世界工程机械巨头卡特彼勒公司。根据海关年报数据，徐工品牌出口总额稳居行业第一位。2017 年，徐工产品在“一带一路”沿线出口大幅增长，中亚地区增长 51%，非洲地区增长 119%，西亚北非地区增长 107%，亚太地区同比增长 80%，并在以上区域均成为中资品牌第一。徐工产品在“一带一路”沿线 30 个国家出口占有率第一，在哈萨克斯坦、乌兹别克斯坦、菲律宾、巴基斯坦等国家出口占有率超过 50%，亚太区出口额同比增长 71%，首次成为中资品牌第一。

徐工集团“一带一路”沿线国家布局优势明显。公司已在中亚区域、北非区域、西亚北非区域、欧洲区域、亚太区域 64 个国家布局了完善的营销网络；在巴西、俄罗斯、印度、印度尼西亚、哈萨克斯坦、美国、土耳其等重点国家成立分子公司，开展直营业务，打造经直并重的渠道网络，进一步夯实了国际市场营销服务体系。徐工集团 2017 年成功通过世界海关组织的 AEO 高级认证复审，可优先办理进出口通关手续。

中联重科紧随国家“一带一路”倡议，以“做主、做深、做透”的思路深化海外市场拓展，形成“两横两纵”的全球发展格局，海外核心战略初显成效。

2017 年，中联重科自营出口同比增长 30%，保持行业领先；意大利 CIFA 由专营混凝土机械的区域化公司扩展为涵盖工起、建起产品，覆盖中东、北美生产制造的综合型全球化公司；中联白俄罗斯生产基地建设稳定推进，打造成辐射东欧、中亚和俄语区的综合性基地；“轻资产”布局南亚地区综合生产制造基地；北美研发中心打造成研发、生产、销售一体的区域平台。

中联重科注重在全球范围内整合优质资源，实现快速扩张，构建了全球化制造、销售、服务网络。在生产制造基地方面，通过对国内外工业园区的整合和布局，形成了遍布全球的产业制造基地。在产品销售和服务网络方面，产品市场已覆盖全球 100 余个国家和地区，构建了全球市场布局和全球物流网络和零配件供应体系。尤其是在“一带一路”沿线设立了分子公司及常驻机构。在白俄罗斯、哈萨克斯坦、印度、巴基斯坦、印度尼西亚、泰国等国家拥有工业园或生产基地，配置有 20 个海外贸易平台、7 个境外备件中心库、100 多个网点。2017 年，中联重科向巴基斯坦出口的工程机械数量同比增长 70%。当前，在巴基斯坦，中联重科工程机械保有量已达到 1 200 台。在马来西亚的市场占有率处于领先地位。出口销售超过 4 000 万元的基础施工设备。

〔撰稿人：中国工程机械工业协会混凝土机械分会谢唯艳〕

工程机械配套件

一、生产发展情况

工程机械是与国家政策和基础建设密切相关的行业，2017年，在挖掘机、装载机、叉车等主要产品高增长的拉动下，我国工程机械行业企稳回升，主要企业营业收入同比增长近20%，形势一片大好。9种主要工程机械产品销量同比增长46.4%，挖掘机全年销量突破14万台，同比增长99.5%；装载机年销量破9.5万台，同比增长45%；叉车更是创造了历史最高销售量纪录。配套件行业作为我国工程机械行业的重要组成部分，2017年也出现了增长的态势。2017年，工程机械配套件行业主要企业完成工业总产值624 761万元、工业销售产值569 164万元、营业收入488 026万元、利润总额19 669万元。2016—2017年工程机械配套件行业主要经济指标完成情况见表1。

工程机械配套件行业产品分类及主要生产企业见表2。2016—2017年工程机械配套件行业主要生产企业产品产销存情况见表3。2016—2017年工程机械配套件行业主要生产企业经济指标完成情况见表4。

表1 2016—2017年工程机械配套件行业主要经济指标完成情况

经济指标	2016年	2017年
工业总产值（万元）	1 117 301	624 761
工业销售产值（万元）	1 095 780	569 164
营业收入（万元）	1 189 904	488 026
出口交货值（万元）	135 240	45 034
利润总额（万元）	62 373	19 669

表2 工程机械配套件行业产品分类及主要生产企业

产品分类	企业名称
液压件及液压附件	徐州徐工液压件有限公司、四川长江液压件有限责任公司、榆次液压有限公司、派克汉尼汾液压（天津）有限公司、浙江临海海宏集团有限公司、济南液压泵有限责任公司、合肥长源液压股份有限公司、中航工业贵州枫阳液压有限公司、苏州工业园区飞翔液压附件厂、伊顿流体动力（上海）有限公司、中航力源液压股份有限公司、泊姆克（天津）液压有限公司、安徽惊天液压智控股份有限公司、浙江苏强格液压股份有限公司、博世力士乐（北京）液压有限公司、黎明液压有限公司、厦门银华机械厂、宁波恒通诺达液压股份有限公司、江苏江阴市液压油管有限公司、徐州瑞隆机械工业发展有限公司、赛克思液压科技股份有限公司、宁波江北宇洲液压设备厂、意宁液压股份有限公司、江苏恒立高压油缸股份有限公司、北京华德液压工业集团有限公司、圣邦集团有限公司、卡尔森精密机械（昆山）有限公司、烟台江山工贸有限公司、江阴市长龄机械制造有限公司、江苏恒源液压有限公司、高邮市迅达工程机械有限公司、江阴市力隆液压机械有限公司、川崎精密机械商贸（上海）有限公司、济南高新华能气动液压有限公司、河北金建液压机械有限公司、江苏国瑞液压机械有限公司、安徽博一流体传动股份有限公司、山东星辉航空液压机械有限公司、烟台艾迪液压科技有限公司、宁波斯达弗液压传动有限公司、张家口中航液压装备股份有限公司、徐州科源液压有限公司、上海合纵重工机械有限公司、太仓濂辉液压器材有限公司、斗山液压机械（江阴）有限公司、宁波中宁伟业液压有限公司、山东同力液压装备有限公司、安徽汉卓流体动力科技有限公司、林德液压（厦门）有限公司、威海人合机电股份有限公司、波克兰液压传动与控制技术（北京）有限公司、安徽伟盟液压科技有限公司
变速器驱动桥	杭州前进齿轮箱集团股份有限公司、中南传动机械厂、江西分宜驱动桥厂、卡拉罗（中国）传动系统有限公司、徐州美驰车桥有限公司、徐州市振兴车桥厂、泰安金城重工科技有限公司、六安金霞齿轮有限公司
液力变矩器	浙江临海机械有限公司、山推工程机械股份有限公司传动分公司、安徽合力股份有限公司蚌埠液力机械厂、大连液力机械有限公司、陕西航天动力高科技股份有限公司、中国船舶重工集团公司第七一一研究所变矩器厂、厦门亿统机械有限公司
回转支承、四轮一带等零部件	徐州罗特艾德回转支承有限公司、马鞍山方圆精密机械有限公司、烟台富野机械有限公司、亚实履带（天津）有限公司、山推工程机械股份有限公司履带底盘分公司、山东省烟台市广兴履带厂、铁岭市机械橡胶密封件有限公司、黄石赛福摩擦材料有限公司、浙江银轮机械股份有限公司、爱克奇换热技术（太仓）有限公司、莱州市莱索制品有限公司、山东山推工程机械结构件有限公司、浙江天成自控股份有限公司、芜湖盛力科技股份有限公司、上海永信仪表有限公司、贵阳永青仪电科技有限公司、中策橡胶集团有限公司、山东山工钢圈有限公司、无锡圣丰减震器有限公司、唐纳森无锡过滤器有限公司、济宁精益轴承有限公司、常州武滚轴承有限公司、济宁山推石油化工有限公司、中国石油化工股份有限公司润滑油研发（北京）中心、马鞍山统力回转支承有限公司、爱斯科（徐州）耐磨件有限公司、济宁永生工

（续）

产品分类	企业名称
回转支承、四轮一带等零部件	程机械制造有限公司、天津日标工程机械配件有限公司、广西南宁精祥仪表有限公司、中国石化润滑油有限公司北京研究院、浙江凌翔科技有限公司、特利马克（徐州）汽车零部件有限公司、上海金研机械制造有限公司、福建唐力电力设备有限公司、南阳市红阳锻造公司、长沙华德科技开发有限公司、青岛成通源电子有限公司、江苏泰隆减速机股份有限公司、济宁亚得旺机械有限公司、米巴精密零部件（中国）有限公司、宁波博威合金材料股份有限公司、马鞍山市力和机械有限公司、河北亚大汽车塑料制品有限公司、瑞钢钢板（中国）有限公司、广州先旗电子科技有限公司、济南科发中美高级润滑油有限公司、上海奥达科股份有限公司、山东铭德机械有限公司、道依茨发动机北京办事处、杭州浙大奔月科技有限公司、无锡圣丰减震器有限公司、双登集团股份有限公司、浙江双飞无油轴承股份有限公司、普莱斯工业小型驾驶室（苏州）有限公司、马鞍山市安耐特回转支承有限公司、河北雄县鑫海浮动油封厂、嘉善耐特精密机械有限公司、杰梯晞精密机电（上海）有限公司、吉凯恩中国投资有限公司、徐州博涛工程机械有限公司、上海南华机电有限公司、苏州工业园区驿力机车科技有限公司、曼胡默尔管理（上海）有限公司、苏州吉人高新材料股份有限公司、山东中弘化工有限公司、浙江恒立粉末冶金有限公司、杭州萧山红旗摩擦材料有限公司

表3　2016—2017年工程机械配套件行业主要生产企业产品产销存情况

（单位：台、件、套）

企业名称	产量		销量		库存	
	2016年	2017年	2016年	2017年	2016年	2017年
液压元件						
榆次液压集团有限公司	269 191	760 707	278 251	708 547	67 292	175 452
徐州徐工液压件有限公司	1 572 656	3 770 907	1 548 996	3 738 027	271 197	859 700
中航工业贵州枫阳液压有限责任公司	10 975	20 137	13 588	17 626	11 516	14 027
济南液压泵有限责任公司	135 155	193 041	134 767	197 984	32 299	27 782
莱州市莱索制品有限公司		997		995		5
赛克思液压科技股份有限公司	26 560	28 186	15 707	21 612	22 541	29 115
北京华德液压工业集团有限责任公司	781 633	1 960 660	690 169	1 801 948	73 232	120 878
河北冀工胶管有限公司		910		906		4
浙江高宇液压机电有限公司	71 417	107 109	68 338	106 331	9 033	6 198
液力变矩器						
浙江临海机械有限公司	2 244	5 723	2 244	6 002		
蚌埠液力机械有限公司	574 722	768 150	565 132	752 248	32 237	45 458
驱动桥						
浙江恒立粉末冶金有限公司		449 000		427 400		21 600
杭州前进齿轮箱集团股份有限公司	12 648	17 915	12 927	18 439	3 667	3 147
其他						
济宁永生工程机械制造有限公司	292 075	332 619	289 483	327 383	74 645	240 530
天津津裕电业股份有限公司	766 815	1 144 446	1 058 702	1 094 662	51 498	65 556
杭州萧山红旗摩擦材料有限公司		12 881		13 039		175

表4　2016—2017年工程机械配套件行业主要生产企业经济指标完成情况

企业名称	工业总产值（万元）		营业收入（万元）		利润总额（万元）	
	2016年	2017年	2016年	2017年	2016年	2017年
液压元件						
榆次液压集团有限公司	50 054	46 858	63 240	55 466	-5 007	-3 003
徐州徐工液压件有限公司	47 553	99 897	57 395	105 042	510	3 112
中航工业贵州枫阳液压有限责任公司	21 397	23 867	20 135	21 224	1 968	2 560
济南液压泵有限责任公司	12 072	15 466	9 672	14 309	-700	-481
莱州市莱索制品有限公司		28 178		24 057		27
赛克思液压科技股份有限公司	31 795	38 780	26 557	34 138	10 690	15 551

（续）

企业名称	工业总产值（万元）		营业收入（万元）		利润总额（万元）	
	2016年	2017年	2016年	2017年	2016年	2017年
北京华德液压工业集团有限责任公司	30 999	44 369	50 988	57 417	-4 434	-8 007
河北冀工胶管有限公司		21 100		21 000		2 640
浙江高宇液压机电有限公司	12 421	14 315	8 459	13 032	334	1 382
液力变矩器						
浙江临海机械有限公司	3 196	3 237	3 243	3 416	-707	-616
蚌埠液力机械有限公司	37 491	48 128	35 977	46 833	5 246	4 944
驱动桥						
浙江恒立粉末冶金有限公司		2 850		2 650		
杭州前进齿轮箱集团股份有限公司	105 897	104 157	128 505	139 437		2 038
其他						
济宁永生工程机械制造有限公司	23 941	33 167	24 790	27 173	164	232
天津津裕电业股份有限公司	8 598	15 585	8 398	14 611		
杭州萧山红旗摩擦材料有限公司		15 177		14 623		1 068

二、产品出口情况

据海关总署数据整理，2017年我国工程机械进出口贸易额为241.91亿美元，同比增长19.3%。其中进口金额40.86亿美元，同比增长23.2%；出口金额201.05亿美元，同比增长18.5%；贸易顺差160.19亿美元，同比扩大23.76亿美元。

2017年，我国累计进口整机22.47亿美元，占总进口额的55%。整机进口额同比增长17.7%。其中，各类挖掘机进口11.22亿美元，同比增长82.5%；叉车进口2.46亿美元，同比增长15.7%；摊铺机进口1.03亿美元，同比增长36.8%；凿岩机械进口1.18亿美元，同比增长21.4%。累计进口零部件18.39亿美元，同比增长30.7%。零部件进口增幅快于整机。

整机中，履带式挖掘机进口额同比增长78%，同比增量达4.65亿美元；零部件进口额同比增量达4.32亿美元。两者合计为工程机械进口额增量的116.6%，成为工程机械进口总额增长的重要动力。

2017年工程机械配套件行业主要企业自营出口产品情况见表5。

表5 2017年工程机械配套件行业主要企业自营出口产品情况

公司名称	产品名称	单位	数量	金额（万美元）	销往国家或地区
杭州萧山红旗摩擦材料有限公司	摩擦片	万片	784	161	巴西、美国、意大利、印度等
河北冀工胶管有限公司	工程机械专用各类低压橡胶管	万吋米	150	580	日本、美国、德国
北京华德液压工业集团有限责任公司	液压件	万件	4	176.7	美国、巴西、东南亚
榆次液压集团有限公司	叶片泵	件	8 167	46	欧美、中东、新加坡等
	齿轮泵	件	5 143	49.2	
	液压阀	件	49 548	227.8	
徐州徐工液压件有限公司	液压缸	件	2 903	906	欧洲、澳大利亚、日本
	液压阀	件	3 384	107	欧洲
赛克思液压科技股份有限公司	齿轮泵	台	1 180	10.4	中国香港、中国台湾、东南亚等
	柱塞泵	台	4 301	316.3	东南亚、欧洲、澳大利亚等
	柱塞马达	台	28	1.1	中国香港、中国台湾、东南亚等
	压力控制阀	台	3 021	13.3	美国、东南亚、欧洲等
杭州前进齿轮箱集团股份有限公司	工程变速器	台	105	10	东盟
天津津裕电业股份有限公司	电线束	束	28 747	405.1	巴西、印度、印尼、泰国、尼日利亚、德国、日本

三、新动向

近年来，工程机械行业整体低位运行，在整机制造厂商控成本、走出去、跨领域、求发展的同时，工程机械配套件行业企业各展所长，取得了不俗的成绩。

2017 年 11 月，杭州前进齿轮箱集团股份有限公司年产 500 台运输船用大型主推进传动装置技改项目通过竣工验收。该项目是国家 2013 年产业振兴和技术改造专项，符合国家装备核心能力提升的发展方向。项目的实施提升了公司大功率船用齿轮箱产品的技术水平，实现了产品的转型升级，使公司大功率船用齿轮箱的生产能力和质量保证能力保持国内领先地位，具有显著的经济效益和社会效益。

2017 年，江苏恒立液压股份有限公司申报的“液压多路换向阀关键技术及应用”项目荣获中国机械工业技术发明奖一等奖。液压多路换向阀在节能、可靠、高效等方面实现了新突破、新进步，并成功应用于国内多家主流品牌的挖掘机，受到了主机厂及挖掘机驾驶员的一致好评。

2018 年，由徐工液压件公司和徐工研究院、徐工欧研中心联合开展的“液压多路阀关键技术研究及产业化”项目取得新突破，首批七种液压阀体实现量产并为主机实现批量配套，标志着徐工在高端核心液压元件领域又迈出了坚实的一步。为提升产品品质，徐工液压件公司建立起集质量管理数据化、在线智能监测和预防为一体的质量管控体系，为生产一流液压元件提供了可靠的保证。该批液压阀产品的批量生产，不仅凸显了徐工在核心零部件领域的技术积淀和专业实力，同时也为徐工核心零部件进军高端市场注入强劲动力。

浙江银轮机械股份有限公司是我国汽车零部件散热器行业首家民营上市公司，2017 年实现营业收入 43.23 亿元。多年来，银轮将自己的专业技术发展到新的应用领域，使其业务不断向农业机械、压缩机、船舶、风力发电、发电机组、火车机车及工业、民用等热交换领域市场拓展和延伸。银轮已由简单地为客户提供产品发展到以客户为中心提供换热解决方案，正被全球范围内越来越多的主机厂商肯定和认可。

固本强基，方能行稳致远。对工程机械行业来说，我国已经成为世界工程机械第一制造大国，我们既需要树立大国的信心，将《中国制造 2025》等一系列强国战略进行到底，推进中国工程机械行业长期稳定的可持续发展；也需要承担大国责任，提高“一带一路”沿线国家基础设施水平和创新能力，共享科技成果和创新发展经验，以科技创新推进经济增长动力的转换，促进共同繁荣和可持续发展。未来，中国经济将在现有基础上持续释放更大的增长正能量，整个工程机械行业也必将获得更深远、更健康的可持续发展。

注：工程机械配套件产品类别繁多，文章中涉及的企业数据来源于中国工程机械工业协会工程机械配套件分会会员单位。

〔供稿单位：中国工程机械工业协会工程机械配套件分会〕

中国
工程
机械
工业
年鉴
2018

企业篇

公布2017年工程机械行业主要企业经济效益经营规模排序情况，介绍部分企业转型升级、创新的最新成果

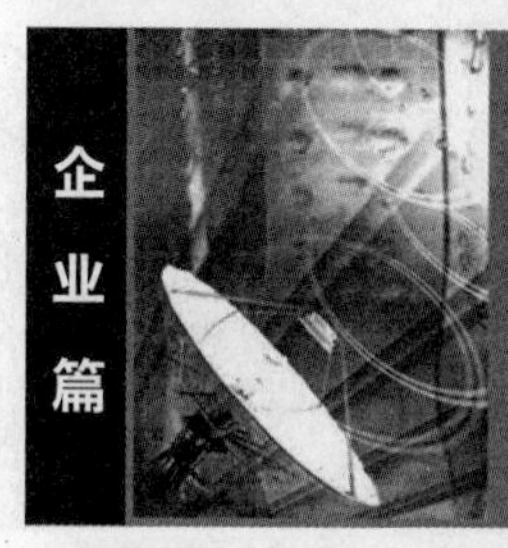

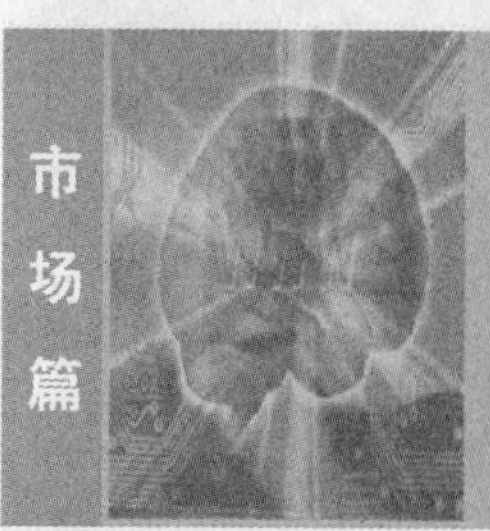

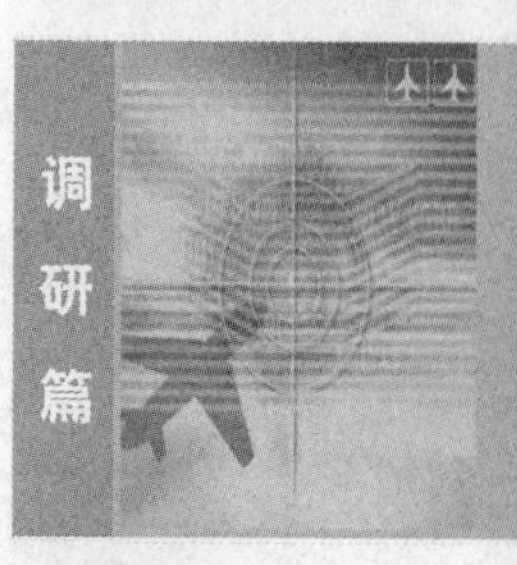

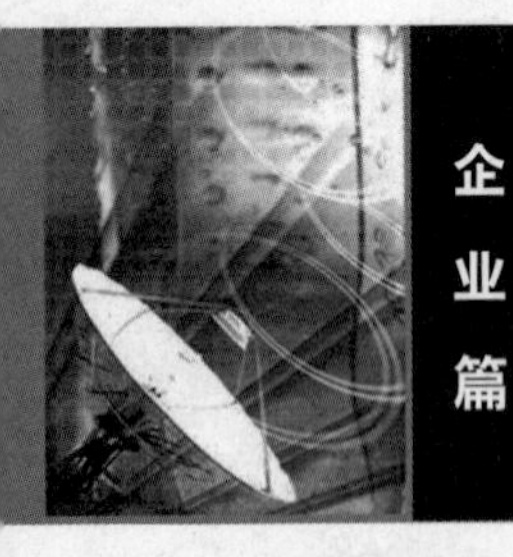

企业篇

2017年工程机械行业主要企业经济效益经营规模排序（营业收入前100名单位）

序号	企业名称	营业收入		利润总额	
		金额（万元）	排序	金额（万元）	排序
1	徐州工程机械集团有限公司	9 012 586	1	81 858	6
2	三一集团有限公司	6 268 825	2	317 995	1
3	中联重科股份有限公司	5 287 082	3	131 246	5
4	临沂临工机械集团	2 099 121	4	148 781	3
5	广西柳工集团有限公司	1 547 460	5	38 651	12
6	湘电集团有限公司	1 328 412	6	-26 558	96
7	中国铁建重工集团有限公司	1 252 692	7	221 081	2
8	杭叉集团股份有限公司	1 054 025	8	70 891	9
9	山东重工集团有限公司（工程机械板块）	924 774	9	-94 815	97
10	中国龙工控股有限公司	899 410	10	142 387	4
11	安徽叉车集团有限责任公司	871 458	11	75 644	8
12	小松（中国）投资有限公司	776 223	12	76 935	7
13	常林工程机械集团	761 570	13	46 918	11
14	厦门厦工机械股份有限公司	444 857	14	31 956	15
15	山河智能装备股份有限公司	396 652	15	31 639	16
16	中铁工程装备集团有限公司	297 829	16	64 500	10
17	山东鸿达建工集团有限公司	291 167	17	33 176	13
18	卡特彼勒（青州）有限公司	287 010	18	24 454	18
19	江麓机电集团有限公司	262 925	19	12 235	25
20	青岛雷沃工程机械有限公司	256 369	20	6 065	36
21	山东蓬翔汽车有限公司	212 401	21	2 740	46
22	广州海瑞克隧道机械有限公司	191 943	22	12 329	24
23	现代（江苏）工程机械有限公司	190 693	23	9 189	26
24	柳州欧维姆机械股份有限公司	147 528	24	507	75
25	方圆集团有限公司	145 043	25	22 535	19
26	杭州前进齿轮箱集团股份有限公司	139 437	26	2 038	51
27	辽宁三三工业有限公司	136 858	27	27 800	17
28	河北御捷车业有限公司	135 000	28	8 299	28
29	诺力智能装备股份有限公司	134 401	29	14 512	22
30	廊坊中建机械有限公司	119 050	30	2 360	50

（续）

序号	企业名称	营业收入		利润总额	
		金额（万元）	排序	金额（万元）	排序
31	中交天和机械设备制造有限公司	115 290	31	6 766	34
32	浙江鼎力机械股份有限公司	111 355	32	32 183	14
33	陕西同力重工股份有限公司	109 189	33	7 351	31
34	内蒙古北方重型汽车股份有限公司	89 035	34	4 263	40
35	海瑞克（广州）隧道设备有限公司	88 418	35	4 901	39
36	宁波如意股份有限公司	87 519	36	14 564	21
37	广东玛西尔电动科技有限公司	81 602	37	7 421	30
38	徐州海伦哲专用车辆股份有限公司	79 603	38	8 435	27
39	北京中车重工机械有限公司	74 525	39	-3 622	90
40	贵州詹阳动力重工有限公司	68 166	40	2 031	52
41	福建晋工机械有限公司	63 100	41	978	69
42	北京华德液压工业集团有限责任公司	57 417	42	-8 007	91
43	太重集团榆次液压工业有限公司	55 466	43	-3 003	89
44	苏州益高电动车辆制造有限公司	54 418	44	1 487	58
45	辽宁辽鞍机械制造有限公司	54 031	45	6 500	35
46	浙江省建设机械集团有限公司	52 681	46	1 262	63
47	抚顺永茂建筑机械有限公司	49 427	47	1 781	55
48	浙江吉鑫祥叉车制造有限公司	47 840	48	422	77
49	蚌埠液力机械有限公司	46 833	49	4 944	38
50	北京北汽摩有限公司	45 947	50	1 786	54
51	廊坊德基机械科技有限公司	45 324	51	7 076	33
52	北汽福田汽车股份有限公司怀柔重型机械工厂	44 757	52	-16 137	95
53	北方重工集团有限公司隧道掘进装备分公司	44 495	53	4 015	41
54	河南森源鸿马电动汽车有限公司	43 933	54	1 852	53
55	中交西安筑路机械有限公司	43 366	55	17 731	20
56	新兴移山(天津)重工有限公司	40 708	56	8 209	29
57	广西建工集团建筑机械制造有限责任公司	39 074	57	351	79
58	山东大汉建设机械有限公司	38 692	58	568	74
59	江阴市液压油管有限公司	37 351	59	3 773	43
60	江西中天机械有限公司	36 436	60	810	72
61	四川建设机械（集团）股份有限公司	36 348	61		
62	辽宁抚挖重工机械股份有限公司	34 286	62	1 337	60
63	陕西建设机械股份有限公司	34 223	63	-12 185	94
64	江苏法尔胜特钢制品有限公司	34 087	64	-863	86
65	沈阳三洋建筑机械有限公司	30 510	65		

（续）

序号	企业名称	营业收入		利润总额	
		金额（万元）	排序	金额（万元）	排序
66	中际联合（北京）科技股份有限公司	30 000	66	2 500	49
67	山东中车同力达智能机械有限公司	29 500	67	-2 243	88
68	湖南星邦重工有限公司	29 023	68	3 725	44
69	三一帕尔菲格特种车辆装备有限公司	28 510	69	177	83
70	济宁市永生工程机械制造有限公司	27 173	70	232	82
71	河北宣化工程机械股份有限公司	26 430	71	-10 008	92
72	中汽商用汽车有限公司（杭州）	25 533	72	938	70
73	申锡机械有限公司	25 011	73	1 245	65
74	广东绿通新能源电动车科技股份有限公司	23 633	74	2 764	45
75	大连叉车有限责任公司	21 569	75	-3	84
76	江苏骏马压路机械有限公司	21 554	76	257	81
77	青岛力克川液压机械有限公司	21 320	77	1 523	57
78	贵州枫阳液压有限责任公司	21 224	78	2 560	48
79	河北冀工胶管有限公司	21 000	79	2 640	47
80	山东鑫路通建设机械有限公司	19 837	80	1 336	61
81	四川长江工程起重机有限责任公司	19 524	81	-11 692	93
82	本溪北方机械重汽有限责任公司	19 316	82	-1 118	87
83	杭州爱知工程车辆有限公司	18 130	83	1 227	66
84	上海力行工程技术发展有限公司	17 525	84	3 961	42
85	青岛前哨精密机械有限责任公司	17 455	85	5 145	37
86	韶关市起重机厂有限责任公司	16 473	86	400	78
87	东莞市毅新庆江机械制造有限公司	16 077	87	7 250	32
88	哈尔滨工程机械制造有限责任公司	15 805	88	935	71
89	浙江永安工程机械有限公司	14 990	89	1 257	64
90	江苏靖江叉车有限公司	14 989	90	458	76
91	杭州萧山红旗摩擦材料有限公司	14 623	91	1 068	67
92	天津津裕电业股份有限公司	14 611	92		
93	济南液压泵有限责任公司	14 309	93	-481	85
94	上海彭浦机器厂有限公司	14 201	94	12 427	23
95	杭州杭锅通用设备有限公司	14 133	95	1 033	68
96	浙江红五环掘进机械股份有限公司	14 082	96	308	80
97	长沙九方工程机械设备有限公司	13 887	97	684	73
98	长沙盛泓机械有限公司	13 606	98	1 415	59
99	浙江中锐重工科技股份有限公司	13 215	99	1 534	56
100	上海普英特高层设备股份有限公司	13 123	100	1 266	62

〔供稿人：中国工程机械工业协会吕莹〕

企业专栏

追求卓越 诚信为本 实现多元化发展

——方圆集团有限公司

方圆集团有限公司（简称方圆集团）始建于 1970 年，前身是海阳县东村公社成立的一个叫“五七”厂的小厂。经过 40 多年的发展，现已成为一家以建设工程机械、葡萄酒业和粮油加工三大产业为主导，酒店服务、交通运输、建筑安装、典当投资、国际贸易为辅助的大型企业集团，是我国建设机械行业的重点骨干企业，尤其在我国混凝土机械领域占有举足轻重的地位。方圆集团现辖 22 个法人子公司，其中在北京、上海、德国多特蒙德投资建立全资生产企业，拥有省级技术中心，集团占地面积 160 万 m^2。

方圆集团始终坚持“诚信为本，守法经营”的原则，内强素质，外塑形象，提升信誉，锻造卓越品牌，确立了良好的商业信誉和市场形象。集团生产的建设机械、工程机械、交通机械、新型建材产品共三十大系列、180 多个品种，产品遍布全国，并远销海外。为长江三峡工程、葛洲坝水利枢纽工程、长江堤坝防渗漏工程、首都机场、北京西客站、宣大高速公路、青藏铁路、京广铁路、武广客运专线、苏通大桥、平潭大桥、海阳核电等大型电站、桥梁、公路、铁路、国防工程等重点建设工程提供了优质服务，产品连年被中国质量协会评为用户满意产品。集团连年被评为“山东省守合同重信用单位”“全国重合同守信用单位”，并先后获得“全国建设机械行业优秀质量管理企业”“全国建设机械行业质量效益型先进企业”“中国机械行业 100 强企业”“中国工程机械行业 50 强企业”“山东省高新技术企业”“山东省文明诚信百佳企业”和“山东省最佳企业公民”等称号。集团于 2006 年 1 月通过质量、环境、安全三体系整合认证。产品连年被中国质量协会评为“用户满意产品”，“方圆”商标被评为“山东省著名商标”。董事局主席高秀先后被授予“山东省优秀共产党员”“全国机械行业优秀企业家”“全国劳动模范”和“中国工程机械行业终身成就奖”等荣誉称号。

一、持续创新夯实发展根基

方圆集团创业之初，厂里的固定资产不足 5 万元，只有十几个人，是一个依靠修修补补维持生计的手工作坊。然而，就是这样一个名不见经传的小厂，经过四十几年的艰苦创业，发展成为今天行业的排头兵企业。

1984 年，当时的海阳县实行乡镇体制改革，将东村公社划分为东村镇和南城阳乡，先前的“五七”厂更名为海阳县轻工机械厂。这一年，轻工机械厂的全体干部职工们开始着眼于新的努力方向 —— 生产建设机械。全厂干部职工在时任厂长高秀的带领下，上下一心，团结一致，努力寻找企业发展的新路子。在以后的几年里，企业依靠重视人才、重视科技，取得了长足发展。相继研制开发出 JZC200、JZC350 型系列混凝土搅拌机等建筑机械产品，产品投放市场，受到广大用户的一致好评。1989 年 7 月 1 日，JZC200、JZC350 搅拌机取得了“全国工业产品生产许可”资质。此时的海阳县轻工机械厂由原来的手工农具小厂一跃成为生产建筑机械的专业生产厂，产品也由生产原始的农用工具发展成为生产具有较高技术水平的建设机械。

海阳县轻工机械厂于 1991 年 8 月 17 日正式更名为“海阳县方圆建设机械厂”，由原来的 6 个分厂组合成 3 个大分厂，下设 10 个车间。至此，企业完成了原始积累。

1993 年 5 月 26 日，对于每个方圆人来说，这是一个永远难以忘怀的日子 —— 山东方圆集团公司正式成立。方圆人用自己的智慧与汗水，赢来了崭新的事业。企业也由此进入了快速发展时期。集团成立以后，迅速膨胀规模，加大投入，相继建成了海阳富兰克建设机械有限公司、方圆交通机械厂、方圆建材厂等分厂，设立技术开发中心，加强与科研院所、高等院校的交流与合作，加大人才的引进力度。在原有产品的基础上，又相继开发出 QTZ 系列塔式起重机、JS 系列混凝土搅拌机、PLD 系列混凝土配料机、HZS 系列混凝土搅拌站等新产品，企业的新产品研制开发得到了迅猛的发展。1995 年，集团又在全国建设机械行业率先通过 ISO9001、ISO9002 质量体系认证。

1999 年 12 月 21 日，方圆集团经过国家工商局注册，方圆集团有限公司作为集团的母公司，集团初步构筑起跨地区、跨行业、多元化的发展构架，企业步入了稳健发展阶段。2001 年，集团通过 ISO9001∶2000 质量管理体系认证、ISO14001 环境管理体系认证。企业的影响力与产品信誉度得到进一步提升。

2002 年，方圆集团通过不断加大投入，推进科技创新，加快产品的更新换代，拓展经营领域。相继开发出各类建设机械、工程机械新产品 20 余个，其中 13 种新产品一次性通过省级技术鉴定，产品性能均达到国内领先水平。与世界知名建筑机械生产企业意大利 CIFA 公司开展技术合作，开发出混凝土搅拌输送车、臂架式混凝土泵车等具有国际领先水平的产品。集团的产品档次大幅度提高，产品投放市场，倍受用户青睐，从而奠定了方圆产品走向国际市场的坚实基础。

创新是企业发展的动力，创新是企业管理永恒的主题。伴随着国内竞争国际化、世界经济一体化时代的到来，方圆集团管理人员充分认识到，要适应千变万化的外部环境，要紧跟时代发展的潮流，要参与国际市场的竞争，就必须创新。把创新摆在首要位置，贯穿于全盘工作的始终，以思想领先，带动战略领先；以观念超前，带动经营方式转变；以理念创新，打破常规，超越自我。

通过创新活动，建立新的机制、新的体系、新的思路、新的框架和新的模式，催生发展的动力，夯实发展的基础。一是创新经营机制。方圆集团2003年完成企业改制，转变为股份制企业，实现了产权置换、职工身份置换、经营机制转换的一次到位，为实现企业健康、快速发展提供了良好条件和强大动力。企业改制以后，集团民主选举第二任总经理，对总经理实行聘任制，聘期三年，并制定新的企业管理制度。公司领导班子实行年薪制，根据经营业绩确定个人收入，充分调动企业经营者的积极性，让企业焕发生机和活力。二是创新经营理念。倡导“当好企业的主人，人人都是经营者”的经营理念，每一位员工都是企业的主人，每一位员工都是企业发展的推动者、经济效益的创造者、经营成果的受益者。把职工的人生追求与企业的前途命运联系在一起，激发全体员工投身企业发展的积极性和主动性，形成了全员参与企业管理、凝心聚力共图发展的良好局面，形成了强大的凝聚力、向心力和创造力。三是创新经营方式。贯彻“创新才能发展，竞争才有活力”的指导思想，大力推行承包租赁责任制，鼓励职工承包或者租赁公司的某个分厂、某个经营实体，甚至鼓励他们走出方圆，参与社会办企业，让他们成为真正的“老板”，自主经营，自负盈亏，自行创业，体现自身的价值，实现人生的目标。通过经营管理权的放开，彻底打破了“吃大碗饭”“搞平均主义”的局面。

针对原材料价格持续上涨、生产成本急剧增加的形势，方圆集团提出“以技术创新为先导，大力推行革新挖潜，降低成本增效益”的指导方针，大兴技术革新、技术改造、内部挖潜之风，增强市场竞争能力。一是完善技术创新机制。集团设立了技术革新奖励基金，制定了《技术革新奖励办法》等一整套完善的技术创新管理制度、技术创新成果奖励办法及技术创新标兵评选办法，为技术创新工作创造了良好的政策环境。每年召开技术创新大会，对做出突出贡献的人员予以重奖，大大激发了广大职工投身技术创新的积极性和主动性。二是开发新品拓领域。方圆集团把产品研制开发的方向定位于市场，市场需求什么，就迅速组织开发生产什么。几年来，集团努力压缩小型建设机械的生产量，瞄准市场，积极开发技术含量高、附加值高、性能优良的大中型建设机械、工程机械、交通机械、桩工机械产品，以适应大用户、大工程、国家重点建设项目的施工需求。集团每年都有30种以上的新产品投放市场，引领了市场潮流，倍受用户青睐，为国家重点建设项目施工提供了优质可靠的服务，创造出良好的经济效益和社会效益。三是大搞内部挖潜。及时转变技术管理机制，技术人员与生产一线紧密结合，与市场销售紧密结合，与售后服务紧密结合。以完善现有产品为重点，广泛开展技术革新、技术改造活动，优化产品设计，完善产品性能，提高产品质量，降低生产成本，让各种老产品焕发生机，成为集团新的亮点和经济增长点。2017年，方圆集团推出各类建设工程机械新产品40余项，完成技术革新、改造120余项。

二、依法纳税彰显报国品质

坐落在革命老区海阳大地上的方圆集团，秉承了海阳人固有的勤劳、朴实、奉献的性格。“无以规矩，不成方圆”的经营理念深深融入每位员工的思想中，成为企业活的灵魂。守法经营、依法纳税是方圆人的准则。从海阳市每年的纳税统计资料看，方圆集团连续十多年都以数千万元的纳税额稳居纳税贡献榜榜首，2017年入库税金1.03亿元，连续多年荣登“烟台市纳税百强企业”榜单。正确的理念、严格的管理、严明的纪律、务实的态度、进取的精神造就了方圆集团“名震四方、被覆九州”的神话。

方圆集团董事局主席高秀曾讲过这样一段话，“我们希望多纳税。纳税越多，表明我们企业的实力越雄厚，企业的效益越好，企业的信用也越高。现代企业必须依法经营、照章纳税，这是企业得以生存和发展的基本准则。如果连这一点都做不到，还讲什么‘诚信’、讲什么‘原则’、讲什么‘发展’、讲什么‘先进性’、讲什么‘三个代表’”。在方圆人的思想里，纳税多少无疑是衡量一个企业生产经营好坏、信誉好坏的重要标准。方圆人早已习惯了把纳税当作自觉行为，集团领导层认为，企业发展看效益，效益好坏看贡献，贡献大小看纳税，人的价值通过贡献来体现。正是因为有这样的理念作指导，照章纳税做贡献才与企业形象、企业效益、员工素质、品牌知名度等企业基本因素一起构成了方圆集团宝贵的无形资产。

三、“四爱”精神砥砺奉献品行

方圆集团不断深化“爱党、爱国、爱厂、爱家”的“四爱”精神教育，升华“四爱”精神的主题，使职工深切感受到，企业的发展归根结底得益于党的改革开放政策，得益于正在努力实践的有中国特色的社会主义道路，从而因势利导，将职工的这些感受转化为方圆人坚定的理想和信念，在国家、社会与企业利益上，方圆人永远都把社会利益放在第一位。奉献社会、回报社会是方圆人永远追求的目标与信念。

方圆集团每年自发帮助灾区、弱势群体的捐助均在30万元以上。1998年夏，我国部分地区发生特大洪涝灾害，集团干部职工自发组织了两次捐款捐物活动，共捐款13万余元。2008年5月12日，四川汶川发生8.0级特大地震灾害后，方圆集团时刻关注四川灾区的抗震救灾及灾后重建工作，表现出极大的关注和热情。面向集团全体干部职工发出《向四川地震灾区捐款的倡议书》，号召广大干部职工踊跃向四川地震灾区捐款。2008 年 5 月 26 日是方圆集团成立十五周年、建厂三十八周年纪念日，为表彰为方圆集团发展做出突出贡献的先进个人，集团召开“方圆集团功勋向四川地震灾区捐款暨方圆集团功勋表彰大会”，再次用行动证明了集团先进职工的优良品质和高尚境界。方圆集团全体员工累计捐款 60 余万元，设立了“方圆集团慈善基金”，长期用于爱心捐助事业。此外，组织集团主导产品塔式起重机参与四川地震灾区的重建工作，发挥出积极作用。2010 年 4 月 14 日，我国青海玉树发生特大地震灾害，方圆集团全体员工踊跃捐款，仅仅一天时间，捐款 20 万元。2012 年，集团一次投资 300 余万元，为海阳市 16 个村委会建设 16 个党员活动室，产生了积极的社会影响，为推动基层党建工作做出了突出贡献。

四、方圆金鼎塑造诚信品牌

方圆集团自 2006 年起，先后投资 2 000 万元建成方圆诚信金鼎。金鼎分为底座、鼎足和鼎体三部分，总体高度 28.8m，鼎体最大直径为 20.26m，鼎体凭三足支撑于底座之上，鼎顶为上人平屋顶。伫立于鼎上，可浏览海阳全景，向南远眺可观海天相接的美丽景色。金鼎内布置成为方圆集团博物馆，展示企业 48 年的发展历程及企业文化，树立“诚信为本，诚实守信，依法经营”的经营理念。金鼎成为海阳市的标志性建筑之一。

2013 年 10 月 26 日，经过世界吉尼斯纪录总部认定，方圆诚信金鼎为世界最大的鼎，并为方圆集团隆重授牌。方圆董事局主席高秀在方圆诚信金鼎荣登世界吉尼斯纪录授牌仪式上说：“作为方圆集团的标志性建筑，方圆诚信金鼎的胜利落成，是方圆人讲诚信、守诚信、践行诚信、诚信天下的最佳体现，也昭示着方圆集团‘诚信为本，稳健发展，产业报国，奉献社会’的经营理念和远景目标。方圆诚信金鼎面向社会开放以来，既为方圆集团树立了一座展示企业文化和良好形象的丰碑，也为海阳增添了一道亮丽的风景。同时，作为方圆集团的博物馆，成为方圆集团全体员工回顾历史、展望未来、感恩思源、励志奋进的教育基地，时时刻刻感召着方圆集团全体员工用诚信的理念、感恩的情怀、远大的理想、坚定的信念、创业的精神、顽强的斗志，打造百年方圆，回报社会各界的关心、支持与厚爱！”

方圆集团把“报效祖国，奉献社会”作为奋斗的最终目标，与时俱进，履行企业责任和义务，并用企业之义培育员工之行，尽释“方圆”内涵。不忘初心，誓做百年，方圆集团以建设创新型、多元化、国际化企业集团为方向，进一步加大投入，提升品质，诚信经营，实现又好又快地发展，致力于成就“打造百年方圆”的梦想。

〔撰稿人：方圆集团有限公司汪新军〕

积极探索 持续创新 推动企业管理再上新台阶

——中铁隧道局集团有限公司

中铁隧道局集团有限公司（简称中铁隧道局）是隧道和地下工程领域最大工程承包商，隶属于世界 500 强中国中铁股份有限公司，是集勘测设计、建筑施工、科研开发、机械制造四大功能为一体的大型国有企业。主要经营业务范围涉及铁路、公路、市政、房屋建筑、水利水电、机电安装工程等施工总承包和隧道、桥梁、公路路基、铁路铺轨架梁等专业承包，以及设计、机械制造、科研咨询等领域。具有铁路工程、公路工程施工总承包等两项特级资质和市政公用、房屋建筑、机电安装等施工总承包一级资质，及隧道、桥梁、公路路基等多项专业承包一级资质。从 1997 年开始进行隧道掘进机（TBM）施工，盾构机 /TBM 保有情况可总结为“三最一较早”，即保有数量和在用数量最多、种类最全、品牌最齐和使用较早。

一、经营改革方面

近年来，中铁隧道局紧密围绕中心工作，主动适应现场管理要求，积极探索先进管理模式，不断强化系统管理，持续改进各项管理工作，全力推动集团管理水平再上新台阶。2017 年，中铁隧道局完成经营任务 804.8 亿元，其中，城轨、市政接连中标 54 项，合计 400 亿元，珠三角地区中标 157.2 亿元；全年完成施工产值 393.8 亿元，完成隧道成洞 372km、桥梁 40.2km、土石方 4 607 万 m^3，引松供水项目 TBM 月掘进 1 318m，创全国新纪录；年内竣工交验单位工程 357 件，一次验收合格率 100%。截至 2017 年年底，保有机械设备 17 680 台，原值 74.46 亿元、净值 34 亿元，现有盾构机 /TBM 共 84 台。

1. 抓机遇、重质量，扎实提升传统市场营销水平

一是持续完善经营体制机制。积极响应和落实中国中铁区域经营战略，做深做实区域经营，做好南沙、雄安、长三角以及珠三角地区的营销工作，加大协同经营工作力度，充分利用既有经营资源和营销网络，有效实施立体经营，细化布局，力求取得实效。二是进一步发挥总部区位优势。充分利用集团总部迁址南沙的区位优势和搬迁红利，转变思路，主动融合，加大与当地政府、建设主管部门的沟通和对接，主动策划和组织高层交流互访活动，掌握经营的主动权。通过行政和市场相结合，实现华南片区经营工作质的飞跃，做到立足华南、辐射全国，提高集团的经营层次和整体经营能力。三是坚持“大专业，小综合”理念。在加大隧道和地下工程专业技术优势项目的同时，不断拓展相关多元领域，积极做好产品结构的调整，加强路基、土石方、桥梁等综合工程施工资源的储备。四是提升新市

场、新领域的培育能力。有计划地逐步加大对市场的引导力度，着力提升对新市场的培育能力，尤其是水利水电、核电、能源储备、国防、地方合资铁路、环保工程、城市综合管网、海绵城市建设等新领域的开发。

2. 坚持依法合规，努力提升投资经营水平

一是坚持投资经营的原则。坚持依法合规，必须做有专业优势的投资项目、必须在经济发展潜力较大的地区做投资项目，可以发挥专业优势，风险相对可控，持续跟踪专业优势投资项目并积极推动。二是加强投资项目的过程管理。在建投资项目由投资公司统一管理，营销管理由投资部牵头，要不断完善管理制度，把投资项目从营销到系统监管，再到具体项目过程的管理，理清相关方的责任，按项目运行的基本规律来加强管理。三是充分利用地方政策红利。全力满足投资经营的财务指标、资金引进，充分利用南沙自贸区的特殊条件来降低资金成本，借助地域优势，主动融入环境，让地方政策的红利为企业的快速发展助力。四是充分发挥专业局在投资经营方面的优势。抓住机会，按照中国中铁以区域为主、专业管理的原则，切实做到以最优势的资源跟进，以最低的成本去操作，确保有新的投资项目落地。

3. 积极推进国际业务改革，着力打造“大海外”格局

一是坚持海外经营原则。始终坚持“风险第一、市场第二、利润第三”的原则，按照“站住脚，稳住身，再生根”的基本策略，逐步开拓海外市场，构建集团公司的海外“根据地”。二是积极参与有专业优势的海外项目。特别是地下工程的设计施工总承包项目，要充分发挥自身专业技术优势和综合管理优势，通过干好乌兹别克煤矿项目、以色列及新加坡地铁等项目，进一步提升中铁隧道局在海外市场尤其是中高端市场的影响力，打造中铁隧道局在国际隧道和地下工程领域的专业品牌。三是强化海外项目的营销和监管。加快制定和完善海外营销管理的制度和办法，进一步规范海外项目从营销到实施的全过程管控，形成有效的管理机制，规避海外项目的各种风险。四是切实加强海外人才的培养。多渠道、多层次加快海外年轻人才的培养，对那些年轻的、有潜力的人员进行重点培养，在职称评定、评价体系、考核机制等方面给予政策倾斜，出台相应的管理办法，为鼓励更多青年员工积极投身海外事业提供有力保障。

二、研发创新方面

1. 以市场需求为出发点，提升设计对企业的牵引力和贡献度

一是做强设计板块，提升设计业务贡献度。主动与地铁相关设计单位对接，承接分包设计业务，锻炼人才、增加业绩。依托集团公司甲级公路资质，争取承担设计施工总包项目的隧道设计任务。二是坚持科技创新与服务施工现场相结合，紧密围绕传统优势领域、新兴领域、新中标项目的施工难题开展技术攻关，确保重大技术问题得到及时解决，保工期、创效益、出成果。三是加强与施工紧密相关的工法专利开发和技术总结，充分结合重难点工程和重大科研项目进行立项，加强优秀工法的推广应用，加大发明专利和科技奖项的申报力度。四是与国际、国内同行加强隧道与地下工程前沿技术交流，扩大中铁隧道局的知名度。

2. 以现场施工痛点为着力点，提升企业机械化装备水平

一是总结山岭隧道和市政项目机械化施工配套经验，以试点项目为载体，优化机械化配套施工作业工艺和工作程序，提高隧道机械化施工配套水平。二是依托张吉怀（张家界—吉首—怀化）高速铁路、郑万（自郑州南站至重庆万州区）高铁、玉磨（玉溪—磨憨）铁路和北京地铁等项目，加紧推进铁路隧道新型模板台车和移动仰供栈桥升级改造、二衬混凝土中转罐研制、地铁软岩隧道立式输送机渣土运输系统研制等非标设计制造，及时推广机械化施工经验和配套模式。三是加快研究和创新衬砌成套工装设备，组织制定衬砌成套工艺技术标准，加速推动隧道专业机械配套新技术。四是积极跟进大型设备使用过程管理，重点把控组装调试、始发、到达等关键环节，给予使用项目系统保障及技术支持，确保施工过程有序、安全。

3. 以工艺工装创新为突破点，加强影响工程质量的工装研发和推进

严格按照公司总体部署，以铁路隧道新型衬砌台车研发为契机，积极推进隧道工程工装设备的研发。联合铁路总公司等相关单位做好科研课题的研究与总结，运用研究成果有效解决隧道衬砌灌注饱满度、密实度的惯性质量问题，进一步提升隧道工程质量。加大自主研发产品的推广应用，开展非标产品技术交流活动，使施工与非标制造同步提升。

三、盾构机再制造方面

近年来，为延长设备使用寿命，充分利用现有设备资源，同时满足工程需求、设备本身需求和项目需求，中铁隧道局以恢复和提升原机性能为标准，先后进行了 30 余台盾构的再制造工作，形成了相对成熟的“八步法”标准工作流程，编制了全断面隧道掘进机再制造企业标准并主编国家标准，探索出了完备的隧道掘进设备再制造工艺流程和标准。当前，中铁隧道局正在有序开展 3 台盾构机的再制造工作，并已在华东、华中的城市地铁以及西南的铁路隧道建设取得了良好的应用。其中，CT001K 再制造盾构机已累计掘进超过 5km，CT002H 再制造盾构机创造了月掘进 537m 的佳绩，2017 年国内首台再制造的 TBM007R 敞开式 TBM 在中国第一铁路长隧道 —— 大瑞铁路高黎贡山隧道顺利始发掘进。

2016 年 1 月，工业和信息化部发布的《关于印发 < 机电产品再制造试点单位名单（第二批）> 的通知》中，中铁隧道局是唯一一家施工企业被列为盾构再制造的试点单位。2017 年，中铁隧道局立项“盾构再制造关键技术”科研项目，将对盾构再制造全寿命周期关键技术进行技术攻关，获得中国设备管理协会“盾构再制造管理创新关键技术研究”特等奖。2018 年 2 月，中铁隧道局的 $6m \leqslant \phi < 7m$

土压平衡盾构机符合再制造产品认定相关要求，被列入由工业和信息化部发布的第七批再制造产品目录中。

下一步，中铁隧道局将通过建设盾构基地增强企业再制造能力，未来将在广州南沙自贸区购置 20 万 m^2（300 亩）工业用地，建设盾构“4S”一站式再制造基地，能够同时满足 8 台 9m 左右盾构再制造和 30 台常规地铁盾构存放，大力推进和发展盾构 TBM 再制造、高端技术咨询服务、盾构 TBM 状态监测、盾构 TBM 操作工培训、施工专用设备研发等工作。

四、成果转化方面

1. 以盾构及掘进技术国家重点实验室为依托，提高技术创新能力

一是加强“智能 +”隧道建设研究，充分运用大数据、云计算、新型建造、新兴业态、智能前端、绿色装备等智能手段，努力实现隧道施工、隧道产品的智能化。二是推进盾构 TBM 施工大数据平台应用。盾构 TBM 工程大数据平台是中铁隧道局面向盾构及掘进技术行业，开展多厂家、多地质、多型号盾构 TBM 机器数据及施工数据提取，配置专业的高性能服务器进行数据存储、计算、分析及信息发布，满足企业业务管理需求，做好行业工程及装备厂家服务，打造引领国家行业技术，集施工、装备状态、故障数据及科研应用于一体的大数据应用平台。该平台联系行业上下游，涵盖材料、机械、电子、土木、信息等多个领域，可实现智能监控、综合分析、协同管理和智慧应用功能，打破了传统领域信息孤岛，有效规避工程风险，实现风险综合管控，促进行业健康发展，填补了国内在盾构掘进智能化管理方面的空白，提高我国盾构 TBM 装备制造及施工产业的国际竞争力。当前，平台一期已上线运行，接下来将加快推进二期各项功能的研发及上线运行，切实为盾构 TBM 施工保驾护航。

2. 以施工技术难点为切入点，提高成果转化能力

一是紧密结合在建项目实际，力争形成具有推广价值、解决现场问题、能提高或改善生产力水平的研究成果。二是落实国家、地方和中国中铁股份有限公司的科技成果转化政策，选取具有推广价值的科技成果进行推广。近年来，中铁隧道局根据隧道机械化配套要求，结合项目实际情况，以解决项目施工问题、降低工人劳动强度、提高施工效率和质量为导向，自主研发了隧道施工用三臂凿岩台车、锚杆台车、单臂单蓝钢拱架安装机、渣土立式输送设备、防水板自动铺设机、无门架新型衬砌模板台车、全自动液压仰拱爬行式栈桥、二衬养护台车、隧道挖装机、混凝土喷射机械手、多功能钻机喷射机械手、水平深孔地质钻机、混凝土蒸汽养护台车、仰拱移动模架、水沟电缆槽移动模架等装备，填补了国内多项大型机械化非标设备技术的空白。当前，正在进行钢拱架自动安装机、智能衬砌模板台车、格栅拱架自动加工生产线等隧道智能专用设备的研究，以适应隧道施工设备的自动化、智能化快速发展需求。

依托技术积累　坚持自主创新

——贵州詹阳动力重工有限公司

一、公司介绍

贵州詹阳动力重工有限公司（简称詹阳重工），始建于 1936 年，经改制重组，现为贵州省、贵阳市共建的国有股份制企业，注册资本 3.62 亿元。公司研发、生产和销售轮胎式、履带式液压挖掘机、特种工程机械以及应急抢险救援装备。现有员工 1 200 人，其中，工程技术人员 300 余人、技术工人 500 余人。

詹阳重工是贵阳市“国家应急产业示范基地”龙头企业、国家应急产业重点联系企业、国家高新技术企业，省级大数据 + 工业深度融合试点示范企业、省级技术创新示范企业，设有国家博士后科研工作站、贵州省工程机械工程技术研究中心、省级技术中心、省级工业设计中心，建成了传动、电气、远程监控与故障诊断、焊接 4 个省级实验室。公司主持、参与了国家科技支撑计划，省、市重大科技专项等多个科技创新项目，是贵州省创新型企业以及贵州省著名商标企业。公司坚持创新、协调、绿色、开放、共享的发展理念，凭借雄厚的资金、先进的技术、超前的研发、科学的管理等优势，着力打造工程机械行业“精、特、优、专”高端工程装备制造商和军民深度融合的典范。

近年来，詹阳重工的生产经营业绩始终保持稳定增长趋势，获得全国机械工业先进企业、全国五一劳动奖状、中国机械工业科学技术奖一等奖、贵州省科技进步奖二等奖、最具竞争力出口企业 50 强、最具社会责任感企业及贵州企业 50 强等多项荣誉。“詹阳”系列轮胎式挖掘机和履带式挖掘机等产品多次获得“贵州省名牌产品”称号。

詹阳重工前身是贵阳矿山机器厂，始建于 1936 年，1953 年改名为贵阳矿山机器厂，一直被列为贵州省重点工业企业。自 20 世纪 50 年代初起，詹阳重工就为部队修理枪械装备，之后生产过锻钎机、破碎机、球磨机等矿山机械产品。从 60 年代开始，先后为部队生产过机械式挖掘机、拖式犁扬机等。70 年代，成功开发生产出国内第一台 74 式轮胎式液压挖掘机和 74 式高原型挖掘机。其衍生的民用型号在市场表现同样优秀，曾经占据国内市场 40% 以上的份额，获得我国工程机械行业国家优质产品银质奖牌

和国家质量管理奖。90年代，詹阳重工紧盯世界工程机械发展前沿技术，积极参与市场竞争，根据国防现代化建设的要求及市场需求，大力发展军民两用工程装备，本着“自筹资金、自行设计、自担风险、部队参与”的“三自一参与”模式，成功开发出具有国际先进技术水平、国内首台最高时速达50km/h的军用高速轮式挖掘机。该机型广泛应用于联合国维和行动等海外工程项目，通过不断升级改造，当前仍是部队主力工程装备。

二、自主创新，成果丰硕

创新是引领发展的第一动力，是企业提高核心竞争力的保障，超过300人的研发团队构筑了詹阳重工实力雄厚的创新研发平台，研发水平和技术性能始终处于行业前列。公司的工程技术研究中心下设有工程技术研究院和工艺技术研究院，包含8个专业研究所，即传动动力研究所、控制技术研究所、结构研究所、整机技术研究所、装配工艺研究所、结构工艺研究所、金工工艺研究所和模具中心。公司注重人才资本的积累，大力引进各类优秀的专业技术人才，拥有享受国务院津贴专家、省管专家、市管专家、市级科技带头人、市级中青年科技骨干等一批技术水平高、实践经验强的专业技术领军人才。公司与国内外高校、研究机构广泛开展技术合作，与同济大学、重庆大学、贵州大学、太原科技大学等20多所高校开展了联合技术攻关，与中国极地研究中心联合研发极地科考装备，并承担“国家科技支撑计划”等重大科技创新项目。公司常年聘请国内外技术专家、学者进行技术指导和交流，确保产品研发的创新性和先进性。

秉承50年工程机械技术沉淀，詹阳重工形成“制造一代、试制一代、研发一代、预研一代”的研发体系，不断推动产品创新升级，打造高端装备品牌，以差异化、个性化、智能化、国际化打造产品核心竞争力。进入21世纪，创新研制出具有世界先进水平的高速轮式多用工程车。该车是一种性能先进、全天候、全路面、高速、高机动、能广泛使用的数字化、信息化、智能化高效工程机械，集推、装、挖、铲、叉等21个功能为一体，最高行驶时速100km/h。

2015年，公司创新研制出无人平台产品——无线遥控清障车。该产品是无人值守平台，通过远程控制台进行操作控制的特殊工程车辆，具有适时反馈、高清图像传输的无线远程控制系统，遥控距离可达2km，持续作业时间可达5h以上，全地形橡胶履带使该车具有较强的通过性及越野能力，可选择纯电及柴油驱动两种车型，适于在爆燃、核泄漏、毒气扩散、化学污染、坍塌落石及洞库等可能危及人员生命安全的危险环境下，进行灾害环境预侦测、人员搜救、物品转运、破拆清障、消防灭火，可避免二次救援、次生灾害带来救援人员伤亡。

2008—2016年，公司研制出履带式全天候、全路面、多功能系列全地形车，产品性能可与当前国际上同类产品相媲美。该产品具有优越的通过性和环境适应性，可在高寒山地、热带丛林、沙漠戈壁、沼泽滩涂、河流湖泊等各种极限地理环境下行驶。国际首创的双车体双泵四马达闭式全液压驱动技术是其突破性的核心技术，解决了各种复杂地域自适应的难题；其自由度铰接系统、高速橡胶履带、双车体设计等技术达到世界领先水平。产品采用通用化、模块化的设计理念，根据不同需求配置相应的设备，可实现人员运输、加油、净水、医疗、应急救援等用途。产品广泛应用于新疆、内蒙古、西藏及南极等地，不仅有效解决了边防官兵长期面临的极限地域和气候条件下的诸多问题，还促进了我国应急救援和极限地域科学考察事业的发展。自2015年中国第32次南极科考开始，“贵州制造”极地全地形车已在南极大陆安全行驶近万公里，它的出现终结了我国极地科考无国产大型科考、运输装备的历史，被誉为“大国重器”。当前，最新为西藏公路局和武警交通西藏总队研制出的应用于高原条件下的全地形车也正式服役。

下一步，詹阳重工将坚持军民融合发展战略，深入实施创新驱动和差异化发展，发挥自身科技优势，强化原始创新、基础创新、集成创新、引进吸收再创新，加快新兴领域、新技术手段和新的发展模式等领域创新，提升技术创新能力，推动企业发展进入新阶段。一是以高速、多功能、无人智能化应急救援装备为主要发展方向，加快开发机动能力、防护能力更强，信息化、智能化程度更高的新一代高端智能化工程装备。特别是着重开发适用于排雷排障、防爆反恐应用、隧道洞库抢险、核生化危机处置、易燃危化工厂和仓库火灾侦查扑救等领域无人智能装备平台。二是积极将军用智能装备转化为民用，进军应急抢险救援、基础设施建设、极限地域科考、矿产能源开发、环境保护和旅游开发等民用领域。

三、民用业务领域

詹阳重工着力推进军用先进技术向民用领域转移，挖掘创新潜力，以市场为导向，以服务为依托，不断开拓新的市场空间。除军品外，还为广大客户提供轮胎式、履带式液压挖掘机系列以及特种工程机械产品，销售服务网络覆盖全国及海外多个国家和地区，产品远销亚洲、非洲、美洲、大洋洲、欧洲等数十个国家和地区。

在液压挖掘机方面，可提供6～35t共6个品种的轮胎式液压挖掘机，3.5～75t9个品种的履带式液压挖掘机。在特种工程机械方面，可提供以挖掘机为基础变形的轮胎式液压抓钢机、履带式液压抓钢机、电动液压抓钢机，可满足钢铁企业、港口、码头装卸需求；水陆两用挖掘机、轮式破拆机以及旋挖钻机可满足水网、沼泽、滩涂挖掘、破拆、钻探作业需求。詹阳重工的民用产品具有产品系列齐全、动力强劲、智能高效、节能环保、适用广泛、稳定出色的特点，深受广大客户的喜爱。

四、企业愿景

展望未来，詹阳重工将跟随“中国制造2025”发展步伐，紧抓国家不断开创新时代军民融合深度发展新局面的历史机遇，形成全要素、多领域、高效益的军民深度融合发展格局，开发机动能力更强、功能更全、信息化、智能化程度更高的新一代高端智能装备，致力于成为军民融合产业发展的引领者、大数据＋工业深度融合的实践者、高端智能装备研发制造的推进者，努力打造世界级的“精、特、优、专”的高端装备“智”造企业，创建我国工程机械行业“百年老店”，推动从制造大国到制造强国的跨越发展，为全球建设贡献“詹阳力量”。

长久领先　源于品质

——合肥长源液压股份有限公司

合肥长源液压股份有限公司（简称长源液压）始建于1966年，五十余载初心不改，始终专注于液压领域。公司主要产品包括液压泵、液压马达、液压阀、液压油缸、液压系统及控制等五大类，涵盖液压系统的动力原件、控制元件和执行元件，产品共200多个系列、4 500余种规格，具有较强的综合配套供应和服务能力。产品广泛应用于工程机械、叉车、现代农业机械、专用汽车、船舶、军工及非移动领域。

多年来，公司以优质的产品及服务获得了社会各界的一致认可。2017年，公司实现销售额约4亿元。公司“合液及图”注册商标被认定为“中国驰名商标”。2017年1月，公司被工信部授予“制造业单项冠军培育企业”称号。

一、坚持“专特优精”发展道路

长源液压坚持走“专特优精”的发展道路，加速突破核心关键领域，加速提升核心竞争能力，加速向产业中高端迈进。通过不断加大研发投入，公司自主研发形成了一系列处于国内领先水平的核心技术和成果。现有有效国家专利180项，其中发明专利35项。自2005年以来，公司先后有36项产品通过安徽省新产品新技术鉴定，主要技术指标处于国内领先（先进）水平，部分产品达国际水平。公司主持或参与制定的20项国家及行业标准已公布实施，正在主持制定的国家及行业标准有11项。

二、持续加大研发力度

液压行业虽然是传统制造业，但属于制造业关键基础件。长源液压注重研发投入，自2017年以来，继续加大液压泵的研发力度，齿轮泵制造技术与产品质量得到较大幅度提升。当前公司生产的齿轮泵排量为0.3～320mL/r，转速可达15 000r/min，同时多联、高压力、低噪声齿轮泵是重点发展方向。齿轮泵产品品种规格多、用途广泛，三联、四联铸铁齿轮泵广泛应用于大型工程机械，部分齿轮泵应用于航空发动机与大型军用舰船。在液压阀方面，公司与德国先进液压企业进行技术合作，学习其先进的液压控制技术，促进自身产品的升级换代，生产的电液比例阀产品将逐步实现替代进口。液压油缸按卡特彼勒技术和工艺要求进行生产，实现稳定地为卡特彼勒、徐工、柳工等国内外多家大型工程机械企业和军工企业配套供货。

公司继2017年投入1 800万元后，2018年再投入2 500多万元进行生产自动化设备改造和信息化建设，加快生产自动化和信息化建设的步伐。

三、精细化运营管理

运用现代化的企业管理理念，实施精细化运营管理。坚持以人为本，积极引进、培育人才，完善人才结构；太原理工大学、太原科技大学、河南科技大学等多所高校在长源液压建立液压专业学生实习教学基地。公司还利用以上高校学生在公司实习的时机吸引选拔液压专业学生加入企业。公司推行品牌战略，扩大宣传，积极参加国内外影响力较大的行业展会，多渠道、多形式、全方位地展示产品、企业文化及实力。公司与安徽合力、杭叉集团、徐工集团、中联重科、柳工股份、卡特彼勒、日本古河、中国一拖、雷沃阿波斯、科乐收等国内外众多知名工程机械、工业车辆、专用车辆、现代农业机械等主机客户建立了长期稳定的合作关系。公司积极拓展国际市场，增加国际市场占有率。

未来，长源液压将继续加大产品技术研发投入，提升产品品质，为工程机械、中大型农业机械、专用汽车及航海、航空等领域用户提供高品质的液压产品及定制化的液压系统解决方案。利用公司品牌影响力和成套供应的优势，为国内外主机客户实行个性化定制配套服务；通过精细化运营管理控制，增强自主创新能力，促进产品的提质增效升级，提高产品市场占有率。公司将立足国内市场、面向国际市场，在国内市场走中、高端之路，为中高端主机配套液压产品，提供定制化、个性化液压系统解决方案；积极拓展国际市场，成为国际市场的竞争者。

分析国内外工程机械市场总体状况和发展趋势、工程机械行业上市公司的总体情况，对2017年工程机械产品进出口贸易情况进行分析，介绍庞源指数的设立和应用情况

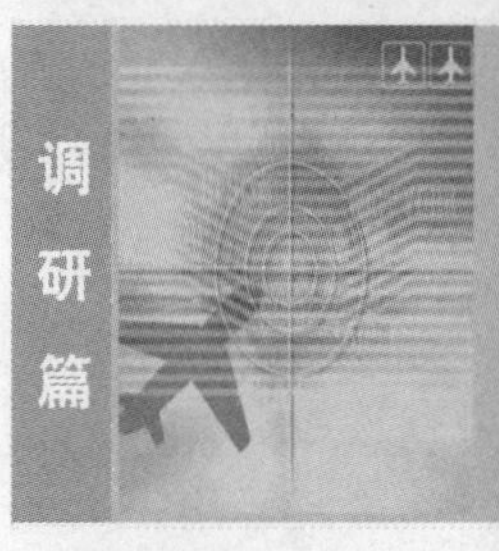

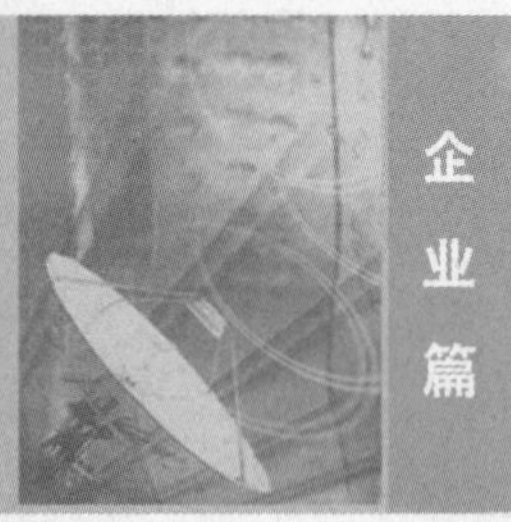

市场篇

2017年工程机械产品进出口贸易情况分析

据海关总署数据整理，2017年我国工程机械进出口贸易额为241.91亿美元，同比增长19.3%。其中，进口额40.86亿美元，同比增长23.2%；出口额201.05亿美元，同比增长18.5%；贸易顺差160.19亿美元，同比扩大23.76亿美元。2017年工程机械产品各月进出口情况见表1。

表1　2017年工程机械产品各月进出口情况

月份	进　口				出　口				进出口合计	
	当月进口额（万美元）	同比增长（%）	累计进口额（万美元）	同比增长（%）	当月出口额（万美元）	同比增长（%）	累计出口额（万美元）	同比增长（%）	金额（万美元）	同比增长（%）
1	28 065	31.7			144 964	2.5			173 028	6.3
2	29 894	58.1	57 959	44.1	98 817	-13.9	243 781	-4.8	301 740	1.8
3	39 190	21.8	97 190	34.2	158 986	13.0	402 663	1.5	499 853	6.5
4	34 874	22.8	132 065	31.0	158 495	14.1	561 020	4.8	693 085	8.9
5	36 351	14.0	168 401	26.9	175 991	18.9	736 797	7.8	905 199	10.9
6	36 457	29.0	205 153	27.5	171 031	19.1	908 088	10.4	1 113 241	13.2
7	30 508	11.5	235 774	25.2	178 448	30.0	1 084 610	13.1	1 320 385	15.1
8	33 339	35.0	269 072	26.3	180 169	14.5	1 263 482	13.2	1 532 554	15.3
9	34 543	-19.6	302 208	18.1	163 055	20.7	1 424 959	14.1	1 727 167	14.7
10	28 368	23.8	330 570	18.5	186 219	49.6	1 610 791	17.6	1 941 361	17.7
11	39 756	48.3	370 258	21.3	199 443	31.8	1 810 175	19.0	2 180 434	19.4
12	38 273	46.7	408 556	23.2	202 708	15.2	2 010 495	18.5	2 419 051	19.3

一、“一带一路”效果初显，2017年我国工程机械产品出口额创新高

由于我国工程机械主要出口目标国经济形势稳定向好，国际市场总体需求增长明显，2017年我国工程机械产品出口额首次跨越200亿美元大关，达到201.05亿美元，其中11月、12月连续跨上19亿美元和20亿美元台阶。全年出口额增幅也刷新了2012年以来的最高纪录。同时贸易顺差也破纪录地达到160.19亿美元。

分季度看，一季度出口额40.27亿美元，同比增长1.5%；二季度出口额50.54亿美元，同比增长18.7%；三季度出口额51.69亿美元，同比增长21.2%；四季度出口额58.55亿美元，同比增长31.1%。国际市场需求呈稳步增长态势。

2013—2017年工程机械各月出口额见图1。

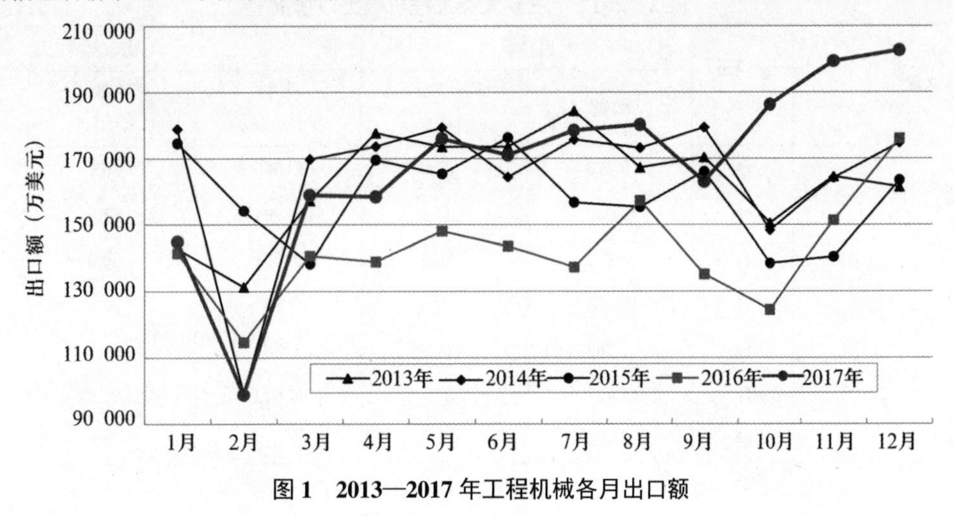

图1　2013—2017年工程机械各月出口额

二、2017年国内市场需求旺盛，工程机械进口额呈两位数增长

在国内市场销售高速增长的同时，工程机械产品进口也出现大幅度增长态势，全年进口额增长23.2%，为2010年以来最高年度增幅。

分季度看，一季度进口额9.72亿美元，同比增长34.2%；二季度进口额10.8亿美元，同比增长22%；三季度进口额9.71亿美元，同比增长2.08%；四季度进口额10.63亿美元，同比增长40.5%。

2013—2017年工程机械各月进口额见图2。

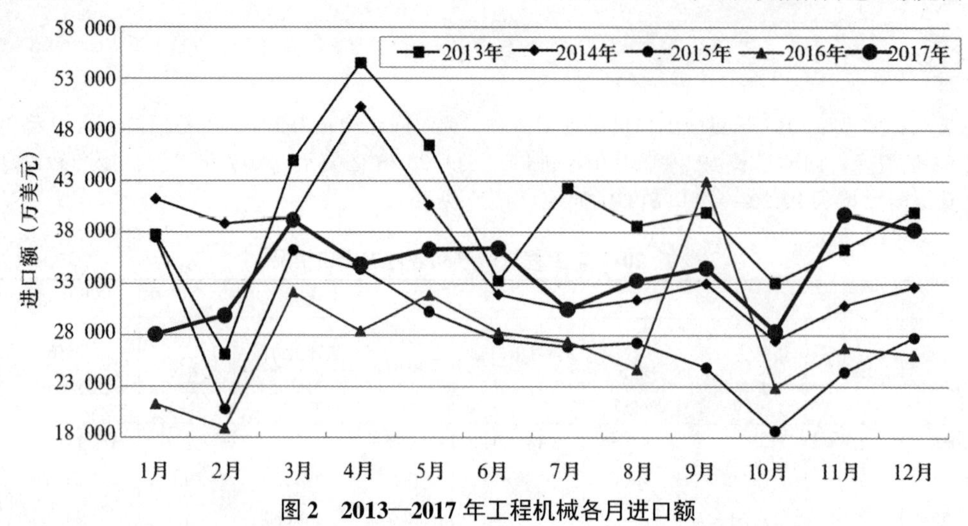

图2　2013—2017年工程机械各月进口额

三、主要大类产品进口增长明显，零部件进口增长快于整机

2017年，整机累计进口额22.47亿美元，占总进口额的55%。整机进口额同比增长17.7%。其中，各类挖掘机进口额11.22亿美元，同比增长82.5%；叉车进口额2.46亿美元，同比增长15.7%；摊铺机进口额1.03亿美元，同比增长36.8%；凿岩机械进口额1.18亿美元，同比增长21.4%。

零部件累计进口额18.39亿美元，同比增长30.7%。零部件进口增幅大于整机。

整机中，履带挖掘机进口额同比增长78%，同比增量达4.65亿美元；零部件进口额同比增量达4.32亿美元。两者合计为工程机械进口额增量的116.6%，成为工程机械进口总额增长的重要动力。其他进口增长较多的产品还有：轮胎式挖掘机、摊铺机、装载机、打桩机及工程钻机等。下降较多的产品主要有：其他起重机、隧道掘进机、混凝土搅拌机械等。

四、主要大类产品出口增长较多

2017年，整机累计出口额127.37亿美元，同比增长16.9%，占出口总额的63.4%；零部件累计出口额73.68亿美元，占出口总额的36.6%，同比增长21.5%。

整机中出口增长较多的产品主要有：装载机、履带挖掘机、内燃叉车、非公路自卸车、电动叉车、压路机、其他推土机等。出口下降的产品主要有：其他起重机、其他工程车辆、堆垛机、履带式起重机、混凝土泵车等。

主要出口产品中，挖掘机出口额14.26亿美元，增长30.7%；装载机15.7亿美元，增长57.5%；叉车19.39亿美元，增长16.7%。

2017年主要大类工程机械出口情况见表2。2017年工程机械产品进出口分类汇总见表3。

表2　2017年主要大类工程机械出口情况

产品名称	出口量单位	出口量		出口额		
		数量	同比增长（%）	金额（万美元）	同比增长（%）	占比（%）
挖掘机	台	19 170	37.9	142 575	30.7	7.09
装载机	台	41 020	44.1	156 994	57.5	7.81
推土机	台	2 772	70.4	25 678	60.0	1.28
压路机	台	16 758	29.6	37 103	30.2	1.85
摊铺机	台	1 568	114.8	5 507	90.2	0.27
其他路面机械	台	14 437	32.7	41 843	25.4	2.08
汽车起重机	辆	2 879	17.6	37 313	1.8	1.86

（续）

产品名称	出口量单位	出口量		出口额		
		数量	同比增长（%）	金额（万美元）	同比增长（%）	占比（%）
履带起重机	台	879	18.1	19 909	-14.3	0.99
随车起重机	台	605	39.1	1 561	49.1	0.08
塔式起重机	台	2 407	-6.2	32 798	3.3	1.63
叉车	台	223 060	33.7	193 856	16.7	9.64
混凝土机械	台（套）	935 369	30.0	83 803	7.5	4.17
凿岩机械和风动工具	台	17 119 260	10.7	33 395	1.5	1.66
隧道掘进机	台	133	101.5	29 694	21.4	1.48
非公路用货运自卸车	辆	4 647	43.3	33 993	111.1	1.69
电梯及扶梯	台	77 974	2.09	194 460	-0.1	9.67
零部件	t			736 838	21.5	36.60
其他				203 174	4.2	10.10

表 3　2017 年工程机械产品进出口分类汇总

序号	货品名称	单位	出口				进口			
			数量	同比增长（%）	金额（万美元）	同比增长（%）	数量	同比增长（%）	金额（万美元）	同比增长（%）
1	履带式挖掘机	台	18 102	37.2	137 404	33.9	18 154	35.8	106 122	78.0
2	轮胎式挖掘机	台	727	13.1	4 774	-19.3	613	354.1	3 688	360.1
3	其他挖掘机	台	341	409.0	397	-31.0	13	116.7	2 421	128.0
4	装载机	台	41 020	44.1	156 994	57.5	1 019	143.2	4 820	100.4
5	320 马力（1 马力 =735.5kW）以上推土机	台	263	68.6	4 262	82.8	29	7.4	1 676	-10.7
6	其他推土机	台	2 509	70.6	21 416	56.1	36	12.5	610	71.8
7	筑路机及平地机	台	4 013	28.7	27 738	18.2	6	-33.3	41	-83.9
8	铲运机	台	484	-63.1	3 333	51.2	18	5.9	770	-2.6
9	非公路用货运自卸车	辆	4 647	43.3	33 993	111.1	17	-37.0	630	-17.2
10	压路机	台	16 758	29.6	37 103	30.2	612	52.2	1 402	44.1
11	其他压实机械	台	9 701	35.4	1 496	40.8	1	-75.0	11	322.7
12	摊铺机	台	1 568	114.8	5 507	90.2	710	37.9	10 288	36.8
13	沥青搅拌设备	台	723	21.5	12 609	42.6	63	-99.2	594	52.1
14	100t 以上全路面起重机	辆	36	2.9	2 297	-10.4	2	-50.0	364	-42.3
15	其他全路面汽车起重机	辆	599	15.4	4 980	-14.4	1		82	
16	100t 以上汽车起重机	辆	19	-52.5	762	-56.0				
17	其他汽车起重机	辆	2 225	19.9	29 273	10.3				
18	履带式起重机	台	879	18.1	19 909	-14.3	28	250.0	315	-34.4
19	塔式起重机	台	2 407	-6.2	32 798	3.3	31	34.8	123	-74.5
20	随车起重机	台	605	39.1	1 561	49.1	651	106.7	1 178	115.1
21	其他起重机	台	42 252	36.5	32 426	-34.5	1 511	15.8	8 006	-25.1

（续）

序号	货品名称	单位	出口				进口			
			数量	同比增长（%）	金额（万美元）	同比增长（%）	数量	同比增长（%）	金额（万美元）	同比增长（%）
22	堆垛机	台	1 445	9.5	1 076	-83.9	985	30.1	5 803.6	17.1
23	电动叉车	台	137 398	40.4	67 498	20.3	10 390	38.4	12 041.0	11.0
24	内燃叉车	台	83 909	24.7	120 860	22.0	1 073	29.0	6 475.6	22.0
25	集装箱叉车	台	308	-2.5	4 423	5.5	15	114.3	252.8	80.4
26	手动搬运车	台	1 737 718	11.3	32 591	10.2	2 306	-9.3	994.9	87.6
27	牵引车	台	28 700	88.7	6 275	19.9	1 242	8.7	1 910.2	16.2
28	凿岩机械和风动工具	台	17 119 260	10.7	33 395	1.5	1 151 701	14.7	11 797	21.4
29	隧道掘进机	台	133	101.5	29 694	21.4	5	25.0	180.4	-86.6
30	打桩机及工程钻机	台	56 741	119.2	16 153	9.8	224	40.9	4 861.5	83.2
31	混凝土泵	台	85 350	4 644.0	4 264	2.9	547	31.2	2 221.1	101.1
32	混凝土泵车	辆	729	13.2	11 140.3	-8.4				
33	混凝土搅拌机械	台	841 107	18.4	31 422	1.4	2 153	13.6	5 345.1	-14.9
34	混凝土搅拌车	辆	8 183	30.0	36 977	20.6				
35	电梯及扶梯	台	77 974	2.1	194 460	-0.1	2 567	22.4	14 210.0	-2.7
36	其他工程车辆	辆	4 798	1.6	27 823	-27.9	158	-6.5	6 155.3	-5.1
37	其他	台	1 324 837	12.5	84 573	53.3	5 640	-17.8	9 266.6	-74.0
38	零部件	t			736 838	21.5			183 902 .0	30.7
	合 计				2 010 495	18.5			408 556.0	23.2

注：数据来源于中国工程机械工业协会工程机械进出口月度监测系统。

五、区域市场格局出现变化，东盟市场总体需求滞缓

各主要区域经济体中，对东盟出口额37.94亿美元，同比增长7.84%；对非洲、拉丁美洲出口额33.81亿美元，同比增长13.5%；对欧盟出口额23.89亿美元，同比增长25.51%。

进口主要来源国中：由日本进口14.42亿美元，同比增长51.7%，市场占比达35.3%；由欧盟进口14.23亿美元，同比下降2.16%，市场占比34.8%；由韩国进口6.59亿美元，同比增长111.9%，市场占比16.1%。

在各大洲中，出口到亚洲96.76亿美元，同比增长10.5%，占比48.1%；出口非洲20.34亿美元，同比增长18.2%，占比10.1%；出口欧洲34.08亿美元，同比增长36.7%，占比17%；出口南美洲13.47亿美元，同比增长7.05%，占比6.7%；出口北美洲27.72亿美元，同比增长35.1%，占比13.8%；出口大洋洲8.68亿美元，同比增长28.2%，占比4.32%。

进口方面，由亚洲进口22.82亿美元，同比增长58%，占比55.9%；由欧洲进口14.77亿美元，同比下降1.87%，占比36.2%；由北美洲进口3.02亿美元，同比下降11.8%，占比7.38%。

六、“一带一路”沿线国家出口增长较好，对金砖国家出口增长较快

2017年，我国工程机械对“一带一路”沿线国家出口额87.65亿美元，同比增长18.3%，占总出口额的比重为43.6%。

对金砖国家出口20.67亿美元，同比增长38.4%，占比10.3%。其中，对俄罗斯出口额8.06亿美元，同比增长78.7%，在我国工程机械全球市场中占比超过4%；对印度出口额7.12亿美元，同比增长16.7%，占比3.54%；对南非出口额3.08亿美元，同比增长23.6%，占比1.53%；对巴西出口额2.42亿美元，同比增长31.5%，占比1.2%。

在全球主要出口目标国中，排名前六位的国家是：美国、日本、俄罗斯、澳大利亚、印度、印度尼西亚，增幅分别为32.9%、25.4%、78.7%、27.3%、16.7%、34.6%。其他增幅较高的国家和地区有：德国（28.9%）、土耳其（13.4%）、巴基斯坦（15.6%）、英国（33.1%）、加拿大（52.6%）、伊朗（68.15%）、荷兰（26.6%），以及南非（23.4%）、比利时（28.1%）、巴西（31.5%）、缅甸（41.8%）、阿根廷（57.2%）等。

2017年我国工程机械进出口国别（地区）前20位见表4。

表4　2017年我国工程机械进出口国别（地区）前20位

序号	出口			进口			进出口		
	国家（地区）	出口额（万美元）	同比增长（%）	国家（地区）	进口额（万美元）	同比增长（%）	国家（地区）	进出口额（万美元）	同比增长（%）
1	美国	242 552	32.94	日本	144 245	51.69	美国	268 717	26.53
2	日本	113 620	25.44	德国	66 794	12.04	日本	257 865	38.88
3	俄罗斯	80 568	78.69	韩国	65 919	111.88	韩国	124 934	46.35
4	澳大利亚	73 298	27.33	美国	26 165	-12.58	德国	107 884	17.91
5	印度	71 165	16.74	意大利	16 362	26.66	俄罗斯	80 852	77.66
6	印度尼西亚	70 891	34.58	瑞典	12 773	30.71	澳大利亚	74 305	25.23
7	越南	64 466	-8.47	奥地利	11 182	-3.95	印度	73 194	15.77
8	韩国	59 015	8.77	荷兰	8 873	-67.92	印度尼西亚	71 105	33.59
9	马来西亚	57 672	7.15	法国	7 555	-4.07	越南	64 869	-8.38
10	泰国	56 214	-2.59	中国台湾	5 824	24.96	马来西亚	62 961	4.35
11	菲律宾	50 574	7.93	马来西亚	5 289	-18.77	泰国	56 897	-2.35
12	德国	41 089	28.90	芬兰	4 517	46.88	菲律宾	50 653	7.93
13	土耳其	36 884	13.39	加拿大	3 992	-6.59	荷兰	41 664	-22.21
14	巴基斯坦	36 209	15.63	瑞士	3 114	39.81	意大利	39 204	21.18
15	英国	34 994	33.07	英国	2 809	-2.06	加拿大	38 651	43.20
16	加拿大	34 659	52.57	西班牙	2 530	9.72	英国	37 803	29.61
17	阿拉伯联合酋长国	34 431	7.22	印度	2 029	-10.45	土耳其	37 452	12.95
18	伊朗	34 118	68.15	波兰	1 987	75.10	巴基斯坦	36 209	15.63
19	荷兰	32 791	26.61	中国	1 981	-5.89	阿拉伯联合酋长国	34 468	7.19
20	新加坡	32 769	-15.78	捷克	1 973	-18.87	伊朗	34 118	68.15

七、整机主要流向“一带一路”沿线国家，零部件主要流向发达国家市场

2017年，我国工程机械主要大类产品中，挖掘机主要出口到：印度尼西亚、美国、菲律宾、比利时、俄罗斯、泰国、伊朗、南非和缅甸；装载机主要出口到：俄罗斯、美国、阿根廷、土耳其、澳大利亚、印度尼西亚、菲律宾、日本、南非、越南、沙特、印度、加拿大和伊朗；推土机主要出口到：俄罗斯、菲律宾、巴基斯坦、印度尼西亚、伊朗、马来西亚、土耳其、越南和南非等；压路机主要出口到：美国、印度尼西亚、菲律宾、巴基斯坦、德国、土耳其和澳大利亚等；摊铺机主要出口到：巴基斯坦、比利时、俄罗斯、印度尼西亚等；汽车起重机主要出口到：阿拉伯联合酋长国、巴基斯坦、泰国、俄罗斯、印度尼西亚、菲律宾、沙特、印度、越南和马来西亚等；履带起重机主要出口到：印度尼西亚、印度、俄罗斯、菲律宾、巴基斯坦、马来西亚和越南等；塔式起重机主要出口到：韩国、阿拉伯联合酋长国、越南、马来西亚、印度尼西亚、印度、菲律宾和泰国等；叉车主要出口到：美国、荷兰、澳大利亚、比利时、泰国、印度尼西亚、阿根廷、俄罗斯和土耳其等；混凝土机械主要出口到：越南、菲律宾、印度尼西亚、巴基斯坦、马来西亚、俄罗斯和墨西哥等；凿岩机械及风动工具主要出口到：美国、德国、俄罗斯等；隧道掘进机主要出口到：新加坡、俄罗斯、伊朗、印度、泰国、澳大利亚、土耳其和马来西亚等；非公路自卸车主要出口到：缅甸、伊朗、马来西亚、俄罗斯、泰国和印度尼西亚等；零部件主要出口到：美国、日本、澳大利亚、韩国、印度和英国等，其零部件占比分别为62.5%、88.9%、44.9%、55.6%、36.8%、73.8%。

2017年出口额前10位国家出口产品分类见表5。

表 5　2017 年出口额前 10 位国家出口产品分类　　（单位：万美元）

货品名称	美国	日本	俄罗斯	澳大利亚	印度	印度尼西亚	越南	韩国	马来西亚	泰国
挖掘机	11 208	578.9	6 407	887.7	2 700	11 630	1 561	115.9	2 034	5 856
装载机	7 806	4 426	15 045	6 016	3 979	5 642	4 145	988.1	1 903	2 392
推土机	262.9	3.0	6 535	149.3	235.0	634.7	372.7		437.5	143.2
压路机	5 158	741	936	1 235	160.1	2 695	203.5	82.8	712.5	925.7
摊铺机	168.9	8.9	246.2	90.0	68.7	170.6	65.2	56.1	4.5	20.3
其他路面机械	307.9	26.1	2 583	237.1	5 415	2 766	24.1	53.8	979.6	2 107
汽车起重机	192.9	107.4	1 265	135.7	1 136	1 228	986.0		944.7	1 470
履带起重机	106.6		1 353	5.8	1 427	2 089	1 008	59.7	1 054	740.7
随车起重机	32.8	0.9	223.2	26.2	15.7	72.0	21.7	57.9	6.02	64.9
塔式起重机	223.6	13.3	372.3	459.9	1 559	1 574	2 174	4 694	2 140	1 342
叉车	19 870	3 595	6 133	13 701	3 598	6 357	3 798	5 998	4 122	6 385
混凝土机械	1 977	211.6	2 186	878.9	1 251	3 974	18 587	1 029	2 276	1 364
凿岩机械及风动工具	15 499	342.5	953	777.5	548.4	368.4	842.7	330.3	317.2	527.1
隧道掘进机		656.6	3 515	1 825	3 250		107.9		1 559	1 902
非公路自卸车	144.6		2 492	61.5	458	1 231	738.8	13.7	2 715	1 244
电梯及扶梯	4 061	153.7	5 283	9 149	12 637	8 625	7 543	6 612	12 251	4 385
零部件	151 655	100 992	15 115	32 928	26 199	16 602	16 750	32 786	15 178	20 240
其他	23 878	1 764	9 923	4 735	6 528	5 232	5 538	6 137	9 039	5 107
合计	242 552	113 620	80 568	73 298	71 165	70 891	64 466	59 015	57 672	56 214

八、外资企业和私人企业出口占比较大

2017 年工程机械各类型企业出口情况见表 6。其中，私人企业出口占 35.59%（同比减少 0.47 个百分点），外商独资企业占 30.75%（同比增加 0.79 个百分点），国有企业出口占 17.63%（同比增加 1.87 个百分点），合资企业出口占 10.45%（同比减少 1.9 个百分点）。

表 6　2017 年工程机械各类型企业出口情况　　（单位：万美元）

产品名称	个体工商户	国有企业	集体企业	私人企业	外商独资企业	中外合资企业	中外合作企业	总计
挖掘机	12.60	30 952	402.40	26 834	78 384	4 684	1 307	142 575
装载机	1.79	34 746	552.50	35 663	56 681	16 559	12 791	156 994
推土机		16 740	54.13	6 732	207.7	1 944.0		25 678
压路机		8 221	53.74	4 186	23 897	330.6	415.1	37 103
摊铺机		3 168	2.40	799.7	1 456.4	80.3		5 507
其他路面机械	2.69	14 629	891.60	10 855	13 987	2 263	2 547	45 176
汽车起重机		14 350	62.18	18 160	379.6	4 361		37 313
履带起重机		8 213	66.35	7 993	560.8	3 075		19 909
随车起重机		337	1.29	888.3	99.9	235.2		1 561
塔式起重机		5 039	466.70	12 852	9 576	4 864		32 798
叉车	3.04	7 293	17 396	61 771	90 662	7 782	8 949	193 856
混凝土机械	45.31	24 788	333.00	41 477	10 890	6 266	3.9	83 803
凿岩机械及风动工具	0.15	1 862	372.00	17 823	11 321	1 960	56.9	33 395
隧道掘进机		12 094		8 315	4 308	4 977		29 694
非公路自卸车	1.06	13 664	218.20	14 232	4 194	1 647.6	35.7	33 993
电梯及扶梯		4 982	803.90	41 756	63 935	41 119	41 864	194 460
零部件	1 026	84 573	7 114	322 833	218 458	92 462	10 374	736 838

（续）

产品名称	个体工商户	国有企业	集体企业	私人企业	外商独资企业	中外合资企业	中外合作企业	总计
其他	74.57	68 765	2 529	82 463	29 232	15 416	1 361	199 841
合计	1 167	354 416	31 319	715 632	618 230	210 025	79 705	2 010 495

九、一般贸易和对外承包工程出口比重增加，进料加工出口比重略降

2017 年，工程机械产品一般贸易出口额占总出口额的 72.4%，同比增加 1.4 个百分点；对外承包工程出口额占 6.05%，同比增加 0.98 个百分点；进料加工出口额占 18.2%，同比减少 1.5 个百分点；租赁贸易额仅占 0.08%。

在一般贸易中，电梯及扶梯、非公路自卸车、零部件、推土机、随车起重机等产品的一般贸易出口额占该类产品总出口额的 80% 以上；混凝土机械、凿岩机械及风动工具、塔式起重机、汽车起重机的一般贸易出口额占比为 70% ～ 80%；装载机、履带起重机等一般贸易出口额占比为 60% ～ 70%；其他路面机械一般贸易出口额占比为 50% ～ 60%；摊铺机、压路机、挖掘机、叉车、隧道掘进机等产品一般贸易出口额占比不足 50%。

进料加工贸易出口额占比较高的产品主要有：压路机、叉车、挖掘机、隧道掘进机等，分别占该类产品总出口额的比重为 61.9%、55.9%、44.6% 和 44%。

对外承包工程出口额占比较高的产品主要有：摊铺机、履带起重机、汽车起重机等，分别占该类产品总出口额的比重为 42.4%、24.9%、12.1%。

2017 年工程机械产品出口额按贸易方式分类见表 7。

表 7　2017 年工程机械产品出口额按贸易方式分类　（单位：万美元）

产品名称	保税仓库出境	保税区仓储转口	边境小额贸易	对外承包工程出口	援助和赠送	其他	其中：进料加工	来料加工装配	一般贸易	租赁贸易	总计
挖掘机	31.8	2 364	2 862	9 822	232	45.70	63 634		63 521	61.90	142 575
装载机	243	450	4 710	3 741	186	52.60	53 101		94 493	17.20	156 994
推土机			791	2 601	138	3.18			22 145		25 678
压路机	2.11	0.1	310	3 502	36.40	0.62	22 975		10 262	14.20	37 103
摊铺机		69.6	147	2 336		5.08	1 433		1 516		5 507
其他路面机械	0.03	469	276	5 359	73.60	8.96	12 483		26 506		45 176
汽车起重机	227		937	4 532	211		3 315		28 038	53.20	37 313
履带起重机			748	4 950		0.37	1 226	561	12 271	152	19 909
随车起重机		61.1	82.8	97.6					1 320		1 561
塔式起重机			319	2 047	110	5.20	5 623		24 668	25.00	32 798
叉车	207	510	565	870	180	129	108 430	17	82 948	0.54	193 856
混凝土机械	56.4	849	6 613	9 322	299	111	961		65 568	22.60	83 803
凿岩机械及风动工具	68.3	746	628	210	2.10	688	5 217	484	25 352	0.03	33 395
隧道掘进机				1 931			13 077		14 685		29 694
非公路自卸车	5.1		1 097	920	9.43	17.60	1 574		30 363	7.12	33 993
电梯及扶梯	16.2	1 490	446	3 135	78.50	19.90	3 444		185 830		194 460
零部件	4 333	16 030	3 706	27 009	39.00	3 972	33 564	1 068	646 921	196	736 838
其他	113	1 183	1 328	39 217	2 077	397	34 970	6.17	119 474	1 076	199 841
合计	5 303	24 222	25 566	121 600	3 673	5 456	365 030	2 136	1 455 882	1 626	2 010 495

注：海关进出口统计数据中包含外资品牌的出口，同时考虑外贸企业报关税目及贸易方式分类等不确定因素，所以只能以此做定性分析。

十、趋势与建议

在“一带一路”建设不断推进的影响下，2017 年我国工程机械出口打破 2012 年以来的徘徊局面，实现了大幅度的增长，出口额跨越了 200 亿美元大关。这当中也包括了我国工程机械企业多年来在研发、创新、品质、服务、品牌等方面努力的成果。

与此同时，国内外市场积极因素不断聚集，对工程机械进出口双增长起到了积极的推动作用。我国工程机械进口也扭转了徘徊局面，实现了较大幅度的增长。2000—2017 年工程机械进出口额及顺差见图 3。

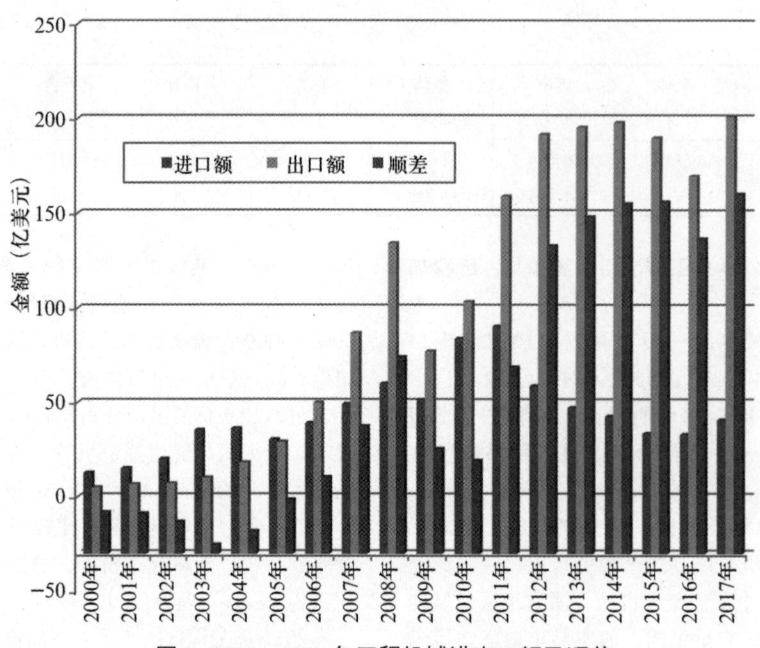

图 3　2000—2017 年工程机械进出口额及顺差

尽管如此，行业面临的环境仍很严峻，国际市场竞争形势不断加剧，贸易保护甚嚣尘上，我国工程机械出口仍将面临艰难复杂的局面。

在此情况下，我国工程机械企业应努力投身"一带一路"建设，扎实稳步推进国际化步伐，加快供给侧结构性改革，紧紧跟踪国际市场变化趋势，调整出口产品结构，提高出口产品质量和性能水平，不断扩大适应市场变化的高技术产品出口。同时下大力气弥补售后服务和备件供应短板，逐步改变我国工程机械产品的市场地位和品牌美誉度。

近几年，随着我国改革开放的深化，政治、经济环境出现了积极的变化，行业企业应借助"一带一路"和国际产能及装备制造合作的东风，加大政策研究力度，加快市场布局调整步伐，扩大我国工程机械国际市场占有率。

为保持我国进出口的稳定增长，国家近两年出台了一系列促使进出口稳定增长的有关文件和政策措施，行业企业要认真贯彻落实，加快出口方式转变，大力开展国际租赁业务，开展海外操作维修等职业技能培训，加快构建完整的海外服务体系和备件供应网络，提升我国产品适应国际市场的能力，实现我国工程机械出口长期稳定增长。

〔撰稿人：中国工程机械工业协会吕莹〕

2017 年全球工程机械市场趋势与分析

一、全球市场概观

2013—2017 年全球工程机械市场销售量见表 1。

2013—2017 年全球工程机械市场销售额见表 2。

表 1　2013—2017 年全球工程机械市场销售量　（单位：台）

年份	西欧	北美	日本	中国	印度	其他国家和地区	合计
2013	112 204	157 071	90 810	273 966	42 699	192 292	869 042
2014	125 355	171 885	84 205	210 052	36 864	195 034	823 395
2015	128 034	172 459	74 843	119 337	37 707	158 855	691 235
2016	142 205	158 875	59 700	120 243	52 508	168 495	702 026
2017	160 551	173 188	67 810	217 110	60 485	214 923	894 067

注：1. 产品范围：沥青混凝土摊铺机、挖掘装载机、履带式推土机、履带式装载机、液压挖掘机、小型挖掘机、平地机、铲运机、非公路自卸车、越野叉车、滑移 – 转向装载机、轮式装载机。

2. 资料来源：英国工程机械咨询有限公司。

表 2　2013—2017 年全球工程机械市场销售额　（单位：百万美元）

年份	西欧	北美	日本	中国	印度	其他国家和地区	合计
2013	12 006.4	26 465.4	5 724.1	20 978.3	1 986.6	18 581.3	85 742.1
2014	12 372.7	28 593.5	6 683.4	18 543.8	1 826.1	19 209.9	87 229.3
2015	12 586.6	29 843.9	5 153.4	9 863.6	1 978.9	14 295.8	73 722.2
2016	12 310.0	26 038.4	4 575.5	10 043.0	2 703.2	14 950.5	70 620.6
2017	13 472.0	28 573.5	5 666.1	18 340.8	3 077.0	18 886.7	88 016.1

注：1. 产品范围：沥青混凝土摊铺机、挖掘装载机、履带式推土机、履带式装载机、液压挖掘机、小型挖掘机、平地机、铲运机、非公路自卸车、越野叉车、滑移－转向装载机、轮式装载机。

2. 资料来源：英国工程机械咨询有限公司。

2017 年，世界主要工程机械市场，即中国、印度、日本、北美和西欧的销售量合计增长幅度达到 27%。此外，多数其他地区的市场也回到上升通道。因此，自国际金融危机以来，2017 年首次出现了世界大部分地区同步增长的局面，这是一个十分值得注意的情况。其中，中国市场的爆发式增长无疑是推动全球市场回升的最重要因素。2017 年全球工程机械市场销售量重回接近 90 万台的水平，而销售额则达到 880 亿美元。

在全球经济持续向好的预期下，2018 年市场将保持增长。推动增长的主要因素是中国和印度这两个亚洲的发展中经济体，另外，北美也会有所贡献。日本市场预期将下降约 13%，欧洲将保持当前的高水平。当然，同 2017 年相比，2018 年的增幅将明显减缓。

二、主要地区市场情况

1. 中国

中国工程机械市场在经历四年持续下滑后，自 2016 年开始触底回升，在 2017 年则出现了前所未有的大幅反弹。2017 年全年销售量同比增长 82%，自 2014 年以来首次重新回归到 20 万台以上。

其中，增长最突出的产品是履带式挖掘机，2017 年同比增幅为 125%，达到销售近 10 万台的水平，这也是履带式挖掘机在中国市场首次超过轮式装载机的销售量（各类挖掘机合计销售量在 2016 年首次超过轮式装载机）。另外，小型挖掘机销售量的同比增幅也达到了 88%。

轮式装载机仍然是中国市场的主力产品，2017 年销售量超过 7 万台，同比增幅接近 50%。但是，这一增幅仍低于市场平均水平。轮式装载机在用设备的数量相对于实际需求量仍然十分庞大，而且它们的使用继续受到作业效能更高的产品（如挖掘机）的替代影响，因此，轮式装载机的相对地位处于下降趋势。

在基础设施建设投资大幅增长的形势下，同时也是在一些“一带一路”相关项目的推动下，中大型设备的销售量全面回升。此外，城市建设和生态恢复工程的需求带动了小型设备的销售，其中尤为显著的是中小型挖掘机销售量的比重已占整个挖掘机市场的一半。

由于中国本土制造商制造能力的提升，同时也由于一些国际制造商将中国作为面向全球的供应基地，中国一直保持工程机械净出口的地位，而整机进口数量则相对较低。2017 年在国内市场表现强劲的同时，出口量也有明显回升，但由于出口量回升幅度落后于国内市场增长幅度，出口占国内产量的比重相对下降。中国最主要的出口产品是轮式装载机和挖掘机。此外，平地机和推土机的出口比重也比较大。

2. 西欧国家

西欧国家 2017 年工程机械销售量增长了 13%，达到 160 562 台。这一销售量比 2007 年 210 000 台的超高水平仍低约 25%，但已经是西欧国家工程机械市场自国际金融危机以来达到的最高点。不过，当前销售量被认为处于健康和乐观的增长，而 2007 年前后的市场则是被推向了不可持续的高水平，并导致了后来的持续性下滑。

2017 年西欧各国的工程机械销售量均实现增长，不少国家达到历史高点。其中最显著的是德国，它是欧洲最大的工程机械市场，2017 年销售量达到 39 026 台，创下该市场 25 年以来工程机械销售量的最高水平。此外，瑞典和挪威的需求当前已经远远超过 2007 年前后曾达到的高点。

西欧其他主要国家法国、意大利和英国 2017 年增长了 15% ～ 16%。法国和意大利出现这样的增长尚在预料之内，但英国在脱欧带来的不确定因素影响下，也实现增长则有些出乎预料。英国的房屋建设快速增长和基础设施市场强劲带动了其工程机械需求。

在较小的欧洲国家中，比利时和荷兰 2017 年都出现了大幅增长，而丹麦市场需求在经过几年较为平缓的时期后也有了明显增长。

与本地区销售市场的增长相对应，欧洲工程机械产品的产量也明显增加，但人们仍对这个作为一个主要制造中心的地区感到担忧。最近，卡特彼勒、斗山和 JLG 都已经关闭或宣布将关闭在比利时的工厂，这将使比利时的工程机械产量在 2018 年或 2019 年可能降至零。这意味着，整个欧洲恐将失去自 1990 年以来一直保持的净出口地位。

3. 北美

北美工程机械市场在 2016 年 11 月美国总统大选前经历了持续一年的不确定性后，2017 年恢复增长，销售量增长 11%，达到 173 188 台。

市场规模较大的产品中，履带式挖掘机和小型挖掘机的增长高于平均水平，伸缩臂叉装机的增长也略高于平均水平。相比之下，挖掘装载机、履带式推土机和滑移－转向装载机的销售量增长低于平均水平；而铰接式自卸车、履带式装载机、轮式挖掘机和桅式越野叉车的销售量则有所下降。

北美仍然是一个主要的工程机械净进口地区。当地产量与需求量接近平衡的产品门类是沥青混凝土摊铺机、履带式推土机、平地机、越野叉装机和轮式装载机，而刚性自卸车和滑移－转向装载机的产量均超出当地需求。除上述产品以外，其他产品品种在北美都是净进口，其中以小型挖掘机的进口量最大。

4. 日本

日本工程机械销售量在 2017 年大幅增长了 14%，这主要是由于履带式挖掘机销售量增长了 33%，从 2016 年的 19 500 台增加到 2017 年的 26 000 台。不过，这一回升被认为只是暂时的，预计这一关键产品的销售量很快会回落到 19 000 台，从而拉低整个日本市场。

日本小型挖掘机销售量保持在 28 000 台的平稳水平，对整个市场增长并无明显支撑作用，而且预期 2018 年其销售量还会小幅下降。履带式挖掘机和小型挖掘机占日本工程机械销售量的比重达到 80%，所以它们的表现对整个日本市场至关重要。轮式装载机也是销售量较大的品种，2017 年同比增长达到 16%，但近期也不会继续增长。

日本仍保持着世界上最突出的工程机械出口国地位，2017 年日本工程机械总产量中约有 65% 用于出口。因此，推动其本土制造业的主要因素是国外市场的需求强度，而不是国内市场。主要出口产品是履带式挖掘机和小型挖掘机，2017 年二者合计出口量估计超过了 12 万台，其最主要的目标市场是北美和欧洲。但由于日本产挖掘机在全世界都有销售，其出口量大幅增长是全球市场强劲的一个积极信号。

5. 印度

印度工程机械市场在 2017 年保持强劲增长，销售量在 2016 年增长 36% 的基础上，继续攀升 14%，超过了在 2011 年出现的高峰水平，并首次达到 6 万台以上。

销售量较大的产品中，增长最迅猛的是履带式挖掘机和轮式装载机。尽管挖掘装载机在印度一直广为普及，但 2017 年在整个市场平均增幅达到 14% 的情况下，其增幅仅为 8%。因此，挖掘装载机占整个市场的比重已经从 10 年前的 60% 下降到 54%，显示市场需求正在转向履带式挖掘机和轮式装载机。在其他产品门类中，与基础设施项目建设相关联的履带式推土机和平地机也实现了较好的增长。

除国内市场需求增长外，印度还正在发展成为一个区域性的生产和出口中心，2017 年其国内产量超出国内销售量的幅度为 10%。挖掘装载机是远超其他产品品种的产量最大的产品，其当年产量超出国内需求约 4 500 台，而履带式挖掘机也超出国内需求 1 500 台。可以肯定，超出的产量中有相当一部分销往国外。

三、未来预期

当前，全球工程机械市场在各主要经济体需求回升的推动下，正处于 21 世纪以来的第三个上升周期。在考虑各种不确定因素影响的情况下，预计本次回升已经接近高点，但是未来回落的幅度与前一周期相比应当是比较缓和的。

中国仍然是影响全球市场的一个主要因素。在 2017 年的超高增长之后，由于政府的宏观政策重点转向防控金融风险，降低宏观杠杆，特别是降低地方政府和国有企业的债务风险，预计中国的基础设施建设投资的增速将回调，而房地产开发建设的总体规模也很难继续大幅扩大。在这种情况下，工程机械需求的持续增长将受到制约。但是，推进新区建设、进一步提高施工作业机械化水平和环保标准提升促进旧机更新等因素对整个工程机械市场将发挥较大的支撑作用。

西欧市场在各国需求普遍上升的形势下，在未来两年将继续保持强劲增长，之后则由于周期性的影响可能出现有限的回落。在美国经济增长加速的预期下，预计北美工程机械市场将继续保持增长，而且增长将普遍出现在各产品领域。而对日本未来经济增长的预期并不乐观，其工程机械市场在 2017 年的增长之后将回调。

印度工程机械市场或将由于大选而在 2019 年出现一些波动，但从长期来看，市场将沿着乐观的增长预期继续发展，继续达到前所未有的新高点。因此，印度可能会永久性地超过日本，成为仅次于中国和美国的全球第三大单一工程机械市场。

就中国工程机械而言，在国内外市场普遍向好的形势下，主要制造企业的经营状况有了明显改善，它们正在制订和实施面向未来市场和智能化、数字化制造产业的新战略。但是，应当注意到，对整个行业来说，盘活现有资产、去除过剩产能、提升经营效益的压力仍然存在，企业仍然必须充分认识市场波动的潜在风险，认真研究在新的市场周期中的生存和发展之道。企业应立足于长远发展目标，从长期结果来评价自身的调整和增长策略，以实现全行业的健康持续发展。

〔撰稿人：英国工程机械咨询有限公司史杨〕

2017年工程机械上市公司总体表现分析

一、上市公司基本情况

截至2017年12月31日，我国以工程机械整机为主营业务的上市公司有20家，其中，A股市场18家、香港市场2家（中联重科在内地、香港两地上市）。其中，以土方机械为主的主要有柳工、厦工股份、徐工机械、中国龙工、*ST常林、山推股份、河北宣工、山河智能；以建筑机械为主的包括三一重工、中联重科和建设机械共3家；专业叉车企业安徽合力1家；路面机械企业达刚路机、森远股份2家；施工起重运输设备企业天业通联1家；高空作业车企业海伦哲1家；矿山机械企业北方股份1家；路桥机械企业新筑股份1家；专业液压缸生产企业恒立液压1家；机械密封生产企业日机密封1家。2017年12月31日，20家工程机械公司年末总市值2 807.38亿元，比年初开盘2 447.77亿元增长5.48%。

2017年有3家工程机械上市公司有意实施再融资，成功实施2例：河北宣工成功增发2.05亿股，募资26亿元；山河智能成功增发3.01亿股，募集资金19.79亿元。

工程机械上市公司主要产品见表1。

表1 工程机械上市公司主要产品

股票代码	股票名称	地址	上市时间	主要产品
000157.SZ 1157.HK	中联重科	长沙市	2000-10-12 2010-12-23	混凝土机械（混凝土泵车、拖泵、混凝土搅拌站、搅拌车）、起重机械、环卫机械、路面及桩工机械、土方机械、物料输送机械和系统等
000425.SZ	徐工机械	徐州市	1996-08-28	装载机、起重机械、铲运机械、工程机械备件、混凝土机械、压实机械、路面机械、消防机械
000528.SZ	柳工	柳州市	1993-11-18	轮式装载机、履带式液压挖掘机、压路机、路面机械、工程机械备件
000680.SZ	山推股份	济宁市	1997-01-22	推土机、压路机、挖掘机、平地机、工程机械配套件
000923.SZ	河北宣工	张家口市	1999-07-14	装载机、推土机、挖掘机、松土器等
002097.SZ	山河智能	长沙市	2006-12-22	挖掘机、旋挖钻机、计算机控制凿岩台车、液压静力压桩机、液压破碎锤、一体化液压潜孔钻机、配件及阀门
002459.SZ	天业通联	秦皇岛市	2010-08-10	铁路、公路桥梁架运设备，非公路运输设备，起重设备，无砟轨道铺装设备，隧道掘进设备
002480.SZ	新筑股份	成都市	2010-09-21	桥梁支座、预应力锚具、桥梁伸缩装置，多功能道路材料摊铺机、搅拌设备
300103.SZ	达刚路机	西安市	2010-08-12	沥青脱桶设备、沥青运输车、智能型沥青洒布车、同步封层车、稀浆封层车、沥青改性设备、乳化沥青设备
300201.SZ	海伦哲	徐州市	2011-04-07	高空作业车、电源车、工程抢修车、军用抢修车
300210.SZ	森远股份	鞍山市	2011-04-26	路面除雪和清洁设备、沥青路面就地再生设备、预防性养护设备
600031.SH	三一重工	长沙市	2003-07-03	混凝土机械（混凝土泵车、拖泵、混凝土搅拌站、搅拌车）、挖掘机、汽车起重机、履带起重机、旋挖钻机、桩工机械、路面机械等
600262.SH	北方股份	包头市	2000-06-30	侧卸式混凝土运输车、铰接式自卸车、矿用洒水车、履带式破碎机、煤斗型自卸车、挖掘装载机、越野卡车、岩斗型自卸车、自行式铲运机
600710.SH	*ST常林	常州市	1996-07-01	平地机、扫路车、随车起重运输车、摊铺机、挖掘机结构件、挖掘装载机、压路机、装载机
600761.SH	安徽合力	合肥市	1996-10-09	电瓶叉车、内燃叉车、牵引车、托盘叉车、阳极运输车、堆垛车、堆高机、叉车配套件、铸件、装载机等
600815.SH	厦工股份	厦门市	1994-01-28	装载机、叉车、挖掘机、路面机械等
600984.SH	建设机械	西安市	2004-07-07	摊铺机、稳拌机、翻斗车、结构件等
601100.SH	恒立液压	常州市	2011-10-28	叉车液压缸、车辆液压缸、大型液压缸、多级液压缸、工程液压缸、工业拉杆液压缸、海事液压缸、千斤顶液压缸、挖掘机液压缸、冶金液压缸
300470.SZ	日机密封	成都市	2015-06-02	机械密封件等
3339.HK	中国龙工	龙岩市	2005-11-17	轮式装载机、压路机、挖掘机、起重叉车、驱动桥、变速器、齿轮、液压缸、管道

截至 2017 年 12 月 31 日，20 家上市公司总资产和净资产总额分别为 3 458.90 亿元和 1 517.78 亿元，较上年同期分别上升 6.73% 和 15.38%。其中中联重科、三一重工、徐工机械总资产规模分别为 831.12 亿元、582.38 亿元和 497.70 亿元，分列行业总资产前三名；净资产列前三名的亦为中联重科、三一重工和徐工机械，分别为 381.90 亿元、263.73 亿元和 240.56 亿元。

工程机械上市公司 2017 年资产规模及变化见表 2。

表 2　工程机械上市公司 2017 年资产规模及变化

证券代码	证券简称	总资产（万元）		同比增长（%）	净资产（万元）		同比增长（%）
		2017 年	2016 年		2017 年	2016 年	
000157.SZ	中联重科	8 311 200.00	8 910 100.00	-6.72	3 819 000.00	3 775 500.00	1.15
000425.SZ	徐工机械	4 977 002.54	4 397 705.37	13.17	2 405 578.49	2 048 158.24	17.45
000528.SZ	柳工	2 165 805.17	2 058 410.12	5.22	911 701.10	884 739.09	3.05
000680.SZ	山推股份	956 102.98	926 204.13	3.23	361 537.04	351 248.35	2.93
000923.SZ	河北宣工	1 357 848.02	140 914.60	863.60	886 349.83	40 794.41	2 072.72
002097.SZ	山河智能	1 228 774.61	1 017 248.14	20.79	476 642.27	314 608.32	51.50
002459.SZ	天业通联	143 145.01	134 210.52	6.66	125 954.82	123 638.13	1.87
002480.SZ	新筑股份	558 661.75	480 102.46	16.36	245 083.45	244 228.26	0.35
300103.SZ	达刚路机	102 313.75	99 774.79	2.54	88 660.04	85 433.57	3.78
300201.SZ	海伦哲	271 291.91	257 550.63	5.34	156 107.54	136 222.39	14.60
300210.SZ	森远股份	236 162.84	207 355.83	13.89	130 594.18	124 765.17	4.67
600031.SH	三一重工	5 823 769.00	6 155 496.70	-5.39	2 637 318.10	2 345 270.30	12.45
600262.SH	北方股份	203 874.84	209 201.25	-2.55	95 157.45	91 224.02	4.31
600710.SH	*ST 常林	4 131 758.50	3 702 167.23	11.60	705 866.93	655 084.70	7.75
600761.SH	安徽合力	709 091.68	638 065.96	11.13	479 318.62	450 322.70	6.44
600815.SH	厦工股份	641 719.28	766 300.12	-16.26	71 379.95	49 528.88	44.12
600984.SH	建设机械	651 960.07	552 434.06	18.02	322 124.65	319 410.93	0.85
601100.SH	恒立液压	615 609.12	519 906.53	18.41	387 315.85	353 461.16	9.58
300470.SZ	日机密封	120 983.90	114 292.39	5.85	99 120.94	89 288.49	11.01
3339.HK	中国龙工	1 381 886.60	1 120 675.10	23.31	773 020.60	671 971.20	15.04
合计 / 平均		34 588 961.56	32 408 115.95	6.73	15 177 831.86	13 154 898.31	15.38

二、工程机械上市公司 2017 年经营情况

1. 上市公司收入普遍增长

2017 年全球经济增速明显回升，经济增长率下跌趋势结束。发达经济体经济增长势头良好，新兴经济体经济增速企稳回升。经济新常态下，2017 年中国经济增速实现了 7 年以来的首次提速，GDP 增速为 6.9%，较上年加快 0.2 个百分点，固定资产投资增速比上年降低 0.9 个百分点，至 7.2%。受益于基建和房地产投资增长的拉动，中国工程机械下游行业需求大幅回暖，工程机械行业景气度持续高位运行。从 2016 年开始，工程机械行业逐步走出衰退低谷。设备替换期高峰的到来、钢材成本压力的缓解、龙头企业集中度的提高，导致 2017 年工程机械行业国内销量大幅回升，持续性超出市场预期。

国家统计局数据显示，2017 年 1—12 月，固定资产投资（不含农户）631 684 亿元，同比增长 7.2%，增速与 1—11 月持平。第二产业中，工业投资 232 619 亿元，同比增长 3.6%，增速比 1—11 月份回落 0.5 个百分点。采矿业投资 9 209 亿元，同比下降 10%，降幅收窄 0.2 个百分点；制造业投资 193 616 亿元，同比增长 4.8%，增速回落 0.7 个百分点。第三产业中，基础设施投资（不含电力、热力、燃气及水生产和供应业）140 005 亿元，同比增长 19%，增速比 1—11 月份回落 1.1 个百分点。其中，水利管理业投资同比增长 16.4%，增速回落 0.6 个百分点；公共设施管理业投资同比增长 21.8%，增速回落 1.5 个百分点；道

路运输业投资同比增长23.1%，增速回落1.5个百分点；铁路运输业投资同比下降0.1%，1—11月份同比增长0.5%。此外，备受关注的房地产行业全年开发投资209 799亿元，同比增长7.0%，增速比上年加快0.1个百分点。房企拿地热情出现回温，2015年房地产开发企业土地购置面积同比增长15.8%。

工程机械行业全面复苏，市场销售大幅回暖。雄安新区、粤港澳大湾区等热点大项目带来万亿级基建项目投资，极大地拉动了工程机械行业的发展；电商加速使传统的工程机械行业得到迅速发展；国家环保政策升级，存量设备进入更新期，行业即将迎来设备替换高潮；行业频发并购重组，行业集中度大幅提升。行业在2017年迎来了新一轮的黄金发展期。

2017年，20家上市公司完成营业收入2 239.06亿元，同比增长41.46%；实现营业利润101.10亿元，同比增长243.32%。

行业整体情况良好，大部分企业收入大幅增长，多数上市公司利润增长高于收入增长水平，盈利能力整体呈上升趋势。20家上市公司中有3家归属母公司的净利润减少，分别是新筑股份、森远股份和建设机械；有9家增幅超过100%。可以看到，在行业整体情况优秀的时期，工程机械行业分化持续加剧，整体利润大幅上升。

工程机械上市公司2017年业绩增长情况见表3。

表3　工程机械上市公司2017年业绩增长情况

证券代码	证券简称	营业收入（万元）	同比增长（%）	营业利润（万元）	同比增长（%）	归属母公司股东净利润（万元）	同比增长（%）
000157.SZ	中联重科	2 327 289.37	16.23	121 777.79	202.20	133 192.37	242.65
000425.SZ	徐工机械	2 913 110.46	72.46	114 006.78	770.87	102 061.77	389.31
000528.SZ	柳工	1 126 421.23	60.79	44 454.24	976.34	32 293.00	555.56
000680.SZ	山推股份	635 079.98	44.19	3 093.34	124.08	6 378.85	46.79
000923.SZ	河北宣工	540 118.46	39.17	72 069.30	0.57	27 479.03	8.85
002097.SZ	山河智能	394 620.30	98.14	28 358.53	715.63	16 227.53	142.49
002459.SZ	天业通联	35 691.23	10.58	1 336.42	-25.99	2 216.80	10.22
002480.SZ	新筑股份	166 023.24	9.26	3 266.48	147.40	1 245.64	-33.40
300103.SZ	达刚路机	29 362.28	33.64	5 105.19	82.81	4 333.17	83.27
300201.SZ	海伦哲	155 732.52	9.95	17 227.67	69.11	16 041.71	81.50
300210.SZ	森远股份	40 664.13	-11.16	6 958.83	-15.36	5 542.29	-27.52
600031.SH	三一重工	3 833 508.70	64.67	287 603.10	130.65	209 225.30	928.35
600262.SH	北方股份	89 035.02	0.83	4 048.15	379.98	3 742.75	115.46
600710.SH	*ST常林	7 408 571.31	47.66	132 153.25	13.70	35 809.96	73.28
600761.SH	安徽合力	839 052.28	35.32	62 087.95	18.94	40 791.15	3.09
600815.SH	厦工股份	444 856.55	37.26	32 750.42	111.47	12 463.23	104.63
600984.SH	建设机械	182 917.44	32.97	4 694.92	294.76	2 280.91	-72.25
601100.SH	恒立液压	279 521.16	104.02	43 872.85	523.67	38 194.04	442.90
300470.SZ	日机密封	49 587.74	48.44	14 312.09	37.58	12 004.48	22.80
3339.HK	中国龙工	899 409.70	74.76	11 863.40	307.89	104 563.50	126.44
合计／平均		22 390 573.11	41.46	1 011 040.72	243.32	806 087.48	162.22

从经营效率来看，2017年工程机械上市公司整体水平同比上升，平均基本每股收益从0元上升到0.27元，净资产收益率从-4.45%上升到7.26%。20家上市公司2017年净资产收益率超过10%的公司有5家，较上年增加4家，并且没有公司为负收益。可见公司运营效率持续维持在高位。

工程机械上市公司2017年经营效率情况见表4。

表 4　工程机械上市公司 2017 年经营效率情况

股票代码	股票名称	总股本（万股）		基本每股收益（元）		净资产收益率（%）	
		2017 年	2016 年	2017 年	2016 年	2017 年	2016 年
000157.SZ	中联重科	779 404.81	766 413.23	0.17	-0.12	3.61	-2.42
000425.SZ	徐工机械	700 772.77	700 772.77	0.14	0.03	4.59	1.02
000528.SZ	柳工	112 524.21	112 524.21	0.29	0.04	3.60	0.56
000680.SZ	山推股份	124 078.76	124 078.76	0.05	0.04	1.95	1.36
000923.SZ	河北宣工	65 272.90	19 800.00	0.53	0.01	7.89	0.50
002097.SZ	山河智能	105 606.85	75 532.50	0.20	0.09	4.81	2.76
002459.SZ	天业通联	38 868.94	38 868.94	0.06	0.05	1.78	1.64
002480.SZ	新筑股份	65 357.63	64 536.83	0.02	0.03	0.54	0.81
300103.SZ	达刚路机	21 173.40	21 173.40	0.20	0.11	4.98	2.79
300201.SZ	海伦哲	104 100.62	102 856.28	0.16	0.09	11.06	8.30
300210.SZ	森远股份	48 422.00	26 901.11	0.11	0.28	4.36	6.31
600031.SH	三一重工	766 821.07	761 086.85	0.27	0.03	8.68	0.00
600262.SH	北方股份	17 000.00	17 000.00	0.22	0.10	3.62	1.73
600710.SH	*ST 常林	130 674.94	130 674.94	0.27	0.20	9.29	8.47
600761.SH	安徽合力	74 018.08	61 681.73	0.55	0.64	9.23	9.48
600815.SH	厦工股份	95 897.00	95 897.00	0.13	-2.80	26.76	-155.45
600984.SH	建设机械	63 676.42	63 676.42	0.04	0.13	0.71	2.61
601100.SH	恒立液压	63 000.00	63 000.00	0.61	0.11	10.39	2.02
300470.SZ	日机密封	10 668.00	10 668.00	1.13	0.92	12.80	11.53
3339.HK	中国龙工	428 010.00	428 010.00	0.24	0.11	14.48	6.92
合计 / 平均		3 815 348.38	3 685 152.97	0.27	0.00	7.26	-4.45

2. 工程机械出口大增

国家政策方面，受益于国家“一带一路”倡议与沿线国家开展的项目，工程机械涉及道路和口岸互联互通，如公路、铁路、桥梁、港口建设，能源基础设施互联互通，如输气、输电管道以及海外投资建厂等项目。国产挖掘机出口 1 272 台，出口占比 9%，同比增长 72%，单月出口数量首次超过 1 000 台

国际方面，受益于北美在岸油气和全球矿山资本开支的持续增长，工程机械的需求持续增加；与此同时，日韩系挖掘机品牌表现欠佳，市场份额持续下降，欧美品牌市场份额保持稳定，我国国产品牌出口数量和市场占有率持续增加，市场份额达到 53%。根据经销商调研，未来日系、欧美系品牌的市场占有率会维持稳定，韩系品牌的市场占有率将继续下滑，国产品牌的市场占有率将会稳步上升。

3. 毛利率上升，三项费用比率下降

受宏观经济增速上升、固定资产投资持续增长的影响，工程机械产品市场需求扩大，国内工程机械行业持续回暖。工程机械行业总体需求增加，行业内小企业在行业低谷期被淘汰，龙头企业集中度提升，企业盈利明显改善。2017 年以来替换需求占比大幅上升，工程机械迎来存量设备替换高峰期。并且 2017 年以来，基建投资维持在较高水平，工程机械行业易受到基建投资增速的影响，所以工程机械的宏观需求有所增加。

2017 年 20 家工程机械上市公司的平均毛利率 27.66%，较上年的 24.64% 上升了 3.02 个百分点；20 家工程机械上市公司的平均净利率 7.35%，较上年的 1.15% 上升了 6.2 个百分点；三项费用比率 19.09%，较 2016 年 21.10% 的水平下降了 2.01 个百分点。

在行业景气的背景下，多数公司净利率同比上升或持平，仅有少数公司净利率小幅下降，其中厦工股份增长最快，同比增长 87.34%，扭亏为盈。但在行业整体较好的情况下，净利率维持在 20% 以上的只有日机密封 1 家公司，多数公司净利率维持在 10% 以下。

工程机械上市公司 2017 年利润率与三项费用比率见表 5。

表5　工程机械上市公司2017年利润率与三项费用比率

股票代码	股票名称	毛利率（%）		净利率（%）		三项费用比率（%）	
		2017年	2016年	2017年	2016年	2017年	2016年
000157.SZ	中联重科	21.35	23.86	5.36	-4.52	24.60	26.05
000425.SZ	徐工机械	18.89	19.44	3.53	1.28	14.20	16.13
000528.SZ	柳工	22.90	24.87	2.86	0.68	17.12	21.53
000680.SZ	山推股份	16.62	17.48	0.98	0.40	15.03	20.01
000923.SZ	河北宣工	61.48	10.56	9.36	0.80	47.04	34.28
002097.SZ	山河智能	32.45	33.39	5.28	4.73	21.70	26.29
002459.SZ	天业通联	22.97	25.44	6.21	6.23	24.47	27.20
002480.SZ	新筑股份	20.02	19.37	1.12	1.18	26.78	28.29
300103.SZ	达刚路机	27.31	25.20	14.76	10.76	12.95	14.21
300201.SZ	海伦哲	30.66	30.08	10.23	6.13	18.18	19.88
300210.SZ	森远股份	44.58	45.38	13.92	16.53	30.56	23.58
600031.SH	三一重工	30.07	26.21	5.81	0.70	20.05	23.00
600262.SH	北方股份	21.82	22.40	4.22	1.95	14.71	19.51
600710.SH	*ST常林	5.67	7.17	1.48	2.05	3.78	4.05
600761.SH	安徽合力	19.88	22.51	6.19	7.41	11.88	13.41
600815.SH	厦工股份	10.74	6.59	4.94	-82.40	10.37	28.91
600984.SH	建设机械	29.58	28.20	1.29	5.98	17.51	20.42
601100.SH	恒立液压	32.82	22.02	13.63	4.92	16.75	17.48
300470.SZ	日机密封	56.82	58.51	24.28	29.23	25.70	24.80
3339.HK	中国龙工	26.59	24.22	11.62	8.93	8.50	12.94
平均		27.66	24.64	7.35	1.15	19.09	21.10

4. 资产营运效率提高

2017年，应收账款普遍出现大幅下降情况，主要原因是2017年大多数子行业最终用户的经营情况明显改善，导致相应的主机企业回款情况得到改善。20家上市公司应收账款比率由2016年的70.83%下降至54.80%，大幅下降了16.03个百分点，反映出下游客户付款能力增强，回款周期减短，其中中联重科、徐工机械、河北宣工、山河智能4家公司下降最快。

20家上市公司存货比率由2016年的57.17%下降到46.65%，整体存货控制与上年同期相比有所优化，反映出库存问题在逐渐好转。20家公司中有3家存货比率上升，大部分公司出现下降，其中河北宣工下降高达82.02个百分点。

20家上市公司固定资产比率从2016年的21.88%下降至20.25%，下降了1.63个百分点，仅有3家公司固定资产比率上升。

工程机械上市公司2017年资产质量见表6。

表6　工程机械上市公司2017年资产质量

股票代码	股票名称	应收账款比率（%）		存货比率（%）		固定资产比率（%）	
		2017年	2016年	2017年	2016年	2017年	2016年
000157.SZ	中联重科	82.12	144.83	54.51	83.77	7.55	9.06
000425.SZ	徐工机械	62.27	106.51	39.66	48.83	15.14	17.41
000528.SZ	柳工	27.93	41.12	44.70	54.52	12.58	12.98
000680.SZ	山推股份	31.54	49.67	31.80	42.10	19.95	24.74
000923.SZ	河北宣工	15.04	88.71	54.90	136.92	29.14	30.68

（续）

股票代码	股票名称	应收账款比率（%）		存货比率（%）		固定资产比率（%）	
		2017 年	2016 年	2017 年	2016 年	2017 年	2016 年
002097.SZ	山河智能	77.36	139.74	72.93	121.20	28.67	33.82
002459.SZ	天业通联	89.25	80.92	58.21	53.18	26.16	27.28
002480.SZ	新筑股份	72.57	61.41	50.52	39.55	28.90	33.39
300103.SZ	达刚路机	32.49	38.69	39.84	59.55	10.89	10.92
300201.SZ	海伦哲	67.09	64.35	29.71	30.96	15.56	12.66
300210.SZ	森远股份	109.40	97.66	147.45	102.09	13.55	14.76
600031.SH	三一重工	50.19	78.90	28.51	36.21	23.42	24.53
600262.SH	北方股份	71.94	66.03	62.29	77.12	14.69	18.46
600710.SH	*ST 常林	11.94	13.52	5.66	7.30	18.06	16.15
600761.SH	安徽合力	12.52	17.27	16.15	19.43	22.09	24.85
600815.SH	厦工股份	54.57	82.34	32.50	42.66	11.02	13.17
600984.SH	建设机械	97.59	104.00	20.91	29.75	47.22	42.90
601100.SH	恒立液压	35.43	41.52	43.71	55.26	34.61	40.86
300470.SZ	日机密封	72.83	72.97	62.11	64.42	9.28	6.93
3339.HK	中国龙工	21.90	26.53	37.04	38.66	16.49	22.00
平均		54.80	70.83	46.65	57.17	20.25	21.88

注：应收账款比率为应收账款占营业收入的比率，存货比率是存货占当年营销成本的比率，固定资产比率为固定资产占总资产的比率。

和资产质量相关的指标是公司的经营效率指标。从存货周转率、应收账款周转率以及经营活动现金流等指标来看，在行业景气上行、需求扩大的背景下，2017 年工程机械上市公司较高的应收账款问题得到大幅缓解，20 家公司平均应收账款周转天数 172.39 天，比 2016 年减少了 63.80 天；存货积压问题有所改善，20 家公司平均存货周转天数 153.21 天，比 2016 年减少了 54.87 天；20 家公司的现金流状况持续好转，每股经营活动现金流从 2016 年的 0.33 元上升至 0.62 元。

20 家公司中，应收账款周转天数大幅下降的有中联重科、徐工机械、河北宣工、山河智能、三一重工和厦工股份，都减少了 100 天以上；应收账款周转天数在 100 天以内的有 7 家，比 2016 年增加了 4 家。存货周转天数上升的有 5 家，河北宣工下降最多，*ST 常林的存货周转天数最短。每股经营活动现金流上升的有 13 家，经营活动现金流为负的有天业通联、新筑股份、海伦哲和森远股份。

工程机械上市公司 2017 年经营效率见表 7。

表 7　工程机械上市公司 2017 年经营效率

股票代码	股票名称	应收账款周转天数（天）		存货周转天数（天）		每股经营活动现金流（元）	
		2017 年	2016 年	2017 年	2016 年	2017 年	2016 年
000157.SZ	中联重科	400.22	538.12	212.95	317.07	0.37	0.28
000425.SZ	徐工机械	184.75	356.40	122.00	163.92	0.45	0.32
000528.SZ	柳工	86.68	148.25	139.93	189.45	0.85	1.22
000680.SZ	山推股份	98.25	148.06	109.26	151.06	0.44	0.22
000923.SZ	河北宣工	34.53	394.78	126.46	550.63	1.91	0.75
002097.SZ	山河智能	242.16	405.36	239.82	378.15	0.37	0.26
002459.SZ	天业通联	281.95	276.77	188.55	212.74	−0.08	−0.01
002480.SZ	新筑股份	225.82	237.25	156.62	155.55	−0.24	0.30

（续）

股票代码	股票名称	应收账款周转天数（天）		存货周转天数（天）		每股经营活动现金流（元）	
		2017 年	2016 年	2017 年	2016 年	2017 年	2016 年
300103.SZ	达刚路机	107.55	141.25	154.25	233.30	0.11	0.18
300201.SZ	海伦哲	223.89	160.81	104.58	92.58	-0.01	-0.07
300210.SZ	森远股份	393.53	317.77	469.24	312.12	-0.09	-0.12
600031.SH	三一重工	171.15	301.91	93.08	123.02	1.12	0.42
600262.SH	北方股份	162.39	148.34	248.79	360.54	0.86	1.82
600710.SH	*ST 常林	31.35	22.88	18.95	14.02	3.19	-1.43
600761.SH	安徽合力	37.65	49.23	54.06	69.22	1.17	1.27
600815.SH	厦工股份	186.14	358.71	117.05	193.39	0.57	0.15
600984.SH	建设机械	305.91	352.42	78.69	108.58	0.07	-0.07
601100.SH	恒立液压	50.68	76.40	135.26	172.85	0.24	0.01
300470.SZ	日机密封	156.40	173.78	186.87	234.73	0.68	0.66
3339.HK	中国龙工	66.74	115.29	107.78	128.71	0.37	0.46
行业平均		172.39	236.19	153.21	208.08	0.62	0.33

5. 企业偿债能力下降

20 家公司平均资产负债率 48.52%，较 2016 年的 48.78% 下降了 0.26 个百分点。2017 年企业整体负债水平仍然处于较为危险的局面，前期信用销售激进扩张导致资产负债率状况堪忧，短期内难以明显改变这一困局。

20 家上市公司平均流动比率 2.74，较 2016 年的 2.07 提高了 0.67。平均速动比率 2.24，较 2016 年的 1.64 上升了 0.60。

工程机械上市公司 2017 年偿债能力见表 8。

表 8　工程机械上市公司 2017 年偿债能力

股票代码	股票名称	流动比率		速动比率		资产负债率（%）	
		2017 年	2016 年	2017 年	2016 年	2017 年	2016 年
000157.SZ	中联重科	2.36	2.45	2.00	1.98	54.05	57.63
000425.SZ	徐工机械	1.73	1.56	1.28	1.22	51.67	53.43
000528.SZ	柳工	1.32	1.45	0.97	1.14	57.90	57.02
000680.SZ	山推股份	1.26	1.04	0.90	0.73	62.19	62.08
000923.SZ	河北宣工	2.38	0.84	1.95	0.51	34.72	71.05
002097.SZ	山河智能	1.43	1.14	1.06	0.83	61.21	69.07
002459.SZ	天业通联	5.85	8.98	4.91	7.73	12.01	7.88
002480.SZ	新筑股份	1.55	1.57	1.22	1.26	56.13	49.13
300103.SZ	达刚路机	6.71	6.19	6.06	5.48	13.34	14.37
300201.SZ	海伦哲	1.87	1.63	1.52	1.34	42.46	47.11
300210.SZ	森远股份	1.37	1.44	1.04	1.11	44.70	39.83
600031.SH	三一重工	1.58	0.00	1.24	0.00	54.71	0.00
600262.SH	北方股份	1.55	1.34	1.11	0.85	53.33	56.39
600710.SH	*ST 常林	1.01	1.07	0.89	0.95	82.92	82.31
600761.SH	安徽合力	1.51	1.57	1.04	1.31	58.37	59.11
600815.SH	厦工股份	0.62	0.58	0.46	0.46	52.47	52.65
600984.SH	建设机械	1.15	1.16	0.94	0.92	79.99	78.02
601100.SH	恒立液压	13.01	2.91	12.04	2.55	7.77%	17.30
300470.SZ	日机密封	2.84	1.58	2.59	1.56	31.23	38.04
3339.HK	中国龙工	3.68	2.84	1.57	0.87	59.20	63.11
行业平均		2.74	2.07	2.24	1.64	48.52	48.78

三、市场表现与市场预测

2017 年，上证综合指数从年初开盘的 3 103.64 点至年底收盘的 3 307.17 点，上涨了 6.56%；深证成分指数从年初开盘的 10 177.14 点至年底收盘的 11 040.45 点，上涨了 8.48%；香港恒生指数从年初开盘的 22 000.56 点至年底收盘的 29 919.15 点，上涨了 35.99%。同期，工程机械上市公司表现强于深证成指，20 家工程机械公司 2017 年年末总市值 2 807.38 亿元，比年初开盘的 2 447.77 亿元增长了 14.69%。

2017 年，工程机械上市公司中河北宣工涨幅最大，上涨 213.83%，森远股份降幅最大，下降了 50.53%。

工程机械上市公司 2017 年市值变换见表 9。

表 9　工程机械上市公司 2017 年市值变换

证券简称	总股本（万股）		年初开盘价（前复权）（元）	年末收盘价（前复权）（元）	总市值（亿元）		市值增长（%）
	2017 年 1 月 1 日	2017 年 12 月 31 日			2017 年 1 月 1 日	2017 年 12 月 31 日	
中联重科	766 413.23	779 404.81	4.406 6	4.470 0	327.27	325.22	-0.63
徐工机械	700 772.77	700 772.77	3.360 2	4.630 0	236.86	324.46	36.98
柳工	112 524.21	112 524.21	7.251 2	8.530 0	82.26	95.98	16.69
山推股份	124 078.76	124 078.76	5.540 0	5.090 0	68.62	63.16	-7.96
河北宣工	19 800.00	65 272.90	23.560 0	22.800 0	47.42	148.82	213.83
山河智能	75 532.50	105 606.85	8.859 2	7.530 0	67.60	79.52	17.63
天业通联	38 868.94	38 868.94	17.650 0	11.880 0	68.76	46.18	-32.84
新筑股份	64 536.83	65 357.63	11.342 6	7.200 0	73.25	47.06	-35.76
达刚路机	21 173.40	21 173.40	14.944 0	11.796 7	46.92	37.48	-20.13
海伦哲	102 856.28	104 100.62	8.090 7	7.100 0	83.21	73.03	-12.24
森远股份	26 901.11	48 422.00	12.103 5	6.000 0	58.73	29.05	-50.53
三一重工	761 086.85	766 821.07	6.076 9	9.070 0	464.26	695.39	49.78
北方股份	17 000.00	17 000.00	30.170 0	19.810 0	51.29	33.68	-34.34
*ST 常林	130 674.94	130 674.94	9.250 0	6.750 0	59.93	88.21	47.18
安徽合力	149 705.23	149 705.23	6.938 4	8.417 4	105.09	127.10	20.94
厦工股份	54 465.54	54 465.54	10.110 0	7.840 0	55.12	42.70	-22.53
建设机械	89 742.56	89 742.56	7.903 3	6.220 0	71.35	55.82	-21.76
恒立液压	28 817.63	28 817.63	15.380 0	9.050 0	44.41	26.08	-41.27
日机密封	164 912.90	185 485.35	22.270 0	22.470 0	363.63	416.79	14.62
中国龙工	93 606.06	93 606.06	7.808 1	5.520 0	71.80	51.67	-28.03
合计 / 平均	177 173.49	184 095.06			2 447.77	2 807.38	14.69

2017 年工程机械上市公司跟随着指数的波动，同时由于业绩的上升导致估值下降。按当年业绩计算，20 家上市公司 2017 年年底平均市盈率为 494.05 倍，比 2016 年年底的 511.24 倍下降了 17.19 倍；2017 年年底平均市净率为 2.90 倍，比 2016 年年底的 3.55 倍下降了 0.65 倍。

工程机械上市公司 2017 年市场表现见表 10。

表 10　工程机械上市公司 2017 年市场表现

股票代码	股票名称	市盈率（倍）		市净率（倍）	
		2017 年 1 月 1 日	2017 年 12 月 31 日	2017 年 1 月 1 日	2017 年 12 月 31 日
000157.SZ	中联重科	416.87	-37.31	0.93	0.92
000425.SZ	徐工机械	468.12	155.55	1.16	1.36
000528.SZ	柳工	385.94	194.85	0.93	1.06
000680.SZ	山推股份	-7.84	145.34	2.21	1.92
000923.SZ	河北宣工	6 797.46	7 115.13	12.21	2.32
002097.SZ	山河智能	-231.20	118.83	2.80	1.87
002459.SZ	天业通联	-21.36	229.59	5.61	3.72
002480.SZ	新筑股份	-46.35	251.61	3.17	2.08

股票代码	股票名称	市盈率（倍）		市净率（倍）	
		2017 年 1 月 1 日	2017 年 12 月 31 日	2017 年 1 月 1 日	2017 年 12 月 31 日
300103.SZ	达刚路机	124.62	158.51	5.53	4.29
300201.SZ	海伦哲	325.45	82.63	6.42	5.14
300210.SZ	森远股份	65.46	37.99	4.82	2.25
600031.SH	三一重工	335.00	341.79	1.99	2.78
600262.SH	北方股份	-31.66	193.87	5.16	3.27
600710.SH	*ST 常林	-11.37	42.68	0.00	2.25
600761.SH	安徽合力	19.74	19.68	1.86	1.74
600815.SH	厦工股份	-6.18	-1.56	2.42	7.91
600984.SH	建设机械	914.41	49.73	1.75	1.25
601100.SH	恒立液压	159.30	245.72	2.91	4.62
300470.SZ	日机密封	57.14	42.23	5.51	4.36
行业平均		511.24	494.05	3.55	2.90

我国工程机械市场在 2011 年 4 月陷入断崖式下跌之后，连续 5 年来处在寒冬之中。但随着国家宏观调控，企业紧跟“一带一路”的步伐，加速海外市场扩展，各大基建项目相继开炉，2017 年以来工程机械行业实现了大幅增长。

2018 年，国家将继续实施积极的财政政策与稳健的货币政策，在雄安新区、长江经济带、泛珠三角带、粤港澳大湾区等项目，以及由此派生出的高铁、城轨、地铁等基础设施建设推动下，国内工程机械产业有望获得进一步稳定的发展空间；加上工程机械国Ⅳ排放标准将进入实施阶段，必将导致国Ⅲ产品的更新换代潮，并且工程机械行业将于 2018—2020 年间迎来存量设备的替换高峰期，2018 年工程机械的高销量有望持续。海外市场方面，“一带一路”倡议有效推动了工程机械出口，随着全球工程机械市场回暖，美国加大基础设施建设，加上国内工程机械企业海外布局逐步深化，未来海外市场增长预期较好。“一带一路”仍是工程机械的主要增长点，工程机械企业将通过中资外带、援外项目、本地化工厂等多种方式，加强对东亚、东南亚、中亚、非洲、南美等市场需求强劲地区的拓展，积极布局“一带一路”的企业仍将在竞争中脱颖而出。

我国工程机械行业具有明显的技术优势和产业优势，行业相关企业对当前经济下行压力加大有充分的估计，积极做好了应对准备。加上中国发展潜力大、韧性大、回旋余地大，特别是国际产能合作、《中国制造 2025》、长江经济带建设、京津冀协同发展和国家出台的一系列稳增长的政策措施和相关举措将协同拉动经济发展，工程机械行业将更加受益。同时，“一带一路”倡议将加速优势产能“走出去”步伐，我国工程机械行业发展前景向好。

尽管从长期来看工程机械行业总体上仍将保持较稳健的需求，但是，从短期来看，工程机械行业市场的走势仍取决于多种因素，工程机械行业长期积累的矛盾和问题没有完全解决。比如行业投资形成的大量产能的释放带来了产品结构性过剩，企业经营成本上升、行业低价竞争愈发激烈等。加之国内工程机械核心零部件对外依存度较高，制约了行业效益的提升。此外，由于世界经济形势的不确定性及地缘政治的复杂性，工程机械行业仍面临较大的需求压力，市场竞争环境更加激烈。工程机械行业竞争日趋激烈，市场出清加快，市场份额向龙头企业集中将成为未来几年行业整合的趋势，市场份额较小的企业越来越难以生存，将加速退出市场。

〔撰稿人：郑贤玲〕

庞源指数的设立和应用

指数广泛存在于全球经济领域中，是根据某种采样的价格所设计并计算出来的统计数据，用来衡量其价格波动情形。例如美国的道琼斯工业指数、纳斯达克股票指数，国内的上海及深圳证券交易所的股价指数等。航运业的行业化指数——波罗的海指数（BDI）反映航运业的干散货交易量的转变，同时，它也是全球经济景气度的重要指标之一。

类似于波罗的海指数，庞源指数是由上海庞源机械租赁有限公司（简称庞源租赁）制作并定期发布的、反映国内塔式起重机市场价格及交易量波动的一个指数。

改革开放以来的几十年，我国是全球最大以及发展最快的建筑市场，塔式起重机是其中重要的施工设备。当前，国内工程机械租赁市场的总额超过 5 000 亿元，其中塔式起重机租赁市场约为 700 亿元，随着国家对装配式建筑的强势推广，预计塔式起重机租赁市场规模有望突破千亿元。然而，由于塔式起重机租赁行业起步晚、发展快，近年又遭遇大起大落，至今尚未形成行业的规范，甚至鲜有准确的行业统计数据。从市场供求关系角度，局部的、短期的供求矛盾是发生在眼前的，是显性的、感性的；而整体性、长期性的供求关系取决于市场增速、设备存量、设备增量等涉及整个产业链的数据关系，是理性的。由于普遍缺乏量化依据，二者之间的差异无从把握，多数从业企业凭感觉或随大流，难以制定科学的自我发展规划。

庞源租赁具有一定规模后，即着手基于本企业真实数据的量化尝试。从 2012 年开始进行对吨米利用率的统计及吨米单价的分析，2015 年在吨米单价的基础上设计出庞源指数。经过多年的努力，庞源指数效果已经多方面显现，并经常被金融界当作行业分析的指标引用。

一、庞源指数简介

1. 采样数据

庞源租赁当前拥有塔式起重机 4 000 余台，总计 86.5 万吨米，居全球首位。庞源指数以庞源租赁的全部塔式起重机实际的接单情况为数据采样样本。

2. 采样比例

估算塔式起重机社会存量 35 万台，用于租赁的活跃塔式起重机约占 25 万台，总吨米数 2 400 万吨米。按吨米计采样占比为3.5%左右。由于塔式起重机行业集中度很低，从业单位众多，平均塔式起重机拥有量不到 2 000 吨米，这一比例应具有一定的代表性。

3. 指数基数

以 2015 年 7 月 1 日为起始点，起始指数值为 1 000 点。

基础数据为裸机吨米单价，即不含税的裸机日租金 / 裸机吨米数。指数经过吨米加权和采购指数加权处理。

二、指数类别

1. 存量指数

以月为单位，反映当前在工程现场使用中的塔式起重机的价格。塔式起重机租赁属于低频交易，每单平均交易周期 6 个月以上，较长的超过 24 个月，交易期内价格锁定。无论何时签订塔式起重机的租赁合同，只要仍在施工的设备均归于此类。因此，存量指数涉及采样数量的 80% 以上，指数曲线较为平稳，反映了较长周期内的整体价格变化情况。

2. 新单指数

以周为单位，反映当前周新签约的租赁价格情况，此时塔式起重机可能尚在准备进场阶段、运输阶段或安装阶段，个别紧急项目可能刚刚投入使用。因此，新单指数对租赁市场的价格反映接近于实时。

三、庞源指数的意义

（1）行业发展趋势及下游行业景气度指标。指数的起伏反映价格走势，即市场实际的供求关系，结合存量指数和新单指数，可用于中长期或短期的趋势性分析。2016 年中期为几年来的价格低谷，之后就是触底稳步回升的态势。同时，指数波动也反映了下游基建、房地产开工情况，对于研究整个建筑行业景气度方面也具有重要的参考作用。做市场分析需要通过各种指标来反映下游情况，比如工程机械销量、挖掘机的开工小时数等。庞源指数结合吨米利用率数据（庞源官网公开发布），作为量化指标，可成为市场分析的重要依据。

（2）指数可反映出每年地理气候变化带来的短期周期性。这里涉及冬季施工的范畴，反映出冬停季节及春节假期对租赁市场的影响。

（3）随着指数的日益累积，形成的大数据可反映出整个产业链随经济气候变化的中长期趋势。根据地区、机型、品牌等不同的数据筛选，精确地展示出某省（市）、某机型、某吨米区段或特定品牌在实际的租赁市场中的价格走势情况，作为产业链上共用的量化依据。还可根据租赁项目的工程类型，筛选出服务于桥梁、装配式建筑等的塔式起重机价格指数曲线。

四、庞源指数的实际应用

1. 用于企业内部的精细化管理

根据新单指数的波动及时调整公司的价格战略，包括设备的指导价格、设备的采购和调拨。塔式起重机租赁行业的特点是中大型企业均在全国范围内广泛布设网点。由于我国疆域辽阔，各地区发展不均衡，导致地区性价格差异很大，有时甚至相差 50% ～ 100%。因此，根据各地区不同机型的实时价格走势，进行资源的合理调拨，实现效益最大化。例如，某段时间内可将中型设备相对集中地调往长三角地区、中小设备调往西南地区。租赁市场的塔式起重机是社会化的共享资源，科学合理的流动可以起到稳定市场的作用，更好地提高资源利用的效率。

2. 对产业链上游企业的影响

在整个塔式起重机租赁环节中，上游塔式起重机厂商对应的是市场增量部分。由于全社会塔式起重机存量数额巨大，厂商收到的各机型的订单比例与租赁市场实际的供需比例之间存在差异。而塔式起重机的生产涉及排产计划、材料采购、流水线及工装调整、相应人员安排、配套供应商合约等一系列环节，到产品上市需要较长的周期，如果厂商不能及时掌握市场动向，订单的突然变化（很有可能某年 4 月前大部分是 100 吨米以下的订单、而 5 月份则是 200 吨米以上的订单纷至沓来）会造成厂商的被动。庞源指数反映了不同级别设备的实时供需状况，厂商可以依据其对中长期趋势的判断而合理安排生产和资源计划，踩准市场的节奏。

3. 对产业链下游企业及同业企业的影响

当前大型建筑企业的管理模式中，往往采用年度招标的形式确定合格供应商以及锁定价格，甚至数年内不作调整。在市场发生变化时，由于其管理流程复杂，做出反应非常迟缓而与市场脱节，制定的固定价格不合理，时常导致无人应标的情况出现。庞源指数经过换算，可对塔式起重机的租赁市场价格进行直观反映，对招标方和投标方都有一定的指导作用。双方在统一的量化基础上可以更高效地达成更公平的合作，更有益于行业的健康发展。

五、庞源指数的发布

庞源指数中的月度存量指数和每周新单指数向社会公开发布，各界人士均可无偿使用。分级筛选功能可联络庞源租赁，获得相应权限后可浏览。

庞源指数发布渠道：庞源租赁官网（www.pangyuan.com）、微信公众号（庞源租赁）。今后将陆续在行业期刊、行业协会网站、各大门户网站发布。

庞源租赁呼吁同行企业加入到这一行动中来，提供更多的数据，使庞源指数更加客观、精确和完善。相信经过大家的努力，有朝一日庞源指数将成为塔式起重机行业全球共享的“波罗的海指数”。

〔撰稿人：上海庞源机械租赁有限公司柴昭一、尚立强〕

（本栏目编辑：任智惠）

公布2017年工程机械行业用户需求部分调查结果

2017年工程机械用户需求调查报告（摘要）

2017 年工程机械用户需求调查报告（摘要）

当前工程机械市场已经进入了质量竞争时代，用户满意的质量成为企业的努力目标。中国工程机械工业协会用户工作委员会（以下简称用户工作委员会）以市场质量观念看待用户对质量提升的需求变化，落实以用户需求为导向的经营思想，持续开展用户需求调查工作。在中国工程机械工业协会和广大用户的大力支持下，用户工作委员会坚持以《质量发展纲要 2011—2020》提出的“建立健全以产品质量合格率、出口商品质量合格率、顾客满意度指数以及质量损失率等为主要内容的质量指标体系，推动质量指标纳入国民经济和社会发展统计指标体系”为指导，落实“要加快质量诚信体系建设，加快健全质量信誉监管体制机制，推动建立国家、地方和行业的产品质量奖励和惩戒制度，鼓励行业协会开展重点工业产品质量评价工作”的指示精神，落实《中共中央 国务院关于开展质量提升行动的指导意见》（中发〔2017〕24 号）提出的“鼓励以用户为中心的微创新，改善用户体验”“建立质量分级制度……完善第三方质量评价体系，开展高端品质认证，推动质量评价由追求合格率向追求满意度跃升”，以及工业和信息化部《关于做好 2017 年工业质量品牌建设工作的通知》的指示精神，在工程机械行业中树立市场质量观念，深入推进用户满意经营，以用户需求变化为导向，关注“顾客满意度指数、质量损失率和质量竞争力”等指标提升，以用户来评价产品的市场表现，以追求用户满意为经营目标的市场质量经营观念，引导广大企业不断提升质量创新能力、产品质量竞争力、服务质量水平，倡导市场质量观念，推动质量信誉建设，促进企业转型升级，实现提质增效，不断满足广大用户持续增长的新需求，赢得持续发展。

在市场质量观念下，组织由于用户需求而存在，没有需求就没有市场。工程机械市场已经进入了质量竞争时代，用户满意经营成为企业持续发展的重要战略，在竞争中主要是争夺用户，常规工程机械产品已经能够充分供应市场，为从事建设施工的广大用户提供了充足的选择机会，用户成为企业竞争和服务的焦点。由于用户需求不断提升，产品适应需求变化的能力出现短板，需求倒逼企业加速研发创新、持续改善质量、升级延伸服务，市场需求理性化特征凸显，因此，只有不断研发出用户满意的新产品才能满足用户不断增长的需求，满足用户个性化需求、快速需求，正在考验企业适应市场变化的能力。多年来，用户工作委员会致力于宣传贯彻“质量是企业生命，用户是企业生存的根本”的市场质量观，工作目标聚焦于促进企业提高产品质量、提升服务水平，适应节能减排、安全环保、绿色发展的社会需求，坚持以深入推广先进质量方法为抓手，积极发挥用户工作委员会的专业职能，努力促进企业不断提升用户满意度水平。

一、用户满意度测评工作目的和依据

按照用户工作委员会安排，用户工作委员会依据国家标准 GB/T 19038—2009《顾客满意度测评模型和方法指南》、GB/T 19039—2009《顾客满意度测评通则》，以客观、公正地开展第三方测评工作为己任，持续测评工程机械产品的市场表现，收集广大用户体验信息，发现用户不满意问题，推动企业不断改进，在持续改进中实现提升工程机械质量竞争力的目标。测评工作目的在于：

1）以市场质量观念测量看待产品质量提升，用户满意测量发现产品市场表现，明确产品在市场上的定位，获得用户对产品的量化评价结果。

2）开展第三方测评，客观、真实、全面地评价产品的市场表现，发现影响用户满意度提升的优势与不足等关键问题。

3）以结果导向，针对发现的用户意见和不满意问题进行改善，持续改善质量细节，提升用户满意度，提升用户体验的质量水平。

4）推动工程机械企业持续改进，产品质量在系统改善中逐步提高，提升产品质量竞争力，赢得企业持续发展。

二、2017 年行业部分产品测评工作情况

2017 年，用户工作委员会继续开展了全国混凝土机械、筑养路机械、高空作业机械、桩工机械和钢筋加工机械等行业产品质量用户满意度评价调查工作。在广大用户、经销商和代理商的倾力支持下，在制造企业自愿参加并积极配合下，评价工作得到持续提升。通过调查了解用户对产品质量指标评价和服务质量承诺的评价，反映出质量诚信落实状况，汇总收集广大用户评价信息，实事求是反映用户诉求，寻找产品质量和服务质量的改进方向，反馈给有关企业，促进企业持续改进，不断满足用户增长的需求，以质量为核心提高市场竞争力。

用户工作委员会访问的主要产品有：混凝土搅拌站、臂架式混凝土泵车、车载混凝土泵、混凝土搅拌运输车、混凝土布料杆、干粉砂浆设备、压路机、平地机、摊铺机、稳定土拌和设备、旋挖钻机、高处作业吊篮、擦窗机、高空作业车、钢筋调直切断机等。测评工作历时半年，受访用户遍布全国 31 个省市，受访对象为使用以上工程机械的单位领导/老板、机械管理人员、操作司机以及维修人员，涉及各种产品样本共计 22 108 台，测评结果宏观反映出产品的市场表现。2017 年接受访问的用户所在区域分布见图 1 和表 1。2017 年接受访问用户的工作岗位分布见图 2。

表 1　2017 年接受访问用户所在区域分布

区域	省份	区域	省份
东北	黑龙江	华中	河南
	吉林		湖北
	辽宁		湖南
华北	北京		江西
	天津	西北	甘肃
	河北		宁夏
	内蒙古		青海
	山西		陕西
华东	安徽		新疆
	福建	西南	四川
	江苏		贵州
	山东		西藏
	上海		云南
	浙江		重庆
华南	广东		
	广西		
	海南		

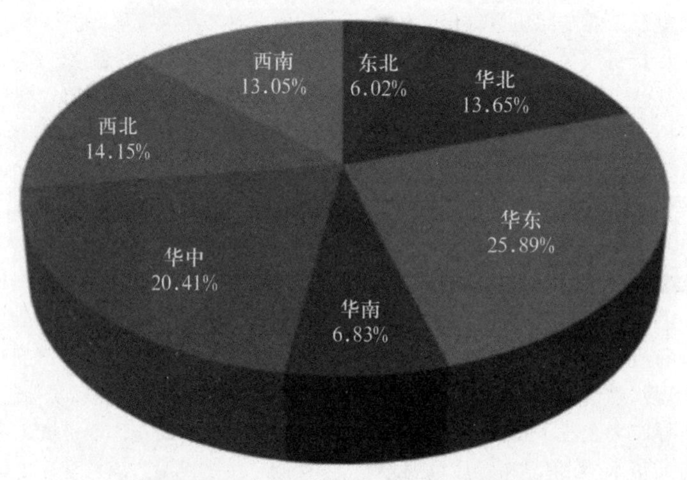

图 1　2017 年接受访问用户所在区域分布

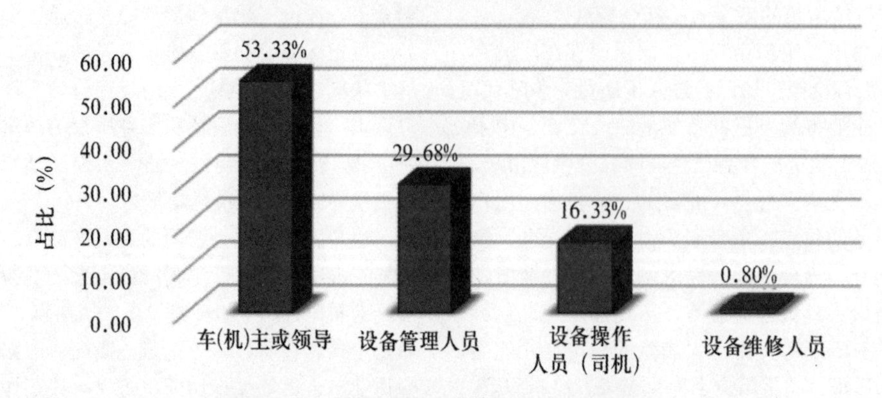

图 2　2017 年接受访问用户的工作岗位分布

（一）2017 年混凝土机械产品用户满意度评价结果

1. 混凝土机械各指标评价

2017 年混凝土机械用户满意度各项指标均有所提高。混凝土机械用户总体满意度为 83.6 分，保持优秀水平，表明混凝土机械产品总体上用户满意度较高，用户忠诚度 81.4 分，处于优秀水平，表现出用户对国产品牌的信任和依赖。从用户评价结果来分析，混凝土机械各项指标评价中，品牌形象评价相对较高，达到87.3分，其次是感知服务质量85.8分、感知产品质量85.5分、性能价格比83.4分，用户抱怨率19.50%，比上次有较大幅度下降，用户忠诚度得分相对较低。混凝土机械用户满意度体系各项指标评价结果见图3。

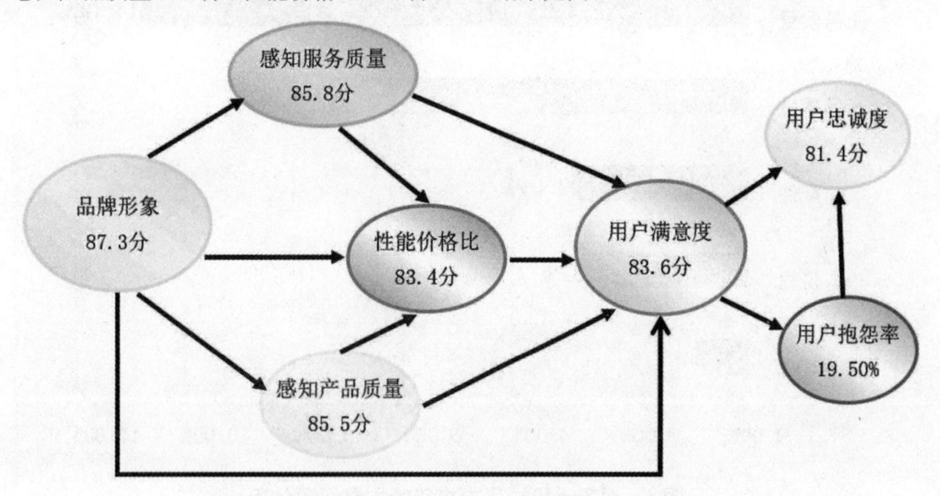

图3　混凝土机械用户满意度体系各项指标评价结果

2. 混凝土机械与上次测评对比分析

（1）2017年混凝土机械行业用户满意度保持上升趋势。混凝土机械的品牌形象、感知产品质量、感知服务质量、性能价格比及用户忠诚度明显提升，用户满意度水平有所提升。对比测评结果反映出混凝土机械的各项指标均有所提升，都达到比较满意水平，用户再次购买能力有所提升，用户抱怨率明显下降。混凝土机械满意度分项指标评价结果变化趋势见图4。

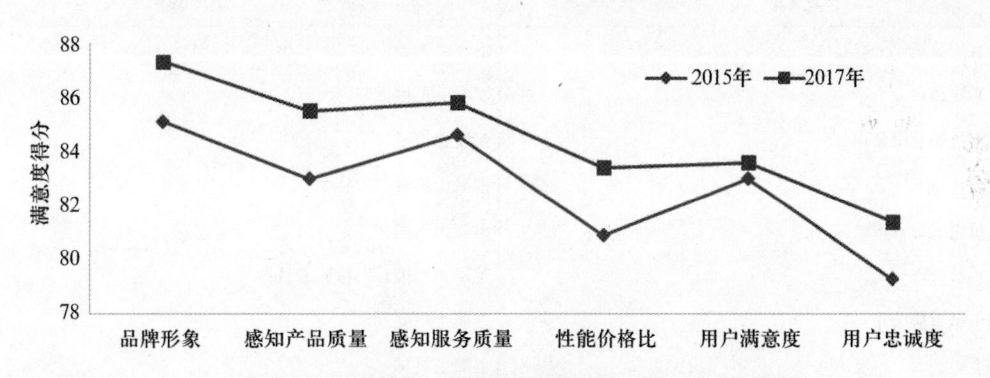

图4　混凝土机械用户满意度分项指标评价结果变化趋势

（2）用户关注的混凝土机械产品质量的主要指标评价中，产品外观质量评价得分较高为8.75分；其他指标依次为结构件质量、配件质量、液压系统质量和电气系统质量、底盘质量，技术先进性评价得分相对较低为8.53分。混凝土机械用户关注的主要指标评价结果变化趋势见图5。

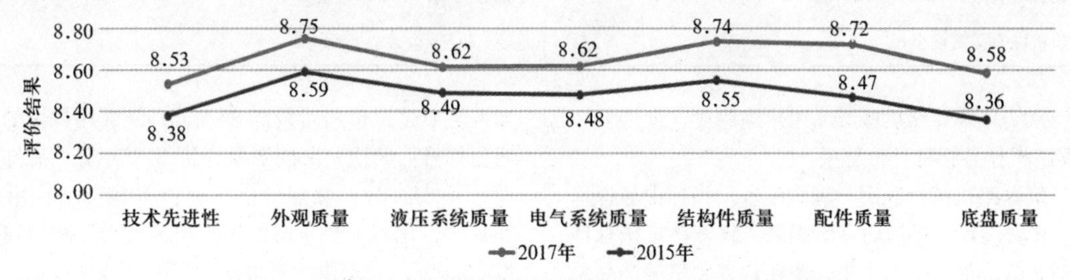

图5　混凝土机械用户关注的主要指标评价结果变化趋势

3. 混凝土机械行业用户抱怨问题分析

混凝土机械用户抱怨问题评价指标主要有：服务质量、产品质量、配件、价格、其他。服务质量问题抱怨比例相对较高，且高于上次的抱怨水平，表现出服务出现短板；其次是产品质量问题的抱怨低于服务质量，且低于上次的抱怨水平；第三是配件方面问题的抱怨，也低于上次的抱怨水平。反映出混凝土机械用户更关注于对服务诉求的满足，希望服务质量得到改善。混凝土机械用户抱怨的主要问题分析见图 6。

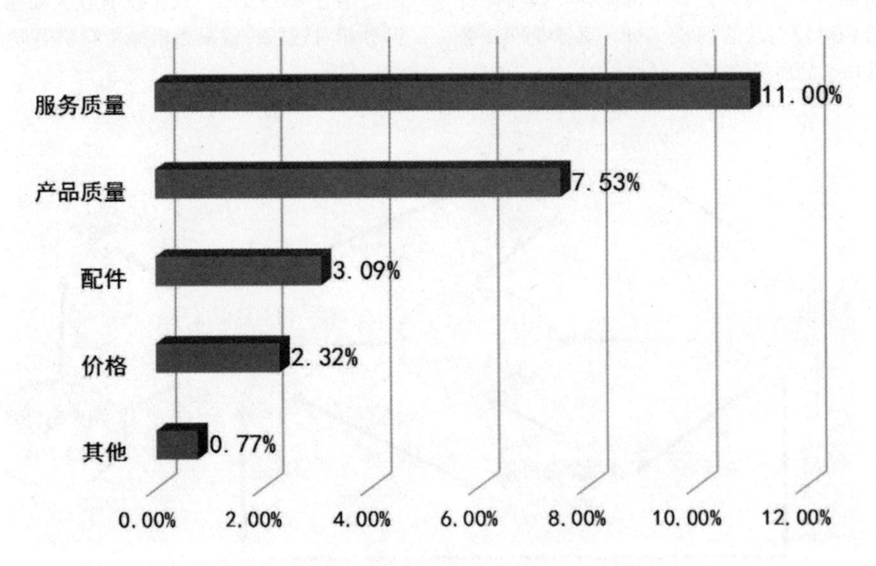

图 6　混凝土机械用户抱怨的主要问题分析

4. 混凝土机械用户满意度评价较高的企业

2017 年混凝土机械用户满意度评价较高的企业见表 2。

表 2　2017 年混凝土机械用户满意度评价较高的企业（排名不分先后）

企业名称	主要产品
中联重科股份有限公司	混凝土机械
三一重工股份有限公司	混凝土机械
徐州徐工施维英机械有限公司	混凝土机械
方圆集团有限公司	混凝土机械
四川现代世际机电股份有限公司	混凝土机械
山东圆友重工科技有限公司	混凝土机械、干粉砂浆设备
山推楚天工程机械有限公司	混凝土机械
廊坊中建机械有限公司	混凝土机械
湖北众利工程机械有限公司	混凝土机械
北京建研机械科技有限公司	混凝土机械
珠海仕高玛机械设备有限公司	搅拌主机
无锡江加建设机械有限公司	混凝土机械、干粉砂浆设备
陕西永立建筑机械有限责任公司	混凝土机械

（二）2017 年筑养路机械产品用户满意度评价结果

1. 筑养路机械各指标评价结果

2017 年筑养路机械行业用户满意度各项指标中品牌形象指标向下波动，其他指标均有所提高。筑养路机械总体满意度为 82.3 分，处于优秀水平，表明筑养路机械产品总体上用户评价较高，用户忠诚度 75.5 分，处于良好水平。从用户评价结果来看，在筑养路机械各项指标评价中，感知服务质量评价相对较高 85.9 分，筑养路机械的服务质量明显提升；其次是品牌形象评价得 85.0 分、感知产品质量评价得 81.9 分、性能价格比评价得 81.3 分；用户抱怨率 25.69%，出现明显下降；用户忠诚度得分相对较低，仅获得 75.5 分，表示用户对再次购买的可能性很低，用户购买预期明显降低。筑养路机械用户满意度体系各项指标评价结果见图 7。

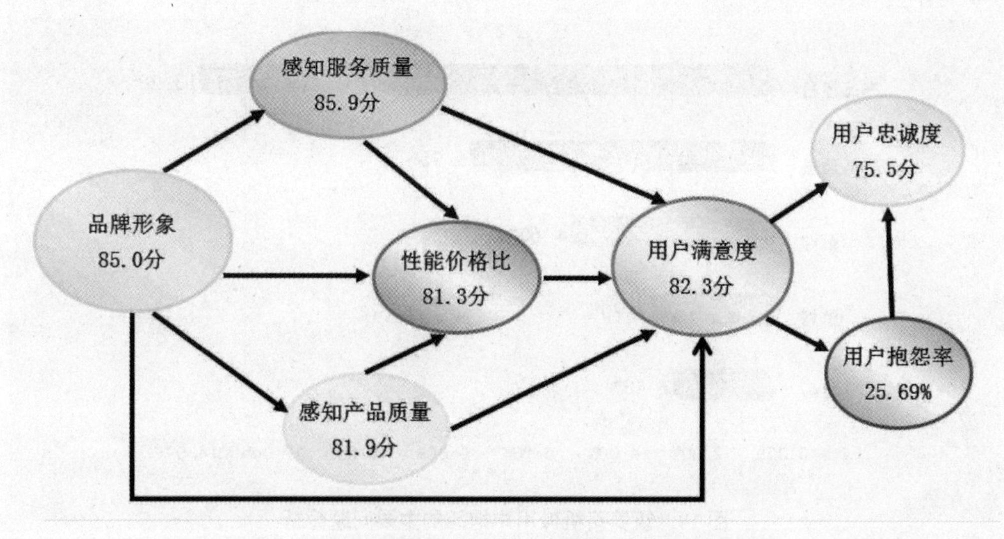

图7　筑养路机械用户满意度体系各项指标评价结果

2.筑养路机械与上次测评对比分析

（1）2017年筑养路机械行业用户满意度处于上升趋势，用户对国产筑养路机械的信任度、购买意愿进一步增强。筑养路机械的品牌形象指标处于持平状态并向下波动，感知产品质量、感知服务质量、性能价格比、用户满意度水平及用户忠诚度有明显提升。对比各项指标评价结果反映出用户再次购买愿望有所提升。筑养路机械满意度分项指标评价结果变化趋势见图8。

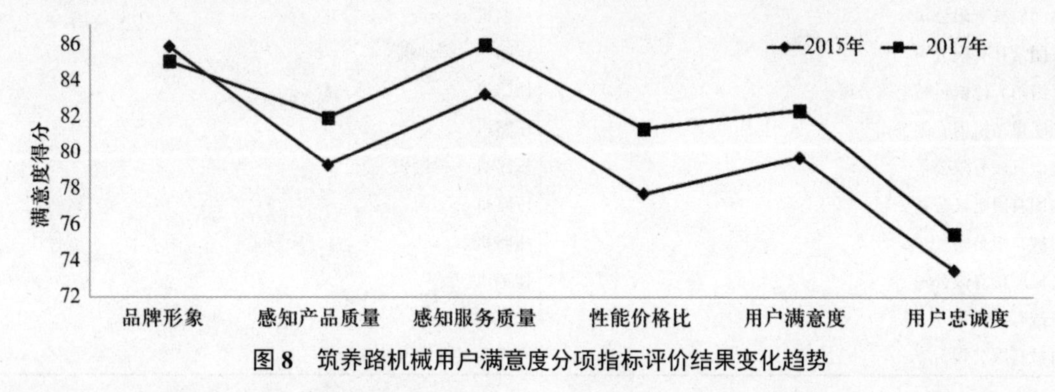

图8　筑养路机械用户满意度分项指标评价结果变化趋势

（2）用户关注的筑养路机械产品质量的主要指标评价中，产品底盘质量评价得分较高为8.66分；其他指标依次为外观质量、液压系统质量、配件质量、结构件质量、电气系统质量，技术先进性评价得分相对较低为8.32分。筑养路机械用户关注的主要指标评价结果变化趋势见图9。

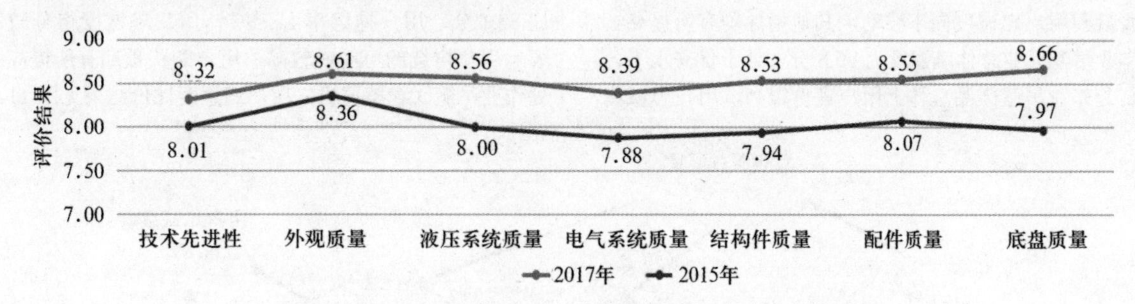

图9　筑养路机械用户关注的主要指标评价结果变化趋势

3.筑养路机械用户抱怨问题分析

筑养路机械用户抱怨问题评价指标主要有：产品质量、服务质量、配件、价格、其他。产品质量问题抱怨比例最高，其次是服务质量的抱怨，第三是配件问题的抱怨，表明产品质量提升仍然是用户关注的焦点。反映出筑养路机械用户更关注产品质量的改善提升。筑养路机械用户抱怨的主要问题分析见图10。

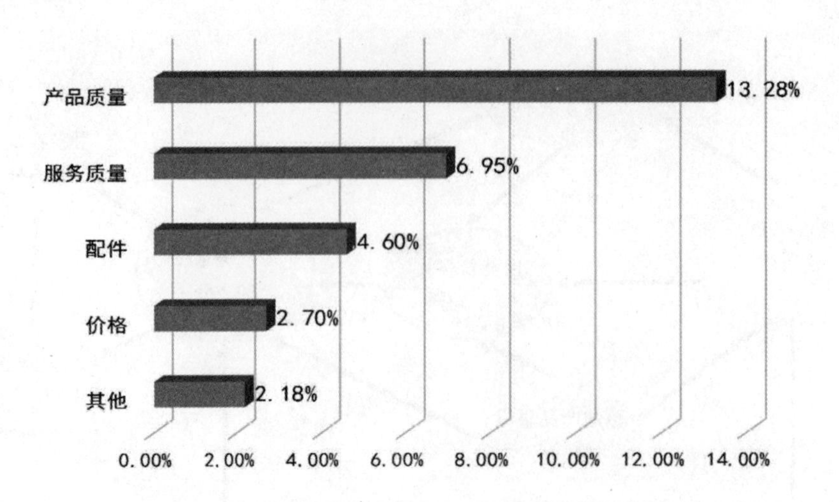

图 10　筑养路机械用户抱怨的主要问题分析

4. 筑养路机械用户满意度评价较高的企业

2017 年筑养路机械用户满意度评价较高的企业见表 3。

表 3　2017 年筑养路机械用户满意度评价较高的企业（排名不分先后）

企业名称	主要产品
徐工集团徐工道路机械事业部	压路机、摊铺机、平地机
柳工无锡路面机械有限公司	压路机
国机重工集团常林有限公司	压路机、平地机
国机重工（洛阳）建筑机械有限公司	压路机
厦工集团三明重型机器有限公司	压路机
湖南三一路面机械有限公司	压路机 、摊铺机
江苏骏马集团有限责任公司	压路机
山推道路机械有限公司	压路机
陕西建设机械股份有限公司	摊铺机
鼎盛重工机械有限公司	平地机
福建铁拓机械有限公司	沥青混凝土搅拌设备

（三）2017 年高处作业吊篮产品用户满意度评价结果

1. 高处作业吊篮（含擦窗机）各指标评价结果

2017 年高处作业吊篮行业用户满意度各项指标中感知产品质量和用户忠诚度向下波动，其他指标均有所提高。高处作业吊篮行业总体满意度为 85.8 分，处于优秀水平，表明高处作业吊篮产品总体上用户评价很高，用户忠诚度 83.6 分，处于优秀水平。从用户评价结果来看，高处作业吊篮各项指标评价中，品牌形象评价最高 89.3 分，其次是感知产品质量 87.2 分，感知服务质量 87.2 分，性能价格比 83.1 分，用户抱怨率 17.88%，用户忠诚度得分较高，表示用户再选的可能性较高，用户购买预期有所提高。高处作业吊篮（含擦窗机）用户满意度评价结果见图 11。

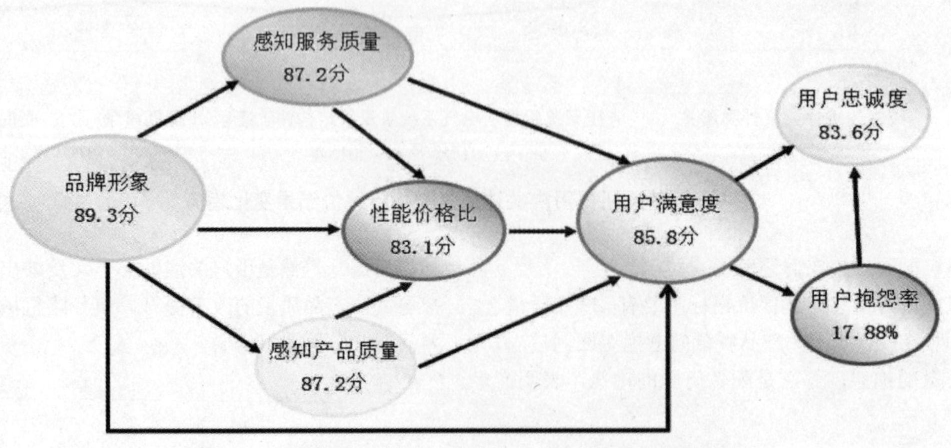

图 11　高处作业吊篮（含擦窗机）用户满意度评价结果

2. 高处作业吊篮与上次测评对比分析

（1）2017 年高处作业吊篮行业用户满意度处于上升趋势。高处作业吊篮的品牌形象处于持平状态，感知产品质量有所下降，感知服务质量、性能价格比及用户满意度水平有所提升，用户忠诚度明显下降。对比反映出感知产品质量有所下降。高处作业吊篮用户满意度分项指标评价结果变化趋势见图 12。

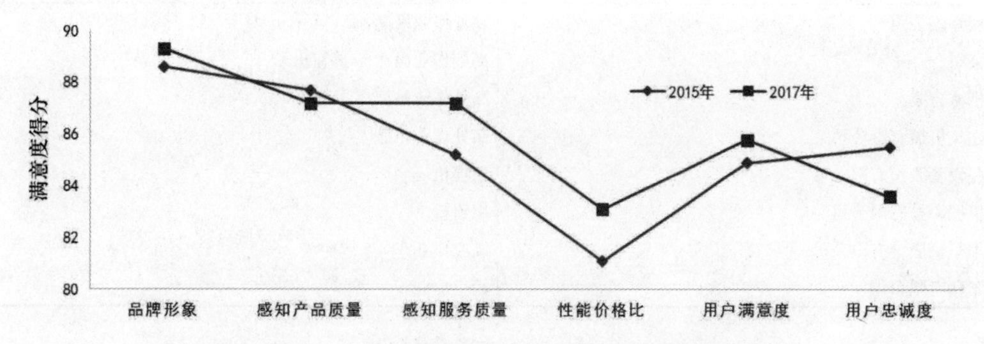

图 12　高处作业吊篮用户满意度分项指标评价结果变化趋势

（2）用户关注的高处作业吊篮产品性能的主要指标评价中，安全性评价得分较高为 9.12 分；其他指标依次为操作方便性、作业效率，作业效率评价没有变化。配件供应及时性、服务及时性、服务人员技能等指标评价明显提升，表明服务与配件的改善效果明显。高处作业吊篮用户关注的主要指标评价结果变化趋势见图 13。

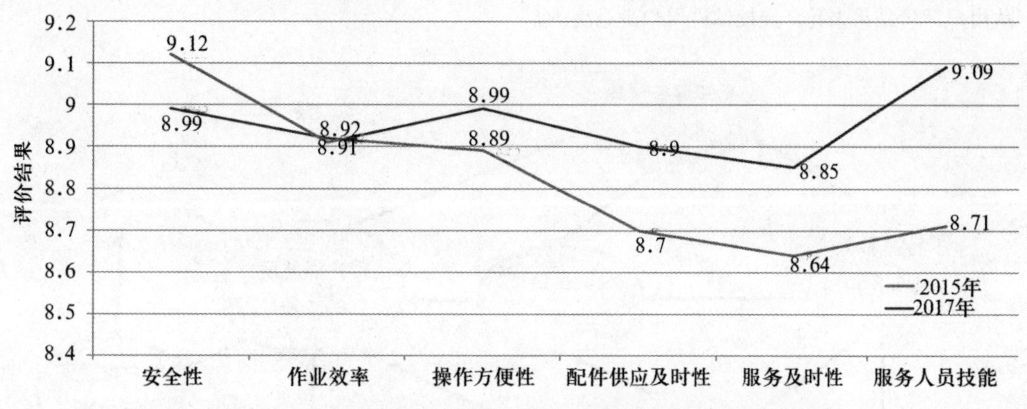

图 13　高处作业吊篮用户关注的主要指标评价结果变化趋势

3. 高处作业吊篮用户抱怨问题分析

高处作业吊篮用户抱怨问题评价指标主要有：服务质量、产品质量、配件、价格、其他。从各项抱怨的趋势看，服务质量问题抱怨比例较高，其次是产品质量的抱怨，第三是配件问题的抱怨。产品质量和服务质量问题成为当今用户关注的焦点。表明高处作业吊篮用户更关注的是产品服务和质量问题，行业竞争会更加激烈。高处作业吊篮用户抱怨的主要问题分析见图 14。

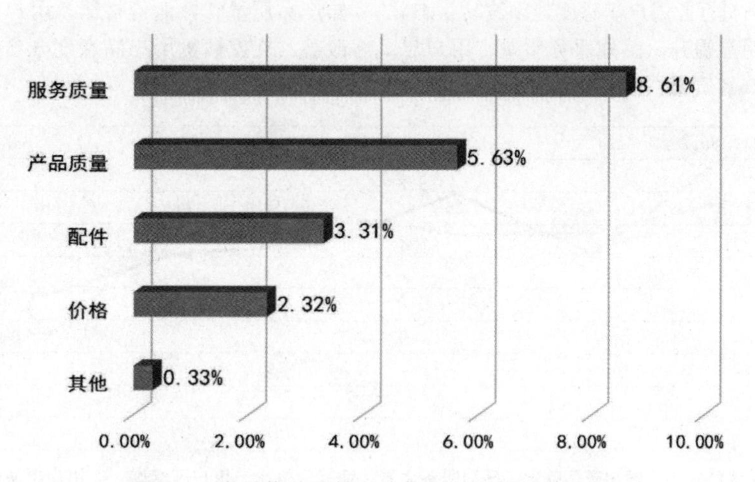

图 14　高处作业吊篮用户抱怨的主要问题分析

4. 高处作业吊篮用户满意度评价较高的企业

2017 年高处作业吊篮用户满意度评价较高的企业见表 4。

表 4　2017 年高处作业吊篮用户满意度评价较高的企业（排名不分先后）

企业名称	主要产品
无锡瑞吉德机械有限公司	高处作业吊篮
申锡机械有限公司	高处作业吊篮 、擦窗机
无锡天通建筑机械有限公司	高处作业吊篮
无锡市小天鹅建筑机械有限公司	高处作业吊篮
上海普英特高层设备股份有限公司	擦窗机
北京凯博擦窗机械科技有限公司	擦窗机
徐州海伦哲专用车辆股份有限公司	高空作业车
杭州爱知工程车辆有限公司	高空作业车

（四）2017 年旋挖钻机产品用户满意度评价结果

1. 旋挖钻机产品满意度各指标评价结果

2017 年旋挖钻机行业用户满意度处于上升趋势。旋挖钻机行业总体满意度为 80.2 分，处于优秀水平，表明旋挖钻机产品总体上用户评价很高，用户忠诚度 77.5 分，处于良好水平。从用户评价结果来看，旋挖钻机用户满意度的各项指标评价中，品牌形象评价相对较高 86.2 分，其次是感知服务质量 83.8 分、性能价格比 80.7 分、感知产品质量 80.2 分；用户抱怨率 25.99%。用户忠诚度得分较低，处于良好状态，表示用户再选的可能性较低，用户购买预期有所下降。旋挖钻机用户满意度评价结果见图 15。

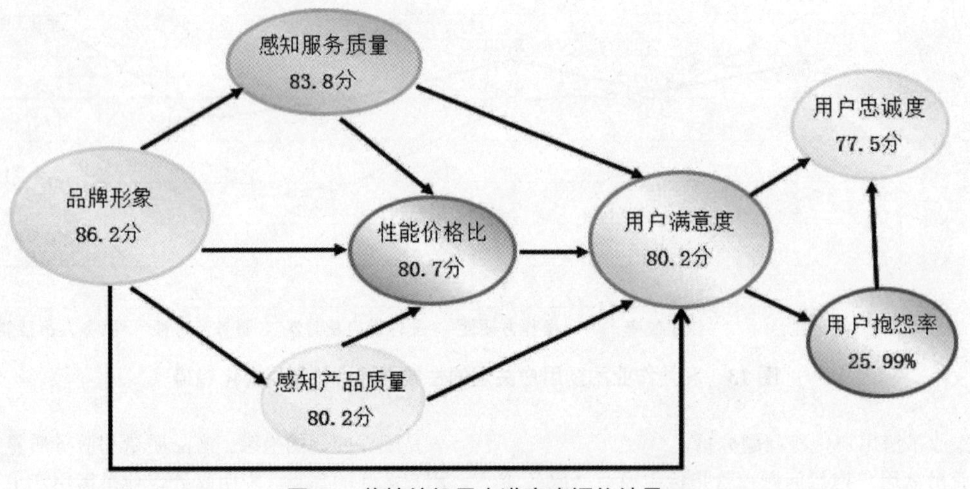

图 15　旋挖钻机用户满意度评价结果

2. 旋挖钻机与上次测评对比分析

(1)2017 年旋挖钻机行业用户满意度处于波动状态。旋挖钻机的品牌形象明显提升，感知服务质量、用户忠诚度有所提升，感知产品质量、性能价格比、用户满意度水平有所下降，用户抱怨率明显降低。对比反映出感知产品质量、性能价格比、用户满意度指标需要进一步改善。旋挖钻机用户满意度分项指标评价结果变化趋势见图 16。

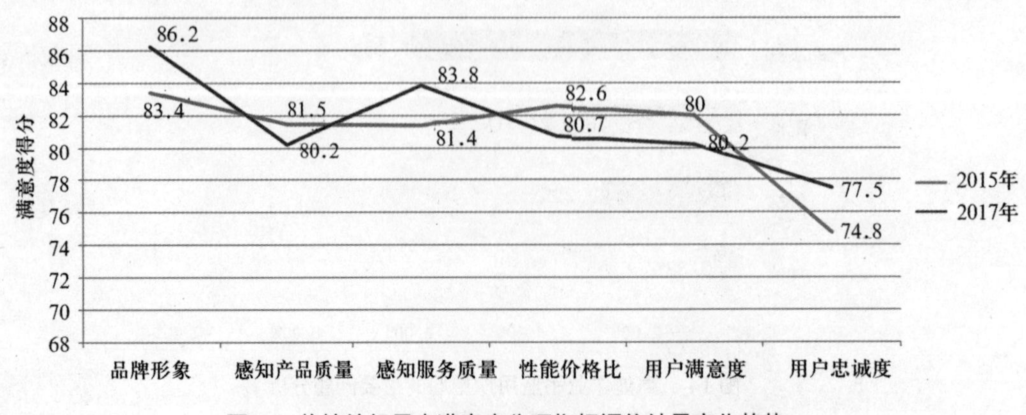

图 16　旋挖钻机用户满意度分项指标评价结果变化趋势

（2）用户关注的旋挖钻机产品质量的主要指标评价均有所提升，其中产品底盘质量评价得分较高为8.47分；其他指标依次为外观质量、电气系统质量、液压系统质量、结构件质量，技术先进性评价得分相对较低为8.20分。旋挖钻机用户关注的产品质量变化趋势见图17。

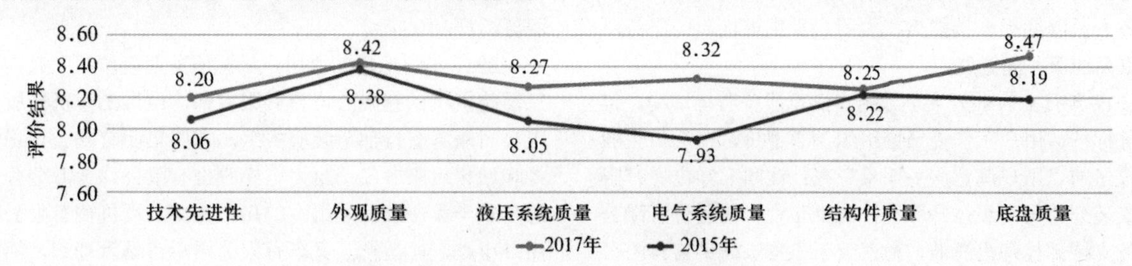

图17　旋挖钻机用户关注的产品质量变化趋势

3. 旋挖钻机用户抱怨问题分析

旋挖钻机用户抱怨问题评价指标主要有：产品质量、服务质量、配件、价格、其他。其中产品质量问题抱怨比例较高，其次是服务质量的抱怨，第三是配件的抱怨，产品和服务质量问题成为当今用户关注的焦点。对比反映出桩工机械用户更关注于产品质量和服务质量提升。旋挖钻机用户抱怨的主要问题分析见图18。

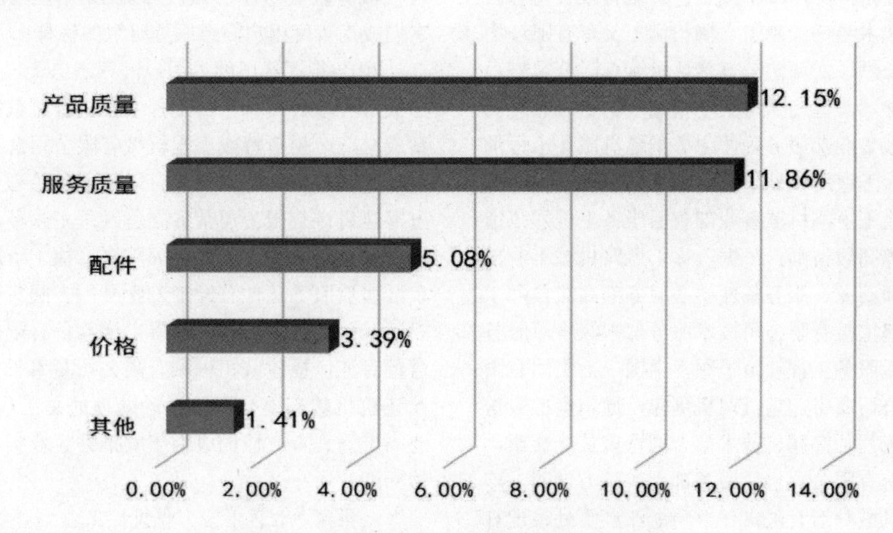

图18　旋挖钻机用户抱怨的主要问题分析

4. 旋挖钻机用户满意度评价较高的企业

2017年旋挖钻机用户满意度评价较高的企业见表5。

表5　2017年旋挖钻机用户满意度评价较高的企业（排名不分先后）

企业名称	主要产品
徐州徐工基础工程机械有限公司	旋挖钻机
三一重工股份有限公司	旋挖钻机
山河智能装备股份有限公司	旋挖钻机
上海金泰工程机械有限公司	旋挖钻机
北京中车重工有限公司	旋挖钻机
中联重科股份有限公司	旋挖钻机
郑州宇通重工有限公司	旋挖钻机

三、开展第三方测评服务，支持企业产品质量持续改善

以市场质量观念为指导，推动以用户需求为导向的经营思想，把企业经营活动聚焦到用户需求方向上，在实践中支持优秀企业实施用户满意经营战略，转变企业员工的质量观念，适应用户需求变化。理清为谁设计制造问题，从制造设计转变为应用设计；理清产品标准问题，从以制造为标准转变成以需求为标准；理清努力方向问题，从以传统需求为目标转变成以绿色需求为目标，从用户需求中找到创新方向，在实践中持续改善，达到提质增效目标。2017年，用户工作委员会和中国建筑科学研究院建筑机械化研究分院承接的企业委托的第三方测评用户满意度指数的产品主要有装载机、挖掘机、推土机、平地机、压路机、汽车起重机、混凝土机械、叉车、摊铺机等，为企业提供了第三方《用户满意度指数测评分析报告》，深度分析企业产品的市场表现，划分优势区域、一般区域、劣势区域，发现改善空间，探知需求变化趋势，为企业提供了大量具有可比性的重要参考信息，指导企业不断提升质量和竞争力，赢得效益，获得发展。

四、创建用户满意服务明星活动

为了深入推进用户满意工程，传播市场质量观念，推动质量诚信，弘扬一线职工的工匠精神，关注广大一线服

务人员的业绩提升，为一线服务人员树立行业标杆，通过开展创建用户满意服务明星活动，对长期奋战在服务一线的服务人员在行业组织层面给予肯定成绩，树立标杆，激励服务人员继续提高技能为广大用户提供更优质的服务，获得更高的服务满意度。

2017年行业企业开展创建用户满意服务明星活动，推荐服务标杆，用户工作委员会组织调查评价，在会员企业中评选出的“用户满意服务明星”有：沈阳三洋电梯有限公司安装分公司高级技师张东，山推工程机械股份有限公司服务支持部技师冯海波，鼎盛天工工程机械销售有限公司客服中心经理张雪亮，沈阳三洋建筑机械有限公司产品服务中心主任马强、刘晓娜，北京永茂建工机械制造有限公司售后服务部高级电工陈正磊，方圆集团起重机械有限公司塔机售后服务梅永雷，廊坊中建机械有限公司销售公司售后服务主管许红军、沈晓强，北京建研机械科技有限公司售后服务丁红雷，广州市特威工程机械有限公司办公室主任蒋锦富、技术经理江楚杰，柳州柳工叉车有限公司后市场管理部部长洪悦，河北东方富达机械有限公司售后服务工程师王雅坤，秦皇岛燕山大学机械厂销售总经理杨岩，徐工道路机械事业部服务备件中心平地机服务工程师化长春、张勇，徐工道路机械事业部摊铺机服务工程师房全超、闫增武，徐工道路机械事业部售后服务工程师范道启、海外售后服务高级技师彭传振，徐工道路机械事业部铣刨机服务工程师秦龙、服务备件中心服务部高级技师丁全福，安徽柳工起重机有限公司技术服务部中级售后服务专员吴全宝、售后服务工程师余长军，中国一冶集团有限公司资产管理分公司履带起重机司机周伟，通用电梯股份有限公司研发部工程师高鹏、技术部合同评审员沈会康，江南嘉捷电梯股份有限公司售后服务部副科长方奇明，广西建工集团建筑机械制造有限责任公司浙江办事处经理林海、广西办事处总经理赖浣纲、售后服务队长黄子任，安徽柳工起重机有限公司起重机售后服务经理李永涛，抚顺永茂建筑机械有限公司售后服务部马强，SEW传动设备（天津）有限公司售后服务处主任刘峰、孙增志、经理李卫柱、售后服务工程师鲍振38名同志，他们成为年度用户满意服务标杆。

2017年评选出的“用户满意服务明星班组”有：沈阳三洋建筑机械有限公司售后服务部，山推工程机械股份有限公司服务支持部道装服务组，方圆集团有限公司稳定土拌和站售后服务部，康力电梯股份有限公司上海分公司龙之梦雅士大厦维保班组，广州市特威工程机械有限公司广州办事处，柳州柳工叉车有限公司后市场管理部，河北东方富达机械有限公司缓冲器分厂焊工班，徐工道路机械事业部压路机售后服务队，安徽柳工起重机有限公司安徽益成起重机服务站，广西建工集团建筑机械制造有限责任公司浙江办事处，江南嘉捷电梯股份有限公司武汉地铁6号线电梯维保班组、兰州西客站电梯维保班组，抚顺永茂建筑机械有限公司售后服务二班13个企业基层服务单位，它们成为年度用户满意服务班组的标杆。

2017年评选出的“用户满意杰出管理者”有：康力电梯股份有限公司总裁、工程中心执行总裁、质量中心总监秦成松，广州市特威工程机械有限公司总经理余晓辉，柳工副总裁、柳州柳工叉车有限公司总经理王太平，河北东方富达机械有限公司常务副总经理王永革，安徽益成柳工销售服务有限公司副总经理陈磊，徐工道路机械事业部华东区售后服务备件总经理刘学亮，方圆集团有限公司党委书记、总经理刘长城，通用电梯股份有限公司生产技术总监顾月江，福建铁拓机械有限公司董事长王希仁，抚顺永茂建筑机械有限公司总经理助理兼总工程师贺全10名企业高层管理者，他们成为年度推动企业实施用户满意经营的标杆。

〔供稿单位：中国工程机械工业协会用户工作委员会〕
（本栏目编辑：任智惠）

统计资料

公布2017年工程机械行业主要统计数据，准确、系统、全面地反映工程机械行业的主要经济指标

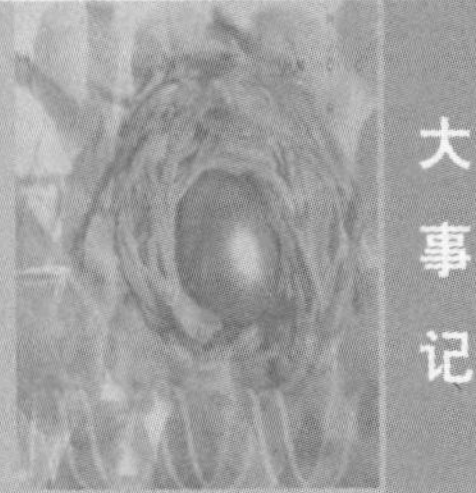

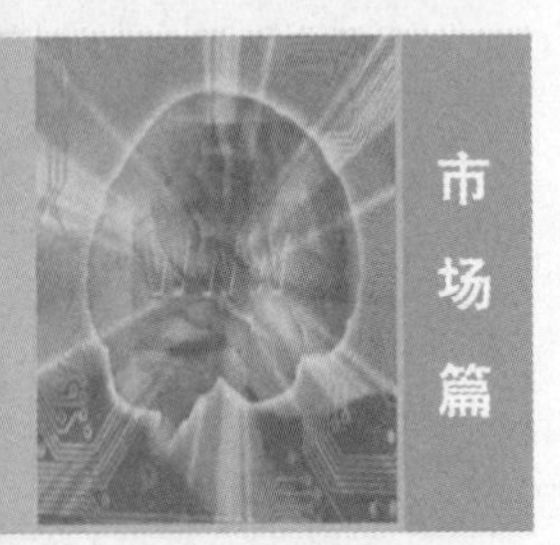

统计资料

2017年工程机械行业主要企业产品产销存情况

1. 挖掘机械

企业名称	产品类别	单位	产量	销量	库存
临沂临工机械集团	履带式液压挖掘机	台	8 000	7 011	1 837
山河智能装备股份有限公司	履带式液压挖掘机	台	3 651	3 151	484
小松（中国）投资有限公司	履带式液压挖掘机	台	9 449	9 449	
国机重工集团常林有限公司	履带式液压挖掘机	台	39	40	2
广西柳工机械股份有限公司	履带式液压挖掘机	台	9 028	8 169	
厦门厦工机械股份有限公司	履带式液压挖掘机	台	845	988	133
日立建机（中国）有限公司	履带式液压挖掘机	台	7 353	7 353	
徐州徐工挖掘机械有限公司	履带式液压挖掘机	台	16 433	13 778	2 655
贵州詹阳动力重工有限公司	履带式液压挖掘机	台	234	244	4
中国龙工控股有限公司	履带式液压挖掘机	台	4 431	3 945	1 215
上海彭浦机器厂有限公司	履带式液压挖掘机	台	94	94	
河北宣化工程机械股份有限公司	履带式液压挖掘机	台	1	1	
中联重科股份有限公司	履带式液压挖掘机	台	1 012	2 135	4 291
青岛雷沃工程机械有限公司	履带式液压挖掘机	台	4 543	3 350	961
山重建机有限公司	履带式液压挖掘机	台	900	1 271	269
广西玉柴重工有限公司	履带式液压挖掘机	台	1 943	1 520	423
现代（江苏）工程机械有限公司	履带式液压挖掘机	台	4 249	3 954	618
约翰迪尔（中国）投资有限公司	履带式液压挖掘机	台	583	484	99
三一集团有限公司	履带式液压挖掘机	台	32 223	30 646	2 454
卡特彼勒（中国）投资有限公司	履带式液压挖掘机	台	18 247	18 247	
沃尔沃建筑设备（中国）有限公司	履带式液压挖掘机	台	4 716	4 716	
斗山工程机械（中国）有限公司	履带式液压挖掘机	台	10 307	10 307	
福建晋工机械有限公司	轮胎挖掘机	台	119	122	74
徐州徐工挖掘机械有限公司	轮胎挖掘机	台	199	89	110
卡特彼勒（中国）投资有限公司	轮胎挖掘机	台	267	267	
沃尔沃建筑设备（中国）有限公司	轮胎挖掘机	台	116	116	
斗山工程机械（中国）有限公司	轮胎挖掘机	台	544	544	
贵州詹阳动力重工有限公司	轮胎挖掘机	台	204	204	
国机重工集团常林有限公司	挖掘装载机	台	40	50	18
广西柳工机械股份有限公司	挖掘装载机	台	174	195	
凯斯纽荷兰（中国）管理有限公司	挖掘装载机	台	17	17	
青岛雷沃工程机械有限公司	挖掘装载机	台	5	11	

（续）

企业名称	产品类别	单位	产量	销量	库存
贵州詹阳动力重工有限公司	其他挖掘机械	台	28	35	

2. 铲土运输机械

企业名称	产品类别	单位	产量	销量	库存
卡特彼勒（青州）有限公司	履带式推土机	台	345	318	63
小松（中国）投资有限公司	履带式推土机	台	12	12	
广西柳工机械股份有限公司	履带式推土机	台	482	527	
山推工程机械股份有限公司	履带式推土机	台	4 059	3 795	763
厦门厦工机械股份有限公司	履带式推土机	台	70	69	4
内蒙古一机集团大地工程机械有限公司	履带式推土机	台	74	96	58
上海彭浦机器厂有限公司	履带式推土机	台	95	100	24
河北宣化工程机械股份有限公司	履带式推土机	台	500	507	47
新兴移山（天津）重工有限公司	履带式推土机	台	255	225	30
山推工程机械股份有限公司	推耙机	台	2	1	16
临沂临工机械集团	轮胎式装载机	台	19 000	18 164	3 351
卡特彼勒（青州）有限公司	轮胎式装载机	台	7 199	6 773	995
小松（中国）投资有限公司	轮胎式装载机	台	8	8	
国机重工集团常林有限公司	轮胎式装载机	台	1 805	1 886	315
广西柳工机械股份有限公司	轮胎式装载机	台	17 045	15 672	
福建晋工机械有限公司	轮胎式装载机	台	1 445	1 404	457
山推工程机械股份有限公司	轮胎式装载机	台	1 442	1 208	421
厦门厦工机械股份有限公司	轮胎式装载机	台	6 620	6 193	1 289
中国龙工控股有限公司	轮胎式装载机	台	24 462	23 576	4 987
青岛雷沃工程机械有限公司	轮胎式装载机	台	4 310	3 926	609
卡特彼勒（青州）有限公司	滑移装载机	台			1
小松（中国）投资有限公司	滑移装载机	台	54	54	
国机重工集团常林有限公司	滑移装载机	台	25	25	5
广西柳工机械股份有限公司	滑移装载机	台	227	267	
凯斯纽荷兰（中国）管理有限公司	滑移装载机	台	301	301	
卡特彼勒（青州）有限公司	铲运机	台			1
小松（中国）投资有限公司	铲运机	台	27	27	
卡特彼勒（青州）有限公司	平地机	台	380	313	103
国机重工集团常林有限公司	平地机	台	574	501	95
广西柳工机械股份有限公司	平地机	台	654	713	
山推工程机械股份有限公司	平地机	台	259	243	136
厦门厦工机械股份有限公司	平地机	台	91	74	26
徐州徐工筑路机械有限公司	平地机	台	3 430	1 662	242
福建晋工机械有限公司	叉装机	台	873	682	760

（续）

企业名称	产品类别	单位	产量	销量	库存
湘电集团有限公司	非公路自卸车	台	1	2	6
临沂临工机械集团	矿用自卸车	台	2 639	2 639	92
小松（中国）投资有限公司	非公路自卸车	台	3	3	
内蒙古北方重型汽车股份有限公司	矿用自卸车	台	163	146	79
山东蓬翔汽车有限公司	矿用自卸车	台	339	313	26
泰安航天特种车有限公司	宽体自卸车	台		95	129
北京首钢重型汽车制造股份有限公司	矿用洒水车	台	1		1
三一重型装备有限公司	矿用自卸车	台	63	50	17
陕西同力重工股份有限公司	非公路自卸车	台	2 257	2 003	420
山推工程机械股份有限公司	吊管机	台	26		43

3. 工程起重机械

企业名称	产品类别	单位	产量	销量	库存
安徽柳工起重机有限公司	汽车起重机	台	723	742	41
北起多田野（北京）起重机有限公司	汽车起重机	台	5	30	21
北汽福田汽车股份有限公司怀柔重型机械工厂	汽车起重机	台	890	898	37
三一汽车起重机械有限公司	汽车起重机	台	4 260	4 208	83
韶关市起重机厂有限责任公司	汽车起重机	台	61	49	18
四川长江工程起重机有限责任公司	汽车起重机	台	177	219	87
徐工徐州重型机械有限公司	汽车起重机	台	9 842	9 763	427
中联重科股份有限公司工程起重机分公司	汽车起重机	台	4 300	4 289	132
泰安东岳重工有限公司	汽车起重机	台	126	128	12
徐工集团徐州重型机械有限公司	全地面起重机	台	82	82	2
中联重科股份有限公司工程起重机分公司	全地面起重机	台	4	5	
三一汽车起重机械有限公司	全地面起重机	台	53	46	12
哈尔滨工程机械制造有限责任公司	轮胎起重机	台	43	36	12
三一汽车起重机械有限公司	轮胎起重机	台	166	167	8
江苏八达重工机械股份有限公司	轮胎起重机	台	48	48	5
郑州郑宇重工有限公司	履带起重机	台	17	18	7
北京中车重工机械有限公司	履带起重机	台		10	5
安徽柳工起重机有限公司	履带起重机	台	1	3	2
北汽福田汽车股份有限公司怀柔重型机械工厂	履带起重机	台	4	4	5
江苏八达重工机械股份有限公司	履带起重机	台	41	41	7
辽宁抚挖重工机械股份有限公司	履带起重机	台	81	87	15
徐工徐州重型机械有限公司	履带起重机	台	576	576	2
中联重科股份有限公司工程起重机分公司	履带起重机	台	131	136	6
浙江三一装备有限公司	履带起重机	台	497	476	36
国机重工集团常林有限公司	随车起重机	台	20	20	

（续）

企业名称	产品类别	单位	产量	销量	库存
安徽柳工起重机有限公司	随车起重机	台	14	14	5
海沃机械（扬州）有限公司	随车起重机	台	270	226	59
湖北帕菲特工程机械有限公司	随车起重机	台	181	158	57
湖南飞涛专用汽车制造有限公司	随车起重机	台	281	281	221
辽宁青山重工机械股份有限公司	随车起重机	台	131	131	
三一帕尔菲格特种车辆装备有限公司	随车起重机	台	1 804	1 789	99
山推抚起机械有限公司	随车起重机	台		1	
韶关市起重机厂有限责任公司	随车起重机	台	97	70	56
石家庄煤矿机械有限责任公司随车起重机分公司	随车起重机	台	1 242	1 206	187
泰安古河随车起重机有限公司	随车起重机	台	484	430	348
徐州徐工随车起重机有限公司	随车起重机	台	6 570	6 138	731
长春市神骏专用车制造有限公司	随车起重机	台	309	300	84
郑州郑宇重工有限公司	强夯机	台	87	95	
辽宁抚挖重工机械股份有限公司	强夯机	台			4
北京中车重工机械有限公司	强夯机	台		4	7
浙江三一装备有限公司	强夯机	台	7	6	2

4. 建筑起重机械

企业名称	产品类别	单位	产量	销量	库存
江麓机电集团有限公司	塔式起重机	台	38	38	55
江苏腾发建筑机械有限公司	塔式起重机	台	268	267	6
山东天元建设机械有限公司	塔式起重机	台	183	158	25
东莞市毅新庆江机械制造有限公司	塔式起重机	台	193	182	11
方圆集团有限公司	塔式起重机	台	352	349	13
抚顺永茂建筑机械有限公司	塔式起重机	台	279	279	
广西建工集团建筑机械制造有限责任公司	塔式起重机	台	500	488	12
广州五羊建设机械有限公司	塔式起重机	台	52	28	22
哈尔滨东建机械制造有限公司	塔式起重机	台	38	44	12
济南建筑机械厂有限公司	塔式起重机	台	170	93	17
江苏正兴建设机械有限公司	塔式起重机	台	127	113	14
山东大汉建设机械有限公司	塔式起重机	台	660	675	22
山东鸿达建工集团有限公司	塔式起重机	台	1 260	1 255	5
山东明龙建筑机械有限公司	塔式起重机	台	167	162	5
沈阳三洋建筑机械有限公司	塔式起重机	台	251	255	15
四川建设机械（集团）股份有限公司	塔式起重机	台	254	243	11
四川强力建筑机械有限公司	塔式起重机	台	115	208	31
亚泰重工股份有限公司	塔式起重机	台	49	54	9
浙江虎霸建设机械有限公司	塔式起重机	台	415	397	18

（续）

企业名称	产品类别	单位	产量	销量	库存
浙江省建设机械集团有限公司	塔式起重机	台	568	530	38
廊坊中建机械有限公司	塔式起重机	台	737	572	165
广东省建筑机械厂有限公司	塔式起重机	台	21	21	
江西中天机械有限公司	塔式起重机	台	356	356	
广东裕华兴建筑机械制造有限公司	施工升降机	台	380	162	58
中际联合（北京）科技股份有限公司	施工升降机	台	100	100	10
江苏腾发建筑机械有限公司	施工升降机	台	54	55	
山东天元建设机械有限公司	施工升降机	台	132	113	19
东莞市毅新庆江机械制造有限公司	施工升降机	台	158	149	9
方圆集团有限公司	施工升降机	台	310	308	28
广西建工集团建筑机械制造有限责任公司	施工升降机	台	420	419	1
哈尔滨东建机械制造有限公司	施工升降机	台	15	15	
济南建筑机械厂有限公司	施工升降机	台	15	16	3
江苏正兴建设机械有限公司	施工升降机	台	10	6	4
山东大汉建设机械有限公司	施工升降机	台	588	605	42
山东鸿达建工集团有限公司	施工升降机	台	232	228	4
山东明龙建筑机械有限公司	施工升降机	台	35	35	
四川建设机械（集团）股份有限公司	施工升降机	台	100	94	6
亚泰重工股份有限公司	施工升降机	台	104	109	7
浙江虎霸建设机械有限公司	施工升降机	台	98	90	8
浙江省建设机械集团有限公司	施工升降机	台	90	90	
重庆红岩建设机械制造有限责任公司	施工升降机	台	35	28	7
广东省建筑机械厂有限公司	施工升降机	台	21	21	
江西中天机械有限公司	施工升降机	台	179	179	
中际联合（北京）科技股份有限公司	其他起重机械	台	2 600	2 500	500
广西柳工机械股份有限公司	专用车	台	1	1	
江苏八达重工机械股份有限公司	双动力双臂手救援型机器人	台	1	1	
浙江省建设机械集团有限公司	电力装备	台	8	8	

5. 工业车辆

企业名称	产品类别	单位	产量	销量	库存
厦门厦工机械股份有限公司	电动平衡重乘驾式叉车	台	120	111	247
柳州柳工叉车有限公司	电动平衡重乘驾式叉车	台	253	430	42
浙江吉鑫祥叉车制造有限公司	电动平衡重乘驾式叉车	台	600	587	13
安徽合叉叉车有限公司	电动平衡重乘驾式叉车	台	31	47	2
杭叉集团有限公司	电动平衡重乘驾式叉车	台	11 795	11 587	660
安徽叉车集团有限责任公司	电动平衡重乘驾式叉车	台	10 465	10 465	
龙工（上海）叉车有限公司	电动平衡重乘驾式叉车	台	1 089	1 027	169

（续）

企业名称	产品类别	单位	产量	销量	库存
台励福机器设备（青岛）有限公司	电动平衡重乘驾式叉车	台	1 427	1 427	
诺力智能装备股份有限公司	电动平衡重乘驾式叉车	台	1 522	1 522	
柳州柳工叉车有限公司	电动乘驾式仓储叉车	台	35	7	2
安徽叉车集团有限责任公司	电动乘驾式仓储叉车	台	849	849	
杭叉集团有限公司	电动乘驾式仓储叉车	台	641	646	24
台励福机器设备（青岛）有限公司	电动乘驾式仓储叉车	台	584	584	
诺力智能装备股份有限公司	电动乘驾式仓储叉车	台	311	311	
柳州柳工叉车有限公司	电动步行式仓储叉车	台	454	393	30
浙江吉鑫祥叉车制造有限公司	电动步行式仓储叉车	台	387	377	10
安徽叉车集团有限责任公司	电动步行式仓储叉车	台	18 266	18 266	
安徽合叉叉车有限公司	电动步行式仓储叉车	台	1	1	
杭叉集团有限公司	电动步行式仓储叉车	台	13 337	13 159	682
台励福机器设备（青岛）有限公司	电动步行式仓储叉车	台	1 373	1 373	
诺力智能装备股份有限公司	电动步行式仓储叉车	台	31 175	31 175	
宁波如意股份有限公司	电动步行式仓储叉车	台	15 728	15 728	
厦门厦工机械股份有限公司	内燃平衡重式叉车（实心轮胎）	台	1 980	2 250	443
柳州柳工叉车有限公司	内燃平衡重式叉车（其他轮胎）	台	7 067	6 826	572
大连叉车有限责任公司	内燃平衡重式叉车（其他轮胎）	台	1 844	1 830	126
浙江吉鑫祥叉车制造有限公司	内燃平衡重式叉车（其他轮胎）	台	9 398	9 272	126
安徽合叉叉车有限公司	内燃平衡重式叉车（其他轮胎）	台	907	874	24
杭叉集团有限公司	内燃平衡重式叉车（其他轮胎）	台	80 338	80 022	2 266
安徽叉车集团有限责任公司	内燃平衡重式叉车（其他轮胎）	台	91 785	91 453	3 497
江苏靖江叉车有限公司	内燃平衡重式叉车（其他轮胎）	台	927	921	47
龙工（上海）叉车有限公司	内燃平衡重式叉车（其他轮胎）	台	39 790	37 418	7 082
台励福机器设备（青岛）有限公司	内燃平衡重式叉车（其他轮胎）	台	11 277	11 277	
诺力智能装备股份有限公司	内燃平衡重式叉车（其他轮胎）	台	33	33	
中联重科股份有限公司	内燃平衡重式叉车（其他轮胎）	台	6 154	5 997	583
宁波如意股份有限公司	内燃平衡重式叉车（其他轮胎）	台	76	76	
广州朗晴电动车有限公司	牵引车	辆	29	29	
柳州柳工叉车有限公司	牵引车	辆	22	22	3
大连叉车有限责任公司	牵引车	辆	67	71	7
浙江吉鑫祥叉车制造有限公司	牵引车	辆	225	131	94
安徽合叉叉车有限公司	牵引车	辆	6	6	
江苏靖江叉车有限公司	牵引车	辆	599	591	11
台励福机器设备（青岛）有限公司	牵引车	辆	32	32	
宁波如意股份有限公司	牵引车	辆	455	455	
杭叉集团有限公司	越野叉车	台	2	2	
诺力智能装备股份有限公司	越野叉车	台	264	264	

（续）

企业名称	产品类别	单位	产量	销量	库存
安徽合叉叉车有限公司	手动和半动力车辆	台	102	102	26
诺力智能装备股份有限公司	手动和半动力车辆	台	617 078	617 078	
宁波如意股份有限公司	手动和半动力车辆	台	493 854	493 854	
广州朗晴电动车有限公司	其他工业车辆	台	451	445	6
绿友机械集团股份有限公司	其他工业车辆	台	2 150	2 000	222
杭叉集团有限公司	其他工业车辆	台	440	432	17
江苏靖江叉车有限公司	其他工业车辆	台	36	38	
龙工（上海）叉车有限公司	其他工业车辆	台	41	42	

6. 路面与压实机械

企业名称	产品类别	单位	产量	销量	库存
国机重工集团常林有限公司	静碾压路机	台	5	30	2
广西柳工机械股份有限公司	静碾压路机	台	144	131	
山推工程机械股份有限公司	静碾压路机	台	30	28	2
徐工集团道路机械事业部	静碾压路机	台	145	145	
中国龙工控股有限公司	静碾压路机	台	28	23	3
江苏骏马压路机械有限公司	静碾压路机	台	116	108	8
广西柳工机械股份有限公司	轮胎压路机	台	105	105	
青岛科泰重工机械有限公司	轮胎压路机	台	168	155	20
山推工程机械股份有限公司	轮胎压路机	台	33	31	4
徐工集团道路机械事业部	轮胎压路机	台	749	749	
三一重工泵送事业部	轮胎压路机	台	177	177	
厦工（三明）重型机器有限公司	轮胎压路机	台	48	45	8
国机重工集团常林有限公司	机械式单钢轮压路机	台	201	182	45
广西柳工机械股份有限公司	机械式单钢轮压路机	台	770	797	
徐工集团道路机械事业部	机械式单钢轮压路机	台	2 524	2 524	
中国龙工控股有限公司	机械式单钢轮压路机	台	438	438	
山推工程机械股份有限公司	机械式单钢轮压路机	台	801	791	45
江苏骏马压路机械有限公司	机械式单钢轮压路机	台	103	89	14
厦工（三明）重型机器有限公司	机械式单钢轮压路机	台	478	486	27
卡特彼勒（青州）有限公司	液压单钢轮压路机	台	256	228	60
广西柳工机械股份有限公司	液压单钢轮压路机	台	454	400	
酒井工程机械（上海）有限公司	液压单钢轮压路机	台	8	10	2
徐工集团道路机械事业部	液压单钢轮压路机	台	610	605	7
三一重工泵送事业部	液压单钢轮压路机	台	945	945	
青岛科泰重工机械有限公司	液压单钢轮压路机	台	521	410	130
厦工（三明）重型机器有限公司	液压单钢轮压路机	台	192	201	21
广西柳工机械股份有限公司	双钢轮压路机	台	25	23	
江苏骏马压路机械有限公司	双钢轮压路机	台	856	722	134

（续）

企业名称	产品类别	单位	产量	销量	库存
酒井工程机械(上海)有限公司	双钢轮压路机	台	279	270	61
山推工程机械股份有限公司	双钢轮压路机	台	13	11	5
徐工集团道路机械事业部	双钢轮压路机	台	328	324	10
三一重工泵送事业部	双钢轮压路机	台	135	135	
青岛科泰重工机械有限公司	双钢轮压路机	台	29	25	5
厦工(三明)重型机器有限公司	双钢轮压路机	台	18	24	2
广西柳工机械股份有限公司	轻型压路机	台	203	178	
江苏骏马压路机械有限公司	轻型压路机	台	536	522	16
徐工集团道路机械事业部	轻型压路机	台	463	457	5
三一重工泵送事业部	轻型压路机	台	34	34	
青岛科泰重工机械有限公司	轻型压路机	台	51	32	24
厦工(三明)重型机器有限公司	轻型压路机	台	185	191	18
青岛科泰重工机械有限公司	垃圾压实机	台	4	4	
山推工程机械股份有限公司	垃圾压实机	台	17	17	
江苏骏马压路机械有限公司	垃圾压实机	台	5	5	
厦工(三明)重型机器有限公司	垃圾压实机	台	26	29	14
酒井工程机械(上海)有限公司	其他压路机	台	20	13	10
厦工(三明)重型机器有限公司	其他压路机	台	66	69	3
酒井工程机械(上海)有限公司	夯机	台	146	96	58
中交西安筑路机械有限公司	沥青混凝土摊铺机	台	48	33	34
中联重科股份有限公司	沥青混凝土摊铺机	台	113	103	66
广西柳工机械股份有限公司	沥青混凝土摊铺机	台	16	13	
徐工集团道路机械事业部	沥青混凝土摊铺机	台	555	555	
三一重工泵送事业部	沥青混凝土摊铺机	台	287	287	
陕西建设机械股份有限公司	沥青混凝土摊铺机	台	90	76	12
中交西安筑路机械有限公司	沥青搅拌设备	套	77	85	1
中联重科股份有限公司路面机械分公司	沥青搅拌设备	套	7	6	1
廊坊德基机械科技有限公司	沥青搅拌设备	套	71	54	17
方圆集团有限公司	稳定土搅拌设备	套	134	134	
德阳重科建设机械制造有限公司	稳定土搅拌设备	套	4	4	
广西柳工机械股份有限公司	铣刨机	台	7	6	
中联重科股份有限公司路面机械分公司	铣刨机	台	6	6	
三一重工泵送事业部	铣刨机	台	24	24	
徐工集团道路机械事业部	铣刨机	台	193	193	
中交西安筑路机械有限公司	路面养护设备	台	67	25	42
中汽商用汽车有限公司(杭州)	路面养护设备	台	115	110	5
广西柳工机械股份有限公司	其他路面机械	台	5	22	
中联重科股份有限公司路面机械分公司	其他路面机械	台	56	48	8

（续）

企业名称	产品类别	单位	产量	销量	库存
瑞德(新乡)路业有限公司	灌缝机	台	760	725	35

7. 混凝土机械

企业名称	产品类别	单位	产量	销量	库存
方圆集团有限公司	混凝土搅拌机	台	522	531	
方圆集团有限公司	混凝土搅拌站	套	590	583	
山东天宇建设机械股份有限公司	混凝土搅拌站	套	110	105	5
山东鑫路通建设机械有限公司	混凝土搅拌站	套	207	199	8
长沙九方工程机械设备有限公司	混凝土搅拌站	套	156	152	4
廊坊中建机械有限公司	混凝土搅拌站	套	460	423	37
德阳重科建设机械制造有限公司	混凝土搅拌站	套	27	26	1
山推工程机械股份有限公司	混凝土搅拌站	套	392	392	6
三一重工泵送事业部	混凝土搅拌站	套	835	835	11
长沙盛泓机械有限公司	混凝土搅拌站	套	15	15	
广西柳工集团有限公司	混凝土搅拌站	套	11	14	
徐州利勃海尔混凝土机械有限公司	混凝土搅拌站	套	18	18	
方圆集团有限公司	混凝土搅拌输送车	台	54	54	
廊坊中建机械有限公司	混凝土搅拌输送车	台	47	39	8
山推工程机械股份有限公司	混凝土搅拌输送车	台	31	42	12
广西柳工集团有限公司	混凝土搅拌输送车	台	73	59	
徐州利勃海尔混凝土机械有限公司	混凝土搅拌输送车	台	162	162	
方圆集团有限公司	混凝土泵	台	52	53	1
山推工程机械股份有限公司	拖泵	台	2	3	2
广西柳工集团有限公司	拖泵	台	27	29	
广西柳工集团有限公司	臂架式泵车	台	46	23	
山推工程机械股份有限公司	臂架式泵车	台	2	17	51
广西柳工集团有限公司	车载混凝土泵	台	14	15	
徐州利勃海尔混凝土机械有限公司	混凝土搅拌主机	台	1	1	
长沙九方工程机械设备有限公司	混凝土配料站	台	356	358	16
长沙盛泓机械有限公司	混凝土配料站	台	788	786	2
三一重工泵送事业部	泵送产品	台	2 718	2 682	351
长沙盛泓机械有限公司	其他混凝土设备	台	30	30	
中联重科股份有限公司	混凝土机械	套	6 496	6 353	4 291
徐州利勃海尔混凝土机械有限公司	其他混凝土机械(回收站)	台	29	29	

8. 掘进机械

企业名称	产品类别	单位	产量	销量	库存
中交天和机械设备制造有限公司	盾构机	台	106	106	
北方重工集团有限公司隧道掘进装备分公司	盾构机	台	8	8	
广州海瑞克隧道机械有限公司	盾构机	台	16	23	5
海瑞克(广州)隧道设备有限公司	盾构机	台	29	26	3
杭州杭锅通用设备有限公司	盾构机	台	1	1	

（续）

企业名称	产品类别	单位	产量	销量	库存
上海博欢重工机械有限公司	盾构机	台	2	2	
上海力行工程技术发展有限公司	盾构机	台	7	7	
上海隧道工程有限公司机械制造分公司	盾构机	台	10	10	
中铁工程装备集团有限公司	盾构机	台	159	159	
辽宁三三工业有限公司	盾构机	台	65	26	
中船重型装备有限公司	盾构机	台	19	18	11
中国铁建重工集团有限公司	盾构机	台	127	121	10
小松（中国）投资有限公司	盾构机	台	12	12	
中交天和机械设备制造有限公司	硬岩掘进机	台	2	2	
上海隧道工程有限公司机械制造分公司	硬岩掘进机	台	1	1	
中铁工程装备集团有限公司	硬岩掘进机	台	7	7	
中国铁建重工集团有限公司	硬岩掘进机	台	23	15	9
上海博欢重工机械有限公司	掘进机	台	15	15	
中铁工程装备集团有限公司	掘进机	台	2	2	
上海隧道工程有限公司机械制造分公司	顶管机	台	4	4	
中铁工程装备集团有限公司	顶管机	台	5	5	
中船重型装备有限公司	顶管机	台	1	1	
中国铁建重工集团有限公司	顶管机	台	1	1	
上海博欢重工机械有限公司	其他掘进机	台	7	7	
上海力行工程技术发展有限公司	螺旋机	台	1	1	

9. 桩工机械

企业名称	产品类别	单位	产量	销量	库存
上海工程机械厂有限公司	柴油锤	台	33	33	
浙江永安工程机械有限公司	液压打桩锤	台	168	150	18
方圆集团	液压打桩锤	台	18	17	2
温州振中基础工程机械科技有限公司	振动打桩锤	台	103	90	13
浙江永安工程机械有限公司	振动打桩锤	台	135	120	15
郑州勘察机械有限公司	振动打桩锤	台	14	14	5
上海振中工程机械有限公司	振动打桩锤	台	110	110	
浙江振中工程机械有限公司	振动打桩锤	台	90	90	
东台市巨力机械制造有限公司	振动打桩锤	台	116	116	
浙江永安机械有限公司	振动打桩锤	台	270	270	
温州市志达工程机械有限公司	振动打桩锤	台	191	191	
瑞安市八达工程机械有限公司	振动打桩锤	台	225	225	
河北新河县雄飞桩工机械厂	振动打桩锤	台	1	1	
江苏省张家港市神通工业有限公司	振动打桩锤	台	66	66	
山东卓力桩机有限公司	打桩架	台	51	46	5
上海工程机械有限公司	打桩架	台	51	51	
温州振中基础工程机械科技有限公司	打桩架	台	48	47	1
上海振中工程机械有限公司	打桩架	台	8	8	
浙江振中工程机械有限公司	打桩架	台	47	47	

（续）

企业名称	产品类别	单位	产量	销量	库存
东台市巨力机械制造有限公司	打桩架	台	5	5	
瑞安市八达工程机械有限公司	打桩架	台	38	38	
徐州海格力斯机械制造有限公司	打桩架	台	72	72	
山河智能装备股份有限公司	静力压桩机	台	156	158	13
广西建工集团建筑机械制造有限责任公司	静力压桩机	台	1	1	
北京市三一重机有限公司	旋挖钻机	台	525	525	
恒天九五重工有限公司	旋挖钻机	台	95	97	
江苏泰信机械科技有限公司	旋挖钻机	台	25	16	9
山河智能装备股份有限公司	旋挖钻机	台	342	400	15
上海金泰工程机械有限公司	旋挖钻机	台	110	94	16
上海中联重科桩工机械有限公司	旋挖钻机	台	520	520	
徐州徐工基础工程机械有限公司	旋挖钻机	台	1 213	1 188	112
郑州富岛机械设备有限公司	旋挖钻机	台	35	32	3
郑州郑宇重工有限公司	旋挖钻机	台	47	47	
宝娥机械设备（上海）有限公司	旋挖钻机	台	168	168	
福田雷沃国际重工股份有限公司重型装备工厂	旋挖钻机	台	28	28	
浙江振中工程机械有限公司	旋挖钻机	台	3	3	
河北新河县雄飞桩工机械厂	旋挖钻机	台	3	3	
北京中车重工机械有限公司	旋挖钻机	台	153	159	11
上海彭浦机器厂有限公司	旋挖钻机	台		10	
河北新钻钻机有限公司	其他钻机	台	39	41	5
上海工程机械有限公司	其他钻机	台	27	27	
上海金泰工程机械有限公司	其他钻机	台	55	50	5
温州振中基础工程机械科技有限公司	其他钻机	台	12	9	3
徐州徐工基础工程机械有限公司	其他钻机	套	1		1
浙江中锐重工科技股份有限公司	其他钻机	台	89	76	13
徐州海格力斯机械制造有限公司	其他钻机	台	21	21	
浙江振中工程机械有限公司	其他钻机	台	24	24	
浙江振中工程机械有限公司	其他钻机	台	22	22	
河北新河县雄飞桩工机械厂	其他钻机	台	134	134	
广西柳工集团有限公司	其他钻机	台	212	207	
上海金泰工程机械有限公司	地下连续墙成槽机	台	70	65	5
上海中联重科桩工机械有限公司	地下连续墙成槽机	台	1	1	
徐州徐工基础工程机械有限公司	地下连续墙成槽机	台	19	18	10
宝娥机械设备（上海）有限公司	地下连续墙成槽机	台	45	45	
江苏泰信机械科技有限公司	其他桩工机械	台	14	13	1
上海工程机械厂有限公司	其他桩工机械	台	1	1	
温州振中基础工程机械科技有限公司	其他桩工机械	台	52	45	7

（续）

企业名称	产品类别	单位	产量	销量	库存
徐州徐工基础工程机械有限公司	其他桩工机械	台	40	40	
浙江中锐重工科技股份有限公司	其他桩工机械	台	55	50	5

10. 市政与环卫机械

企业名称	产品类别	单位	产量	销量	库存
珠海亿华电动车辆有限公司	路面清扫车	辆	198	82	116
中汽商用汽车有限公司（杭州）	垃圾车	辆	843	838	15
中汽商用汽车有限公司（杭州）	垃圾处理设备	台	115	105	10
长沙盛泓机械有限公司	垃圾处理设备	台	350	332	18
广西建工集团建筑机械制造有限责任公司	立体停车设备	车位	421	421	
广东玛西尔电动科技有限公司	环卫车	台	583	590	21
徐州徐工随车起重机有限公司	其他市政机械	辆	73	74	8
中汽商用汽车有限公司（杭州）	其他环卫机械	台	33	33	
中联重科股份有限公司	其他市政机械	台	20 077	18 836	2 260

11. 混凝土制品机械

企业名称	产品类别	单位	产量	销量	库存
西安银马实业发展有限公司	砌块成型机	套	23	23	

12. 装修与高空作业机械

企业名称	产品类别	单位	产量	销量	库存
杭州爱知工程车辆有限公司	高空作业车	辆	397	403	41
徐州海伦哲专用车辆股份有限公司	高空作业车	辆	1 262	1 248	14
广西柳工机械股份有限公司	高空作业车	辆	10	14	
山推抚起机械有限公司	高空作业车	辆			1
石家庄煤矿机械有限责任公司随车起重机分公司	高空作业车	辆	3	6	6
徐州徐工随车起重机有限公司	高空作业车	辆	666	617	86
中汽商用汽车有限公司（杭州）	高空作业车	辆	83	78	5
杭州赛奇机械股份有限公司	高空作业平台	台	361	325	22
浙江鼎力机械股份有限公司	高空作业平台	台	17 463	17 110	1 280
湖南星邦重工有限公司	高空作业平台	台	4 664	4 196	468
湖南运想重工有限公司	高空作业平台	台	811	788	18
广西柳工机械股份有限公司	高空作业平台	台		1	
山推抚起机械有限公司	消防车	辆	16	23	26
中联重科股份有限公司	其他机械（消防机械）	台	363	365	5
法适达（上海）机械设备有限公司	高空作业吊篮	台	142	134	8
无锡瑞吉德机械有限公司	高空作业吊篮	台	3 214	3 198	23
宁波东建建筑科技有限公司	高空作业吊篮	台	360	260	100
廊坊兴河工业有限公司	高空作业吊篮	台	3 000	2 600	400
无锡市龙升建筑机械有限公司	高空作业吊篮	台	500	300	200
广东裕华兴建筑机械有限公司	高空作业吊篮	台	720	460	143
天津庆丰顺建筑机械有限公司	高空作业吊篮	台	3 030	2 630	400

（续）

企业名称	产品类别	单位	产量	销量	库存
无锡天通建筑机械有限公司	高空作业吊篮	台	1 000	800	200
江苏博宇建筑工程设备科技有限公司	高空作业吊篮	台	2 000	1 500	500
中际联合（北京）科技股份有限公司	高空作业吊篮	台	10	10	
河北久创建筑机械科技有限公司	高空作业吊篮	台	2 164	1 836	598
山东连豪机电设备有限公司	高空作业吊篮	台	2 000	1 800	200
无锡市小天鹅建筑机械有限公司	高空作业吊篮	台	3 765	3 432	372
江阴市路达机械制造有限公司	高空作业吊篮	台	2 300	1 700	600
申锡机械有限公司	高空作业吊篮	台	11 320	11 128	192
广东裕华兴建筑机械制造有限公司	其他高空作业机械	台	680	488	53
中际联合（北京）科技股份有限公司	其他高空作业机械	台	9 000	8 500	500
无锡市小天鹅建筑机械有限公司	其他高空作业机械	台	15 870	14 530	1 401
北京凯博擦窗机械科技有限公司	其他高空作业机械	台	12	8	6
无锡市沃森德机械科技有限公司	其他高空作业机械	台	52	44	8
申锡机械有限公司	其他高空作业机械	台	318	318	
山推抚起机械有限公司	其他高空作业机械	台			1
广东玛西尔电动科技有限公司	其他高空作业机械	台	391	401	31
南京福瑞德机电科技有限公司	擦窗机	台	53	53	
上海再瑞高层设备有限公司	擦窗机	台	60	57	3
成都嘉泽正达科技有限公司	擦窗机	台	50	50	
江苏博宇建筑工程设备科技有限公司	擦窗机	台	100	80	20
上海万润达机电科技发展有限公司	擦窗机	台	50	37	13
成都嘉泽正达科技有限公司	擦窗机	台	50	50	
上海普英特高层设备股份有限公司	擦窗机	台	171	151	20
北京凯博擦窗机械科技有限公司	擦窗机	台	122	80	52
申锡机械有限公司	擦窗机	台	15	15	

13. 钢筋及预应力机械

企业名称	产品类别	单位	产量	销量	库存
柳州欧维姆机械股份有限公司	锚具	万孔	2 434	3 029	112
柳州欧维姆机械股份有限公司	索	t	16 713	23 067	1 355
柳州欧维姆机械股份有限公司	减隔震	件	249 168	233 125	24 182

14. 凿岩机械与气动工具

企业名称	产品类别	单位	产量	销量	库存
天水风动机械股份有限公司	手持式气动凿岩机	台	1 390	1 252	625
浙江红五环掘进机械股份有限公司	手持式气动凿岩机	台	12 799	13 314	407
桂林桂冶机械股份有限公司	气腿式气动凿岩机	台	150	144	26
洛阳风动工具有限公司	气腿式气动凿岩机	台	17		337
南京工程机械厂有限公司	气腿式气动凿岩机	台	80	84	68
浙江衢州煤矿机械总厂股份有限公司	气腿式气动凿岩机	台	590	962	976
沈阳风动工具厂有限公司	气腿式气动凿岩机	台	700	434	1 096
天水风动机械股份有限公司	气腿式气动凿岩机	台	26 100	29 503	343

（续）

企业名称	产品类别	单位	产量	销量	库存
天水风动机械股份有限公司	向上式气动凿岩机	台	530	549	67
天水风动机械股份有限公司	导轨式气动凿岩机	台	563	487	120
洛阳风动工具有限公司	内燃凿岩机	台	6 105	5 795	3 624
桂林桂冶机械股份有限公司	凿岩钻车	台	6	5	1
天水风动机械股份有限公司	凿岩钻车	台	174	145	65
湖北首开机械有限公司	凿岩钻车	台	10 120	8 048	2 168
浙江红五环掘进机械股份有限公司	凿岩钻车	台	5 380	5 492	96
天水风动机械股份有限公司	冲击钻	台	200	200	230
桂林桂冶机械股份有限公司	其他凿岩机械	台	27	24	7
洛阳风动工具有限公司	其他凿岩机械	台	436	627	458
浙江衢州煤矿机械总厂股份有限公司	液压支柱	根	208 571	183 077	42 250
天水风动机械配件有限公司	弹簧件（凿岩机）	t/ 万件	4/33	6.5/52	4/33
天水风动机械配件有限公司	弹簧件（手工具）	t/ 万件	1/10	1/10	
天水风动机械配件有限公司	水针件（凿岩机）	t/ 万件	16/19	16/19	
天水风动机械配件有限公司	胶件（凿岩机）	t/ 万件	0.35/130	0.35/130	0.2/80
天水风动机械配件有限公司	叶片件（手工具）	t/ 万件	3/30	3/30	3.4/35
天水风动机械配件有限公司	聚氨酯件（凿岩机）	t/ 万件		1/25	1/25
天水风动机械配件有限公司	塑料包装箱	万件	5	5	
青岛前哨精密机械有限责任公司	气钻	台	16 771	14 440	3 474
天水风动机械股份有限公司	气钻	台	1 250	1 882	672
青岛前哨精密机械有限责任公司	气砂轮	台	5 563	5 126	385
山东中车同力达智能机械有限公司	气砂轮	台	21 600	21 600	1 800
上海气动工具厂	气砂轮	台	13 754	13 547	207
天水风动机械股份有限公司	气砂轮	台	4 700	4 764	2 362
镇江丹凤机械有限公司	气砂轮	台	4 405	5 721	1 284
青岛前哨精密机械有限责任公司	气扳机	台	7 779	6 898	3 060
山东春龙风动机械有限公司	气扳机	台	64 576	60 600	25 118
山东中车同力达智能机械有限公司	气扳机	台	7 130	7 130	680
上海骏马气动工具有限公司	气扳机	台	500	450	300
上海民生电器有限公司	气扳机	台	565	1 743	35
天水风动机械股份有限公司	气扳机	台	992	988	2 060
青岛前哨精密机械有限责任公司	气螺刀	台	4 655	5 646	3 201
青岛前哨精密机械有限责任公司	铆钉机	台	2 960	2 442	830
上海骏马气动工具有限公司	铆钉机	台	3 000	1 400	2 300
宁波市鄞州甬盾风动工具制造有限公司	捣固机	台	800	889	384
上海气动工具厂	捣固机	台	1 313	1 176	137
天水风动机械股份有限公司	捣固机	台	220	289	13
南京工程机械厂有限公司	气镐	台	2 007	3 827	4 085
宁波市鄞州甬盾风动工具制造有限公司	气镐	台	33 900	34 525	2 235
天水风动机械股份有限公司	气镐	台	3 299	3 307	1 926
通化市风动工具有限责任公司	气镐	台	650	715	255

（续）

企业名称	产品类别	单位	产量	销量	库存
浙江红五环掘进机械股份有限公司	气镐	台	19 054	16 887	2 883
宁波市鄞州甬盾风动工具制造有限公司	气铲	台	31 825	32 084	478
青岛前哨精密机械有限责任公司	气铲	台	440	807	4
山东中车同力达智能机械有限公司	气铲	台	3 770	3 770	400
上海骏马气动工具有限公司	气铲	台	3 000	4 000	4 000
上海气动工具厂	气铲	台	1 475	1 321	154
天水风动机械股份有限公司	气铲	台	214	137	133
通化市风动工具有限责任公司	气铲	台	725	810	131
烟台市石油机械有限公司	气动绞车	台	192	192	20
天水风动机械股份有限公司	气马达	台	122	124	87
烟台市石油机械有限公司	气马达	台	5 035	5 472	367
宁波市鄞州甬盾风动工具制造有限公司	镐钎	台	176 800	174 827	24 647
青岛前哨精密机械有限责任公司	吹尘枪	台	4 883	4 883	
山东春龙风动机械有限公司	拧紧工具	轴	325	542	243
山东中车同力达智能机械有限公司	角向磨光机	台	15 300	15 300	1 500
上海骏马气动工具有限公司	振动器	台	1 000	2 000	1 000
上海气动工具厂	除锈器	台	1 623	1 463	160
烟台市石油机械有限公司	气动预供油泵	台	270	235	138
镇江丹凤机械有限公司	气缸	只	7 350	7 350	
洛阳风动工具有限公司	工矿配件	t	83.7	84.7	132.6
天水风动机械股份有限公司	配件	t	78.46	149.08	495.9
通化市风动工具有限责任公司	配件	只	620	1 150	525

15. 观光车

企业名称	产品类别	单位	产量	销量	库存
成都晨明电动车辆制造有限公司	内燃观光车	辆	180	172	8
河南森源鸿马电动汽车有限公司	内燃观光车	辆	200	187	13
荆州鑫威电动车股份有限公司	内燃观光车	辆	399	369	30
南京路宝电动车船有限公司	内燃观光车	辆	20	20	
苏州普莱尔机械设备制造有限公司	内燃观光车	辆	43	41	2
苏州益高电动车辆制造有限公司	内燃观光车	辆	259	259	
深圳市傲虎电动车有限公司	内燃观光车	辆	69	69	
广东绿通新能源电动车科技股份有限公司	蓄电池观光车	辆	7 096	5 911	945
北京北汽摩有限公司	蓄电池观光车	辆	71	46	9
常州奥联电动车辆制造有限公司	蓄电池观光车	辆	38	38	
常州多灵电动车辆制造有限公司	蓄电池观光车	辆	115	115	
常州市永祥车业有限公司	蓄电池观光车	辆	52	49	3
成都晨明电动车辆制造有限公司	蓄电池观光车	辆	405	382	23
广东玛西尔电动科技有限公司	蓄电池观光车	辆	3 886	3 862	121
广州朗晴电动车有限公司	蓄电池观光车	辆	1 471	1 432	39
河南森源鸿马电动汽车有限公司	蓄电池观光车	辆	1 532	1 500	32
聊城信迪科技开发有限公司	蓄电池观光车	辆	126	112	14

（续）

企业名称	产品类别	单位	产量	销量	库存
柳州延龙汽车有限公司	蓄电池观光车	辆	27	22	5
南京大陆鸽新能源车船有限公司	蓄电池观光车	辆	11	11	
南京路宝电动车船有限公司	蓄电池观光车	辆	318	299	19
苏州傲威电动车辆制造有限公司	蓄电池观光车	辆	429	429	
苏州普莱尔机械设备制造有限公司	蓄电池观光车	辆	55	50	5
苏州益高电动车辆制造有限公司	蓄电池观光车	辆	6 601	6 571	30
扬州五环龙电动车有限公司	蓄电池观光车	辆	1 230	1 220	10
浙江绿源电动车有限公司	蓄电池观光车	辆	60	50	10
珠海亿华电动车辆有限公司	蓄电池观光车	辆	10	10	
深圳市傲虎电动车有限公司	蓄电池观光车	辆	431	431	
广东绿通新能源电动车科技股份有限公司	低速电动车	辆	1 720	1 360	360
北京北汽摩有限公司	低速电动车	辆	103	124	46
广东玛西尔电动科技有限公司	低速电动车	辆	1 762	1 770	64
广州朗晴电动车有限公司	低速电动车	辆	469	444	25
河北御捷车业有限公司	低速电动车	辆	82 000	85 000	1 000
河南森源鸿马电动汽车有限公司	低速电动车	辆	1 090	1 085	5
荆州鑫威电动车股份有限公司	低速电动车	辆	266	261	5
聊城信迪科技开发有限公司	低速电动车	辆	60	54	6
厦门奇富电动车辆有限公司	低速电动车	辆		9	5
苏州傲威电动车辆制造有限公司	低速电动车	辆	539	539	
苏州益高电动车辆制造有限公司	低速电动车	辆	11 294	11 174	120
浙江绿源电动车有限公司	低速电动车	辆	10	7	3
郑州嘉骏电动车有限公司	低速电动车	辆	204	179	25
广东绿通新能源电动车科技股份有限公司	其他观光车辆	辆	224	200	24
常州奥联电动车辆制造有限公司	其他观光车辆	辆	110	110	
常州市多灵电动车辆制造有限公司	其他观光车辆	辆	18	17	1
广东玛西尔电动科技有限公司	其他观光车辆	辆	3 248	3 185	153
河南森源鸿马电动汽车有限公司	其他观光车辆	辆	403	398	5
荆州鑫威电动车股份有限公司	其他观光车辆	辆	222	207	15
南京路宝电动车船有限公司	其他观光车辆	辆	60	52	8
苏州傲威电动车辆制造有限公司	其他观光车辆	辆	672	672	
苏州益高电动车辆制造有限公司	其他观光车辆	辆	524	524	
扬州五环龙电动车有限公司	其他观光车辆	辆	1 503	1 470	33

16. 工程机械配套件

企业名称	产品类别	单位	产量	销量	库存
常州杨氏电机有限公司	动力系统	台	51 500	52 900	2 100
浙江临海机械有限公司	水轮机	万kW	3.91	3.44	
浙江临海机械有限公司	液力变矩器	台	5 723	6 002	
蚌埠液力机械有限公司	液力变矩器	台	75 910	73 587	3 394
杭州前进齿轮箱集团股份有限公司	工程变速箱	台	17 915	18 439	3 147
黄石赛福摩擦材料有限公司	粉末冶金制品	万片	663.7	629.7	156.3

（续）

企业名称	产品类别	单位	产量	销量	库存
浙江恒立粉末冶金有限公司	含油轴套	只	449 000	427 400	21 600
太重集团榆次液压工业有限公司	油缸	件	1 466	1 205	571
徐州徐工液压件有限公司	液压油缸	件	287 599	286 247	38 600
蚌埠液力机械有限公司	油缸	件	692 240	678 661	42 064
济南液压泵有限责任公司	齿轮泵	台	189 343	194 553	24 906
太重集团榆次液压工业有限公司	齿轮泵	台	110 226	108 440	16 773
太重集团榆次液压工业有限公司	叶片泵	台	85 474	78 472	47 743
烟台艾迪液压科技有限公司	柱塞泵	台	23 280	23 975	1 790
北京华德液压工业集团有限责任公司	柱塞泵	台	6 521	7 343	752
太重集团榆次液压工业有限公司	柱塞泵	台	330	271	126
青岛力克川液压机械有限公司	液压马达	台	36 315	33 000	3 315
烟台艾迪液压科技有限公司	液压马达	台	14 104	13 909	709
北京华德液压工业集团有限责任公司	液压马达	台	16 018	18 255	1 643
济南液压泵有限责任公司	液压马达	台	1 613	1 524	1 528
太重集团榆次液压工业有限公司	液压马达	台	53	39	39
烟台艾迪液压科技有限公司	液压多路换向阀	台	267	209	77
济南液压泵有限责任公司	液压多路换向阀	台	1 210	1 182	1 085
徐州徐工液压件有限公司	液压多路换向阀	件	48 668	16 794	71 000
浙江高宇液压机电有限公司	液压多路换向阀	台	51 070	49 306	2 942
北京华德液压工业集团有限责任公司	液压控制阀	件	886 230	820 284	58 044
太重集团榆次液压工业有限公司	其他液压阀	台	539 956	499 844	98 093
浙江高宇液压机电有限公司	先导阀	台	8 721	8 901	564
浙江高宇液压机电有限公司	流量放大阀	台	5 881	6 230	292
浙江高宇液压机电有限公司	卸载阀	台	4 395	4 538	290
浙江高宇液压机电有限公司	压力选择阀	台	18 639	18 372	962
浙江高宇液压机电有限公司	先导阀	台	790	838	137
浙江高宇液压机电有限公司	限位阀	台	8 900	9 741	550
浙江高宇液压机电有限公司	优先卸荷阀	台	1 512	1 456	34
浙江高宇液压机电有限公司	电磁定位式比例先导阀	台	3 468	3 270	158
浙江高宇液压机电有限公司	先导供油阀	台	3 206	3 104	190
浙江高宇液压机电有限公司	优先阀	台	527	575	79
济南液压泵有限责任公司	减速机	台	875	725	263
江阴市液压油管有限公司	液压件	只	76 488	76 488	
河北冀工胶管有限公司	胶管	万吋米	910	906	4
徐州徐工液压件有限公司	液压胶管总成	件	1 748 047	1 748 183	277 700
江阴市液压油管有限公司	液压金属连接管总成	件	1 014 737	1 014 737	
徐州徐工液压件有限公司	液压金属连接管总成	件	489 477	477 164	218 600
徐州徐工液压件有限公司	液压管接头	件	1 196 845	1 209 062	253 500
太重集团榆次液压工业有限公司	液压附件	件	10 092	9 436	7 425
北京华德液压工业集团有限责任公司	液压系统	套	143 122	110 184	
太重集团榆次液压工业有限公司	液压系统	套	13 110	10 840	4 682

（续）

企业名称	产品类别	单位	产量	销量	库存
徐州徐工液压件有限公司	液压系统	件	271	577	300
北京华德液压工业集团有限责任公司	液压件	万件	908 769	845 882	60 439
贵州枫阳液压有限责任公司	液压件	套	20 137	17 626	14 027
成都嘉泽正达科技有限公司	支重轮总成 47 型	套	130	120	10
成都嘉泽正达科技有限公司	支重轮总成 57 型	套	85	80	5
济宁市永生工程机械制造有限公司	支重轮、托轮等	件	332 619	327 383	240 530
成都嘉泽正达科技有限公司	驱动轮总成	套	215	200	15
辽宁辽鞍机械制造有限公司	履带板	片	4 787 174	4 731 026	206 728
广西柳工集团有限公司	暖风	套	2 269	2 174	
广西柳工集团有限公司	空调	套	15 585	15 450	
广西柳工集团有限公司	换热器	套	16 435	18 020	
广西柳工集团有限公司	气体压缩机	台	102	121	
马鞍山统力回转支承有限公司	回转支承	套	34 405	33 705	3 269
江苏法尔胜特钢制品有限公司	钢丝绳	t	34 799	35 015	1 590
海瑞克(广州)隧道设备有限公司	其他配套件	件	50	42	8
长沙九方工程机械设备有限公司	斜皮带平皮带	套	181	168	13
长沙九方工程机械设备有限公司	斜皮带槽型带	套	146	143	5
长沙九方工程机械设备有限公司	斜皮带人字带	套	66	64	2
长沙九方工程机械设备有限公司	盾构皮带机	套	21	15	6
长沙九方工程机械设备有限公司	回砂机总成	套	24	16	8
长沙九方工程机械设备有限公司	粉罐 150T	套	46	46	
长沙九方工程机械设备有限公司	粉罐 200T	套	38	36	2
长沙九方工程机械设备有限公司	盾构砂浆罐	套	12	12	
长沙九方工程机械设备有限公司	盾构储水罐	套	11	11	
长沙九方工程机械设备有限公司	盾构污水罐	套	9	9	
长沙九方工程机械设备有限公司	盾构膨润土罐	套	9	9	
长沙九方工程机械设备有限公司	盾构调试水泵站	套	4	4	
长沙九方工程机械设备有限公司	粉罐预埋件	套	79	79	
长沙九方工程机械设备有限公司	室内除尘器 BF-4	套	50	50	
天津津裕电业股份有限公司	电线束	束	1 144 446	1 094 662	65 556
杭州萧山红旗摩擦材料有限公司	摩擦片	万片	12 881	13 039	175
广西柳工集团有限公司	工矿配件	t	7 589	5 018	
广西柳工集团有限公司	机械设备零部件	件	16 786 232	11 978 996	
广西柳工集团有限公司	润滑油	t	67 619	64 153	

〔供稿人：中国工程机械工业协会廖志〕

2017 年工程机械行业
主要企业主要经济指标完成情况

序号	项目	指标代码	单位	2017 年	2016 年	同比增长（%）
1	工业总产值（现价）	A09	亿元	3 434	2 723	26.11
2	出口交货值	A111	亿元	286	229	24.92
3	全年从业人员平均人数	B29	人	205 464	200 639	2.40
4	全年从业人员工资总额	B30	亿元	185	137	35.24
5	生产中应用工业机器人数量	F40	台	1 855	1 782	4.10
6	固定资产净额	J19	亿元	588	743	-20.83
7	流动资产余额	J06	亿元	3 790	3 120	21.45
8	应收账款	J08	亿元	1 319	1 209	9.10
9	年末负债合计	J65	亿元	3 368	3 024	11.38
10	累计完成固定资产投资	E08	亿元	103	49.9	107.24
11	年末资产总计	J63	亿元	5 660	4 832	17.15
12	营业收入	J301	亿元	3 890	3 112	25.00
13	营业税金及附加	J33	亿元	23.0	14.6	57.87
14	利息支出	J40	亿元	67.1	69.7	-3.80
15	利润总额	J45	亿元	168.4	-51.3	428.46
16	统计企业数		家	248	231	7.36

〔供稿人：中国工程机械工业协会吕莹〕

2017 年工程机械行业
10 大类主机产品产销存情况

序号	产品名称	产、销、存	完成数（台）		同比增长（%）
			2017 年	2016 年	
1	挖掘机(含轮胎式)	生产量	139 636	67 823	105.88
		销售量	132 195	68 700	92.42
		年末库存	15 629	6 068	157.56
2	装载机	生产量	83 336	54 893	51.82
		销售量	78 810	56 622	39.19
		年末库存	12 424	9 477	31.10

（续）

序号	产品名称	产、销、存	完成数（台）		同比增长（%）
			2017 年	2016 年	
3	推土机(含轮式)	生产量	5 892	3 643	61.73
		销售量	5 649	3 894	45.07
		年末库存	989	795	24.40
4	平地机	生产量	5 388	1 322	307.56
		销售量	3 506	1 293	171.15
		年末库存	602	204	195.10
5	压路机	生产量	13 342	8 875	50.33
		销售量	12 918	8 785	47.05
		年末库存	705	468	50.64
6	摊铺机	生产量	1 109	970	14.33
		销售量	1 067	992	7.56
		年末库存	112	43	160.47
7	轮式起重机(汽车起重机、轮胎起重机)	生产量	20 780	9 814	111.74
		销售量	20 710	9 811	111.09
		年末库存	897	776	15.59
8	履带起重机	生产量	1 348	887	51.97
		销售量	1 351	912	48.14
		年末库存	85	74	14.86
9	塔式起重机	生产量	6 973	6 359	9.66
		销售量	6 767	5 813	16.41
		年末库存	506	409	23.72
10	叉车（内燃及电动）	生产量	362 019	265 909	36.14
		销售量	358 321	262 229	36.64
		年末库存	16 647	14 827	12.27

〔供稿人：中国工程机械工业协会吕莹〕

2017 年工程机械行业产品出口价格指数（GCCK-PPI）

月份	内容	工程机械行业	工程机械整机	工程机械零部件	主要产品							
					塔式起重机	履带起重机	电动叉车	内燃叉车	手动搬运车	装载机	履带挖掘机	混凝土搅拌车
1月	指数	310.17	472.37	141.35	141.06	202.09	71.48	110.40	150.73	109.28	150.07	79.34
	同比增长（%）	-8.14	-9.73	-2.16	9.53	2.77	-4.02	-18.29	3.54	1.94	-6.69	-19.36
	环比增长（%）	-18.94	-20.03	-14.89	21.99	-3.27	-30.92	-8.88	12.19	-2.58	-5.19	-11.73

（续）

月份	内容	工程机械行业	工程机械整机	工程机械零部件	主要产品							
					塔式起重机	履带起重机	电动叉车	内燃叉车	手动搬运车	装载机	履带挖掘机	混凝土搅拌车
2月	指数	419.04	682.64	144.68	104.35	208.19	76.54	113.22	139.89	122.90	151.38	85.50
	同比增长（%）	-6.70	-7.19	-4.21	26.59	-2.03	-18.25	-10.71	-5.91	-15.03	-10.04	-0.30
	环比增长（%）	35.10	44.51	2.36	-26.02	3.02	7.07	2.55	-7.19	12.46	0.88	7.77
3月	指数	382.11	607.01	148.03	123.31	162.98	70.02	112.59	136.05	122.75	172.38	88.24
	同比增长（%）	-16.70	-19.38	-2.97	7.19	17.98	-16.93	-9.20	-11.00	6.53	-0.07	-16.35
	环比增长（%）	-8.81	-11.08	2.31	18.16	-21.72	-8.51	-0.55	-2.74	-0.12	13.87	3.20
4月	指数	383.02	610.27	146.50	113.66	159.77	66.46	109.20	134.65	107.44	158.50	85.80
	同比增长（%）	2.96	3.90	-0.92	-5.14	-10.67	-29.16	-10.06	-4.93	-0.61	4.61	-17.14
	环比增长（%）	0.24	0.54	-1.03	-7.83	-1.97	-5.10	-3.02	-1.03	-12.48	-8.06	-2.77
5月	指数	337.99	515.99	152.74	120.91	135.84	70.65	104.42	138.73	125.37	143.51	89.71
	同比增长（%）	-1.62	-2.82	2.84	4.31	-29.10	-10.34	-13.78	-7.24	13.82	-7.79	-10.24
	环比增长（%）	-11.76	-15.45	4.26	6.38	-14.98	6.32	-4.38	3.03	16.69	-9.46	4.56
6月	指数	337.50	520.48	147.05	105.98	158.66	70.74	101.3	143.13	111.70	140.60	89.49
	同比增长（%）	3.07	5.27	-4.3	-10.05	15.05	-11.24	35.10	-4.34	-2.28	-20.10	-5.75
	环比增长（%）	-0.15	0.87	-3.72	-12.35	16.80	0.12	-2.99	3.17	-10.90	-2.03	-0.25
7月	指数	318.00	478.18	151.28	124.72	126.05	67.36	108.62	141.53	137.71	152.78	100.09
	同比增长（%）	23.00	30.79	2.84	0.45	-53.10	-13.61	-4.72	-9.22	32.59	-4.14	-4.04
	环比增长（%）	-5.78	-8.13	2.88	17.68	-20.56	-4.78	7.23	-1.11	23.28	8.66	11.85
8月	指数	348.36	539.47	149.45	136.50	156.41	68.27	109.75	137.05	132.82	147.71	89.47
	同比增长（%）	3.80	5.42	-1.88	11.84	-58.84	-9.70	-0.42	-6.37	13.07	-11.07	3.88
	环比增长（%）	9.55	12.82	-1.21	9.44	24.08	1.36	1.04	-3.16	-3.55	-3.32	-10.61
9月	指数	413.30	666.63	149.63	135.51	101.14	71.04	110.30	143.91	129.07	177.07	99.68
	同比增长（%）	18.82	24.23	-1.13	38.58	-29.15	-21.63	-0.43	8.46	18.63	10.48	5.31
	环比增长（%）	18.64	23.57	0.12	-0.72	-35.33	4.05	0.50	5.00	-2.82	19.88	11.41
10月	指数	496.73	823.51	156.62	119.97	119.36	70.27	113.72	144.92	123.40	174.53	91.01
	同比增长（%）	35.92	44.33	3.06	11.28	-44.78	-11.46	4.63	2.56	25.24	24.57	-1.58
	环比增长（%）	20.19	23.53	4.67	-11.47	18.02	-1.09	3.10	0.70	-4.40	-1.44	-8.69
11月	指数	396.61	612.79	171.62	120.49	149.34	66.93	112.36	140.40	125.28	156.97	89.58
	同比增长（%）	2.92	-0.03	15.62	19.53	-15.16	-22.21	-1.90	5.51	14.93	4.16	2.82
	环比增长（%）	-20.16	-25.59	9.58	0.44	25.11	-4.75	-1.20	-3.12	1.52	-10.06	-1.58
12月	指数	349.11	531.10	159.70	142.57	141.68	74.14	114.97	149.69	116.51	151.26	91.11
	同比增长（%）	-8.76	-10.09	-3.84	23.29	-32.18	-28.35	-5.11	11.42	3.86	-4.44	1.36
	环比增长（%）	-11.98	-13.33	-6.94	18.32	-5.13	10.77	2.32	6.62	-7.00	-3.64	1.71

〔供稿人：中国工程机械工业协会吕莹〕

2017 年工程机械

税号	商品名称	数量单位	1 月进口		2 月进口		3 月进口		4 月进口		5 月进口	
			数量	金额（万美元）	数量	金额（万美元）	数量	金额（万美元）	数量	金额（万美元）	数量	金额（万美元）
84134000	混凝土泵	台	49	152	63	134	34	268	32	114	54	218
84262000	塔式起重机	台			2	4	5	47	1	8	4	5
84264110	轮胎式自推进起重机	台										
84264190	带胶轮的其他自推进起重机械	台			3	3					6	
84264910	履带式起重机	台					2	12	1	18		
84264990	不带胶轮的其他自推进起重机械	台					1	3				
84269100	供装于公路车辆的其他起重机	台	98	191	56	75	27	59	30	44	39	59
84269900	未列名起重机	台	39	410	20	85	42	318	27	278	47	283
84271010	电动机推进的有轨巷道堆垛机	台	26	235	12	227	17	178	29	338	35	352
84271020	电动机推进的无轨巷道堆垛机	台	66	75	25	37	35	82	51	99	47	169
84271090	其他电动叉车及装有升降或搬运装置工作车	台	719	753	672	874	647	989	940	948	964	906
84272010	集装箱叉车	台	1	20	1	24			1	21	2	14
84272090	其他机动叉车及其他装有升降或搬运装置工作车	台	60	425	60	433	145	574	63	170	78	637
84279000	未列名叉车等装有升降或搬运装置的工作车	台	140	68	137	28	166	41	101	41	430	73
84281010	载客电梯	台	154	707	193	1 110	216	1 941	178	1 408	205	1 254
84281090	其他升降机及倒卸式起重机	台	64	138	55	284	81	1 071	124	826	134	372
84284000	自动梯及自动人行道	台	2	40								
84291110	履带式推土机，$P>$ 235.36kW（320 马力）	台	2	91	3	166	8	523	1	59	1	59
84291190	其他履带式推土机	台	3	32	4	61	4	47	4	73	8	109
84291910	其他推土机，$P>$ 235.36kW（320 马力）	台										
84291990	未列名推土机	台										
84292010	筑路机及平地机，$P>$ 235.36kW（320 马力）	台										
84292090	其他筑路机及平地机	台	1	6			3	9	1	11		
84293090	其他铲运机	台	2	79	3	121	5	238	1	33	1	34
84294011	机重 18t 及以上的振动压路机	台							1	8	1	8
84294019	其他机动压路机	台	33	76	66	137	33	79	60	116	51	110
84294090	未列名捣固机械及压路机	台										

进口月报

6月进口		7月进口		8月进口		9月进口		10月进口		11月进口		12月进口	
数量	金额（万美元）	数量	金额（万美元）	数量	金额（万美元）	数量	金额（万美元）	数量	金额（万美元）	数量	金额（万美元）	数量	金额（万美元）
17	338	60	280	63	165	19	51	56	160	55	147	45	194
3	19			3	2	4	3	6	31	1	3	2	1
						3	7					1	1
1	1							1	37				
		3	4	2	16	3	29	2	144	11	84	4	9
1				6	1								
69	118	14	21	92	125	68	208	69	103	31	40	58	135
71	382	55	283	52	341	32	247	50	60	52	163	53	360
55	530	66	911	27	175	35	227	26	108	52	454	55	615
31	66	44	84	44	335	49	87	36	83	44	144	78	192
1 044	1 396	763	859	902	1 103	999	1 080	648	733	1 148	1 206	945	1 194
				3	59							7	114
124	427	88	259	64	607	105	602	79	840	65	648	140	607
253	66	76	161	111	93	203	105	179	47	122	198	389	75
166	780	217	1 307	212	730	199	1 158	192	1 144	324	1 641	226	834
61	381	52	259	67	561	80	149	52	276	77	262	110	161
61	94			3	1			16	51	1	5	2	5
		2	119	4	231			2	119	3	179	3	130
6	94	2	98	1	20	1	59	3	18				
						1	15						
1	34							1	83	2	69	2	78
		2	17	1	10	1	10	1	10	1	9	2	17
53	132	62	110	55	113	58	143	41	96	39	83	51	119
				1	11								

税号	商品名称	数量单位	1月进口		2月进口		3月进口		4月进口		5月进口	
			数量	金额（万美元）	数量	金额（万美元）	数量	金额（万美元）	数量	金额（万美元）	数量	金额（万美元）
84295100	前铲装载机	台	10	180	32	85	34	129	77	314	80	347
84295211	上部360°旋转的轮胎式挖掘机	台	63	353	38	269	110	612	64	381	25	149
84295212	上部360°旋转的履带式挖掘机	台	1 121	6 223	1 383	7 669	1 888	10 474	1 754	10 494	1 693	10 394
84295219	上部360°旋转的其他挖掘机	台										
84295290	上部360°旋转的机械铲、装载机	台	1	15	1	295	1	252			2	676
84295900	其他机械铲、挖掘机及机铲装载机	台	1	44	3	14	17	79	8	47	16	71
84301000	打桩机及拔桩机	台	17	1 850	21	61	20	1 087	25	52	15	19
84302000	扫雪机及吹雪机	台	237	196	98	213	26	152	67	70	93	7
84303120	自推进的凿岩机	台	1	2	1	106	4	280	2	155	2	163
84303130	自推进的隧道掘进机	台										
84303900	非自推进的截煤机、凿岩机及隧道掘进机	台	8	27	10	249	32	90	30	86	22	59
84305020	矿用电铲	台										
84306100	非自推进的捣固或压实机械	台	87	62	5		58	8	206	15	191	27
84306911	钻筒直径在3m以上的非自推进工程钻机	台			2	55						
84306919	其他非自推进工程钻机	台			4	24	1	14			3	8
84306920	非自推进的铲运机	台							4			
84306990	未列名非自推进泥土、矿等运送、平整等机械	台	22	10	9	3	2	1	27	108	42	16
84312010	品目8427所列机械用装有差速器的驱动桥及其零件，不论是否装有其他传动部件	t	146	105	210	151	177	133	128	85	203	146
84312090	品目8427所列机械的其他零件	t	959	835	1 339	1 135	1 462	1 201	1 289	1 108	1 405	1 121
84313100	升降机、倒卸式起重机或自动梯的零件	t	606	630	553	700	780	806	690	913	1 167	926
84313900	其他8428所列机械的零件	t	1 329	2 708	986	2 687	1 140	3 292	1 089	2 479	1 098	2 970
84314100	戽斗、铲斗、抓斗及夹斗	个	202 511	250	196 087	332	266 007	152	153 457	109	247 943	277
84314200	推土机或侧铲推土机用铲	个	1 590	3	2 545	1			5 633	8	125	
84314390	凿井机械的零件	t	0 .22	5	4	12	146	147	9	19	1	8
84314920	品目8426、8429及8430机械用装有差速器的驱动桥及其零件，不论是否装有其他传动部件	t	511	314	345	233	629	380	526	354	674	432
84314991	矿用电铲用零件	t	26	110	1	5	6	20	16	30		
84314999	品目8426、8429及8430所列机械的未列名零件	t	10 890	6 652	13 843	7 650	15 576	8 962	15 459	8 888	15 024	9 645
84671100	旋转式（包括旋转冲击式的）手提风动工具	台	42 241	212	72 039	384	74 417	389	65 076	341	59 832	438

（续）

6月进口		7月进口		8月进口		9月进口		10月进口		11月进口		12月进口	
数量	金额（万美元）	数量	金额（万美元）	数量	金额（万美元）	数量	金额（万美元）	数量	金额（万美元）	数量	金额（万美元）	数量	金额（万美元）
82	504	80	428	124	723	102	456	86	327	135	518	90	357
22	116	45	265	41	242	58	315	32	183	53	372	62	432
1 672	9 876	1 079	6 235	1 286	7 347	1 420	8 538	1 284	7 328	1 817	10 597	1 762	10 967
		2	287	4	593					2	303		
3	14	10	43	14	66	2	10	8	38	4	22	1	6
4	187	3	2	38	50	5	291	4	321	25	597	14	5
78	27	106	38	253	163	111	40	264	79	102	81	39	112
		2	60	2	51			1	44	1	103		
3	145	2	36										
28	532	26	54	23	248	39	85	39	117	39	1 193	17	53
274	27	119	12	167	24	112	301	87	18	15	2	128	18
								1	11				
2	42	6	59	7	60	3	44	2	1	7	21	1	1
										2			
56	11	67	15	13	271	18	111	2	84	22	108	17	60
319	215	134	94	274	208	322	250	202	132	190	120	241	154
1 527	1 231	1 361	1 207	1 387	1 239	1 306	1 233	1 300	1 166	1 665	1 404	1 369	1 298
1 272	1 106	889	863	1 113	937	941	935	895	805	899	893	1 064	912
1 349	3 989	1 133	2 916	1 086	2 909	995	3 182	635	2 169	746	2 303	1 220	3 616
260 254	98	188 399	129	207 716	156	251 482	276	105 742	95	65 980	44	129 955	108
				4 185	6	6 867	10	2 478	4	4 268	6	332	
3	12	0.1	3	4	14	2	14	1	12	3	13	2	15
758	526	649	449	884	666	702	539	620	421	845	607	850	653
39	8	6	10	5	11	1	4		1	14	10	8	11
14 803	8 599	12 007	7 266	14 318	8 073	15 272	9 439	13 904	7 944	20 599	10 877	20 889	10 403
61 392	420	57 482	427	53 877	349	49 370	443	31 884	287	56 140	421	53 042	358

税号	商品名称	数量单位	1月进口		2月进口		3月进口		4月进口		5月进口	
			数量	金额（万美元）	数量	金额（万美元）	数量	金额（万美元）	数量	金额（万美元）	数量	金额（万美元）
84671900	其他手提式风动工具	台	64 090	226	29 393	240	46 479	380	34 067	260	36 742	289
84679200	手提式风动工具用的零件	t	25	112	21	131	37 769	194	29	165	42	181
84743100	混凝土或砂浆混合机器	台	39	42	21	140	31	143	5	10	22	40
84743200	矿物与沥青的混合机器	台	1	1	3	17	4	22	4	38	3	17
84743900	固体矿物质的其他混合或搅拌机器	台	115	324	182	192	151	392	176	474	238	644
84749000	8474所列机器的零件	t	678	571	693	481	930	827	1 353	871	959	742
84791021	沥青混凝土摊铺机	台	54	745	54	641	77	1 030	66	899	68	967
84791022	稳定土摊铺机	台										
84791029	其他摊铺机	台	4	76	1		4	63	2	32	2	32
84791090	其他公共工程用机器	台	233	292	90	278	134	486	105	666	136	398
87041030	电动轮非公路用货运自卸车	辆										
87041090	其他非公路用货运机动自卸车	辆	1	61			1	31	1	37		
87051021	最大起重量≤50t全路面起重车	辆										
87051022	50t＜最大起重量≤100t全路面起重车	辆			1	82						
87051023	最大起重量＞100t全路面起重车	辆					1	196				
87051091	最大起重量≤50t其他起重车	辆										
87051092	50t＜最大起重量≤100t其他起重车	辆										
87051093	最大起重量＞100t其他起重车	辆										
87053010	装有云梯的救火车	辆			1	111					1	84
87053090	其他机动救火车	辆	5	328	5	217			3	186	4	264
87054000	机动混凝土搅拌车	辆										
87059060	飞机加油车、调温车、除冰车	辆	14	749	4	128	2	70	4	97		
87059070	道路（包括跑道）扫雪车	辆	6	173	7	264			4	77		
87059091	混凝土泵车	辆										
87059099	未列名特殊用途的机动车辆	辆	1	23	4	294	2	33			1	26
87091110	电动牵引车	辆	32	36	89	79	109	139	29	32	44	42
87091190	其他电动的短距离运货车辆	辆	14	9	9	14	5	7	10	24	68	38
87091910	其他机动牵引车	辆			1	18	1	2	4	244	1	2
87091990	其他短距离运货机动车辆	辆					1		1	1	1	3
87099000	短距离运货的机动车辆及站台牵引车的零件	t	13	16	28	49	18	37	28	46	12	22
89051000	挖泥船	艘			1	382			2	48		
总计				28 065		29 894		39 190		34 874		36 351

（续）

6月进口		7月进口		8月进口		9月进口		10月进口		11月进口		12月进口	
数量	金额（万美元）	数量	金额（万美元）	数量	金额（万美元）	数量	金额（万美元）	数量	金额（万美元）	数量	金额（万美元）	数量	金额（万美元）
38 529	315	32 812	288	35 884	341	43 198	291	32 182	221	57 432	380	38 859	353
28	192	31	159	15	125	24	157	13	119	37	124	30	147
36	116	15	75	20	80	33	158	13	83	2		8	17
8	42	5	105	7	35	7	33	9	229	9	31	3	23
136	424	104	323	184	293	154	367	56	109	193	328	220	656
1 044	898	872	870	794	777	599	633	481	559	697	771	930	816
37	517	46	754	78	1 302	52	734	38	577	56	867	52	684
5	129	4	38	3	52	6	131	1	17	1	1		
183	548	429	1 009	154	432	331	876	192	328	129	409	274	268
												1	
		4	147					2	74	2	103	5	176
						1	168						
5	410	1	64	5	426			1	29			1	61
		5	176	1	23	3	22	5	93			8	286
		6	316	4	96	1	29			7	294	2	35
6	106	11	242			3	27	3	41	4	155	8	104
62	79	64	60	150	102	28	91	135	118	43	56	85	72
14	60	29	26	18	11	15	13	13	7	23	158	11	37
21	39	27	53			16	32	4	10	4	44	6	12
2	1	4	55	13	2	22	31	9	6	2	5	1	2
24	37	29	78	19	34	34	53	12	23	51	78	83	145
				1	102								
	36 457		30 508		33 339		34 543		28 368		39 756		38 273

〔供稿人：中国工程机械工业协会吕莹〕

2017 年工程机械

税号	商品名称	数量单位	1 月出口		2 月出口		3 月出口		4 月出口		5 月出口	
			数量	金额（万美元）	数量	金额（万美元）	数量	金额（万美元）	数量	金额（万美元）	数量	金额（万美元）
84134000	混凝土泵	台	263	450	84	166	158	365	204	428	146	307
84262000	塔式起重机	台	218	3 343	140	1 588	241	3 231	241	2 978	255	3 352
84264110	轮胎式自推进起重机	台	22	516	31	828	43	898	16	635	42	722
84264190	带胶轮的其他自推进起重机械	台	20	625	10	239	18	511	13	332	29	819
84264910	履带式起重机	台	66	2 047	37	1 182	61	1 526	74	1 815	74	1 543
84264990	不带胶轮的其他自推进起重机械	台			5	7			2	827		
84269100	供装于公路车辆的其他起重机	台	22	94	67	56	114	167	75	94	53	154
84269900	未列名起重机	台	5 142	321	3 641	93	8 919	430	7 557	280	7 313	291
84271010	电动机推进的有轨巷道堆垛机	台	14	78	8	29	1		3	13	2	1
84271020	电动机推进的无轨巷道堆垛机	台	162	70	37	29	146	80	137	78	115	67
84271090	其他电动叉车及装有升降或搬运装置工作车	台	9 014	4 490	7 653	4 082	10 483	5 115	11 254	5 212	12 999	6 400
84272010	集装箱叉车	台	15	255	14	204	33	466	27	262	31	479
84272090	其他机动叉车及其他装有升降或搬运装置工作车	台	5 748	8 271	4 372	6 451	6 658	9 770	6 619	9 420	7 811	10 630
84279000	未列名叉车等装有升降或搬运装置的工作车	台	134 514	2 657	89 147	1 634	153 833	2 743	149 059	2 630	171 698	3 121
84281010	载客电梯	台	4 517	10 687	2 957	7 058	5 087	11 996	4 753	10 627	5 383	12 388
84281090	其他升降机及倒卸式起重机	台	1 200	1 047	1 012	677	634	655	655	799	1 034	806
84284000	自动梯及自动人行道	台	1 527	4 833	1 112	3 193	1 644	5 133	1 962	6 587	1 651	5 125
84291110	履带式推土机，$P>$ 235.36kW（320 马力）	台	12	221	7	117	9	121	14	201	23	418
84291190	其他履带式推土机	台	165	1 471	66	539	178	1 449	220	2 351	279	2 359
84291910	其他推土机，$P>$ 235.36kW（320 马力）	台	2	1	2	1						
84291990	未列名推土机	台	21	3	12	2	3	6	3	4	2	
84292010	筑路机及平地机，$P>$ 235.36kW（320 马力）	台							1	3	2	11
84292090	其他筑路机及平地机	台	355	1 824	204	1 498	349	2 294	283	1 880	467	2 434
84293090	其他铲运机	台	33	206	24	129	42	293	44	337	61	284
84294011	机重 18t 及以上的振动压路机	台	81	499	61	400	112	659	84	474	78	458
84294019	其他机动压路机	台	1 337	1 693	978	1 934	1 687	2 667	1 428	2 365	1 320	2 762
84294090	未列名捣固机械及压路机	台	1 210	195	110	109	517	217	1 838	69	462	124

出口月报

6月出口		7月出口		8月出口		9月出口		10月出口		11月出口		12月出口	
数量	金额（万美元）	数量	金额（万美元）	数量	金额（万美元）	数量	金额（万美元）	数量	金额（万美元）	数量	金额（万美元）	数量	金额（万美元）
189	313	232	429	173	359	129	356	150	359	83 453	544	252	325
248	2 857	173	2 346	194	2 879	181	2 666	164	2 139	208	2 725	190	2 945
18	1 443	18	405	19	267	20	607	30	552	23	514	16	510
47	1 324	35	1 093	28	994	29	669	27	692	40	1 192	32	917
73	1 778	85	1 645	64	1 536	95	1 475	80	1 466	88	2 017	88	1 914
		1	3	1	26			2	17	1	1		
67	95	53	138	75	230	51	152	38	76	76	169	76	139
3 422	233	5 118	222	5 142	174	2 420	169	3 290	286	5 171	391	7 587	1 814
10	107	2	12	1	2			3	13	2	12	3	15
151	58	124	55	88	67	64	34	147	55	148	131	88	61
11 881	5 857	12 979	6 092	12 344	5 873	11 057	5 474	10 739	5 259	13 353	6 228	14 564	7 525
23	280	35	460	20	386	28	379	23	309	24	395	35	548
8 017	10 584	7 356	10 414	7 740	11 071	7 278	10 462	6 551	9 709	8 464	12 394	7 954	11 918
151 048	2 833	154 879	2 872	156 989	2 819	126 409	2 384	141 078	2 679	168 038	3 092	164 891	3 234
4 839	11 281	5 397	11 945	5 310	11 775	4 947	11 166	4 279	8 909	5 376	11 649	5 575	11 862
594	725	912	802	458	837	682	910	927	690	679	954	753	1 050
1 579	5 006	1 669	5 182	1 774	5 439	1 731	5 868	1 472	4 988	1 797	5 982	1 689	5 788
32	955	18	296	21	299	23	434	34	548	22	365	10	157
188	1 445	228	1 894	307	2 614	204	1 787	199	1 890	164	1 392	228	2 152
1	41			1	1	25	6	2	13	4	65	1	
8	43	26	4	6	35	8	2			1	2	3	4
				1	12			1	7	2	17	1	6
429	2 841	358	2 657	355	2 759	354	2 631	303	2 048	307	2 327	433	2 499
61	370	44	172	65	552	31	267	28	142	50	349	35	272
113	731	51	308	96	610	103	726	72	417	77	468	59	340
1 347	2 437	1 420	3 041	1 364	3 196	1 312	2 771	843	2 241	1 322	3 010	1 525	2 936
1 201	65	1 432	201	2 130	79	393	105	573	34	937	179	1 142	144

税号	商品名称	数量单位	1月出口		2月出口		3月出口		4月出口		5月出口	
			数量	金额（万美元）	数量	金额（万美元）	数量	金额（万美元）	数量	金额（万美元）	数量	金额（万美元）
84295100	前铲装载机	台	2 728	9 628	1 910	7 581	3 547	14 061	3 459	12 001	3 341	13 527
84295211	上部 360° 旋转的轮胎式挖掘机	台	82	419	15	90	54	394	80	670	79	570
84295212	上部 360° 旋转的履带式挖掘机	台	1 261	9 144	962	7 037	1 334	11 112	1 179	9 030	1 362	9 445
84295219	上部 360° 旋转的其他挖掘机	台	9	52	3	2	11	8	170	57	8	7
84295290	上部360° 旋转的机械铲、装载机	台			1	26						
84295900	其他机械铲、挖掘机及机铲装载机	台	181	342	108	300	148	175	106	439	189	284
84301000	打桩机及拔桩机	台	415	548	520	378	5 430	1 485	5 722	1 206	3 262	3 738
84302000	扫雪机及吹雪机	台	8 209	78	1 889	25	1 689	22	503	21	4 309	108
84303120	自推进的凿岩机	台	249	48	47	22	533	122	178	97	235	58
84303130	自推进的隧道掘进机	台	2	600	3	63	1	25	26	3 174	23	372
84303900	非自推进的截煤机、凿岩机及隧道掘进机	台	1 306	99	328	22	2 087	80	1 587	62	913	58
84305020	矿用电铲	台	2	1 533	2	1 249					3	2 613
84306100	非自推进的捣固或压实机械	台	51 028	775	20 171	347	36 058	564	39 331	625	43 000	649
84306911	钻筒直径在 3m 以上的非自推进工程钻机	台	355	2			5	3	5	26	4	22
84306919	其他非自推进工程钻机	台	2 076	354	2 025	167	1 412	242	2 546	270	3 776	444
84306920	非自推进的铲运机	台	77	28	33	4	25	49	27	65	23	31
84306990	未列名非自推进泥土、矿等运送、平整等机械	台	5 194	815	4 039	641	5 240	503	4 101	553	7 637	1 701
84312010	品目 8427 所列机械用装有差速器的驱动桥及其零件，不论是否装有其他传动部件	t	130	64	117	68	123	63	181	168	129	77
84312090	品目 8427 所列机械的其他零件	t	42 833	4 861	28 598	3 525	41 944	5 370	43 481	5 448	47 055	5 974
84313100	升降机、倒卸式起重机或自动梯的零件	t	43 935	7 449	26 344	4 715	46 391	7 681	41 032	6 858	43 124	7 315
84313900	其他 8428 所列机械的零件	t	14 608	4 609	8 822	2 903	16 368	5 362	15 036	4 898	18 460	5 433
84314100	戽斗、铲斗、抓斗及夹斗	个	4 204 945	851	2 788 481	627	4 515 111	945	4 652 871	983	5 016 061	1 001
84314200	推土机或侧铲推土机用铲	个	184 982	31	113 973	16	93 719	17	276 711	42	286 884	89
84314390	凿井机械的零件	t	764	239	342	118	642	346	550	236	788	289
84314920	品目 8426、8429 及 8430 机械用装有差速器的驱动桥及其零件，不论是否装有其他传动部件	t	759	272	625	245	762	319	795	307	768	305
84314991	矿用电铲用零件	t	1 473	460	332	177	1 127	420	1 806	601	1 461	521
84314999	品目 8426、8429 及 8430 所列机械的未列名零件	t	142 029	28 335	96 682	19 497	145 533	29 459	141 019	28 970	164 362	35 372
84671100	旋转式（包括旋转冲击式的）手提风动工具	台	523 563	997	253 179	612	411 245	874	375 357	832	480 626	1 021

（续）

6月出口		7月出口		8月出口		9月出口		10月出口		11月出口		12月出口	
数量	金额（万美元）	数量	金额（万美元）	数量	金额（万美元）	数量	金额（万美元）	数量	金额（万美元）	数量	金额（万美元）	数量	金额（万美元）
3 389	12 225	3 386	15 058	3 061	13 130	3 140	13 088	3 386	13 493	3 506	14 185	4 098	15 419
60	333	67	420	77	402	45	295	61	463	71	525	40	214
1 457	9 899	1 601	11 819	1 734	12 377	1 465	12 535	1 785	15 054	2 085	15 815	1 962	14 340
65	6	13	81	9	8	5	23	17	44	19	66	25	43
								1	7	2	34	1	1
162	329	251	444	295	363	266	383	171	252	130	267	142	358
7 464	711	3 227	721	2 624	870	297	459	2 647	570	5 164	856	4 013	1 239
33 504	664	101 812	2 046	114 601	1 882	85 956	1 784	125 452	2 062	70 988	1 481	30 156	473
225	107	258	1 781	151	143	207	132	154	42	103	100	399	86
18	2 658	5	3 634	9	2 593	9	2 857	12	6 692	8	3 838	14	1 513
1 839	91	1 950	60	2 587	104	1 043	47	1 905	95	2 197	60	2 248	83
		1	1 082	1	1							1	1
35 585	648	40 775	624	36 788	612	22 184	476	27 351	471	41 004	567	42 655	696
3	10	21	11			2	45	2	1	1	1	4	4
2 806	279	3 245	201	2 808	140	2 101	241	2 378	406	3 973	290	3 014	492
39	104	8	17	52	19	27	21	33	34	134	88	49	89
6 570	847	5 024	949	3 680	904	4 849	614	2 762	378	4 873	868	4 086	793
134	75	108	62	83	48	69	34	108	71	175	164	135	69
48 483	6 168	46 525	6 081	49 021	6 490	42 889	5 715	46 600	5 974	53 271	7 136	57 839	7 663
41 900	7 068	40 798	6 942	41 284	7 295	37 647	7 054	38 818	7 362	48 433	9 666	48 661	9 181
21 481	6 134	16 689	5 558	22 235	6 505	21 102	5 988	13 969	4 812	21 676	7 494	19 517	6 603
5 350 713	1 116	5 285 467	1 149	4 830 434	1 030	5 095 194	1 058	4 860 955	1 064	5 264 722	1 115	6 497 345	1 552
221 266	33	287 948	42	156 953	21	195 323	31	269 284	40	340 328	49	209 343	35
724	199	687	240	617	228	7 873	1 252	1 194	1 609	2 258	3 581	9 350	3 388
893	341	966	404	1 077	420	791	336	951	373	814	391	1 272	505
1 895	563	1 586	590	1 434	602	1 568	620	1 131	350	1 071	343	1 103	462
158 292	32 724	153 867	32 708	156 192	32 956	138 533	29 293	144 885	31 473	160 028	36 933	164 593	37 006
467 678	986	704 678	1 372	492 583	1 195	409 203	902	367 900	826	572 501	1 118	673 868	1 155

税号	商品名称	数量单位	1月出口		2月出口		3月出口		4月出口		5月出口	
			数量	金额（万美元）	数量	金额（万美元）	数量	金额（万美元）	数量	金额（万美元）	数量	金额（万美元）
84671900	其他手提式风动工具	台	960 169	1 758	430 211	884	844 161	1 600	900 031	1 766	1 194 568	2 328
84679200	手提式风动工具用的零件	t	464	462	287	268	566	480	566	536	602	597
84743100	混凝土或砂浆混合机器	台	88 838	2 056	40 467	930	71 205	2 492	67 543	2 042	67 509	2 090
84743200	矿物与沥青的混合机器	台	90	854	34	914	62	1 358	54	1 027	116	649
84743900	固体矿物质的其他混合或搅拌机器	台	15 483	671	3 517	579	7 036	699	13 489	990	10 066	895
84749000	8474所列机器的零件	t	31 528	7 655	20 330	5 000	30 006	8 505	30 497	7 818	36 688	10 453
84791021	沥青混凝土摊铺机	台	85	218	25	270	52	606	64	260	359	419
84791022	稳定土摊铺机	台	2	1			42				1	
84791029	其他摊铺机	台	13	63	6	9	29	58	32	100	25	76
84791090	其他公共工程用机器	台	24 570	890	9 331	364	25 054	1 189	20 494	1 057	19 571	1 082
87041030	电动轮非公路用货运自卸车	辆	37	17	22	13	71	34	66	34	81	28
87041090	其他非公路用货运机动自卸车	辆	227	1 256	137	1 082	346	2 675	267	1 838	352	2 205
87051021	最大起重量≤50t全路面起重车	辆	46	395	22	207	49	331	56	486	51	272
87051022	50t＜最大起重量≤100t全路面起重车	辆	11	192	4	67	4	90	7	99	2	49
87051023	最大起重量＞100t全路面起重车	辆	3	171	6	451	2	60	4	363		
87051091	最大起重量≤50t其他起重车	辆	131	1 223	119	1 368	144	1 678	243	3 059	121	1 475
87051092	50t＜最大起重量≤100t其他起重车	辆	45	847	29	571	38	679	51	1 070	37	811
87051093	最大起重量＞100t其他起重车	辆			3	87			3	93		
87053010	装有云梯的救火车	辆					7	76				
87053090	其他机动救火车	辆	95	291	30	83	51	116	36	85	25	238
87054000	机动混凝土搅拌车	辆	449	1 776	287	1 223	723	3 181	689	2 947	538	2 406
87059060	飞机加油车、调温车、除冰车	辆	2	19	2	29			1	18	3	46
87059070	道路（包括跑道）扫雪车	辆	1	1					1	1		
87059091	混凝土泵车	辆	51	941	36	499	62	818	70	922	62	726
87059099	未列名特殊用途的机动车辆	辆	509	2 691	156	715	249	1 085	456	2 338	340	1 803
87091110	电动牵引车	辆	47	29	82	53	87	55	69	37	137	70
87091190	其他电动的短距离运货车辆	辆	966	200	350	85	1 049	148	2 070	172	1 296	129
87091910	其他机动牵引车	辆	40	121	85	200	51	172	125	389	71	244
87091990	其他短距离运货机动车辆	辆	927	45	645	38	432	34	1 407	59	1 112	133
87099000	短距离运货的机动车辆及站台牵引车的零件	t	238	83	334	64	180	60	154	44	328	82
89051000	挖泥船	艘	10	1 510	11	64	15	214	14	505	23	607
总计				144 964		98 817		158 986		158 495		175 991

（续）

6月出口		7月出口		8月出口		9月出口		10月出口		11月出口		12月出口	
数量	金额（万美元）	数量	金额（万美元）	数量	金额（万美元）	数量	金额（万美元）	数量	金额（万美元）	数量	金额（万美元）	数量	金额（万美元）
1 145 870	2 072	1 218 144	2 176	1 150 548	1 571	768 814	1 177	722 946	1 131	842 941	1 359	1 231 896	1 759
573	534	738	610	600	564	579	599	486	586	706	717	755	702
65 439	1 510	55 064	1 833	57 169	2 262	31 143	1 214	27 787	1 244	39 721	1 312	81 969	2 376
54	948	51	1 124	69	1 705	47	1 131	44	1 115	42	1 144	69	880
14 344	935	8 659	857	12 301	738	8 335	555	11 053	663	16 750	902	26 155	904
35 449	9 222	31 607	8 412	31 715	7 953	30 973	7 624	28 214	7 408	36 971	10 977	32 060	8 686
37	350	75	248	113	371	109	378	38	620	83	240	48	358
30		4	40	32	19	26	17	3	17			3	
27	70	21	185	42	272	16	43	10	54	139	20	28	92
29 798	1 183	25 549	1 148	22 778	920	15 974	949	16 017	882	26 922	1 045	22 855	1 339
73	32	39	760	59	32	29	21	66	2 758	135	75	97	3 549
531	3 483	267	2 072	317	2 583	310	2 048	247	1 098	382	3 683	499	2 624
49	271	42	276	48	344	61	476	44	274	31	221	43	201
3	95	6	96	3	82	11	169	5	130	6	159	1	47
3	202	2	119			6	129	4	275	4	308	2	218
147	1 495	135	1 322	102	1 043	129	1 577	133	1 541	176	1 849	190	2 061
44	835	31	689	49	1 115	17	357	29	661	40	866	48	1 087
2	93			1	42	3	147	2	114	2	108	3	77
3	26	1	6									2	116
47	2 354	16	164	27	194	20	232	19	1 336	22	119	48	503
822	3 667	810	4 042	671	2 993	619	3 076	609	2 763	1 150	5 135	837	3 802
6	8			2	6	4	65	1	16	2	4		
		3	5	1	3	3	14	12	23			2	13
52	703	49	698	55	583	55	1 013	82	1 163	95	1 661	68	1 521
324	1 583	325	1 445	364	1 715	325	1 475	322	1 387	392	2 655	552	2 732
154	48	196	109	154	82	101	66	78	44	248	151	187	162
1 580	141	2 121	174	952	106	1 616	152	1 696	162	1 746	148	2 225	209
130	192	85	223	124	323	120	377	110	168	79	215	86	211
540	84	883	72	1 178	91	682	49	312	34	398	49	381	33
529	88	281	75	268	75	265	71	237	56	278	91	496	117
17	788	12	2 686	9	7 149	11	1 070	10	18 942	11	638	16	3 792
	171 031		178 448		180 169		163 055		186 219		199 443		202 708

〔供稿人：中国工程机械工业协会吕莹〕

2017年工程机械进出口量值

序号	税号	货品名称	数量单位	出口				进口			
				数量	数量同比增长（%）	金额（万美元）	金额同比增长（%）	数量	数量同比增长（%）	金额（万美元）	金额同比增长（%）
1	84134000	混凝土泵	台	85 350	4 644.30	4 263.99	2.91	547	31.18	2 221.12	101.14
2	84262000	塔式起重机	台	2 407	-6.16	32 797.60	3.29	31	34.78	122.82	-74.49
3	84264110	轮胎式自推进起重机	台	298	35.45	7 896.70	37.87	4	100.00	8.33	-81.77
4	84264190	带胶轮的其他自推进起重机械	台	328	11.19	9 407.65	11.67	11	-60.71	40.84	-87.92
5	84264910	履带式起重机	台	879	18.15	19 908.59	-14.35	28	250.00	314.98	-34.36
6	84264990	不带胶轮的其他自推进起重机械	台	12	300.00	881.63	886.38	1	-80.00	3.06	-85.92
7	84269100	供装于公路车辆的其他起重机	台	605	39.08	1 561.36	49.05	651	106.67	1 178.09	115.13
8	84269900	未列名起重机	台	33 084	106.27	4 417.17	-83.09	538	1.70	3 209.56	-40.78
9	84271010	电动机推进的有轨巷道堆垛机	台	48	-37.66	281.10	-95.35	435	67.95	4 350.66	10.81
10	84271020	电动机推进的无轨巷道堆垛机	台	1 397	12.39	794.99	24.36	550	10.44	1 452.93	41.04
11	84271090	其他电动叉车及装有升降或搬运装置工作车	台	137 398	40.38	67 497.73	20.32	10 390	38.42	12 040.67	11.03
12	84272010	集装箱叉车	台	308	-2.53	4 422.54	5.46	15	114.29	252.84	80.37
13	84272090	其他机动叉车及其他装有升降或搬运装置工作车	台	83 909	24.72	120 860.07	21.99	1 073	28.97	6 475.62	22.05
14	84279000	未列名叉车等装有升降或搬运装置的工作车	台	1 737 718	11.30	32 590.59	10.20	2 306	-9.32	994.93	87.61
15	84281010	载客电梯	台	58 387	2.91	131 322.29	-0.83	2 482	18.59	14 014.51	-3.99
16	84281090	其他升降机及倒卸式起重机	台	8 530	-40.71	9 823.31	7.29	957	29.15	4 743.86	-2.33
17	84284000	自动梯及自动人行道	台	19 587	-0.29	63 137.75	1.35	85	2 025.00	195.01	1 931.35
18	84291110	履带式推土机，$P>235.36$kW（320马力）	台	224	56.64	4 130.20	80.68	29	11.54	1 675.47	-4.76
19	84291190	其他履带式推土机	台	2 417	77.59	21 311.83	60.06	36	12.50	610.07	71.85
20	84291910	其他推土机，$P>235.36$kW（320马力）	台	39	200.00	131.94	190.55				
21	84291990	未列名推土机	台	92	-16.36	103.83	-74.13				
22	84292010	筑路机及平地机，$P>235.36$kW（320马力）	台	8	-38.46	54.70	-35.05				
23	84292090	其他筑路机及平地机	台	4 005	29.03	27 683.15	18.42	6	-25.00	41.34	-44.61
24	84293090	其他铲运机	台	484	-63.05	3 332.99	51.21	18	5.88	769.87	-2.62
25	84294011	机重18t及以上的振动压路机	台	984	7.31	6 081.82	6.13	10	-9.09	89.37	-20.64
26	84294019	其他机动压路机	台	15 774	31.33	31 021.02	36.20	602	53.96	1 312.95	52.54

（续）

序号	税号	货品名称	数量单位	出口				进口			
				数量	数量同比增长（%）	金额（万美元）	金额同比增长（%）	数量	数量同比增长（%）	金额（万美元）	金额同比增长（%）
27	84294090	未列名捣固机械及压路机	台	9 701	35.39	1 495.70	40.80	1	-75.00	10.61	322.71
28	84295100	前铲装载机	台	38 872	48.55	153 057.64	62.01	932	145.26	4 367.37	98.78
29	84295211	轮胎式挖掘机	台	727	13.06	4 774.27	-19.29	613	354.07	3 687.70	360.11
30	84295212	履带式挖掘机	台	18 102	37.22	137 403.98	33.89	18 154	35.78	106 121.65	77.99
31	84295219	其他挖掘机	台	336	469.49	330.10	-17.01				
32	84295290	其他上部结构可转360°的挖掘机、装载机	台	5	-37.50	66.88	-62.30	13	160.00	2 420.66	128.08
33	84295900	其他机械铲、挖掘机及装载机	台	2 148	-6.61	3 936.58	-24.57	87	123.08	452.67	117.30
34	84301000	打桩机及拔桩机	台	24 190	488.42	12 524.09	27.48	185	60.87	4 522.74	144.12
35	84302000	扫雪机及吹雪机	台	579 068	28.26	10 644.47	41.68	1 474	-11.42	1 176.29	14.04
36	84303120	自推进的凿岩机	台	2 304	20.82	1 134.27	-41.88	16	-52.94	965.25	104.60
37	84303130	自推进的隧道掘进机	台	133	101.52	29 693.59	21.36	5	25.00	180.41	-86.56
38	84303900	非自推进的截煤机、凿岩机及隧道掘进机	台	19 983	9.18	852.67	-27.62	313	80.92	2 791.84	27.21
39	84305020	矿用电铲	台	10	25.00	6 478.76	70.92				
40	84306100	非自推进的捣固或压实机械	台	424 020	14.89	7 052.88	3.69	1 471	-20.83	762.05	-54.29
41	84306911	钻筒直径在3m以上的非自推进工程钻机	台	402	773.91	124.98	-84.00	3	200.00	66.25	-25.34
42	84306919	其他非自推进工程钻机	台	32 149	47.95	3 503.83	-14.71	36	-16.28	272.53	-61.73
43	84306920	非自推进的铲运机	台	526	-14.33	549.07	45.26	6	100.00	0.63	-99.49
44	84306990	未列名非自推进泥土、矿等运送、平整等机械	台	72 542	-23.95	9 694.95	23.77	297	-14.16	798.36	-92.17
45	84312010	8427所列机械用装有差速器的驱动桥等	t	1 487	38.82	898.87	28.46	2 546	-9.22	1 792.61	-20.39
46	84312090	8427所列机械的其他零件	t	548 271	28.96	70 192.21	29.38	16 369	16.65	14 175.53	0.34
47	84313100	升降机、倒卸式起重机或自动梯的零件	t	498 479	7.82	88 325.45	11.10	10 864	-8.40	10 419.46	7.38
48	84313900	其他8428所列机械的零件	t	209 748	18.42	65 821.56	9.91	12 047	-0.66	33 741.60	14.08
49	84314100	戽斗、铲斗、抓斗及夹斗	个	58 162 459	24.67	12 435.12	22.68	2 275 533	15.55	2 023.97	27.40
50	84314200	推土机或侧铲推土机用铲	个	2 636 234	32.17	445.62	25.83	28 023	-14.83	39.40	-9.43
51	84314390	凿井机械的零件	t	25 689	202.96	11 527.91	184.21	174	177.00	274.21	67.11
52	84314920	品目8426、8429及8430机械用装有差速器的驱动桥等		10 453	19.97	4 216.76	6.75	7 993	59.37	5 574.86	60.06
53	84314991	矿用电铲用零件	t	15 980	93.48	5 708.31	80.92	121	-56.84	218.97	-60.39
54	84314999	8426、8429及8430所列机械的未列名零件	t	1 764 117	24.57	371 000.02	26.07	182 590	84.32	104 406.95	50.65
55	84671100	旋转式（包括旋转冲击式的）手提风动工具	台	5 730 192	6.70	11 877.65	6.50	661 770	6.48	4 459.86	14.77
56	84671900	其他手提式风动工具	台	11 366 781	12.82	19 530.56	4.84	489 602	28.13	3 580.54	13.09

（续）

序号	税号	货品名称	数量单位	出口				进口			
				数量	数量同比增长（%）	金额（万美元）	金额同比增长（%）	数量	数量同比增长（%）	金额（万美元）	金额同比增长（%）
57	84679200	手提式风动工具用的零件	t	6 881	24.61	6 624.87	14.18	332 499	94 747.15	1 806.39	1.96
58	84743100	混凝土或砂浆混合机器	台	694 957	23.83	22 081.09	0.50	245	-40.96	903.92	-50.25
59	84743200	矿物与沥青的混合机器	台	723	21.51	12 609.40	42.55	63	-99.22	593.95	52.10
60	84743900	固体矿物质的其他混合或搅拌机器	台	146 150	-2.20	9 340.71	3.57	1 908	28.92	4 441.20	-0.44
61	84749000	8474 所列机器的零件	t	373 903	14.96	98 776.69	9.94	10 052	13.75	8 810.42	14.93
62	84791021	沥青混凝土摊铺机	台	1 078	159.76	4 329.23	86.76	678	41.54	9 716.65	40.86
63	84791022	稳定土摊铺机	台	106	58.21	142.54	21.50				
64	84791029	其他摊铺机	台	384	54.84	1 035.31	124.79	32	-8.57	571.66	-7.51
65	84791090	其他公共工程用机器	台	248 513	-4.64	12 190.00	11.01	2 388	-20.11	5 997.18	21.99
66	87041030	电动轮非公路用货运自卸车	辆	773	50.98	7 350.90	565.40	1		0.06	
67	87041090	其他非公路用货运机动自卸车	辆	3 874	41.90	26 642.20	77.63	16	-40.74	630.10	-17.24
68	87051021	最大起重量≤ 50t 全路面起重车	辆	538	20.90	3 729.42	-11.08				
69	87051022	50t ＜最大起重量≤ 100t 全路面起重车	辆	61	-17.57	1 251.06	-22.85	1		82.34	
70	87051023	最大起重量＞ 100t 全路面起重车	辆	36	2.86	2 296.73	-10.38	2	-50.00	363.56	-42.29
71	87051091	最大起重量≤ 50t 其他起重车	辆	1 768	25.12	19 690.76	23.41				
72	87051092	50t ＜最大起重量≤ 100t 其他起重车	辆	457	3.39	9 582.70	-9.43				
73	87051093	最大起重量＞ 100t 其他起重车	辆	19	-52.50	761.87	-56.01				
74	87053010	装有云梯的救火车	辆	13	18.18	224.34	36.84	2		194.65	
75	87053090	其他机动救火车	辆	434	-6.67	5 712.70	103.05	30	-3.23	1 984.57	-0.75
76	87054000	机动混凝土搅拌车	辆	8 183	29.95	36 977.23	20.57				
77	87059060	飞机加油车、调温车、除冰车	辆	23	-41.03	212.50	-77.34	46	-11.54	1 643.13	-15.88
78	87059070	道路（包括跑道）扫雪车	辆	23	-30.30	60.63	-78.34	37	-17.78	1 281.95	-23.25
79	87059091	混凝土泵车	辆	729	13.20	11 140.26	-8.38				
80	87059099	未列名特殊用途的机动车辆	辆	4 305	3.16	21 612.75	-37.17	43	4.88	1 051.04	21.49
81	87091110	电动牵引车	辆	1 539	-14.17	906.53	-32.20	870	10.13	906.73	19.16
82	87091190	其他电动的短距离运货车辆	辆	17 615	166.93	1 824.27	83.84	229	90.83	405.18	137.22
83	87091910	其他机动牵引车	辆	1 092	86.99	2 833.87	69.93	85	2.41	456.21	176.96
84	87091990	其他短距离运货机动车辆	辆	8 454	35.59	710.56	-42.47	58	-61.33	142.05	-74.03
85	87099000	短距离运货的机动车辆及站台牵引车的零件	t	3 523	65.52	864.96	60.92	351	31.67	617.13	27.76
86	89051000	挖泥船	艘	158	13.67	37 963.20	112.33	4	300.00	532.12	-97.00
		合计				2 010 494.57	18.54			408 556.06	23.20

〔供稿人：中国工程机械工业协会吕莹〕

2017年工程机械进出口按国别（地区）统计

国别代码	国家(地区)名称	出口			进口		
		金额（万美元）	同比增长（%）	占比（%）	金额（万美元）	同比增长（%）	占比（%）
100	**亚洲**	**967 569.00**	**10.50**	**48.100 0**	**228 213.00**	**58.00**	**55.900 0**
101	阿富汗	213.87	11.07	0.010 6			
102	巴林	2 836.12	38.70	0.141 1			
103	孟加拉国	17 709.45	15.91	0.880 9			
104	不丹	23.30	533.15	0.001 2			
105	文莱	4 796.79	90.37	0.238 6			
106	缅甸	23 156.41	41.18	1.151 8	0.21		0.000 1
107	柬埔寨	6 871.00	15.40	0.341 8			
108	塞浦路斯	227.19	27.76	0.011 3			
109	朝鲜	4 111.91	5.74	0.204 5			
110	中国香港	22 414.75	-50.54	1.114 9	67.96	102.50	0.016 6
111	印度	71 165.00	16.74	3.540 0	2 029.00	-10.45	0.496 6
112	印度尼西亚	70 891.00	34.58	3.530 0	213.93	-61.15	0.052 4
113	伊朗	34 118.00	68.15	1.700 0	0.12	33.33	
114	伊拉克	4 648.79	77.56	0.231 2			
115	以色列	9 539.09	11.59	0.474 5	25.63	372.01	0.006 3
116	日本	113 620.00	25.44	5.650 0	144 245.00	51.69	35.306 0
117	约旦	1 523.62	-7.20	0.075 8			
118	科威特	10 554.29	42.76	0.525 0	0.08	-11.11	
119	老挝	11 967.25	83.78	0.595 2			
120	黎巴嫩	1 494.95	-56.94	0.074 4			
121	澳门	2 807.82	-28.09	0.139 7			
122	马来西亚	57 672.00	7.15	2.870 0	5 289.00	-18.77	1.294 6
123	马尔代夫	3 991.86	80.30	0.198 6			
124	蒙古	11 820.67	61.37	0.587 9			
125	尼泊尔	2 967.89	243.02	0.147 6			
126	阿曼	6 748.84	-32.31	0.335 7	0.01		
127	巴基斯坦	36 209.00	15.63	1.800 0	0.12	71.43	

（续）

国别代码	国家（地区）名称	出口			进口		
		金额（万美元）	同比增长（%）	占比（%）	金额（万美元）	同比增长（%）	占比（%）
128	巴勒斯坦	272.36	-1.16	0.013 5			
129	菲律宾	50 574.00	7.93	2.520 0	79.37	3.01	0.019 4
130	卡塔尔	11 967.17	13.18	0.595 2			
131	沙特阿拉伯	24 161.42	-10.17	1.201 8	0.23	-93.61	0.000 1
132	新加坡	32 769.00	-15.78	1.630 0	797.99	114.58	0.195 3
133	韩国	59 015.00	8.77	2.940 0	65 919.00	111.88	16.134 7
134	斯里兰卡	11 658.71	67.36	0.579 9	49.68	-18.28	0.012 2
135	叙利亚	348.04	-16.39	0.017 3			
136	泰国	56 214.00	-2.59	2.800 0	682.89	22.35	0.167 2
137	土耳其	36 884.00	13.39	1.830 0	567.54	-9.75	0.138 9
138	阿拉伯联合酋长国	34 431.00	7.22	1.710 0	36.61	-16.17	0.009 0
139	也门共和国	323.19	12.90	0.016 1			
141	越南	64 466.00	-8.47	3.2100	403.17	9.33	0.098 7
142	中华人民共和国				1 981.00	-5.89	0.484 8
143	中国台湾	14 430.07	9.72	0.717 7	5 824.00	24.96	1.425 5
144	东帝汶	1 641.94	-20.64	0.081 7			
145	哈萨克斯坦	15 240.95	50.12	0.758 1	0.06	-97.70	
146	吉尔吉斯斯坦	3 841.65	24.52	0.191 1			
147	塔吉克斯坦	3 194.86	-19.86	0.158 9			
148	土库曼斯坦	636.69	-72.70	0.031 7			
149	乌兹别克斯坦	11 398.49	60.29	0.566 9			
200	**非洲**	**203 399.00**	**18.20**	**10.100 0**	**142.00**	**11.60**	**0.030 0**
201	阿尔及利亚	18 961.81	-32.74	0.943 1			
202	安哥拉	5 975.28	36.89	0.297 2	1.89		0.000 5
203	贝宁	174.06	-75.21	0.008 7			
204	博茨瓦那	236.13	15.81	0.011 7			
205	布隆迪	43.70	135.45	0.002 2			
206	喀麦隆	3 741.92	-24.23	0.186 1			
208	佛得角	50.78	623.36	0.002 5			
209	中非	40.98	138.81	0.002 0			
211	乍得	92.02	4.12	0.004 6	0.02		
212	科摩罗	232.14	475.89	0.011 5			
213	刚果	1 842.87	-8.27	0.091 7			

（续）

国别代码	国家（地区）名称	出口			进口		
		金额（万美元）	同比增长（%）	占比（%）	金额（万美元）	同比增长（%）	占比（%）
214	吉布提	5 847.63	6.10	0.290 9			
215	埃及	7 283.14	18.84	0.362 3	0.06	-83.33	
216	赤道几内亚	1 851.42	107.02	0.092 1			
217	埃塞俄比亚	8 682.74	2.64	0.431 9			
218	加蓬	2 518.51	16.69	0.125 3			
219	冈比亚	180.57	166.41	0.009 0			
220	加纳	21 041.67	54.21	1.046 6			
221	几内亚	4 168.71	37.12	0.207 3	0.09		
222	几内亚（比绍）	8.46	-41.61	0.000 4			
223	科特迪瓦共和国	4 466.86	120.90	0.222 2			
224	肯尼亚	14 621.09	33.06	0.727 2			
225	利比里亚	1 135.26	-17.77	0.056 5	0.15		
226	利比亚	99.89	-71.73	0.005 0			
227	马达加斯加	1 098.47	-7.30	0.054 6			
228	马拉维	384.34	95.89	0.019 1			
229	马里	1 295.83	88.51	0.064 5			
230	毛里塔尼亚	557.59	-0.09	0.027 7			
231	毛里求斯	1 584.73	179.05	0.078 8			
232	摩洛哥	3 757.79	-25.32	0.186 9	0.04		
233	莫桑比克	3 393.72	-21.38	0.168 8			
234	纳米比亚	1 423.25	21.75	0.070 8	0.33	175.00	0.000 1
235	尼日尔	140.69	151.68	0.007 0			
236	尼日利亚	16 276.86	175.59	0.809 6			
237	留尼汪	149.19	33.84	0.007 4			
238	卢旺达	690.84	17.14	0.034 4			
239	圣多美和普林西比	18.84	1784.00	0.000 9			
240	塞内加尔	2 840.37	46.40	0.141 3			
241	塞舌尔	51.28	-92.21	0.002 6			
242	塞拉利昂	642.25	-13.28	0.031 9	0.30		0.000 1
243	索马里	482.94	33.33	0.024 0			
244	南非	30 810.63	23.64	1.532 5	139.12	9.46	0.034 1
246	苏丹	6 193.38	80.29	0.308 1			
247	坦桑尼亚	6 156.41	15.33	0.306 2			

（续）

国别代码	国家（地区）名称	出口			进口		
		金额（万美元）	同比增长（%）	占比（%）	金额（万美元）	同比增长（%）	占比（%）
248	多哥	527.28	-42.21	0.026 2			
249	突尼斯	5 168.09	23.11	0.257 1	0.47		0.000 1
250	乌干达	1 780.34	-49.77	0.088 6			
251	布基纳法索	357.57	9.24	0.017 8			
252	民主刚果	5 381.07	22.61	0.267 6			
253	赞比亚	7 039.71	69.20	0.350 1			
254	津巴布韦	1 088.32	13.31	0.054 1			
255	莱索托	9.42	-82.93	0.000 5			
257	斯威士兰	62.39	568.70	0.003 1			
258	厄立特里亚	494.72	580.78	0.024 6			
259	马约特岛	10.61	-49.52	0.000 5			
260	南苏丹共和国	230.40	-40.33	0.011 5			
299	非洲其他国家（地区）	2.50		0.000 1			
300	**欧洲**	**340 845.00**	**36.70**	**17.000 0**	**147 699.00**	**-1.87**	**36.200 0**
301	比利时	29 027.18	28.11	1.443 8	997.53	112.56	0.244 2
302	丹麦	4 777.66	10.69	0.237 6	1 539.86	30.88	0.376 9
303	英国	34 994.00	33.07	1.740 0	2 809.00	-2.06	0.687 5
304	德国	41 089.00	28.90	2.040 0	66 794.00	12.04	16.348 9
305	法国	16 398.71	18.71	0.815 7	7 555.00	-4.07	1.849 2
306	爱尔兰	2 855.51	23.84	0.142 0	284.11	41.45	0.069 5
307	意大利	22 841.81	17.54	1.136 1	16 362.00	26.66	4.004 9
308	卢森堡	8.74	65.22	0.000 4	289.70	571.22	0.070 9
309	荷兰	32 791.00	26.61	1.630 0	8 873.00	-67.92	2.171 8
310	希腊	2 053.45	24.31	0.102 1	63.33	56.45	0.015 5
311	葡萄牙	1 184.23	-7.16	0.058 9	67.29	123.18	0.016 5
312	西班牙	9 379.90	16.02	0.466 5	2 530.00	9.72	0.619 1
313	阿尔巴尼亚	223.47	-28.29	0.011 1			
314	安道尔	4.16	642.86	0.000 2			
315	奥地利	3 829.98	44.88	0.190 5	11 182.00	-3.95	2.736 9
316	保加利亚	996.04	79.77	0.049 5	40.15	-13.43	0.009 8
318	芬兰	4 186.19	5.73	0.208 2	4 517.00	46.88	1.105 6
320	直布罗陀	0.01	-90.91				
321	匈牙利	984.88	65.07	0.049 0	793.60	5.38	0.194 3

（续）

国别代码	国家(地区)名称	出口			进口		
		金额(万美元)	同比增长(%)	占比(%)	金额(万美元)	同比增长(%)	占比(%)
322	冰岛	86.58	14.65	0.004 3			
323	列支敦士登	0.11	-73.17		0.93	82.35	0.000 2
324	马耳他	471.45	27.47	0.023 4	0.53	-8.62	0.000 1
326	挪威	3 521.26	43.82	0.175 1	1 963.69	-13.05	0.480 6
327	波兰	8 071.88	38.79	0.401 5	1 987.00	75.10	0.486 2
328	罗马尼亚	2 654.48	44.36	0.132 0	248.77	-43.10	0.060 9
329	圣马力诺				20.95	-45.21	0.005 1
330	瑞典	11 497.31	9.08	0.571 9	12 773.00	30.71	3.1263
331	瑞士	1 577.47	9.27	0.078 5	3 114.00	39.81	0.762 1
334	爱沙尼亚	917.93	14.21	0.045 7	99.56	-72.17	0.024 4
335	拉脱维亚	694.18	24.14	0.034 5	21.02	-60.84	0.005 1
336	立陶宛	928.22	45.36	0.046 2	109.96	112.81	0.026 9
337	格鲁吉亚	2 527.43	47.40	0.125 7	0.03	-62.50	
338	亚美尼亚	458.70	18.75	0.022 8			
339	阿塞拜疆	1 124.27	-24.84	0.055 9			
340	白俄罗斯	1 337.98	48.02	0.066 5			
343	摩尔多瓦	123.49	36.33	0.006 1			
344	俄罗斯联邦	80 568.00	78.69	4.010 0	283.95	-32.76	0.069 5
347	乌克兰	7 841.20	99.89	0.390 0	1.85	74.53	0.000 5
350	斯洛文尼亚	1 244.54	76.68	0.061 9	70.17	-57.88	0.017 2
351	克罗地亚	765.71	44.08	0.038 1	15.28	576.11	0.003 7
352	捷克	2 727.56	42.37	0.135 7	1 973.00	-18.87	0.482 8
353	斯洛伐克	1 325.53	21.04	0.065 9	306.41	3.82	0.075 0
354	前南斯拉夫马其顿	65.32	35.49	0.003 2	0.18	-48.57	
355	波斯尼亚—黑塞哥维那	81.36	21.83	0.004 0	0.03	-99.98	
357	法罗群岛	0.64					
358	塞尔维亚	1 862.89	106.09	0.092 7	13.09	2.91	0.003 2
359	黑山	742.70	312.77	0.036 9	0.02		
400	**南美洲**	**134 683.00**	**7.05**	**6.700 0**	**1 299.00**	**146.00**	**0.320 0**
401	安提瓜和巴布达	77.40	423.68	0.003 8			
402	阿根廷	22 860.11	57.22	1.137 0			
403	阿鲁巴岛	60.04	67.71	0.003 0			
404	巴哈马	146.05	-2.50	0.0073			

（续）

国别代码	国家(地区)名称	出口			进口		
		金额(万美元)	同比增长(%)	占比(%)	金额(万美元)	同比增长(%)	占比(%)
405	巴巴多斯	69.75	1.16	0.003 5			
406	伯利兹	37.58	83.32	0.001 9			
408	玻利维亚	3 042.79	-28.90	0.151 3			
410	巴西	24 163.93	31.46	1.201 9	683.26	245.32	0.167 2
411	开曼群岛	2.67	8 800.00	0.000 1			
412	智利	12 325.63	3.71	0.613 1	17.54	87.39	0.004 3
413	哥伦比亚	8 666.39	-1.83	0.431 1			
414	多米尼加	177.55	878.24	0.008 8			
415	哥斯达黎加	1 242.70	6.11	0.061 8	4.49		0.001 1
416	古巴	7 798.34	7.24	0.387 9			
417	库腊索岛	37.45	48.67	0.001 9			
418	多米尼加共和国	1 196.85	-12.02	0.059 5	0.05	25.00	
419	厄瓜多尔	4 932.53	187.05	0.245 3			
421	格林纳达	20.69	289.64	0.001 0			
422	瓜德罗普岛	18.96	-37.28	0.000 9			
423	危地马拉	1 309.76	11.57	0.065 1			
424	圭亚那	821.02	14.47	0.040 8			
425	海地	290.59	100.03	0.014 5			
426	洪都拉斯	966.93	126.79	0.048 1			
427	牙买加	326.58	-19.38	0.016 2			
428	马提尼克岛	19.64	444.04	0.001 0			
429	墨西哥	22 516.47	24.83	1.119 9	593.05	85.86	0.1452
431	尼加拉瓜	425.75	-21.64	0.021 2			
432	巴拿马	3 197.54	-11.45	0.159 0			
433	巴拉圭	1 457.18	46.21	0.072 5			
434	秘鲁	8 385.62	33.66	0.417 1	0.17	-43.33	
435	波多黎各	148.36	16.21	0.007 4		-100.00	
437	圣卢西亚	42.19	13.23	0.002 1			
438	圣马丁岛	48.84	277.73	0.002 4			
439	圣文森特和格林纳丁斯	6.95	254.59	0.000 3			
440	萨尔瓦多	229.90	-27.12	0.011 4	0.07	40.00	
441	苏里南	714.07	253.06	0.035 5			
442	特立尼达和多巴哥	240.50	-10.60	0.012 0			

（续）

国别代码	国家(地区)名称	出口			进口		
		金额（万美元）	同比增长（%）	占比（%）	金额（万美元）	同比增长（%）	占比（%）
443	特克斯和凯科斯群岛	1.24		0.000 1			
444	乌拉圭	1 471.21	-3.68	0.073 2			
445	委内瑞拉	5 105.55	-75.84	0.253 9			
446	英属维尔京群岛	43.50	139.14	0.002 2			
447	圣其茨—尼维斯	32.73	325.06	0.001 6			
449	荷属安地列斯群岛	3.12	-66.42	0.000 2			
500	**北美洲**	**277 211.00**	**35.10**	**13.800 0**	**30 158.00**	**-11.80**	**7.3800**
501	加拿大	34 659.00	52.57	1.720 0	3 992.00	-6.59	0.9772
502	美国	242 552.00	32.94	12.0600	26 165.00	-12.58	6.4043
600	**大洋洲**	**86 788.00**	**28.20**	**4.320 0**	**1 046.00**	**-42.60**	**0.2600**
601	澳大利亚	73 298.00	27.33	3.650 0	1 007.34	-43.08	0.2466
602	库克群岛	37.31	953.95	0.001 9			
603	斐济	1 287.31	32.66	0.064 0			
606	瑙鲁	1.42	195.83	0.000 1			
607	新喀里多尼亚	206.92	52.84	0.010 3			
608	瓦努阿图	441.95	21.83	0.022 0			
609	新西兰	7 099.51	22.63	0.353 1	38.35	-26.36	0.0094
611	巴布亚新几内亚	3 056.57	55.56	0.152 0			
612	社会群岛	1.84	-39.27	0.000 1			
613	所罗门群岛	758.74	47.70	0.037 7	0.01		
614	汤加	58.69	34.46	0.002 9			
617	萨摩亚	33.95	-70.27	0.001 7			
618	基里巴斯	5.49	-58.12	0.000 3			
619	图瓦卢	6.14	146.59	0.000 3			
620	密克罗尼西亚联邦	160.76	4 955.35	0.008 0			
621	马绍尔群岛共和国	90.05	124.06	0.004 5			
622	帕劳共和国	173.64	361.32	0.008 6			
623	法属波利尼西亚	69.21	-33.05	0.003 4			
625	瓦利斯和浮图纳	0.55					
699	大洋洲其他国家(地区)	0.30	-88.33				

〔撰稿人：中国工程机械工业协会吕莹〕

2017 年工程机械产品进出口分类统计

序号	货品名称	数量单位	出口				进口			
			数量	数量同比增长（%）	金额（万美元）	金额同比增长（%）	数量	数量同比增长（%）	金额（万美元）	金额同比增长（%）
1	履带式挖掘机	台	18 102	37.2	137 404	33.9	18 154	35.8	106 122	78.0
2	轮胎式挖掘机	台	727	13.1	4 774	-19.3	613	354.1	3 688	360.1
3	其他挖掘机	台	341	409.0	397	-31.0	13	116.7	2 421	128.0
4	装载机	台	41 020	44.1	156 994	57.5	1 019	143.2	4 820	100.4
5	P ＞ 235.36kW(320马力)推土机	台	263	68.6	4 262	82.8	29	7.4	1 676	-10.7
6	其他推土机	台	2 509	70.6	21 416	56.1	36	12.5	610	71.8
7	筑路机及平地机	台	4 013	28.7	27 738	18.2	6	-33.3	41	-83.9
8	铲运机	台	484	-63.1	3 333	51.2	18	5.9	770	-2.6
9	非公路用自卸车	辆	4 647	43.3	33 993	111.1	17	-37.0	630	-17.2
10	压路机	台	16 758	29.6	37 103	30.2	612	52.2	1 402	44.1
11	其他压实机械	台	9 701	35.4	1 496	40.8	1	-75.0	11	322.7
12	摊铺机	台	1 568	114.8	5 507	90.2	710	37.9	10 288	36.8
13	沥青搅拌设备	台	723	21.5	12 609	42.6	63	-99.2	594	52.1
14	起重量＞100t全路面汽车起重机	辆	36	2.9	2 297	-10.4	2	-50.0	364	-42.3
15	其他全路面汽车起重机	辆	599	15.4	4 980	-14.4	1		82	
16	起重量＞100t的汽车起重机	辆	19	-52.5	762	-56.0				
17	其他汽车起重机	辆	2 225	19.9	29 273	10.3				
18	履带式起重机	台	879	18.1	19 909	-14.3	28	250.0	315	-34.4
19	塔式起重机	台	2 407	-6.2	32 798	3.3	31	34.8	123	-74.5
20	随车起重机	台	605	39.1	1 561	49.1	651	106.7	1 178	115.1
21	其他起重机	台	42 252	36.5	32 426	-34.5	1 511	15.8	8 006	-25.1
22	堆垛机	台	1 445	9.5	1 076	-83.9	985	30.1	5 804	17.1
23	电动叉车	台	137 398	40.4	67 498	20.3	10 390	38.4	12 041	11.0
24	内燃叉车	台	83 909	24.7	120 860	22.0	1 073	29.0	6 476	22.0
25	集装箱叉车	台	308	-2.5	4 423	5.5	15	114.3	253	80.4
26	手动搬运车	台	1 737 718	11.3	32 591	10.2	2 306	-9.3	995	87.6
27	牵引车	台	28 700	88.7	6 275	19.9	1 242	8.7	1 910	16.2

（续）

序号	货品名称	数量单位	出口				进口			
			数量	数量同比增长（%）	金额（万美元）	金额同比增长（%）	数量	数量同比增长（%）	金额（万美元）	金额同比增长（%）
28	凿岩机械和风动工具	台	17 119 260	10.7	33 395	1.5	1 151 701	14.7	11 797	21.4
29	隧道掘进机	台	133	101.5	29 694	21.4	5	25.0	180	-86.6
30	打桩机及工程钻机	台	56 741	119.2	16 153	9.8	224	40.9	4 862	83.2
31	混凝土泵	台	85 350	4644.0	4 264	2.9	547	31.2	2 221	101.1
32	混凝土泵车	辆	729	13.2	11 140	-8.4				
33	混凝土搅拌机械	辆	841 107	18.4	31 422	1.4	2 153	13.6	5 345	-14.9
34	混凝土搅拌车	台	8 183	30.0	36 977	20.6				
35	电梯及扶梯	台	77 974	2.1	194 460	-0.1	2 567	22.4	14 210	-2.7
36	其他工程车辆	台	4 798	1.6	27 823	-27.9	158	-6.5	6 155	-5.1
37	其他	台	1 324 837	12.5	84 573	53.3	5 640	-17.8	9 267	-74.0
38	零部件	t			736 838	21.5			183 902	30.7
	合 计				2 010 495	18.5			408 556	23.2

〔供稿人：中国工程机械工业协会吕莹〕

2017年工程机械各国家（地区）进出口额排序情况

代码	国家（地区）	出口				进口				进出口			
		金额（万美元）	排序	同比增长（%）	占比（%）	金额（万美元）	排序	同比增长（%）	占比（%）	金额（万美元）	排序	同比增长（%）	占比（%）
502	美国	242 551.72	1	32.94	12.06	26 165.14	4	-12.58	6.40	268 716.86	1	26.53	11.11
116	日本	113 620.43	2	25.44	5.65	144 244.80	1	51.69	35.31	257 865.23	2	38.88	10.66
133	韩国	59 014.56	8	8.77	2.94	65 919.43	3	111.88	16.13	124 933.99	3	46.35	5.16
304	德国	41 089.38	12	28.90	2.04	66 794.30	2	12.04	16.35	107 883.68	4	17.91	4.46
344	俄罗斯联邦	80 567.57	3	78.69	4.01	283.95	35	-32.76	0.07	80 851.52	5	77.66	3.34
601	澳大利亚	73 297.53	4	27.33	3.65	1 007.34	23	-43.08	0.25	74 304.87	6	25.23	3.07
111	印度	71 165.18	5	16.74	3.54	2 029.06	17	-10.45	0.50	73 194.24	7	15.77	3.03
112	印度尼西亚	70 890.62	6	34.58	3.53	213.93	37	-61.15	0.05	71 104.55	8	33.59	2.94
141	越南	64 465.75	7	-8.47	3.21	403.17	31	9.33	0.10	64 868.92	9	-8.38	2.68
122	马来西亚	57 671.59	9	7.15	2.87	5 289.24	11	-18.77	1.29	62 960.83	10	4.35	2.60
136	泰国	56 214.28	10	-2.59	2.80	682.89	28	22.35	0.17	56 897.17	11	-2.35	2.35

（续）

代码	国家（地区）	出口				进口				进出口			
		金额（万美元）	排序	同比增长（%）	占比（%）	金额（万美元）	排序	同比增长（%）	占比（%）	金额（万美元）	排序	同比增长（%）	占比（%）
129	菲律宾	50 574.04	11	7.93	2.52	79.37	41	3.01	0.02	50 653.41	12	7.93	2.09
309	荷兰	32 791.34	19	26.61	1.63	8 873.06	8	-67.92	2.17	41 664.40	13	-22.21	1.72
307	意大利	22 841.81	27	17.54	1.14	16 362.20	5	26.66	4.00	39 204.01	14	21.18	1.62
501	加拿大	34 658.88	16	52.57	1.72	3 992.49	13	-6.59	0.98	38 651.37	15	43.20	1.60
303	英国	34 994.40	15	33.07	1.74	2 808.98	15	-2.06	0.69	37 803.38	16	29.61	1.56
137	土耳其	36 884.29	13	13.39	1.83	567.54	30	-9.75	0.14	37 451.83	17	12.95	1.55
127	巴基斯坦	36 209.23	14	15.63	1.80	0.12	69	71.43		36 209.35	18	15.63	1.50
138	阿拉伯联合酋长国	34 431.22	17	7.22	1.71	36.61	49	-16.17	0.01	34 467.83	19	7.19	1.42
113	伊朗	34 118.05	18	68.15	1.70	0.12	70	33.33		34 118.17	20	68.15	1.41
132	新加坡	32 768.54	20	-15.78	1.63	797.99	25	114.58	0.20	33 566.53	21	-14.55	1.39
244	南非	30 810.63	21	23.64	1.53	139.12	38	9.46	0.03	30 949.75	22	23.57	1.28
301	比利时	29 027.18	22	28.11	1.44	997.53	24	112.56	0.24	30 024.71	23	29.82	1.24
410	巴西	24 163.93	23	31.46	1.20	683.26	27	245.32	0.17	24 847.19	24	33.73	1.03
330	瑞典	11 497.31	43	9.08	0.57	12 772.53	6	30.71	3.13	24 269.84	25	19.48	1.00
131	沙特阿拉伯	24 161.42	24	-10.17	1.20	0.23	64	-93.61		24 161.65	26	-10.19	1.00
305	法国	16 398.71	33	18.71	0.82	7 554.83	9	-4.07	1.85	23 953.54	27	10.44	0.99
106	缅甸	23 156.41	25	41.18	1.15	0.21	65			23 156.62	28	41.18	0.96
429	墨西哥	22 516.47	28	24.83	1.12	593.05	29	85.86	0.15	23 109.52	29	25.89	0.96
402	阿根廷	22 860.11	26	57.22	1.14					22 860.11	30	57.21	0.95
110	中国香港	22 414.75	29	-50.54	1.11	67.96	43	102.50	0.02	22 482.71	31	-50.43	0.93
220	加纳	21 041.67	30	54.21	1.05					21 041.67	32	54.21	0.87
143	中国台湾	14 430.07	37	9.72	0.72	5 823.88	10	24.96	1.43	20 253.95	33	13.71	0.84
201	阿尔及利亚	18 961.81	31	-32.74	0.94					18 961.81	34	-32.74	0.78
103	孟加拉国	17 709.45	32	15.91	0.88					17 709.45	35	15.91	0.73
236	尼日利亚	16 276.86	34	175.59	0.81					16 276.86	36	175.59	0.67
145	哈萨克斯坦	15 240.95	35	50.12	0.76	0.06	74	-97.70		15 241.01	37	50.08	0.63
315	奥地利	3 829.98	76	44.88	0.19	11 181.77	7	-3.95	2.74	15 011.75	38	5.08	0.62
224	肯尼亚	14 621.09	36	33.06	0.73					14 621.09	39	33.06	0.60
412	智利	12 325.63	38	3.71	0.61	17.54	53	87.39		12 343.17	40	3.78	0.51
119	老挝	11 967.25	39	83.78	0.60					11 967.25	41	83.78	0.49
130	卡塔尔	11 967.17	40	13.18	0.60					11 967.17	42	13.18	0.49
312	西班牙	9 379.90	47	16.02	0.47	2 529.50	16	9.72	0.62	11 909.40	43	14.62	0.49
124	蒙古	11 820.67	41	61.37	0.59					11 820.67	44	61.37	0.49

（续）

代码	国家（地区）	出口				进口				进出口			
		金额（万美元）	排序	同比增长（%）	占比（%）	金额（万美元）	排序	同比增长（%）	占比（%）	金额（万美元）	排序	同比增长（%）	占比（%）
134	斯里兰卡	11 658.71	42	67.36	0.58	49.68	46	-18.28	0.01	11 708.39	45	66.61	0.48
149	乌兹别克斯坦	11 398.49	44	60.29	0.57					11 398.49	46	60.29	0.47
118	科威特	10 554.29	45	42.76	0.53	0.08	72	-11.11		10 554.37	47	42.76	0.44
327	波兰	8 071.88	51	38.79	0.40	1 986.56	18	75.10	0.49	10 058.44	48	44.71	0.42
115	以色列	9 539.09	46	11.59	0.47	25.63	50	372.01	0.01	9 564.72	49	11.81	0.40
318	芬兰	4 186.19	71	5.73	0.21	4 517.06	12	46.88	1.11	8 703.25	50	23.72	0.36
217	埃塞俄比亚	8 682.74	48	2.64	0.43					8 682.74	51	2.64	0.36
413	哥伦比亚	8 666.39	49	-1.83	0.43					8 666.39	52	-1.83	0.36
434	秘鲁	8 385.62	50	33.66	0.42	0.17	67	-43.33		8 385.79	53	33.66	0.35
347	乌克兰	7 841.20	52	99.89	0.39	1.85	58	74.53		7 843.05	54	99.88	0.32
416	古巴	7 798.34	53	7.24	0.39					7 798.34	55	7.24	0.32
215	埃及	7 283.14	54	18.84	0.36	0.06	75	-83.33		7 283.20	56	18.83	0.30
609	新西兰	7 099.51	55	22.63	0.35	38.35	48	-26.36	0.01	7 137.86	57	22.20	0.30
253	赞比亚	7 039.71	56	69.20	0.35					7 039.71	58	69.20	0.29
107	柬埔寨	6 871.00	57	15.40	0.34					6 871.00	59	15.40	0.28
126	阿曼	6 748.84	58	-32.31	0.34	0.01	82			6 748.85	60	-32.31	0.28
302	丹麦	4 777.66	68	10.69	0.24	1 539.86	22	30.88	0.38	6 317.52	61	15.01	0.26
246	苏丹	6 193.38	59	80.29	0.31					6 193.38	62	80.29	0.26
247	坦桑尼亚	6 156.41	60	15.33	0.31					6 156.41	63	15.33	0.25
202	安哥拉	5 975.28	61	36.89	0.30	1.89	57			5 977.17	64	36.94	0.25
214	吉布提	5 847.63	62	6.10	0.29					5 847.63	65	6.10	0.24
326	挪威	3 521.26	79	43.82	0.18	1 963.69	21	-13.05	0.48	5 484.95	66	16.53	0.23
252	民主刚果	5 381.07	63	22.61	0.27					5 381.07	67	22.61	0.22
249	突尼斯	5 168.09	64	23.11	0.26	0.47	61			5 168.56	68	23.12	0.21
445	委内瑞拉	5 105.55	65	-75.84	0.25					5 105.55	69	-75.84	0.21
419	厄瓜多尔	4 932.53	66	187.05	0.25					4 932.53	70	187.05	0.20
105	文莱	4 796.79	67	90.37	0.24					4 796.79	71	90.36	0.20
352	捷克	2 727.56	90	42.37	0.14	1 972.68	20	-18.87	0.48	4 700.24	72	8.11	0.19
331	瑞士	1 577.47	101	9.27	0.08	3 113.65	14	39.81	0.76	4 691.12	73	27.80	0.19
114	伊拉克	4 648.79	69	77.56	0.23					4 648.79	74	77.56	0.19
223	科特迪瓦共和国	4 466.86	70	120.90	0.22					4 466.86	75	120.90	0.18
221	几内亚	4 168.71	72	37.12	0.21	0.09	71			4 168.80	76	37.12	0.17
109	朝鲜	4 111.91	73	5.74	0.20					4 111.91	77	5.74	0.17

（续）

代码	国家（地区）	出口				进口				进出口			
		金额（万美元）	排序	同比增长（%）	占比（%）	金额（万美元）	排序	同比增长（%）	占比（%）	金额（万美元）	排序	同比增长（%）	占比（%）
123	马尔代夫	3 991.86	74	80.30	0.20					3 991.86	78	80.30	0.17
146	吉尔吉斯斯坦	3 841.65	75	24.52	0.19					3 841.65	79	24.52	0.16
232	摩洛哥	3 757.79	77	-25.32	0.19	0.04	77			3 757.83	80	-25.32	0.16
206	喀麦隆	3 741.92	78	-24.23	0.19					3 741.92	81	-24.23	0.15
233	莫桑比克	3 393.72	80	-21.38	0.17					3 393.72	82	-21.38	0.14
432	巴拿马	3 197.54	81	-11.45	0.16					3 197.54	83	-11.45	0.13
147	塔吉克斯坦	3 194.86	82	-19.86	0.16					3 194.86	84	-19.86	0.13
306	爱尔兰	2 855.51	86	23.84	0.14	284.11	34	41.45	0.07	3 139.62	85	25.25	0.13
611	巴布亚新几内亚	3 056.57	83	55.56	0.15					3 056.57	86	55.56	0.13
408	玻利维亚	3 042.79	84	-28.90	0.15					3 042.79	87	-28.90	0.13
125	尼泊尔	2 967.89	85	243.02	0.15					2 967.89	88	243.02	0.12
328	罗马尼亚	2 654.48	91	44.36	0.13	248.77	36	-43.10	0.06	2 903.25	89	27.56	0.12
240	塞内加尔	2 840.37	87	46.40	0.14					2 840.37	90	46.40	0.12
102	巴林	2 836.12	88	38.70	0.14					2 836.12	91	38.70	0.12
121	澳门	2 807.82	89	-28.09	0.14					2 807.82	92	-28.09	0.12
337	格鲁吉亚	2 527.43	92	47.40	0.13	0.03	78	-62.50		2 527.46	93	47.39	0.10
218	加蓬	2 518.51	93	16.69	0.13					2 518.51	94	16.69	0.10
310	希腊	2 053.45	94	24.31	0.10	63.33	45	56.45	0.02	2 116.78	95	25.08	0.09
142	中华人民共和国					1 980.51	19	-5.89	0.48	1 980.51	96	-5.89	0.08
358	塞尔维亚	1 862.89	95	106.09	0.09	13.09	55	2.91		1 875.98	97	104.66	0.08
216	赤道几内亚	1 851.42	96	107.02	0.09					1 851.42	98	107.02	0.08
213	刚果	1 842.87	97	-8.27	0.09					1 842.87	99	-8.27	0.08
250	乌干达	1 780.34	98	-49.77	0.09					1 780.34	100	-49.77	0.07
321	匈牙利	984.88	121	65.07	0.05	793.60	26	5.38	0.19	1 778.48	101	31.76	0.07
144	东帝汶	1 641.94	99	-20.64	0.08					1 641.94	102	-20.64	0.07
353	斯洛伐克	1 325.53	108	21.04	0.07	306.41	32	3.82	0.07	1 631.94	103	17.38	0.07
231	毛里求斯	1 584.73	100	179.05	0.08					1 584.73	104	179.02	0.07
117	约旦	1 523.62	102	-7.20	0.08					1 523.62	105	-7.20	0.06
120	黎巴嫩	1 494.95	103	-56.94	0.07					1 494.95	106	-56.94	0.06
444	乌拉圭	1 471.21	104	-3.68	0.07					1 471.21	107	-3.68	0.06
433	巴拉圭	1 457.18	105	46.21	0.07					1 457.18	108	46.21	0.06
234	纳米比亚	1 423.25	106	21.75	0.07	0.33	62	175.00		1 423.58	109	21.76	0.06
340	白俄罗斯	1 337.98	107	48.02	0.07					1 337.98	110	48.01	0.06

（续）

代码	国家（地区）	出口				进口				进出口			
		金额（万美元）	排序	同比增长（%）	占比（%）	金额（万美元）	排序	同比增长（%）	占比（%）	金额（万美元）	排序	同比增长（%）	占比（%）
350	斯洛文尼亚	1 244.54	112	76.68	0.06	70.17	42	−57.88	0.02	1 314.71	111	50.94	0.05
423	危地马拉	1 309.76	109	11.57	0.07					1 309.76	112	11.57	0.05
229	马里	1 295.83	110	88.51	0.06					1 295.83	113	88.51	0.05
603	斐济	1 287.31	111	32.66	0.06					1 287.31	114	32.66	0.05
311	葡萄牙	1 184.23	115	−7.16	0.06	67.29	44	123.18	0.02	1 251.52	115	−4.15	0.05
415	哥斯达黎加	1 242.70	113	6.11	0.06	4.49	56			1 247.19	116	6.49	0.05
418	多米尼加共和国	1 196.85	114	−12.02	0.06	0.05	76	25.00		1 196.90	117	−12.02	0.05
225	利比里亚	1 135.26	116	−17.77	0.06	0.15	68			1 135.41	118	−17.76	0.05
339	阿塞拜疆	1 124.27	117	−24.84	0.06					1 124.27	119	−24.84	0.05
227	马达加斯加	1 098.47	118	−7.30	0.05					1 098.47	120	−7.30	0.05
254	津巴布韦	1 088.32	119	13.31	0.05					1 088.32	121	13.31	0.04
336	立陶宛	928.22	123	45.36	0.05	109.96	39	112.81	0.03	1 038.18	122	50.41	0.04
316	保加利亚	996.04	120	79.77	0.05	40.15	47	−13.43	0.01	1 036.19	123	72.57	0.04
334	爱沙尼亚	917.93	124	14.21	0.05	99.56	40	−72.17	0.02	1 017.49	124	−12.39	0.04
426	洪都拉斯	966.93	122	126.79	0.05					966.93	125	126.79	0.04
424	圭亚那	821.02	125	14.47	0.04					821.02	126	14.47	0.03
351	克罗地亚	765.71	126	44.08	0.04	15.28	54	576.11		780.99	127	46.33	0.03
613	所罗门群岛	758.74	127	47.70	0.04	0.01	83			758.75	128	47.71	0.03
359	黑山	742.70	128	312.77	0.04	0.02	80			742.72	129	312.78	0.03
335	拉脱维亚	694.18	130	24.14	0.03	21.02	51	−60.84	0.01	715.20	130	16.70	0.03
441	苏里南	714.07	129	253.06	0.04					714.07	131	253.06	0.03
238	卢旺达	690.84	131	17.14	0.03					690.84	132	17.14	0.03
242	塞拉利昂	642.25	132	−13.28	0.03	0.30	63			642.55	133	−13.24	0.03
148	土库曼斯坦	636.69	133	−72.70	0.03					636.69	134	−72.70	0.03
230	毛里塔尼亚	557.59	134	−0.09	0.03					557.59	135	−0.09	0.02
248	多哥	527.28	135	−42.21	0.03					527.28	136	−42.21	0.02
258	厄立特里亚	494.72	136	580.78	0.02					494.72	137	580.78	0.02
243	索马里	482.94	137	33.33	0.02					482.94	138	33.33	0.02
324	马耳他	471.45	138	27.47	0.02	0.53	60	−8.62		471.98	139	27.41	0.02
338	亚美尼亚	458.70	139	18.75	0.02					458.70	140	18.75	0.02
608	瓦努阿图	441.95	140	21.83	0.02					441.95	141	21.83	0.02
431	尼加拉瓜	425.75	141	−21.64	0.02					425.75	142	−21.64	0.02
228	马拉维	384.34	142	95.89	0.02					384.34	143	95.89	0.02

（续）

代码	国家（地区）	出口				进口				进出口			
		金额（万美元）	排序	同比增长（%）	占比（%）	金额（万美元）	排序	同比增长（%）	占比（%）	金额（万美元）	排序	同比增长（%）	占比（%）
251	布基纳法索	357.57	143	9.24	0.02					357.57	144	9.24	0.01
135	叙利亚	348.04	144	−16.39	0.02					348.04	145	−16.39	0.01
427	牙买加	326.58	145	−19.38	0.02					326.58	146	−19.39	0.01
139	也门共和国	323.19	146	12.90	0.02					323.19	147	12.90	0.01
308	卢森堡	8.74	199	65.22	0.00	289.70	33	571.22	0.07	298.44	148	515.98	0.01
425	海地	290.59	147	100.03	0.01					290.59	149	100.03	0.01
128	巴勒斯坦	272.36	148	−1.16	0.01					272.36	150	−1.16	0.01
442	特立尼达和多巴哥	240.50	149	−10.60	0.01					240.50	151	−10.60	0.01
204	博茨瓦那	236.13	150	15.81	0.01					236.13	152	15.81	0.01
212	科摩罗	232.14	151	475.89	0.01					232.14	153	475.89	0.01
260	南苏丹共和国	230.40	152	−40.33	0.01					230.40	154	−40.33	0.01
440	萨尔瓦多	229.90	153	−27.12	0.01	0.07	73	40.00		229.97	155	−27.11	0.01
108	塞浦路斯	227.19	154	27.76	0.01					227.19	156	27.76	0.01
313	阿尔巴尼亚	223.47	155	−28.29	0.01					223.47	157	−28.29	0.01
101	阿富汗	213.87	156	11.07	0.01					213.87	158	11.07	0.01
607	新喀里多尼亚	206.92	157	52.84	0.01					206.92	159	52.84	0.01
219	冈比亚	180.57	158	166.41	0.01					180.57	160	166.41	0.01
414	多米尼加	177.55	159	878.24	0.01					177.55	161	878.24	0.01
203	贝宁	174.06	160	−75.21	0.01					174.06	162	−75.21	0.01
622	帕劳共和国	173.64	161	361.32	0.01					173.64	163	361.32	0.01
620	密克罗尼西亚联邦	160.76	162	4 955.35	0.01					160.76	164	4 955.35	0.01
237	留尼汪	149.19	163	33.84	0.01					149.19	165	33.84	0.01
435	波多黎各	148.36	164	16.21	0.01					148.36	166	16.15	0.01
404	巴哈马	146.05	165	−2.50	0.01					146.05	167	−2.50	0.01
235	尼日尔	140.69	166	151.68	0.01					140.69	168	151.59	0.01
343	摩尔多瓦	123.49	167	36.33	0.01					123.49	169	36.33	0.01
226	利比亚	99.89	168	−71.73	0.01					99.89	170	−71.73	
211	乍得	92.02	169	4.12		0.02	81			92.04	171	4.14	
621	马绍尔群岛共和国	90.05	170	124.06						90.05	172	124.06	
322	冰岛	86.58	171	14.65						86.58	173	14.65	
355	波斯尼亚—黑塞哥维那	81.36	172	21.83		0.03	79	−99.98		81.39	174	−59.53	
401	安提瓜和巴布达	77.40	173	423.68						77.40	175	423.68	
405	巴巴多斯	69.75	174	1.16						69.75	176	1.16	

（续）

代码	国家（地区）	出口				进口				进出口			
		金额（万美元）	排序	同比增长（%）	占比（%）	金额（万美元）	排序	同比增长（%）	占比（%）	金额（万美元）	排序	同比增长（%）	占比（%）
623	法属波利尼西亚	69.21	175	-33.05						69.21	177	-33.05	
354	前南斯拉夫马其顿	65.32	176	35.49		0.18	66	-48.57		65.50	178	34.88	
257	斯威士兰	62.39	177	568.70						62.39	179	568.70	
403	阿鲁巴岛	60.04	178	67.71						60.04	180	67.71	
614	汤加	58.69	179	34.46						58.69	181	34.46	
241	塞舌尔	51.28	180	-92.21						51.28	182	-92.21	
208	佛得角	50.78	181	623.36						50.78	183	623.36	
438	圣马丁岛	48.84	182	277.73						48.84	184	277.73	
205	布隆迪	43.70	183	135.45						43.70	185	135.45	
446	英属维尔京群岛	43.50	184	139.14						43.50	186	139.14	
437	圣卢西亚	42.19	185	13.23						42.19	187	13.23	
209	中非	40.98	186	138.81						40.98	188	138.81	
406	伯利兹	37.58	187	83.32						37.58	189	83.32	
417	库腊索岛	37.45	188	48.67						37.45	190	48.67	
602	库克群岛	37.31	189	953.95						37.31	191	953.95	
617	萨摩亚	33.95	190	-70.27						33.95	192	-70.27	
447	圣其茨—尼维斯	32.73	191	325.06						32.73	193	325.06	
104	不丹	23.30	192	533.15						23.30	194	533.15	
329	圣马力诺					20.95	52	-45.21	0.01	20.95	195	-45.21	
421	格林纳达	20.69	193	289.64						20.69	196	289.64	
428	马提尼克岛	19.64	194	444.04						19.64	197	444.04	
422	瓜德罗普岛	18.96	195	-37.28						18.96	198	-37.28	
239	圣多美和普林西比	18.84	196	1 784.00						18.84	199	1 784.00	
259	马约特岛	10.61	197	-49.52						10.61	200	-49.52	
255	莱索托	9.42	198	-82.93						9.42	201	-82.93	
222	几内亚（比绍）	8.46	200	-41.61						8.46	202	-41.61	
439	圣文森特和格林纳丁斯	6.95	201	254.59						6.95	203	254.59	
619	图瓦卢	6.14	202	146.59						6.14	204	146.59	
618	基里巴斯	5.49	203	-58.12						5.49	205	-58.12	
314	安道尔	4.16	204	642.86						4.16	206	642.86	
449	荷属安地列斯群岛	3.12	205	-66.42						3.12	207	-66.42	
411	开曼群岛	2.67	206	8 800.00						2.67	208	8 800.00	
299	非洲其他国家（地区）	2.50	207							2.50	209		

（续）

代码	国家（地区）	出口				进口				进出口			
		金额（万美元）	排序	同比增长（%）	占比（%）	金额（万美元）	排序	同比增长（%）	占比（%）	金额（万美元）	排序	同比增长（%）	占比（%）
612	社会群岛	1.84	208	-39.27						1.84	210	-39.27	
606	瑙鲁	1.42	209	195.83						1.42	211	195.83	
443	特克斯和凯科斯群岛	1.24	210							1.24	212		
323	列支敦士登	0.11	214	-73.17		0.93	59	82.35		1.04	213	13.04	
357	法罗群岛	0.64	211							0.64	214		
625	瓦利斯和浮图纳	0.55	212							0.55	215		
699	大洋洲其他国家（地区）	0.30	213	-88.33						0.30	216	-88.33	
320	直布罗陀	0.01	215	-90.91						0.01	217	-90.91	

〔供稿人：中国工程机械工业协会吕莹〕

中国工程机械工业年鉴2018

标准篇

介绍2017年工程机械行业团体标准的开展情况，公布工程机械产品国家标准

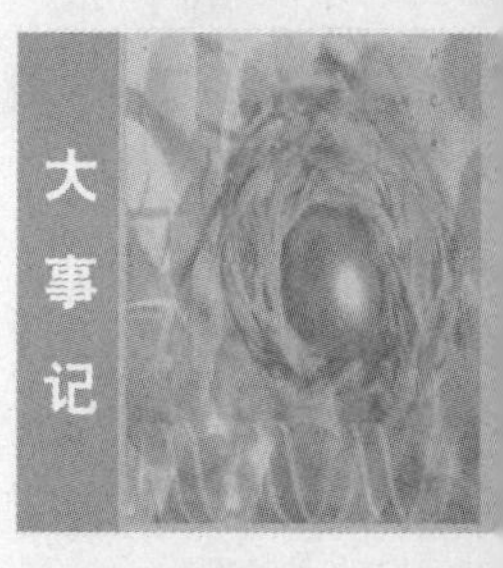

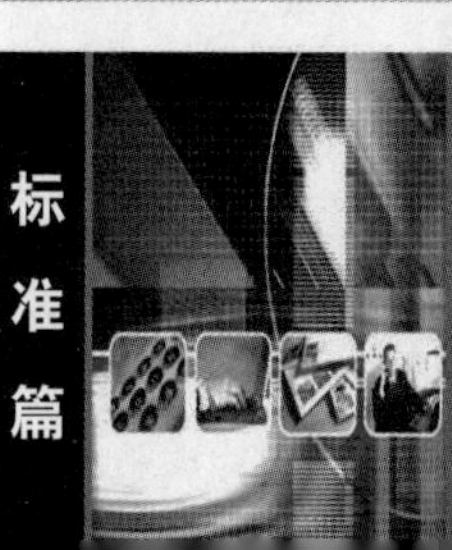

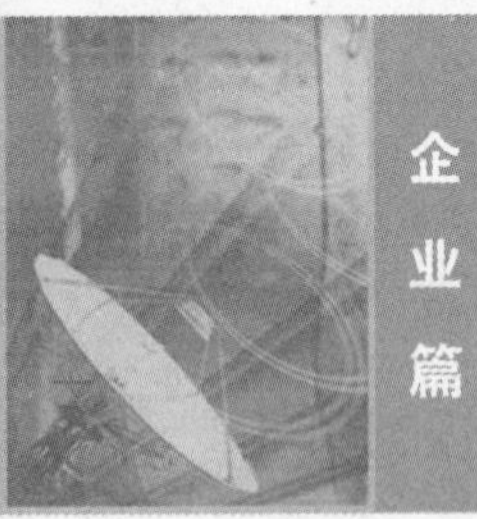

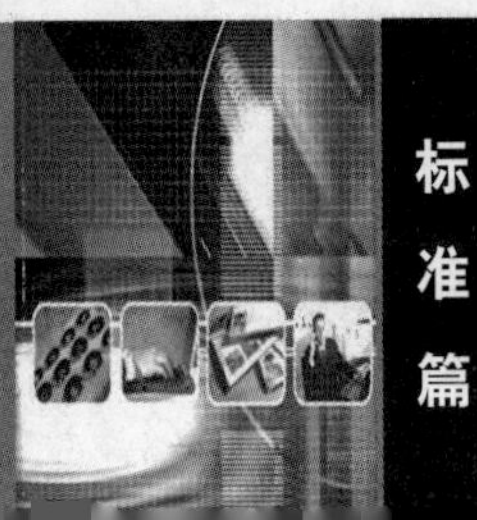

标准篇

2017年工程机械行业团体标准开展情况暨标准化工作

中国工程机械工业协会（简称协会）自2015年6月5日被国家标准化管理委员会（简称国标委）批准为第一批团体标准试点单位以来，在为期两年的试点工作中，各项工作稳步推进，工程机械标准化工作取得了初步成效。2017年，协会作为团体标准试点单位的两年期已结束，并顺利完成了团体标准试点工作总结报告。

2017年11月4日，《中华人民共和国标准化法》（修订）正式颁布，于2018年1月1日正式施行，明确了团体标准的正式法律地位，团体标准进入了发展的新时代。2017年12月15日，国家质检总局、国标委、民政部联合印发了《团体标准管理规定（试行）》。2017年12月19日，工业和信息化部科技司发布《培育发展工业通信业团体标准的实施意见》。国家制定的一系列法规政策把团体标准推到了前所未有的战略高度，开创了团体标准的新局面，为推动行业转型升级、促进行业发展进步发挥了举足轻重的作用。2017年，协会积极贯彻实施国家相关政策和指导性文件，协同有序推进标准化工作改革，使工程机械行业的团体标准化工作取得了阶段性成果。

一、新标准化法正式发布，工程机械行业标准化进入新时代

2017年11月4日，《中华人民共和国标准化法》在第十二届全国人民代表大会常务委员会第三十次会议上修订通过，赋予了团体标准法律地位，构建了政府标准与市场标准协调配套的新型标准体系。团体标准可增加标准有效供给，满足市场和创新需求，成为提升产品和服务质量、促进科学技术进步、保障人身健康和生命财产安全、维护国家安全和生态环境安全、提高经济社会创新发展水平不可或缺的力量。

新标准化法的第十八条明确指出，国家鼓励学会、协会、商会、联合会、产业技术联盟等社会团体协调相关市场主体，共同制定满足市场和创新需要的团体标准，由本团体成员约定采用或者按照本团体的规定供社会自愿采用。

制定团体标准应当遵循开放、透明、公平的原则，保证各参与主体获取相关信息，反映各参与主体的共同需求，并应当组织对标准相关事项进行调查分析、实验、论证。

国务院标准化行政主管部门会同国务院有关行政主管部门对团体标准的制定进行规范、引导和监督。

新标准化法的第二十条指出，国家支持在重要行业、战略性新兴产业、关键共性技术等领域利用自主创新技术制定团体标准、企业标准。

新标准化法的第二十一条明确，推荐性国家标准、行业标准、地方标准、团体标准、企业标准的技术要求不得低于强制性国家标准的相关技术要求。国家鼓励社会团体、企业制定高于推荐性标准相关技术要求的团体标准、企业标准。

2017年12月15日，国家质检总局、国标委、民政部联合印发了《团体标准管理规定（试行）》。本管理规定从团体标准的制定、实施和监督等方面提出对标准化法有关规定的细化落实措施，将会促进标准化法的贯彻实施，为规范、引导和监督我国团体标准化工作提供有力支撑。

2017年12月19日，工业和信息化部科技司发布《培育发展工业通信业团体标准的实施意见》，提出从树立团体标准应用示范标杆、探索建立团体标准采信机制、优化完善现有标准体系结构、支持团体标准的社会监督四个方面积极为团体标准发展营造良好环境，鼓励学会、协会、商会、联合会、产业技术联盟等社会团体制定技术指标全面超越或严于国家标准、行业标准的团体标准，制定团体标准填补国家标准、行业标准空白。并特别强调，将加大对团体标准的资金扶持，研究推动对团体标准应用示范项目、团体标准采信等重点工作给予一定的经费支持，引导社会团体加大在团体标准方面的资金投入。鼓励地方工业和信息化主管部门设立专项资金，支持相关团体标准的制定、实施与评估。

二、标准化工作有序推进，协会团体标准化工作开辟新篇章

（一）完成首批团体标准试点工作总结

按照2017年5月8日国标委办公室《关于提交首批团体标准试点工作总结的通知》的要求，协会提交了首批团体标准试点工作总结报告。在报告中汇报了两年来协会以团体标准试点单位为契机，全面推动工程机械行业标准化工作情况，分别从制定发布标准情况、组织标准化工作会议、建章立制实施情况、标准化工作交流、协会标准实施情况调研、国标委标准课题取得成果、行业标准统计梳理工作、参与各方团体标准活动等方面阐述了协会开展团体标准工作取得的一些成果，同时也总结了自身的问题和提升的方向，并提出了对培育发展团体标准的意见和建议。

（二）制定发布团体标准情况及修订管理实施细则

依据新修订的《中华人民共和国标准化法》，由国家质检总局、国标委、民政部制定的《团体标准管理规定（试行）》于2017年12月15日印发，明确了团体标准的编号规则依次由团体标准代号、社会团体代号、团体标准顺序号和年代号组成。协会发布团体标准的标准编号需遵循以上编制规则，具体协会团体标准的编号由团体标准代号（T/）、协会英文简称（CCMA）、团体标准顺序号、年代号组成。截至2017年年底，协会共发布了54项工程机械团体标准，涉及基础标准、安全标准、产品标准、方法标准、关键零部件标准、节能环保标准、科技成果转化标准、职业培训标准等，其中2017年发布了7项团体标准。2016—2017年中国工程机械工业协会团体标准发布目录见表1。

表1　2016—2017年中国工程机械工业协会团体标准发布目录

序号	标准编号	标准名称	发布时间
1	T/CCMA 0042—2016	臂架式混凝土泵车能效测试方法	2016.03.01
2	T/CCMA 0043—2016	拖式混凝土泵能效测试方法	2016.03.01
3	T/CCMA 0044—2016	双护盾岩石掘进机	2016.03.01
4	T/CCMA 0045—2016	沥青混合料厂拌热再生设备	2016.04.01
5	T/CCMA 0046—2016	垂直振动压路机	2016.08.01
6	T/CCMA 0047—2016	盾构机操作工	2016.11.16
7	T/CCMA 0048—2017	二手工程机械评估师	2017.04.18
8	T/CCMA 0049—2017	土方机械 冷却风扇声功率级的测定 半消声室试验方法	2017.07.07
9	T/CCMA 0051—2017	土方机械 动力总成悬置系统振动试验方法	2017.07.07
10	T/CCMA 0052—2017	塔式起重机固定基础设计规范	2017.10.09
11	T/CCMA 0053—2017	建筑起重机械多功能转角式行程限位器	2017.10.09
12	T/CCMA 0054—2017	工程机械动力换挡变速器 可靠性台架试验方法	2017.12.19
13	T/CCMA 0055—2017	工程机械液压管路布局规范	2017.12.29

协会通过开展工程机械行业团体标准工作，积极探索，总结经验，行业相关单位依据2016年制定的《中国工程机械工业协会标准管理实施细则》开展具体工作。随着国家政策的出台，协会的团体标准化工作也在摸索前行，考虑到行业的标准化发展需要，2017年，协会针对实施细则进行了第一次修订，与国家政策步调统一，规范了程序性，体现了影响力，充分发挥分支机构的组织功能，反映了团体标准在行业中的广泛性和代表性。

（三）在BICES举办期间召开全国标准化工作会议

2017年9月22日，在协会主办的第十四届中国（北京）国际工程机械、建材机械及矿山机械展览与技术交流会（BICES）召开之际，协会同期召开了第四届全国工程机械行业标准化工作会议。本届行业标准化工作会议的主要内容包括：国标委领导对团体标准相关国家政策进行解读；协会领导对行业标准化工作进行总结和未来展望；行业专家对标准化工作及发展方向等方面进行解读；相关分支机构和企业针对团体标准工作的开展情况、宣贯实施、取得成果等方面进行经验介绍。本次会议旨在深入贯彻实施《国务院关于印发深化标准化工作改革方案的通知》（国发〔2015〕13号），协同有序推进标准化工作改革，确保第二阶段（2017—2018年）各项重点任务落到实处，包括发展壮大团体标准，鼓励社会团体发挥对市场需求反应快速的优势，制定一批满足市场和创新需要的团体标准，优化标准供给结构，促进新技术、新产业、新业态加快成长。鼓励在产业政策制定以及行政管理、政府采购、认证认可、检验检测等工作中适用团体标准。

本次标准化工作会议在BICES 2017工程机械展会期间召开，各与会代表进行标准化工作交流的同时，通过参观展会，进一步了解了工程机械产品以及技术，尤其对于工程机械标准化工作者来说是一个全方位的学习和交流机会，有效促进了行业的标准化工作发展。

（四）参加首批团体标准试点成果集宣传工作

开展首批团体标准试点单位以来，国标委积极为培育和发展团体标准工作营造了良好的生态环境，并为各试点单位搭建了信息互通、经验分享、问题共研的交流平台，各试点单位总结凝练了一套可复制、可推广的经验模式。《首批团体标准试点成果集》是各试点单位对培育和发展团体标准、践行标准化改革任务过程中所取得成绩的总结。自2015年6月5日协会被国标委批准作为首批39家团体标准试点单位之一以来，工程机械标准化工作取得了显著成效，通过参加成果集，展现了协会本着“公开、公正、公平”的工作原则，不断规范行业团体标准化的运作、完善团体标准化工作机制的风采，广泛、深入地宣传了工程机械行业开展团体标准所取得的成果及未来提升的发展方向。

（五）加强团体标准的贯彻实施效果

协会一贯重视团体标准的贯彻实施情况，持续对已发布团体标准的实施、贯彻、宣传、使用和取得成果等方面进行书面调研工作。协会各分支机构在标准实施调研工作中发挥了很大作用，针对组织的各项团体标准向全行业进行了广泛征集，从一定程度上得到了应用单位的积极响应，加强了团体标准的制定、推广和应用效果。工程机械行业企业积极开展团体标准的制定和宣贯工作，徐工集团、柳工股份、中联重科、山东临工、山河智能、南方路机、厦工股份、同力重工、廊坊凯博等企业积极参与协会的团体标准工作，在填空白、上水平和宣贯等方面发挥了重要作用。下面介绍几个团体标准的应用案例。

由中国建筑科学研究院建筑机械化研究分院和用户工作委员会牵头起草的轮胎式装载机、液压挖掘机、旋挖钻机、塔式起重机、施工升降机、钢筋调直切断机、臂架式混凝土泵车、拖式混凝土泵八类产品能效测试方法的团体标准在行业内引起了强烈的反响。这些团体标准的制定是以“十二五”国家科技支撑计划任务“绿色建造与施工协同关键技术研究与示范”要求为背景，根据GB/T 50378—2006《绿色建筑评价标准》和GB/T 50640—2010《建筑工程绿色施工评价标准》，从地基与基础工程施工类、结构工程施工类、装饰装修与机电安装工程施工类三大施工环节编制有关绿色施工机械评价标准。这一系列标准已在行业骨干企业开始实施，并测试应用，能比较客观、准确地评价各类工程机械产品的燃油消耗和作业效率，为企业判断产品能效水平提供了参考信息，同时用户也可以很好地了解各企业设备的能效水平。这些团体标准的制定和发布，不但推进了绿色施工、评价施工机械绿色性能的基础，通过试验不同类别产品的燃油消耗量和作业效率，评价能效指标，有效地促进了工程机械制造企业技术创新、研发节能高效产品，推动了工程机械转型升级，赢得持续发展。

由协会和相关分支机构几年来组织制定的装载机司机、挖掘机司机、叉车操作工、盾构机操作工、二手工程机械评估师5项职业标准，主要是依据《中华人民共和国劳动法》的有关规定，为了进一步完善工程机械行业职业标准体系，为职业教育、职业培训和职业技能鉴定提供科学、规范的依据。这些标准发布实施以来，工程机械相关行业企业依据这些标准对从业人员进行了培训和技能考核，使从业者有了技能晋升的渠道，也满足了具有较高技能水平人员多年来无相应等级证书的需要，对指导企业培训和职业技能等级鉴定工作效果显著。这些标准遵循了有关技术规程的要求，既保证了标准体例的规范化，又体现了以职业活动为导向、以职业能力为核心的特点，同时具有根据科学发展进行调整的灵活性和实用性，符合培训、鉴定和就业工作的需要。可以提升全行业挖掘机司机职业化、专业化水平，可以为重大工程的质量安全提供有力的技术支持，也为从业人员提升社会认可度、完善职业生涯规划提供一个完整的路线设计，具有广泛的应用前景。

（六）获评2017年团体标准应用示范项目

为了大力培育发展团体标准，支持先进团体标准的推广应用，引领相关产业的创新发展，工业和信息化部开展了工业通信业“百项团体标准应用示范”项目申报工作。并出台了《团体标准应用示范项目管理实施细则》，申报的团体标准应用示范项目应达到技术水平较高、应用效果较好，对促进工业通信业质量品牌提升具有较强的引领作用。重点支持具有创新性、先进性和国际性的团体标准应用示范，主要包括：填补国家和行业标准空白的创新性团体标准；技术指标全面严于或优于现有国家和行业标准的先进性团体标准；有国际领先水平，拟制定为国际标准的团体标准。

协会按照相关要求组织开展工程机械行业团体标准的申报工作。2017年12月28日，工业和信息化部在北京召开的工业和信息化标准工作推进会上发布了2017年团体标准应用示范项目，协会发布的5项工程机械团体标准入选工业和信息化部2017年团体标准应用示范项目。这5项团体标准分别是T/CCMA 0025—2014《轮胎式装载机燃油消耗试验方法》、T/CCMA 0026—2014《液压挖掘机燃油消耗试验方法》、T/CCMA 0032—2015《液压挖掘机用双联轴向柱塞泵　试验室耐久性试验》、T/CCMA 0045—2016《沥青混合料厂拌热再生设备》、T/CCMA 0046—2016《垂直振动压路机》。其中，3项试验方法标准的实施，促进了工程机械企业研究、应用节能技术，生产低能耗的产品，促使工程机械企业有计划地开发高效产品、推动产品能效水平的提高。两项产品标准分别代表了工程机械装备的技术水平，是科技成果转化的体现，产生了良好的经济效益和社会效益。5项工程机械团体标准均符合绿色环保发展方向和国家提倡的绿色发展理念。

（七）入围2017中国工程机械十大新闻

“2017中国工程机械十大新闻”由协会主办，该活动至今已成功举办22届（1996—2017年）。团体标准化工作入围“2017中国工程机械十大新闻”第五位。工程机械行业团体标准获明确法律地位，行业标准化工作取得多项突破。2017年，中国工程机械行业的标准化工作取得了阶段性成果。截至2017年年底，中国工程机械工业协会共发布了54项工程机械团体标准，其中，T/CCMA0025—2014《轮胎式装载机燃油消耗试验方法》等5项团体标准入选工业和信息化部2017年团体标准应用示范项目。同时，ISO10987-2:2017《土方机械可持续性　第2部分：再制造》和ISO10987-3:2017《土方机械可持续性　第3部分：二手机器》两项国际标准的成功出版发行，填补了我国在土方机械国际标准制定方面的空白。

（八）参与国内外及行业标准化交流活动

2017年6月，协会组织召开了第二次安全标准和法规会议，针对“俄白哈”标准和法规情况、工程机械绿色制造标准的现状及行业企业关心的问题进行了充分交流。通过建立互动交流平台，加强我国工程机械的安全标准和法规的深入研究，促进行业整体水平的提升，从而提升我国工程机械的国际影响力。

2017年，协会加强了与国外协会的交流工作，分别与美国设备制造商协会（AEM）、德国机械设备制造业联合会（VDMA）的北京代表处针对安全法规方面，再制造、节能减排、降噪等绿色制造方面，双方团体标准情况以及针对双方关心的其他问题进行了充分交流。

参加团体标准活动包括掘进机械分会、天工院关于团体标准的专家审查会；参加工业车辆标委会年会；协会牵头组织了《工程机械液压管路布局规范》团体标准审查会并予以批准发布。参加团体标准化发展联盟筹备会、理事会及成立大会；参加工业和信息化部的标准工作推进会，跟进指导工程机械团体标准化工作，加强协会间沟通和经验交流。

国标委邀请协会参加工业标准一部主办的半月谈活动，结合本次“标准助推中国装备走出去”会议主题，协会介绍了两年来开展国标委关于“中国工程机械‘走出去’标准需求”项目的总体研究思路。通过工程机械企业的实际案例，汇报了我国工程机械在产品出口和国际产能合作的成绩以及我国标准发挥的重要支撑作用，从行业发展角度总结了取得的成果并提出了政策建议。

三、国标委课题硕果丰富，助推工程机械“走出去”

（一）编制《中国工程机械“走出去”标准白皮书》

协会及课题组分别于2015年、2016年开展了“中国装备”标准体系建设两期课题，针对中国工程机械“走出去”，分别从产品出口和国际产能合作两个层面对中国标准的应用和需求进行了深入研究。为了更好地推广课题成果，同时也为了契合国家“一带一路”倡议，国标委委托协会于2017年完成两期课题的合并版本工作，以《中国工程机械“走出去”标准白皮书》对外发布，反映中国工程机械标准化工作现状和取得的成绩，介绍中国标准在工程机械产品出口和国际产能合作中的应用情况。白皮书充分表明了中国标准在国际市场中发挥的重要支撑作用，通过分享中国工程机械标准在“走出去”过程中的成果与经验，加快推动中国标准的国际化进程，对工程机械企业和行业具有一定的指导和借鉴作用，也可为政府有关部门提供参考。

1.标准白皮书展现了中国工程机械标准取得的丰硕成果

当前，中国已经成为全球工程机械制造大国，在“走出去”战略的大背景下，中国工程机械行业在国际市场中的地位日益攀升，中国品牌的影响力日渐扩大。标准白皮书的发布是为贯彻落实国务院《深化标准化工作改革方案》和《关于推进国际产能和装备制造合作的指导意见》要求，推动中国工程机械标准的推广实施，唱响中国工程机械品牌，进一步推动中国工程机械“走出去”。

在产品出口方面，中国工程机械产品已遍布全球200个国家和地区，标准白皮书分析总结了经贸、海外工程承包、对外援建和重大装备等出口形式中应用中国标准的情况。在大部分发展中国家和部分新兴经济体，中国标准已获得认可，并已经成为进入相关国家的“通行证”。面对发达国家更为严格的进口要求，中国积极参与工程机械国际标准化工作，国际标准转化率已达到90%以上，技术水平与国际标准基本接轨，有效地支撑了工程机械产品进入到这些国家。

在国际产能合作方面，从巴西、印度、乌兹别克斯坦、白俄罗斯、缅甸等“一带一路”沿线重点国家的产能合作项目情况来看，中国工程机械企业通过独资、合资、合作、技术输出等方式，在海外特别是在“一带一路”沿线重点国家建立生产基地，工程机械产品从设计研发到生产制造等多个环节大量使用了中国标准，获得了“一带一路”沿线重点国家的广泛认可，使产能合作项目顺利落地。

2.标准白皮书表明了中国工程机械标准发挥的重要作用

中国标准在促进中国工程机械产品出口和产能合作方面均发挥了重要作用，为工程机械“走出去”提供了有力的机制保障、技术支撑和质量保证。

一是提振了中国工程机械行业迈向国际市场的信心。通过中国工程机械“走出去”的案例和重点领域标准名录的提出，为中国工程机械企业“走出去”起到了指导和借鉴的作用，提升了全行业对中国装备“走出去”和中国标准“走出去”的认识，促进了中国标准达到国际标准水平及国际先进标准（如欧盟标准）水平。尤其是针对产品而制定的标准作为中国特色、独有的标准在国际市场中为中国工程机械“走出去”发挥了特殊的作用。

二是加速了中国工程机械标准拓宽国际发展的进程。随着“一带一路”倡议的逐步推进，未来中国工程机械企业“走出去”的前景将更为广阔。中国工程机械行业在夯实现有工作的基础上，将进一步发力高端产品，拓展国际市场，这将对中国工程机械标准化工作提出更高的要求。未来可以通过加强与“一带一路”沿线重点国家的标准互认，推广中国工程机械标准体系，加大中国标准外文版的翻译力度，同时通过加大国际标准的参与力度，鼓励更多企业参与国际标准制定工作，以标准化促进政策和设施的互联互通，让中国标准“走出去”助推中国工程机械“走出去”。

3.标准白皮书指引了中国工程机械标准未来的工作方向

标准白皮书的提出，将加速中国标准的国际化进程，为中国工程机械“走出去”在标准化提升方面提供了发展和努力的方向。

一是要加强工程机械标准应用成果的宣传与总结。针对工程机械标准应用情况，与行业协会、工程机械企业进行深入交流，对标准“走出去”工作进一步宣传和推广，以提高行业对中国工程机械“走出去”和中国标准“走出去”的认识，让企业能够切实感受到标准化带来的综合效益，让企业真正掌握以标准助力质量提升、增强质量竞争力的本领。另外，随着工程机械国际市场的不断发展和变化，要继续做好中国工程机械“走出去”中标准应用情况的总结和跟踪工作，对下一步白皮书的修订做好准备，进一步丰富工程机械标准“走出去”的成果，深入指导工程机械企业“走出去”。

二是要加强同发展中国家的标准化合作与交流。中国工程机械标准化水平略低于欧美日发达国家，明显高于发展中国家，处于第二集团的领先位置。应当积极向发展中国家宣传中国标准，推动中国标准在发展中国家的交流、推广和使用工作。为世界标准化发展提供中国方案，推动海外产业园区、经贸园区标准化建设，打造一批中国标准海外应用示范工程，扩大中国标准品牌效应，增强中国制造、中国建造、中国服务的国际影响力。

三是要加强中国标准和互认工作的结合与研究。持续深化与世界各国的标准化合作交流，加强标准化信息交流互换，进一步扩大标准化双多边合作交流范围，推进与主要贸易国家签订和落实标准互认协议，及时发布与相关国家标准互认清单。重点加强“一带一路”沿线国家和地区关于相关标准和互认工作的结合研究，促进贸易便利化，深化合作交流，对接沿线国家需求，服务经贸便利往来，提升中国工程机械品质，树立“中国品牌”形象，为中国工程机械“走出去”和中国标准“走出去”打下坚实的基础。

（二）承接工程机械绿色发展标准需求研究课题

为贯彻落实《中国制造 2025》战略部署，全面推行绿色制造，加快实施绿色制造工程，进一步发挥标准的规范和引领作用，推进绿色制造标准化工作，工业和信息化部、国标委共同组织制定并于 2016 年 9 月印发了《绿色制造标准体系建设指南》。协会承接了《工程机械绿色发展标准需求研究》标准课题，围绕中国工程机械绿色制造，重点研究工程机械再制造标准需求和体系建设，以及工程机械绿色制造、绿色施工标准需求和体系建设；研究工程机械绿色制造标准工作国际交流机制，推动中国标准国际化进程。

为了保证本次课题的顺利开展，协会成立了课题研究组，研究成员包括协会、北京建筑机械化研究院有限公司、天津工程机械研究院有限公司、北京起重运输机械设计研究院有限公司、用户工作委员会、维修及再制造分会、质量工作委员会的有关领导及专家。按照课题要求和任务目标，完成工程机械绿色发展标准体系的顶层设计，分步实施；站在工程机械企业角度开展工作，通过走访、调研，解决问题，提出方法，达成共识，保质保量地完成了课题任务。

课题组通过企业实地调研，以国内企业关于节能减排、降噪和再制造的实际案例作为支撑，并对比国外的绿色制造案例进行分析，根据行业发展需求，以“遵循政策、引领需求、突出重点、注重实施”为原则，提出工程机械绿色制造标准化体系，支撑工程机械绿色制造，服务于工程机械绿色产品，促进中国工程机械绿色制造标准体系建立和国际化交流。

当前，我国工业发展的内外环境正在发生深刻变化，处于转型升级、提质增效、绿色发展的关键时期，绿色、智能是制造业转型的主要方向。工程机械行业肩负着绿色发展的重要责任，行业企业要继续加快结构调整，在国家有关政策的指导下，以市场需求为导向，按市场规律自我调整产业结构和产品结构。要全面推行绿色制造，实施绿色制造工程，以企业绿色改造升级为重点，实施生产过程清洁化、能源利用低碳化和产业绿色协同发展；要大力推动绿色施工关键技术装备研发与产业化；要进一步推动再制造、节能减排、低噪声关键技术与装备研发与产业化，加快建立健全绿色制造标准，开发绿色产品；要推动重大环保综合利用技术与装备发展；要全面推进绿色制造体系建设，以企业为主体，创建绿色工厂，打造绿色供应链，全面推动实现工程机械行业的绿色可持续发展。

〔撰稿人：中国工程机械工业协会王金星、宋金云〕

工程机械国家标准目录

标准号	标准名称	备注
GB/T 5082—1985	起重吊运指挥信号	GB 5082—1985
GB/T 6974.8—1986	起重机械名词术语 浮式起重机	
GB/T 6974.14—1986	起重机械名词术语 缆索起重机	
GB/T 6974.15—1986	起重机械名词术语 悬挂单轨系统	
GB/T 6974.16—1986	起重机械名词术语 冶金起重机	
GB/T 6974.17—1986	起重机械名词术语 堆垛起重机	
GB/T 6974.18—1986	起重机械名词术语 港口起重机	
GB/T 6974.19—1986	起重机械名词术语 集装箱起重机	
GB/T 8499—1987	土方机械 测定重心位置的方法	

（续）

标准号	标准名称	备注
GB/T 3883.13—1992	手持式电动工具的安全 第二部分：不易燃液体电喷枪的专用要求	GB 3883.13—1992
GB/T 14289—1993	土方机械 检测孔	
GB/T 790—1995	电动桥式起重机跨度和起升高度系列	
GB/T 7025.3—1997	电梯主参数及轿厢、井道、机房的形式与尺寸 第三部分：V类电梯	
GB/T 12265.3—1997	机械安全 避免人体各部位挤压的最小间距	GB 12265.3—1997
GB/T 17299—1998	土方机械 最小入口尺寸	
GB/T 17301—1998	土方机械 操作和维修空间棱角倒钝	
GB/T 17772—1999	土方机械 保护结构的实验室鉴定 挠曲极限量的规定	
GB/T 17908—1999	起重机和起重机械 技术性能和验收文件	
GB/T 17909.1—1999	起重机 起重机操作手册 第1部分：总则	
GB/T 17910—1999	工业车辆 叉车货叉在使用中的检查和修复	
GB/T 17920—1999	土方机械 提升臂支承装置	
GB/T 8591—2000	土方机械 司机座椅标定点	
GB/T 9142—2000	混凝土搅拌机	
GB/T 8592—2001	土方机械 轮胎式机器转向尺寸的测定	
GB/T 18453—2001	起重机 维护手册 第1部分：总则	
GB/T 18576—2001	建筑施工机械与设备 术语和定义	
GB/T 20001.1—2001	标准编写规则 第1部分：术语	
GB/T 18717.1—2002	用于机械安全的人类工效学设计 第1部分：全身进入机械的开口尺寸确定原则	
GB/T 18717.2—2002	用于机械安全的人类工效学设计 第2部分：人体局部进入机械的开口尺寸确定原则	
GB/T 18717.3—2002	用于机械安全的人类工效学设计 第3部分：人体测量数据	
GB/T 18874.1—2002	起重机 供需双方应提供的资料 第1部分：总则	
GB/T 18874.5—2002	起重机 供需双方应提供的资料 第5部分：桥式和门式起重机	
GB/T 18875—2002	起重机 备件手册	
GB 7588—2003	电梯制造与安装安全规范	
GB/T 7920.5—2003	土方机械 压路机和回填压实机 术语和商业规格	
GB/T 7920.8—2003	土方机械 铲运机 术语和商业规格	
GB/T 7920.9—2003	土方机械 平地机 术语和商业规格	
GB/T 7920.15—2003	沥青贮存、熔化和加热装置 术语	
GB/T 8196—2003	机械安全 防护装置 固定式和活动式防护装置设计与制造一般要求	
GB/T 13749—2003	柴油打桩机 安全操作规程	GB 13749—2003
GB/T 16273.6—2003	设备用图形符号 第6部分：运输、车辆检测及装载机械通用符号	
GB/T 7920.14—2004	道路施工与养护设备 沥青洒布车 / 喷洒机 术语和商业规格	
GB/T 7920.16—2004	道路施工与养护设备 石屑撒布机 术语和商业规格	
GB/T 8910.1—2004	手持便携式动力工具 手柄振动测量方法 第1部分：总则	
GB/T 8910.2—2004	手持便携式动力工具 手柄振动测量方法 第2部分：铲和铆钉机	
GB/T 8910.3—2004	手持便携式动力工具 手柄振动测量方法 第3部分：凿岩机和回转锤	
GB/T 13333—2004	混凝土泵	

（续）

标准号	标准名称	备注
GB/T 13750—2004	振动沉拔桩机 安全操作规程	GB 13750—2004
GB/T 3883.17—2005	手持式电动工具的安全 第二部分：木铣和修边机的专用要求	GB 3883.17—2005
GB/T 4307—2005	起重吊钩 术语	
GB/T 5140—2005	叉车 挂钩型货叉 术语	
GB/T 5141—2005	平衡重式叉车 稳定性试验	
GB/T 5183—2005	叉车 货叉 尺寸	
GB 5226.3—2005	机械安全 机械电气设备 第 11 部分：电压高于 1 000Va.c. 或 1 500Vd.c. 但不超过 36kV 的高压设备的技术条件	
GB/T 7920.6—2005	建筑施工机械与设备 打桩设备 术语和商业规格	
GB/T 8511—2005	振动压路机	
GB/T 8903—2005	电梯用钢丝绳	GB 8903—2005
GB/T 10913—2005	土方机械 行驶速度测定	
GB/T 13328—2005	压路机通用要求	
GB/T 19924—2005	流动式起重机 稳定性的确定	
GB/T 19928—2005	土方机械 吊管机和安装侧臂的轮胎式推土机或装载机的起重量	
GB/T 19930—2005	土方机械 小型挖掘机倾翻保护结构的试验室试验和性能要求	
GB/T 19931—2005	土方机械 挖沟机术语和商业规范	
GB/T 19932—2005	土方机械 液压挖掘机司机防护装置的试验室试验和性能要求	
GB/T 3787—2006	手持式电动工具的管理、使用、检查和维修安全技术规程	
GB 5144—2006	塔式起重机安全规程	
GB/T 5973—2006	钢丝绳用楔形接头	
GB/T 5974.1—2006	钢丝绳用普通套环	
GB/T 5974.2—2006	钢丝绳用重型套环	
GB/T 5975—2006	钢丝绳用压板	
GB/T 5976—2006	钢丝绳夹	
GB/T 7920.10—2006	道路施工与养护设备 稳定土拌和机 术语和商业规格	
GB/T 7920.11—2006	道路施工与养护设备 沥青混合料搅拌设备 术语和商业规格	
GB/T 7920.13—2006	混凝土路面铺筑机械与设备 术语	
GB/T 8918—2006	重要用途钢丝绳	GB 8918—2006
GB/T 20118—2006	一般用途钢丝绳	
GB/T 20119—2006	平衡用扁钢丝绳	
GB/T 20303.2—2006	起重机 司机室 第 2 部分：流动式起重机	
GB/T 20303.4—2006	起重机 司机室 第 4 部分：臂架起重机	
GB/T 20303.5—2006	起重机 司机室 第 5 部分：桥式和门式起重机	
GB/T 20304—2006	塔式起重机 稳定性要求	
GB/T 20305—2006	起重用钢制圆环校准链 正确使用和维护导则	
GB/T 20315—2006	道路施工与养护设备 路面铣刨机 术语和商业规格	
GB/T 20652—2006	M（4）、S（6）和 T（8）级焊接吊链	

（续）

标准号	标准名称	备注
GB/T 20776—2006	起重机械分类	
GB/T 3883.3—2007	手持式电动工具的安全 第二部分：砂轮机、抛光机和盘式砂光机的专用要求	GB 3883.3—2007
GB/T 3883.5—2007	手持式电动工具的安全 第二部分：圆锯的专用要求	GB 3883.5—2007
GB/T 3883.10—2007	手持式电动工具的安全 第二部分：电刨的专用要求	GB 3883.10—2007
GB/T 3883.14—2007	手持式电动工具的安全 第二部分：链锯的专用要求	GB 3883.14—2007
GB/T 3883.15—2007	手持式电动工具的安全 第二部分：修枝剪的专用要求	GB 3883.15—2007
GB/T 8419—2007	土方机械 司机座椅振动的试验室评价	
GB 10055—2007	施工升降机 安全规程	
GB/T 20863.1—2007	起重机械 分级 第 1 部分：总则	
GB/T 20863.3—2007	起重机械 分级 第 3 部分：塔式起重机	
GB/T 20863.4—2007	起重机械 分级 第 4 部分：臂架起重机	
GB/T 20863.5—2007	起重机 分级 第 5 部分：桥式和门式起重机	
GB/T 20900—2007	电梯、自动扶梯和自动人行道 风险评价和降低的方法	
GB 20904—2007	水平定向钻机 安全操作规程	
GB/T 20946—2007	起重用短环链 验收总则	
GB/T 20947—2007	起重用短环链 T 级（T、DAT 和 DT 型）高精度葫芦链	
GB/T 20969.1—2007	特殊环境条件 高原机械 第 1 部分：高原对内燃动力机械的要求	
GB/T 20969.2—2007	特殊环境条件 高原机械 第 2 部分：高原对工程机械的要求	
GB/T 20969.3—2007	特殊环境条件 高原机械 第 3 部分：高原型工程机械选型、验收规范	
GB/T 21014—2007	土方机械 计时表	
GB/T 21152—2007	土方机械 轮胎式机器 制动系统的性能要求和试验方法	
GB/T 21153—2007	土方机械 尺寸、性能和参数的单位与测量准确度	
GB/T 21156.1—2007	特殊环境条件 沙漠机械 第 1 部分：干热沙漠内燃动力机械	
GB/T 21156.2—2007	特殊环境条件 沙漠机械 第 2 部分：干热沙漠工程机械	
GB 21240—2007	液压电梯制造与安装安全规范	
GB/T 1955—2008	建筑卷扬机	
GB 2893—2008	安全色	
GB/T 2893.2—2008	图形符号 安全色和安全标志 第 2 部分：产品安全标签的设计原则	
GB 2894—2008	安全标志及其使用导则	
GB/T 3811—2008	起重机设计规范	
GB/T 3883.1—2008	手持式电动工具的安全 第一部分：通用要求	GB 3883.1—2008
GB/T 3883.16—2008	手持式电动工具的安全 第二部分：钉钉机的专用要求	GB 3883.16—2008
GB/T 3883.22—2008	手持式电动工具的安全 第二部分：开槽机的专用要求	GB 3883.22—2008
GB/T 5013.5—2008	额定电压 450/750V 及以下橡皮绝缘电缆 第 5 部分：电梯电缆	
GB/T 5031—2008	塔式起重机	
GB/T 5143—2008	工业车辆 护顶架 技术要求和试验方法	
GB/T 5182—2008	叉车 货叉 技术要求和试验方法	
GB 5226.1—2008	机械电气安全 机械电气设备 第 1 部分：通用技术条件	

（续）

标准号	标准名称	备注
GB/T 5465.2—2008	电气设备用图形符号 第 2 部分：图形符号	
GB/T 5898—2008	手持式非电类动力工具 噪声测量方法 工程法（2 级）	
GB/T 6068—2008	汽车起重机和轮胎起重机试验规范	
GB/T 6375—2008	土方机械 牵引力测试方法	
GB/T 6946—2008	钢丝绳铝合金压制接头	
GB/T 6974.1—2008	起重机 术语 第 1 部分：通用术语	
GB/T 6974.3—2008	起重机 术语 第 3 部分：塔式起重机	
GB/T 6974.5—2008	起重机 术语 第 5 部分：桥式和门式起重机	
GB/T 7024—2008	电梯、自动扶梯、自动人行道术语	
GB/T 7025.2—2008	电梯主参数及轿厢、井道、机房的型式与尺寸 第 2 部分：Ⅳ类电梯	
GB/T 7025.1—2008	电梯主参数及轿厢、井道、机房的型式与尺寸 第 1 部分：Ⅰ、Ⅱ、Ⅲ、Ⅵ类电梯	
GB/T 7586—2008	液压挖掘机 试验方法	
GB/T 8506—2008	平地机 试验方法	
GB/T 8533—2008	小型砌块成型机	
GB/T 8595—2008	土方机械 司机的操纵装置	
GB/T 8910.4—2008	手持便携式动力工具 手柄振动测量方法 第 4 部分：砂轮机	
GB/T 8910.5—2008	手持便携式动力工具 手柄振动测量方法 第 5 部分：建筑工程用路面破碎机和镐	
GB/T 9139—2008	液压挖掘机 技术条件	
GB/T 9465—2008	高空作业车	
GB/T 10168—2008	土方机械 挖掘装载机 术语和商业规格	
GB/T 10175.1—2008	土方机械 装载机和挖掘装载机 第 1 部分：额定工作载荷的计算和验证倾翻载荷计算值的测试方法	
GB/T 10175.2—2008	土方机械 装载机和挖掘装载机 第 2 部分：掘起力和最大提升高度提升能力的测试方法	
GB/T 13332—2008	土方机械 液压挖掘机和挖掘装载机 挖掘力的测定方法	
GB/T 13751—2008	挖掘装载机 试验方法	
GB/T 14711—2013	中小型旋转电机通用安全要求	GB 14711—2013
GB/T 14917—2008	土方机械 维修服务用仪器	
GB/T 16277—2008	沥青混凝土摊铺机	
GB/T 16273.1—2008	设备用图形符号 第 1 部分：通用符号	
GB/T 16754—2008	机械安全 急停 设计原则	GB 16754—2008
GB/T 16855.1—2008	机械安全 控制系统有关安全部件 第 1 部分：设计通则	
GB/T 17047—2008	混凝土制品机械 术语	
GB/T 17888.1—2008	机械安全 进入机械的固定设施 第 1 部分：进入两级平面之间的固定设施的选择	GB 17888.1—2008
GB/T 17888.2—2008	机械安全 进入机械的固定设施 第 2 部分：工作平台和通道	GB 17888.2—2008
GB/T 17888.3—2008	机械安全 进入机械的固定设施 第 3 部分：楼梯、阶梯和护栏	GB 17888.3—2008
GB/T 17888.4—2008	机械安全 进入机械的固定设施 第 4 部分： 固定式直梯	GB 17888.4—2008
GB/T 18224—2008	桥式抓斗卸船机安全规程	
GB/T 18577.1—2008	土方机械 尺寸与符号的定义 第 1 部分：主机	

（续）

标准号	标准名称	备注
GB/T 18577.2—2008	土方机械 尺寸与符号的定义 第 2 部分：工作装置和附属装置	
GB/T 20969.4—2008	特殊环境条件 高原机械 第 4 部分：高原自然环境试验导则 内燃动力机械	
GB/T 20969.5—2008	特殊环境条件 高原机械 第 5 部分：高原自然环境试验导则 工程机械	
GB/T 21457—2008	起重机和相关设备 试验中参数的测量精度要求	
GB/T 21458—2008	流动式起重机 额定起重量图表	
GB/T 21682—2008	旋挖钻机	
GB/T 21739—2008	家用电梯制造与安装规范	
GB/T 21934—2008	土方机械 沉头方颈螺栓	
GB/T 21935—2008	土方机械 操纵的舒适区域与可及范围	
GB/T 21936—2008	土方机械 安装在机器上的拖曳装置 性能要求	
GB/T 21937—2008	土方机械 履带式和轮胎式推土机的推土铲 容量标定	
GB/T 21938—2008	土方机械 液压挖掘机和挖掘装载机动臂下降控制装置 要求和试验	
GB/T 21939—2008	土方机械 低速机器报警装置 超声波及其他系统	
GB/T 21940—2008	土方机械 推土机、平地机和铲运机用刀片 主要形状和基本尺寸	
GB/T 21941—2008	土方机械 液压挖掘机和挖掘装载机的反铲斗和抓铲斗 容量标定	
GB/T 21942—2008	土方机械 装载机和正铲挖掘机的铲斗 容量标定	
GB/T 22166—2008	非校准起重圆环链和吊链 使用和维护	
GB/T 22242—2008	装修机械 术语	
GB/T 22352—2008	土方机械 吊管机 术语和商业规格	
GB/T 22353—2008	土方机械 电线和电缆 识别和标记通则	
GB/T 22354—2008	土方机械 机器生产率 术语、符号和单位	
GB/T 22355—2008	土方机械 铰接机架锁紧装置 性能要求	
GB/T 22356—2008	土方机械 钥匙锁起动系统	
GB/T 22357—2008	土方机械 机械挖掘机 术语	
GB/T 22358—2008	土方机械 防护与贮存	
GB/T 22359—2008	土方机械 电磁兼容性	
GB 22361—2008	打桩设备安全规范	
GB/T 22414—2008	起重机 速度和时间参数的测量	
GB/T 22415—2008	起重机 对试验载荷的要求	
GB/T 22416.1—2008	起重机 维护 第 1 部分：总则	
GB/T 22417—2008	叉车 货叉叉套和伸缩式货叉 技术性能和强度要求	
GB/T 22418—2008	工业车辆 车辆自动功能的附加要求	
GB/T 22419—2008	工业车辆 集装箱吊具和抓臂操作用指示灯技术要求	
GB/T 22437.1—2008	起重机 载荷与载荷组合的设计原则 第 1 部分：总则	
GB/T 22437.3—2008	起重机 载荷与载荷组合的设计原则 第 3 部分：塔式起重机	
GB/T 22437.5—2008	起重机 载荷与载荷组合的设计原则 第 5 部分：桥式和门式起重机	
GB/T 22562—2008	电梯 T 型导轨	
GB/T 22664—2008	手持式电动工具 石材切割机	

（续）

标准号	标准名称	备注
GB/T 22665.1—2008	手持式电动工具手柄的振动测量方法 第1部分：电钻和冲击钻	
GB/T 22665.2—2008	手持式电动工具手柄的振动测量方法 第2部分：螺丝刀和冲击扳手	
GB/T 22665.3—2008	手持式电动工具手柄的振动测量方法 第3部分：砂轮机、抛光机和盘式砂光机	
GB/T 22665.4—2008	手持式电动工具手柄的振动测量方法 第4部分：非盘式砂光机和抛光机	
GB/T 22665.5—2008	手持式电动工具手柄的振动测量方法 第5部分：圆锯	
GB/T 22665.6—2008	手持式电动工具手柄的振动测量方法 第6部分：锤类工具	
GB/T 3883.18—2009	手持式电动工具的安全 第二部分：石材切割机的专用要求	GB 3883.18—2009
GB 4053.1—2009	固定式钢梯及平台安全要求 第1部分：钢直梯	
GB 4053.2—2009	固定式钢梯及平台安全要求 第2部分：钢斜梯	
GB 4053.3—2009	固定式钢梯及平台安全要求 第3部分：工业防护栏杆及钢平台	
GB/T 5465.1—2009	电气设备用图形符号 第1部分：概述与分类	
GB/T 10058—2009	电梯技术条件	
GB/T 10059—2009	电梯试验方法	
GB/T 12602—2009	起重机械超载保护装置	GB 12602—2009
GB/T 18775—2009	电梯、自动扶梯和自动人行道维修规范	
GB/T 18874.3—2009	起重机 供需双方应提供的资料 第3部分：塔式起重机	
GB/T 18874.4—2009	起重机 供需双方应提供的资料 第4部分：臂架起重机	
GB/T 23577—2009	道路施工与养护机械设备 基本类型 识别与描述	
GB/T 23578—2009	道路施工与养护机械设备 滑模摊铺机 术语和商业规格	
GB/T 23579—2009	道路施工与养护机械设备 粉料撒布机 术语和商业规格	
GB/T 23580—2009	连续搬运设备 安全规范 专用规则	
GB/T 23720.1—2009	起重机 司机培训 第1部分：总则	
GB/T 23721—2009	起重机 吊装工和指挥人员的培训	
GB/T 23722—2009	起重机 司机（操作员）、吊装工、指挥人员和评审员的资格要求	
GB/T 23723.1—2009	起重机 安全使用 第1部分：总则	
GB/T 23725.1—2009	起重机 信息标牌 第1部分：总则	
GB/T 23821—2009	机械安全 防止上下肢触及危险区的安全距离	GB 23821—2009
GB/T 24474—2009	电梯乘运质量测量	
GB/T 24475—2009	电梯远程报警系统	
GB/T 24477—2009	适用于残障人员的电梯附加要求	
GB/T 24478—2009	电梯曳引机	
GB/T 24479—2009	火灾情况下的电梯特性	
GB/T 24480—2009	电梯层门耐火试验	
GB/T 24803.1—2009	电梯安全要求 第1部分：电梯基本安全要求	GB 24803.1—2009
GB/T 24804—2009	提高在用电梯安全性的规范	GB 24804—2009
GB/T 24805—2009	行动不便人员使用的垂直升降平台	GB 24805—2009
GB/T 24806—2009	行动不便人员使用的楼道升降机	GB 24806—2009
GB/T 24807—2009	电磁兼容 电梯、自动扶梯和自动人行道的产品系列标准 发射	

（续）

标准号	标准名称	备注
GB/T 24808—2009	电磁兼容 电梯、自动扶梯和自动人行道的产品系列标准 抗扰度	
GB/T 24809.1—2009	起重机 对机构的要求 第 1 部分：总则	
GB/T 24809.3—2009	起重机 对机构的要求 第 3 部分：塔式起重机	
GB/T 24809.4—2009	起重机 对机构的要求 第 4 部分：臂架起重机	
GB/T 24809.5—2009	起重机 对机构的要求 第 5 部分：桥式和门式起重机	
GB/T 24810.1—2009	起重机 限制器和指示器 第 1 部分：总则	
GB/T 24810.2—2009	起重机 限制器和指示器 第 2 部分：流动式起重机	
GB/T 24810.3—2009	起重机 限制器和指示器 第 3 部分：塔式起重机	
GB/T 24810.4—2009	起重机 限制器和指示器 第 4 部分：臂架起重机	
GB/T 24810.5—2009	起重机 限制器和指示器 第 5 部分：桥式和门式起重机	
GB/T 24811.1—2009	起重机和起重机械 钢丝绳选择 第 1 部分：总则	
GB/T 24811.2—2009	起重机和起重机械 钢丝绳选择 第 2 部分：流动式起重机 利用系数	
GB/T 24812—2009	4 级链条用锻造环眼吊钩	
GB/T 24813—2009	8 级链条用锻造环眼吊钩	
GB/T 24814—2009	起重用短环链 吊链等用 4 级普通精度链	
GB/T 24815—2009	起重用短环链 吊链等用 6 级普通精度链	
GB/T 24816—2009	起重用短环链 吊链等用 8 级普通精度链	
GB/T 24817.4—2009	起重机械 控制装置布置形式和特性 第 4 部分：臂架起重机	
GB/T 24817.5—2009	起重机械 控制装置布置形式和特性 第 5 部分：桥式和门	
GB/T 24818.1—2009	起重机 通道及安全防护设施 第 1 部分：总则	
GB/T 24818.3—2009	起重机 通道及安全防护设施 第 3 部分：塔式起重机	
GB/T 24818.5—2009	起重机 通道及安全防护设施 第 5 部分：桥式和门式起重机	
GB/T 2893.3—2010	图形符号 安全色和安全标志 第 3 部分：安全标志用图形符号设计原则	
GB/T 6067.1—2010	起重机械安全规程 第 1 部分：总则	GB 6067.1—2010
GB/T 8593.1—2010	土方机械 司机操纵装置和其他显示装置用符号 第 1 部分：通用符号	
GB/T 8593.2—2010	土方机械 司机操纵装置和其他显示装置用符号 第 2 部分：机器、工作装置和附件的特殊符号	
GB/T 10051.1—2010	起重吊钩 第 1 部分：力学性能、起重量、应力及材料	
GB/T 10051.2—2010	起重吊钩 第 2 部分：锻造吊钩技术条件	
GB/T 10051.3—2010	起重吊钩 第 3 部分：锻造吊钩使用检查	
GB/T 10051.4—2010	起重吊钩 第 4 部分：直柄单钩毛坯件	
GB/T 10051.5—2010	起重吊钩 第 5 部分：直柄单钩	
GB/T 10051.6—2010	起重吊钩 第 6 部分：直柄双钩毛坯件	
GB/T 10051.7—2010	起重吊钩 第 7 部分：直柄双钩	
GB/T 10051.8—2010	起重吊钩 第 8 部分：吊钩横梁毛坯件	
GB/T 10051.9—2010	起重吊钩 第 9 部分：吊钩横梁	
GB/T 10051.10—2010	起重吊钩 第 10 部分：吊钩螺母	
GB/T 10051.11—2010	起重吊钩 第 11 部分：吊钩螺母防松板	

（续）

标准号	标准名称	备注
GB/T 10051.12—2010	起重吊钩 第12部分：吊钩闭锁装置	
GB/T 10051.13—2010	起重吊钩 第13部分：叠片式吊钩技术条件	
GB/T 10051.14—2010	起重吊钩 第14部分：叠片式吊钩使用检查	
GB/T 10051.15—2010	起重吊钩 第15部分：叠片式单钩	
GB/T 10170—2010	挖掘装载机 技术条件	
GB/T 10183.1—2010	起重机 车轮及大车和小车轨道公差 第1部分：总则	
GB/T 10183.4—2010	起重机 车轮及大车和小车轨道公差 第4部分：臂架起重机	
GB/T 14780—2010	土方机械 排液、加液和液位螺塞	
GB/T 14782—2010	平地机 技术条件	
GB/T 15052—2010	起重机 安全标志和危险图形符号 总则	GB 15052—2010
GB 16710—2010	土方机械 噪声限值	
GB/T 16937—2010	土方机械 司机视野 试验方法和性能准则	
GB/T 17771—2010	土方机械 落物保护结构 试验室试验和性能要求	
GB/T 17808—2010	道路施工与养护机械设备 沥青混合料搅拌设备	
GB/T 17909.2—2010	起重机 起重机操作手册 第2部分：流动式起重机	
GB/T 17921—2010	土方机械 座椅安全带及其固定器 性能要求和试验	
GB/T 22437.2—2010	起重机 载荷与载荷组合的设计原则 第2部分：流动式起重机	
GB/T 22437.4—2010	起重机 载荷与载荷组合的设计原则 第4部分：臂架起重机	
GB/T 23720.3—2010	起重机 司机培训 第3部分：塔式起重机	
GB/T 23723.3—2010	起重机 安全使用 第3部分：塔式起重机	
GB/T 23723.4—2010	起重机 安全使用 第4部分：臂架起重机	
GB/T 23724.3—2010	起重机 检查 第3部分：塔式起重机	
GB/T 23725.3—2010	起重机 信息标牌 第3部分：塔式起重机	
GB/T 24817.2—2010	起重机械 控制装置布置形式和特性 第2部分：流动式起重机	
GB/T 24818.2—2010	起重机 通道及安全防护设施 第2部分：流动式起重机	
GB/T 25028—2010	轮胎式装载机 制动系统用加力器 技术条件	
GB 25194—2010	杂物电梯制造与安装安全规范	
GB/T 25195.1—2010	起重机 图形符号 第1部分：总则	
GB/T 25195.2—2010	起重机 图形符号 第2部分：流动式起重机	
GB/T 25195.3—2010	起重机 图形符号 第3部分：塔式起重机	
GB/T 25196.1—2010	起重机 状态监控 第1部分：总则	
GB/T 25602—2010	土方机械 机器可用性 术语	
GB/T 25603—2010	土方机械 水平定向钻机 术语	
GB/T 25605—2010	土方机械 自卸车 术语和商业规格	
GB/T 25606—2010	土方机械 产品识别代码系统	
GB/T 25607—2010	土方机械 防护装置 定义和要求	
GB/T 25609—2010	土方机械 步行操纵式机器的制动系统 性能要求和试验方法	
GB/T 25610—2010	土方机械 自卸车车厢支承装置和司机室倾斜支承装置	

（续）

标准号	标准名称	备注
GB/T 25611—2010	土方机械 机器液体系统作业的坡道极限值测定 静态法	
GB/T 25612—2010	土方机械 声功率级的测定 定置试验条件	
GB/T 25613—2010	土方机械 司机位置发射声压级的测定 定置试验条件	
GB/T 25614—2010	土方机械 声功率级的测定 动态试验条件	
GB/T 25615—2010	土方机械 司机位置发射声压级的测定 动态试验条件	
GB/T 25616—2010	土方机械 辅助起动装置的电连接件	
GB/T 25617—2010	土方机械 机器操作的可视显示装置	
GB/T 25618.1—2010	土方机械 润滑油杯 第1部分：螺纹接头式	
GB/T 25618.2—2010	土方机械 润滑油杯 第2部分：油枪注油嘴	
GB/T 25619—2010	土方机械 滑移转向装载机附属装置的联接	
GB/T 25620—2010	土方机械 操作和维修 可维修性指南	
GB/T 25621—2010	土方机械 操作和维修 技工培训	
GB/T 25622—2010	土方机械 司机手册 内容和格式	
GB/T 25624—2010	土方机械 司机座椅 尺寸和要求	
GB/T 25626—2010	冲击压路机	
GB/T 25627—2010	工程机械 动力换挡变速器	
GB/T 25628—2010	土方机械 斗齿	
GB/T 25629—2010	液压挖掘机 中央回转接头	
GB/T 25637.1—2010	建筑施工机械与设备 混凝土搅拌机 第1部分：术语与商业规格	
GB/T 25638.1—2010	建筑施工机械与设备 混凝土泵 第1部分：术语与商业规格	
GB/T 25639—2010	道路施工与养护机械设备 沥青混凝土路面摊铺作业机群智能化 术语	
GB/T 25640—2010	道路施工与养护机械设备 沥青混凝土路面摊铺作业机群智能化 信息交换	
GB/T 25641—2010	道路施工与养护机械设备 沥青混合料厂拌热再生设备	
GB/T 25642—2010	道路施工与养护机械设备 沥青混合料转运机	
GB/T 25643—2010	道路施工与养护机械设备 路面铣刨机	
GB/T 25648—2010	道路施工与养护机械设备 稳定土拌和机	
GB/T 25649—2010	道路施工与养护机械设备 稀浆封层机	
GB/T 25650—2010	混凝土振动台	
GB 25684.1—2010	土方机械 安全 第1部分：通用要求	
GB 25684.2—2010	土方机械 安全 第2部分：推土机的要求	
GB 25684.3—2010	土方机械 安全 第3部分：装载机的要求	
GB 25684.4—2010	土方机械 安全 第4部分：挖掘装载机的要求	
GB 25684.5—2010	土方机械 安全 第5部分：液压挖掘机的要求	
GB 25684.6—2010	土方机械 安全 第6部分：自卸车的要求	
GB 25684.7—2010	土方机械 安全 第7部分：铲运机的要求	
GB 25684.8—2010	土方机械 安全 第8部分：平地机的要求	
GB 25684.9—2010	土方机械 安全 第9部分：吊管机的要求	
GB 25684.10—2010	土方机械 安全 第10部分：挖沟机的要求	

（续）

标准号	标准名称	备注
GB 25684.11—2010	土方机械 安全 第11部分：土方回填压实机的要求	
GB 25684.12—2010	土方机械 安全 第12部分：机械挖掘机的要求	
GB 25684.13—2010	土方机械 安全 第13部分：压路机的要求	
GB/T 25685.1—2010	土方机械 监视镜和后视镜的视野 第1部分：试验方法	
GB/T 25685.2—2010	土方机械 监视镜和后视镜的视野 第2部分：性能准则	
GB/T 25686—2010	土方机械 司机遥控的安全要求	
GB/T 25688.1—2010	土方机械 维修工具 第1部分：通用维修和调整工具	
GB/T 25688.2—2010	土方机械 维修工具 第2部分：机械式拉拔器和推拔器	
GB/T 25689—2010	土方机械 自卸车车厢 容量标定	
GB/T 25690—2010	土方机械 升运式铲运机 容量标定	
GB/T 25691—2010	土方机械 开斗式铲运机 容量标定	
GB/T 25692—2010	土方机械 自卸车和自行式铲运机用限速器 性能试验	
GB/T 25693—2010	土方机械 遥控拆除机	
GB/T 25694—2010	土方机械 滑移转向装载机	
GB/T 25695—2010	建筑施工机械与设备 旋挖钻机成孔施工通用规程	
GB/T 25696—2010	道路施工与养护机械设备 沥青路面加热机 术语和商业规格	
GB/T 25849—2010	移动式升降工作平台 设计计算、安全要求和测试方法	GB 25849—2010
GB/T 25850—2010	起重机 指派人员的培训	
GB/T 25851.1—2010	流动式起重机 起重机性能的试验测定 第1部分：倾翻载荷和幅度	
GB/T 25852—2010	8级链条用锻造起重部件	
GB/T 25853—2010	8级非焊接吊链	
GB/T 25854—2010	一般起重用D形和弓形锻造卸扣	
GB/T 25855—2010	索具用8级连接环	
GB/T 25856—2010	仅载货电梯制造与安装安全规范	GB 25856—2010
GB/T 25896.1—2010	设备用图形符号 起重机 第1部分：通用符号	
GB/T 25896.2—2010	设备用图形符号 起重机 第2部分：流动式起重机符号	
GB/T 25896.3—2010	设备用图形符号 起重机 第3部分：塔式起重机符号	
GB/T 25977—2010	除雪车	
GB/T 25981—2010	护栏清洗车	
GB/T 26080—2010	塔机用冷弯矩形管	
GB 26133—2010	非道路移动机械用小型点燃式发动机排气污染物排放限值与测量方法（中国第一、二阶段）	
GB/Z 26139—2010	土方机械 驾乘式机器暴露于全身振动的评价指南 国际协会、组织和制造商所测定协调数据的应用	
GB/T 5905—2011	起重机 试验规范和程序	
GB/T 8420—2011	土方机械 司机的身材尺寸与司机的最小活动空间	
GB/T 10060—2011	电梯安装验收规范	
GB/T 10597—2011	卷扬式启闭机	
GB/T 14406—2011	通用门式起重机	

（续）

标准号	标准名称	备注
GB/T 14405—2011	通用桥式起重机	
GB/T 14627—2011	液压式启闭机	
GB/T 14687—2011	工业脚轮和车轮	
GB/T 14695—2011	臂式斗轮堆取料机 型式和基本参数	
GB/T 16178—2011	场（厂）内机动车辆安全检验技术要求	
GB 16899—2011	自动扶梯和自动人行道的制造与安装安全规范	
GB/T 20418—2011	土方机械 照明、信号和标志灯以及反射器	
GB/T 26408—2011	混凝土搅拌运输车	
GB/T 26409—2011	流动式混凝土泵	
GB/T 26465—2011	消防电梯制造与安装安全规范	GB 26465—2011
GB 26469—2011	架桥机安全规程	
GB/T 26470—2011	架桥机通用技术条件	
GB/T 26471—2011	塔式起重机 安装与拆卸规则	
GB/T 26473—2011	起重机 随车起重机安全要求	
GB/T 26474—2011	集装箱正面吊运起重机 技术条件	
GB/T 26475—2011	桥式抓斗卸船机	
GB/T 26476—2011	机械式停车设备 术语	
GB/T 26477.1—2011	起重机 车轮和相关小车承轨结构的设计计算 第1部分：总则	
GB 26504—2011	移动式道路施工机械 通用安全要求	
GB 26505—2011	移动式道路施工机械 摊铺机安全要求	
GB 26545—2011	建筑施工机械与设备 钻孔设备安全规范	
GB/T26546—2011	工程机械减轻环境负担的技术指南	
GB/T 26557—2011	吊笼有垂直导向的人货两用施工升降机	GB 26557—2011
GB/T 26558—2011	桅杆起重机	
GB/T 26559—2011	机械式停车设备 分类	
GB/T 26560—2011	机动工业车辆 安全标志和危险图示 通则	
GB/T 26561—2011	搬运6m及其以上长度货运集装箱的平衡重式叉车 附加稳定性试验	
GB/T 26665—2011	制动器 术语	
GB/T 26945—2011	集装箱空箱堆高机	
GB/T 26946.1—2011	侧面式叉车 第1部分：稳定性试验	
GB/T 26946.2—2011	侧面式叉车 第2部分：搬运6m及其以上长度货运集装箱叉车的附加稳定性试验	
GB/T 26947—2011	手动托盘搬运车	
GB/T 26948.1—2011	工业车辆驾驶员约束系统技术要求及试验方法 第1部分：腰部安全带	
GB/T 26949.10—2011	工业车辆 稳定性验证 第10部分：在由动力装置侧移载荷条件下堆垛作业的附加稳定性试验	
GB/T 26950.1—2011	防爆工业车辆 第1部分：蓄电池工业车辆	
GB/T 27542—2011	蓄电池托盘搬运车	
GB/T 27543—2011	手推升降平台搬运车	

（续）

标准号	标准名称	备注
GB/T 27544—2011	工业车辆 电气要求	
GB/T 27545—2011	水平循环类机械式停车设备	
GB/T 27546—2011	起重机械 滑轮	
GB/T 27547—2011	升降工作平台 导架爬升式工作平台	
GB/T 27548—2011	移动式升降工作平台 安全规则、检查、维护和操作	
GB/T 27549—2011	移动式升降工作平台 操作人员培训	
GB/T 27613—2011	液压传动 液体污染 采用称重法测定颗粒污染度	
GB/T 27693—2011	工业车辆安全 噪声辐射的测量方法	
GB/T 27694—2011	工业车辆安全 振动的测量方法	
GB 27695—2011	汽车举升机安全规程	
GB/T 27696—2011	一般起重用 4 级锻造吊环螺栓	
GB/T 27697—2011	立式油压千斤顶	
GB/T 27903—2011	电梯层门耐火试验 完整性、隔热性和热通量测定法	
GB/T 27996—2011	全地面起重机	
GB/T 27997—2011	造船门式起重机	
GB/T 27998—2011	平衡式起重机	
GB/T 3883.2—2012	手持式电动工具的安全 第二部分：螺丝刀和冲击扳手的专用要求	GB 3883.2—2012
GB/T 3883.4—2012	手持式电动工具的安全 第二部分：非盘式砂光机和抛光机的专用要求	GB 3883.4—2012
GB/T 3883.6—2012	手持式电动工具的安全 第二部分：电钻和冲击电钻的专用要求	GB 3883.6—2012
GB/T 3883.7—2012	手持式电动工具的安全 第二部分：锤类工具的专用要求	GB 3883.7—2012
GB/T 3883.8—2012	手持式电动工具的安全 第二部分：电剪刀和电冲剪的专用要求	GB 3883.8—2012
GB/T 3883.9—2012	手持式电动工具的安全 第二部分：攻丝机的专用要求	GB 3883.9—2012
GB/T 3883.11—2012	手持式电动工具的安全 第二部分：往复锯（曲线锯、刀锯）的专用要求	GB 3883.11—2012
GB/T 3883.12—2012	手持式电动工具的安全 第二部分：混凝土振动器的专用要求	GB 3883.12—2012
GB/T 3883.19—2012	手持式电动工具的安全 第二部分：管道疏通机的专用要求	GB 3883.19—2012
GB/T 3883.20—2012	手持式电动工具的安全 第二部分：捆扎机的专用要求	GB 3883.20—2012
GB/T 3883.21—2012	手持式电动工具的安全 第二部分：带锯的专用要求	GB 3883.21—2012
GB/T 12974—2012	交流电梯电动机通用技术条件	
GB/T 15706—2012	机械安全 设计通则 风险评估与风险减小	
GB/T 19876—2012	机械安全 与人体部位接近速度相关的安全防护装置的定位	
GB/T 26949.1—2012	工业车辆 稳定性验证 第 1 部分：总则	
GB/T 28391—2012	建筑施工机械与设备 人力移动式液压动力站	
GB/T 28392—2012	道路施工与养护机械设备 热风式沥青混合料再生修补机	
GB/T 28393—2012	道路施工与养护机械设备 沥青碎石同步封层车	
GB/T 28394—2012	道路施工与养护机械设备 沥青路面微波加热装置	
GB 28395—2012	混凝土及灰浆输送、喷射、浇注机械 安全要求	
GB/Z 28597—2012	地震情况下的电梯和自动扶梯要求 汇编报告	
GB/Z 28598—2012	电梯用于紧急疏散的研究	

（续）

标准号	标准名称	备注
GB 28621—2012	安装于现有建筑物中的新电梯制造与安装安全规范	GB 28621—2012
GB 28755—2012	简易升降机安全规程	
GB/T 28756—2012	缆索起重机	
GB/T 28757—2012	除流动式、塔式和浮式起重机以外的起重机 稳定性基本要求	
GB/T 28758—2012	起重机 检查人员的资格要求	
GB/T 29009—2012	建筑施工机械与设备 移动式破碎机 术语和商业规格	
GB/T 29010—2012	建筑施工机械与设备 履带式建设废弃物处理机械 术语和商业规格	
GB/T 29011—2012	建筑施工机械与设备 液压式钢板桩压拔桩机 术语和商业规格	
GB/T 29012—2012	道路施工与养护机械设备 道路灌缝机	
GB/T 29013—2012	道路施工与养护机械设备 滑模式水泥混凝土摊铺机	
GB/T 29086—2012	钢丝绳 安全 使用和维护	
GB/T 783—2013	起重机械 基本型的最大起重量系列	
GB/T 2893.1—2013	图形符号 安全色和安全标志 第1部分：安全标志和安全标记的设计原则	
GB/T 2893.4—2013	图形符号 安全色和安全标志 第4部分：安全标志材料的色度属性和光度属性	
GB/T 6247.1—2013	凿岩机械与便携式动力工具 术语 第1部分：凿岩机械、气动工具和气动机械	
GB/T 6247.2—2013	凿岩机械与便携式动力工具 术语 第2部分：液压工具	
GB/T 6247.3—2013	凿岩机械与便携式动力工具 术语 第3部分：零部件与机构	
GB/T 6247.4—2013	凿岩机械与便携式动力工具 术语 第4部分：性能试验	
GB/T 7920.12—2013	道路施工与养护机械设备 沥青混凝土摊铺机 术语和商业规格	
GB/T 10827.5—2013	工业车辆 安全要求和验证 第5部分：步行式车辆	GB 10827.5—2013
GB/T 14711—2013	中小型旋转电机通用安全要求	GB 14711—2013
GB 14784—2013	带式输送机 安全规范	
GB/T 24803.2—2013	电梯安全要求 第2部分：满足电梯基本安全要求的安全参数	
GB/T 24803.3—2013	电梯安全要求 第3部分：电梯、电梯部件和电梯功能符合性评价的前提条件	
GB/T 24803.4—2013	电梯安全要求 第4部分：评价要求	
GB/T 25697—2013	道路施工与养护机械设备 沥青路面就地热再生复拌机	
GB/T 29561—2013	港口固定式起重机	
GB/T 29560—2013	门座起重机	
GB/T 29562.1—2013	起重机械用电动机能效测试方法 第1部分：YZP系列变频调速三相异步电动机	
GB/T 29562.2—2013	起重机械用电动机能效测试方法 第2部分：YZR/YZ系列三相异步电动机	
GB/T 29562.3—2013	起重机械用电动机能效测试方法 第3部分：锥形转子三相异步电动机	
GB/T 26949.2—2013	工业车辆 稳定性验证 第2部分：平衡重式叉车	
GB/T 26949.3—2013	工业车辆 稳定性验证 第3部分：前移式和插腿式叉车	
GB/T 30023—2013	起重机 可用性 术语	
GB/T 30024—2013	起重机 金属结构能力验证	
GB/T 30025—2013	起重机 起重机及其部件质量的测量	
GB/T 30026—2013	起重用短环链 TH级手动链式葫芦用高精度链	
GB/T 30027—2013	起重用短环链 VH级手动链式葫芦用高精度链	

（续）

标准号	标准名称	备注
GB/T 30028—2013	电动葫芦能效测试方法	
GB/T 30031—2013	工业车辆 电磁兼容性	
GB/T 30032.2—2013	移动式升降工作平台 带有特殊部件的设计、计算、安全要求和试验方法 第2部分：装有非导电（绝缘）部件的移动式升降工作平台	
GB/T 30193—2013	工程机械轮胎耐久性试验方法	
GB/T 30197—2013	工程机械轮胎作业能力测试方法 转鼓法	
GB/T 30221—2013	工业制动器能效测试方法	
GB/T 30222—2013	起重机械用电力驱动起升机构能效测试方法	
GB/T 30223—2013	起重机械用电力驱动运行机构能效测试方法	
GB/T 30462—2013	再制造非道路用内燃机 通用技术条件	
GB/T 2981—2014	工业车辆充气轮胎技术条件	
GB/T 2982—2014	工业车辆充气轮胎规格、尺寸、气压与负荷	
GB 5226.6—2014	机械电气安全 机械电气设备 第6部分：建设机械技术条件	
GB/T 6067.5—2014	起重机械安全规程 第5部分：桥式和门式起重机	GB 6067.5—2014
GB/T 6572—2014	土方机械 液压挖掘机 术语和商业规格	
GB/T 10054.1—2014	货用施工升降机 第1部分：运载装置可进人的升降机	GB 10054.1—2014
GB/T 10054.2—2014	货用施工升降机 第2部分：运载装置不可进人的倾斜式升降机	GB 10054.2—2014
GB/T 10827.1—2014	工业车辆 安全要求和验证 第1部分：自行式工业车辆（除无人驾驶车辆、伸缩臂式叉车和载运车）	GB 10827.1—2014
GB/T 13331—2014	土方机械 液压挖掘机 起重量	
GB/T 14781—2014	土方机械 轮胎式机器 转向要求	
GB/T 17922—2014	土方机械 滚翻保护结构 实验室试验和性能要求	
GB/T 19929—2014	土方机械 履带式机器 制动系统的性能要求和试验方法	
GB/T 19930.2—2014	土方机械 挖掘机保护结构的实验室试验和性能要求 第2部分：6t以上挖掘机的滚翻保护结构（ROPS）	
GB/T 19933.1—2014	土方机械 司机室环境 第1部分：术语和定义	
GB/T 19933.2—2014	土方机械 司机室环境 第2部分：空气滤清器试验方法	
GB/T 19933.3—2014	土方机械 司机室环境 第3部分：增压试验方法	
GB/T 19933.4—2014	土方机械 司机室环境 第4部分：采暖、换气和空调（HVAC）的试验方法和性能	
GB/T 19933.5—2014	土方机械 司机室环境 第5部分：风窗玻璃除霜系统的试验方法	
GB/T 19933.6—2014	土方机械 司机室环境 第6部分：太阳光热效应的测定	
GB/T 20001.10—2014	标准编写规则 第10部分：产品标准	
GB/T 20002.3—2014	标准中特定内容的起草 第3部分：产品标准中涉及环境的内容	
GB 20178—2014	土方机械 机器安全标签 通则	
GB/T 20850—2014	机械安全 机械安全标准的理解和使用指南	
GB 20891—2014	非道路移动机械用柴油机排气污染物排放限值及测量方法（中国第三、四阶段）	
GB/T 21154—2014	土方机械 整机及其工作装置和部件的质量测量方法	
GB/T 30559.1—2014	电梯、自动扶梯和自动人行道的能量性能 第1部分：能量测量与验证	
GB/T 30560—2014	电梯操作装置、信号及附件	

（续）

标准号	标准名称	备注
GB/T 30561—2014	起重机 刚性 桥式和门式起重机	
GB/T 30574—2014	机械安全 安全防护的实施准则	
GB/T 30575—2014	机械振动与冲击 人体暴露 生物动力学坐标系	
GB/T 30584—2014	起重机臂架用无缝钢管	GB 30584—2014
GB/T 30587—2014	钢丝绳吊索 环索	
GB/T 30588—2014	钢丝绳绳端 合金熔铸套接	
GB/T 30589—2014	钢丝绳绳端 套管压制索具	
GB/T 30692—2014	提高在用自动扶梯和自动人行道安全性的规范	GB 30692—2014
GB/T 30750—2014	道路施工与养护机械设备 路面处理机械 安全要求	
GB/T 30751—2014	建筑施工机械与设备 移动式破碎机 安全要求	
GB/T 30752—2014	道路施工与养护机械设备 沥青混合料搅拌设备 安全要求	
GB/T 30753—2014	移动式道路施工机械 路面铣刨机安全要求	
GB/T 30754—2014	移动式道路施工机械 稳定土拌和机和冷再生机安全要求	
GB/T 30964—2014	土方机械 可再利用性和可回收利用性 术语和计算方法	
GB/T 30965—2014	土方机械 履带式机器平均接地比压的确定	
GB/T 30977—2014	电梯对重和平衡重用空心导轨	
GB/T 31037.1—2014	工业起升车辆用燃料电池发电系统 第 1 部分：安全	
GB/T 31037.2—2014	工业起升车辆用燃料电池发电系统 第 2 部分：技术条件	
GB/T 31050—2014	冶金起重机能效测试方法	
GB/T 31051.1—2014	起重机 工作和非工作状态下的锚定装置 第 1 部分：总则	
GB/T 31052.1—2014	起重机械 检查与维护规程 第 1 部分：总则	
GB/T 31094—2014	防爆电梯制造与安装安全规范	GB 31094—2014
GB/T 31200—2014	电梯、自动扶梯和自动人行道乘用图形标志及其使用导则	
GB/T 31254—2014	机械安全 固定式直梯的安全设计规范	
GB/T 31255—2014	机械安全 工业楼梯、工作平台和通道的安全设计规范	
GB/T 2883—2015	工程机械轮辋规格系列	
GB/T 12939—2015	工业车辆轮辋规格系列	
GB/T 14521—2015	连续搬运机械　术语	
GB/T 16755—2015	机械安全　安全标准的起草与表述规则	
GB/T 16856—2015	机械安全　风险评估　实施指南和方法举例	
GB/T 16936—2015	土方机械 发动机净功率试验规范	
GB/T 18148—2015	土方机械 压实机械压实性能试验方法	
GB/T 20001.2—2015	标准编写规则 第 2 部分：符号标准	
GB/T 20001.3—2015	标准编写规则 第 3 部分：分类标准	
GB/T 20001.4—2015	标准编写规则 第 4 部分：试验方法标准	
GB/T 20002.4—2015	标准中特定内容的起草 第 4 部分：标准中涉及安全的内容	
GB/T 21155—2015	土方机械 行车声响报警装置和前方喇叭 试验方法和性能准则	
GB/T 24809.2—2015	起重机 对机构的要求 第 2 部分：流动式起重机	

（续）

标准号	标准名称	备注
GB/T 26950.2—2015	防爆工业车辆　第 2 部分：内燃工业车辆	
GB/T 30032.1—2015	移动式升降工作平台 带有特殊部件的设计、计算、安全要求和试验方法 第 1 部分：装有伸缩式护栏系统的移动式升降工作平台	
GB/T 31052.5—2015	起重机械 检查与维护规程　第 5 部分：桥式和门式起重机	
GB/T 31052.11—2015	起重机械 检查与维护规程 第 11 部分：机械式停车设备	
GB/T 31704—2015	装载机电子秤	
GB/T 31821—2015	电梯主要部件报废技术条件	
GB/T 32069—2015	土方机械 轮胎式装载机附属装置的连接装置	
GB/T 32070—2015	土方机械 危险监测系统及其可视辅助装置 性能要求和试验	
GB/T 32076.1—2015	预载荷高强度栓接结构连接副 第 1 部分：通用要求	
GB/T 32076.2—2015	预载荷高强度栓接结构连接副 第 2 部分：预载荷适应性	
GB/T 32076.3—2015	预载荷高强度栓接结构连接副 第 3 部分：HR 型 大六角头螺栓和螺母连接副	
GB/T 32076.4—2015	预载荷高强度栓接结构连接副 第 4 部分：HV 型 大六角头螺栓和螺母连接副	
GB/T 32076.5—2015	预载荷高强度栓接结构连接副 第 5 部分：平垫圈	
GB/T 32076.6—2015	预载荷高强度栓接结构连接副 第 6 部分：倒角平垫圈	
GB/T 32076.7—2015	预载荷高强度栓接结构连接副 第 7 部分：M39 ～ M64 大六角头螺栓和螺母连接副	
GB/T 32083—2015	机场除冰剂撒布机	
GB/T 32271—2015	电梯能量回馈装置	
GB/T 32272.1—2015	机动工业车辆　验证视野的试验方法　第 1 部分：起重量不大于 10t 的坐驾式、站驾式车辆和伸缩臂式叉车	
GB/T 32273—2015	建筑施工机械与设备　手扶随行式振动平板夯　术语和商业规格	
GB/T 32274—2015	建筑施工机械与设备　手扶随行式振动冲击夯　术语和商业规格	
GB/T 5184—2016	叉车 挂钩型货叉和货叉架 安装尺寸	GB/T 5184—2008
GB/T 5972—2016	起重机　钢丝绳　保养、维护、检验和报废	GB/T 5972—2009
GB/T 6974.4—2016	起重机 术语 第 4 部分：臂架起重机	GB/T 6974.10—1986，GB/T 6974.11—1986
GB/T 6974.6—2016	起重机　术语　第 6 部分：铁路起重机	GB/T 6974.7—1986
GB/T 7920.4—2016	混凝土机械术语	GB/T 7920.4—2005
GB/T 10171—2016	建筑施工机械与设备　混凝土搅拌站（楼）	GB/T 10171—2005
GB/T 14560—2016	履带起重机	GB/T 14560—2011
GB/T 20303.1—2016	起重机 司机室和控制站 第 1 部分：总则	GB/T 20303.1—2006
GB/T 20303.3—2016	起重机 司机室和控制站 第 3 部分：塔式起重机	GB/T 20303.3—2006
GB/T 20863.2—2016	起重机 分级 第 2 部分：流动式起重机	GB/T 20863.2—2007
GB/T 23724.1—2016	起重机 检查 第 1 部分：总则	GB/T 23724.1—2009
GB/T 24817.1—2016	起重机 控制装置布置形式和特性 第 1 部分：总则	GB/T 24817.1—2009
GB/T 24817.3—2016	起重机 控制装置布置形式和特性 第 3 部分：塔式起重机	GB/T 24817.3—2009
GB/T 26949.4—2016	工业车辆 稳定性验证　第 4 部分：托盘堆垛车、双层堆垛车和操作者位置起升高度不大于 1 200mm 的拣选车	GB/T 21468—2008
GB/T 26949.7—2016	工业车辆 稳定性验证 第 7 部分：两向和多向运行叉车	GB/T 22420—2008

（续）

标准号	标准名称	备注
GB/T 26949.8—2016	工业车辆 稳定性验证 第8部分：在门架前倾和载荷起升条件下堆垛作业的附加稳定性试验	GB/T 21467—2008
GB/T 26949.11—2016	工业车辆 稳定性验证 第11部分：伸缩臂式叉车	
GB/T 26949.14—2016	工业车辆 稳定性验证 第14部分：越野型伸缩臂式叉车	
GB/T 26949.20—2016	工业车辆 稳定性验证 第20部分：在载荷偏置条件下作业的附加稳定性试验	
GB/T 26949.21—2016	工业车辆 稳定性验证 第21部分：操作者位置起升高度大于1 200mm的拣选车	
GB/T 31051.4—2016	起重机 工作和非工作状态下的锚定装置 第4部分：臂架起重机	
GB/T 31052.2—2016	起重机械 检查与维护规程 第2部分：流动式起重机	
GB/T 31052.3—2016	起重机械 检查与维护规程 第3部分：塔式起重机	
GB/T 31052.6—2016	起重机械 检查与维护规程 第6部分：缆索起重机	
GB/T 31052.7—2016	起重机械 检查与维护规程 第7部分：桅杆起重机	
GB/T 31052.8—2016	起重机械 检查与维护规程 第8部分：铁路起重机	
GB/T 31052.9—2016	起重机械 检查与维护规程 第9部分：升降机	
GB/T 31052.10—2016	起重机械 检查与维护规程 第10部分：轻小型起重设备	
GB/T 32542—2016	建筑施工机械与设备 混凝土泵送用布料杆计算原则和稳定性	
GB/T 32543—2016	建筑施工机械与设备 混凝土输送管 连接型式和安全要求	
GB/T 32544—2016	桥式与门式起重机金属结构声发射检测及结果评定方法	
GB/T 32799—2016	液压破碎锤	
GB/T 32800.3—2016	手持式非电类动力工具 安全要求 第3部分：钻和攻丝机	
GB/T 32800.4—2016	手持式非电类动力工具 安全要求 第4部分：纯冲击式动力工具	
GB/T 32801—2016	土方机械 再制造零部件 装配技术规范	
GB/T 32802—2016	土方机械 再制造零部件 出厂验收技术规范	
GB/T 32803—2016	土方机械 零部件再制造 分类技术规范	
GB/T 32804—2016	土方机械 零部件再制造 拆解技术规范	
GB/T 32805—2016	土方机械 零部件再制造 清洗技术规范	
GB/T 32806—2016	土方机械 零部件再制造 通用技术规范	
GB/T 32819—2016	土方机械 零部件可回收利用性分类及标识	
GB/T 32820—2016	土方机械 防盗系统 分类和性能	
GB/T 32827—2016	物流装备管理监控系统功能体系	
GB/T 32828—2016	仓储物流自动化系统功能安全规范	
GB/T 33080—2016	塔式起重机安全评估规程	
GB/T 33081—2016	移动式升降工作平台 操作者控制符号和其他标记	
GB/T 33082—2016	机械式停车设备 使用与操作安全要求	
GB/T 4208—2017	外壳防护等级（IP代码）	GB/T 4208—2008
GB/T 3883.403—2017	手持式、可移式电动工具和园林工具的安全 第4部分：步行式和手持式草坪修整机、草坪修边机的专用要求	GB/T 4706.54—2008
GB/T 5226.32—2017	机械电气安全 机械电气设备 第32部分：起重机械技术条件	GB 5226.2—2002
GB/T 6974.2—2017	起重机 术语 第2部分：流动式起重机	GB/T 6974.2—2010
GB/T 8498—2017	土方机械 基本类型 识别、术语和定义	GB/T 8498—2008

（续）

标准号	标准名称	备注
GB/T 8706—2017	钢丝绳 术语、标记和分类	GB/T 8706—2006
GB/T 10595—2017	带式输送机	GB/T 10595—2009
GB/T 13752—2017	塔式起重机设计规范	GB/T 13752—1992
GB/T 17300—2017	土方机械 通道装置	GB/T 17300—2010
GB/T 18831—2017	机械安全 与防护装置相关的联锁装置 设计和选择原则	GB/T 18831—2010
GB/T 19154—2017	擦窗机	GB/T 19154—2003
GB/T 19155—2017	高处作业吊篮	GB/T 19155—2003
GB/T 20001.5—2017	标准编写规则 第5部分：规范标准	
GB/T 20001.6—2017	标准编写规则 第6部分：规程标准	
GB/T 20001.7—2017	标准编写规则 第7部分：指南标准	
GB/T 20062—2017	流动式起重机 作业噪声限值及测量方法	GB/T 20062—2006
GB/T 24476—2017	电梯、自动扶梯和自动人行道物联网的技术规范	GB/T 24476—2009
GB/T 25604—2017	土方机械 装载机 术语和商业规格	GB/T 25604—2010
GB/T 25608—2017	土方机械 非金属燃油箱的性能要求	GB/T 25608—2010
GB/T 25623—2017	土方机械 司机培训 内容和方法	GB/T 25623—2010
GB/T 25625—2017	土方机械 教练员座椅 挠曲极限量、环境空间和性能要求	GB/T 25625—2010
GB/T 25687.1—2017	土方机械 同义术语的多语种列表 第1部分：综合	GB/T 25687.1—2010
GB/T 25687.2—2017	土方机械 同义术语的多语种列表 第2部分：性能和尺寸	GB/T 25687.2—2010
GB/T 26949.13—2017	工业车辆 稳定性验证 第13部分：带门架的越野型叉车	
GB/T 26949.15—2017	工业车辆 稳定性验证 第15部分：带铰接转向的平衡重式叉车	
GB/T 28264—2017	起重机械 安全监控管理系统	GB/T 28264—2012
GB/T 30032.3—2017	移动式升降工作平台 带有特殊部件的设计、计算、安全要求和试验方法 第3部分：果园用移动式升降工作平台	
GB/T 30559.2—2017	电梯、自动扶梯和自动人行道的能量性能 第2部分：电梯的能量计算与分级	
GB/T 30559.3—2017	电梯、自动扶梯和自动人行道的能量性能 第3部分：自动扶梯和自动人行道的能量计算与分级	
GB/T 31052.4—2017	起重机械 检查与维护规程 第4部分：臂架起重机	
GB/T 31052.12—2017	起重机械 检查与维护规程 第12部分：浮式起重机	
GB/T 33504—2017	移动式悬吊工作平台	
GB/T 33505—2017	自动扶梯梯级和自动人行道踏板	
GB/T 33640—2017	齿轮齿条式人货两用施工升降机安装质量检验规程	
GB/T 33941.1—2017	土方机械 结构件应力测试方法 第1部分：通则	
GB/T 33941.2—2017	土方机械 结构件应力测试方法 第2部分：轮胎式装载机机架	
GB/T 33941.3—2017	土方机械 结构件应力测试方法 第3部分：装载机、挖掘机和挖掘装载机的工作装置和附属装置	
GB/T 33942—2017	特种设备事故应急预案编制导则	
GB/T 34023—2017	施工升降机安全使用规程	
GB/T 34025—2017	施工升降机用齿轮渐进式防坠安全器	
GB/T 34029—2017	锅炉炉膛检修升降平台	

（续）

标准号	标准名称	备注
GB/T 34109—2017	旋挖机钻杆用无缝钢管	
GB/T 34353—2017	土方机械　应用电子器件的机器控制系统（MCS）　功能性安全的性能准则和试验	
GB/T 34529—2017	起重机和葫芦　钢丝绳、卷筒和滑轮的选择	
GB/T 34650—2017	全断面隧道掘进机　盾构机安全要求	
GB/T 34651—2017	全断面隧道掘进机　土压平衡盾构机	
GB/T 34652—2017	全断面隧道掘进机　敞开式岩石隧道掘进机	
GB/T 34653—2017	全断面隧道掘进机　单护盾岩石隧道掘进机	
GB/T 34354—2017	全断面隧道掘进机　术语和商业规格	
GB/T 35191—2017	土方机械　履带式吊管机	
GB/T 35192—2017	土方机械　非公路机械传动宽体自卸车　试验方法	
GB/T 35193—2017	土方机械　非公路机械传动矿用自卸车　试验方法	
GB/T 35194—2017	土方机械　非公路机械传动宽体自卸车　技术条件	
GB/T 35195—2017	土方机械　非公路机械传动矿用自卸车　技术条件	
GB/T 35196—2017	土方机械　非公路电传动矿用自卸车　技术条件	
GB/T 35197—2017	土方机械　非公路电传动矿用自卸车　试验方法	
GB/T 35198—2017	土方机械　轮胎式装载机　试验方法	
GB/T 35199—2017	土方机械　轮胎式装载机　技术条件	
GB/T 35200—2017	土方机械　履带式湿地推土机　技术条件	
GB/T 35202—2017	土方机械　履带式推土机　试验方法	
GB/T 35205.1—2017	越野叉车　安全要求及验证　第 1 部分：伸缩臂式叉车	
GB/T 35213—2017	土方机械　履带式推土机　技术条件	
GB/T 35484.1—2017	土方机械和移动式道路施工机械　工地数据交换　第 1 部分：系统体系	
GB/T 35484.2—2017	土方机械和移动式道路施工机械　工地数据交换　第 2 部分：数据字典	

〔供稿单位：中国工程机械工业协会标准化工作委员会〕